Wolfgang Günther

Wege ins Wunderland

Von Peter Pan bis Harry Potter

Für meine Enkelkinder

Martin, Julia, Gregor und Moritz

mit schönem Gruß
von Alice, Pooh, dem Knöterich und all den anderen

ISBN 3-939367-00-1
ISBN 978-3-939367-00-0

Edition MARTIN GOLD
Kiesstr. 3 - 60486 Frankfurt
www.edition-martin-gold.de
Produktion Kösel GmbH &Co. KG, Altusried

Wolfgang Günther

Wege ins Wunderland

Von **Peter Pan** bis **Harry Potter**

Edition MARTIN GOLD

Vorwort

Eigentlich

... müsste der Untertitel dieses Buches anders lauten, nämlich: "Von Alice bis Harry Potter." Aber da würde der schöne Gleichklang der drei P verloren gehen. Und außerdem haben Peter Pan und Harry Potter dies und jenes gemeinsam - wie man noch sehen wird.

Alice ihrerseits ist so selbstbewusst, dass ihr diese Unterschlagung ihres Namens wohl kaum etwas ausmacht. Zumal sie selbstverständlich ganz vorn im Buch steht. Ist sie doch die Erste, die den Weg in jenes Wunderland eingeschlagen hat, in dem sich seither all die anderen, Pan und Potter inbegriffen, getummelt haben und noch tummeln.

Darüber hinaus hat Alice nicht nur einer Vielzahl wichtigtuerischer Großsprecher die kleine Stirn geboten und dabei sogar einem Paar (fast) waschechter Royals zu verstehen gegeben, wie lächerlich sie doch seien. Sie hat es, sehr spielerisch und nahezu nebenbei, auch fertiggebracht, eine Reihe von Regeln zu brechen, die ehedem als ehern und unumstößlich galten. Die fingen alle entweder so an: "Kleine Mädchen tun das und das nicht" oder so: "Kleine Jungen haben das und das zu tun", worauf Begründungen folgten wie "weil es sich nicht schickt" oder "weil es sich so gehört."

Schlicht gesagt bedeutete das: "Der Junge geht hinaus, das Mädchen schafft zu Haus." Man ersetze den Jungen durch den Mann und das Mädchen durch die Frau, und man hat die maßgebliche Formel der Gesellschaft, aus der Alice sich herausbegibt, der viktorianischen nämlich. Wobei man das "Schaffen" der häuslichen Engel, wie die Damen der tonangebenden Schichten tatsächlich genannt wurden, nicht wörtlich nehmen muss. Gleichwohl waren die Bereiche ihrer Tätigkeiten abgesteckt und eng: Haus und Heim, Familie und Dienstboten, Salons und Soiréen.... Hingegen war des viktorianischen Gentlemans Feld die Welt. Wirklich: Die Welt schlechthin.

Imperien wie das weiland britische entstehen nämlich nicht von ungefähr. "We are British, aren't we ?" ermuntern sich die drei schiffbrüchigen Jungen in Ballantynes Klassiker "Coral Island" von 1858 gegenseitig. Und dann machen sie die Insel urbar und fürchten weder Kannibalen noch Piraten und sind so richtige kleine Welteroberer.

Dergestalt war ein Rollenspiel vorgegeben, auch und gerade in der mehr und mehr gedeihenden Kinder - und Jugendliteratur des 19. Jahrhunderts. Die Haus - und Puppenmütterchen auf der einen, die kecken Jungmänner auf der anderen Seite. Kleine Erwachsene, die sich zwar noch nicht als solche verstehen konnten, aber doch zu begreifen hatten, dass es die großen Erwachsenen waren, die ihnen in solchen Büchern ihr Leben vorschrieben.

Alice folgt nicht solcher Vorschrift - sie setzt sie außer Kraft. Sie spaziert, ein besonnenes und durchaus auch höfliches kleines Mädchen, durch die Wunderwelt, in die sie gefallen (und die ihr zugefallen) ist, genießt ein bisschen deren Verrücktheiten und erwehrt sich nach Kräften aller Zumutungen, wobei diese oft genug an die Beschwernisse jener wirklichen Welt erinnern, die ja, wie wir schon wissen, die Welt der Erwachsenen ist - zumindest, bis Alice in sie zurückkehrt. Denn da nimmt sie ihre Träume mit und etwas von dem neuen Bewusstsein, mit dem sie im Anderswo beschenkt worden ist und wovon sie ein Weniges sogar an die ältere Schwester weitergeben kann.

Auftritt einer kleinen Heldin. Wo sie geht und steht, wird die Bühne frei von all den wohlmeinenden und leider auch aufdringlichen Absichten, mit denen die Großen bis dahin die lieben und erst recht die weniger lieben Kleinen zu gängeln und zu formen suchten.

Die scheinbar für alle Ewigkeit gefertigten Kulissen werden stracks verrückt und eine andere Welt wird sichtbar - die Welt der Kindheit. Ein befreiendes Paradoxon ereignet sich. Indem die Phantasie ihr Recht beansprucht - um nicht zu sagen: an die Macht gelangt - schafft sie Platz für eine neue Wirklichkeit. Und die gehört den Kindern.

Das ist wahrhaft einzigartig. Es braucht Jahre, bis Alice Gesellschaft bekommt. Der unsterbliche Pinocchio springt 1883 ins Leben, zwei Jahre zuvor begibt Spyris Heidi sich unter die Leute. Der eine, als spaßiger Nichtsnutz vorgeführt und eben darum hinreißend, denn er ist ja nur deshalb nicht brauchbar, weil er stets auf der Suche nach ein bisschen Glück ist, wird leider am Ende in einen bis zur Fadheit wohlerzogenen "richtigen" Knaben transformiert. Die andere, das Naturkind, hat immerhin genug Lebenskraft, lies: gesunden Verstand und Mutterwitz, um sich und anderen zu helfen. Eine kleine Rebellin ist sie freilich nicht. Die große Verweigerung schafft im Grunde nur einer, Mark Twains "Huckleberry Finn"(1885), der sich immer dann, wenn er ans Land und in die Gesellschaft der Erwachsenen gerät, in neue und schützende Identitäten flüchtet und damit allen Forderungen des so genannten normalen Daseins entzieht. Seine Abenteuer fügen sich zu einem der schönsten und größten Bücher aller Zeiten, doch sind sie, zumal in der Originalfassung, nur bedingt der Jugendliteratur zuzuschlagen. Vom "Huckleberry Finn" stamme die gesamte amerikanische Literatur ab, hat Hemingway erklärt, und wenn man die Dinge nicht thematisch verengt sieht, hat er wirklich recht.

Arno Schmidt wiederum hat behauptet, Carrolls "Silvie und Bruno" habe die Erzählstruktur für alle moderne Epik vorgegeben. Kann sein, kann nicht sein, das Buch ist mitnichten Carrolls gelungenstes. Feststeht jedoch: Mit "Alice im Wunderland" hat er eine völlig neue Perspektive eröffnet, die sich auf einen in jenen Jahren noch unentdeckten Kontinent unseres Daseins richtet: Auf das kindliche Bewusstsein mit seinen Bilderwelten und Träumen, Sehnsüchten und Ängsten.

Es ist festzuhalten: Die englischsprachige Welt hat mehr bedeutende Bücher für junge Leserinnen und Leser hervorgebracht, als sich im literarischen Gesamtwerk aller anderen Länder zusammen finden lassen. Schon wahr, auch hierzulande gibt es klangvolle Namen - Erich Kästner, dessen "Emil und die Detektive" schon, beziehungsweise erst, 1929 erschien, Otfried Preußler, Michael Ende, Janosch, Cornelia Funke, um nur einige zu nennen. Erinnern möchte ich in diesem Zusammenhang auch an Else Ury ("Nesthäkchen"), die, 66jährig, 1943 im KZ ermordet wurde. Und an Peter Mattheus (1897-1953), der in den 30ern ganz prächtige Bücher für Jungen schrieb: "Vier Jungen wissen sich zu helfen", "Robby kämpft um seine Freiheit." Sein richtiger Vorname war übrigens Adolph, aber den mochte er wohl nicht so sehr. Erwähnt seien auch Lisa Tetzner (1894 – 1963) mit der Kinderodysseee "Die Kinder aus Nr. 67" und ihr Mann Kurt Held (eigentlich Kurt Kläber- 1897 –1959), emigriert 1933 in die Schweiz. Er schrieb u.a. die sozialkritischen Jugendbücher „Die rote Zora“ und „Die schwarzen Brüder“.

Dennoch. Der Erfolg angelsächsischer Kinder – und Jugendbücher in aller Welt ist nicht erst seit Harry Potter unübertroffen. Natürlich hat die englische Sprache dazu beigetragen, ihre internationale Verbreitung zu fördern. Aber das ist es nicht allein. Der erste Weg ins Wunderland, den Carroll für sich und seine kleine Protagonistin gefunden hat, blieb nicht der einzige, sondern nur einer von vielen, die sämtlich auf der großen und bunten Karte der britischen Bücherwelt verzeichnet sind. Und die sie erkundeten, all diese schreibenden Männer und Frauen, nahmen Dinge wahr, die ihresgleichen bis dahin nicht hatten. Sie brachten sie zur Sprache, mit Witz und außerordentlicher Phantasie und vor allem mit dem genial zu nennenden Geschick, selbst die fabelhaftesten Gegebenheiten so darzustellen, als seien sie wirklich und wahr.

Das Unbekannte ist vorstellbar, also lässt sich davon erzählen, in einer Art freilich, die schlüssig sein muss, um zu überzeugen. Eine wichtige Forderung, nicht ohne weiteres zu erfüllen. Man lernt da fast durchweg geschlossene Systeme kennen, von Peter Pans magischer Feen- und Piratenwelt und Mowglis Dschungel bis hin zu Grahames nicht unbedrohter Flussidylle und Rowlings Zaubererschule - wie sie da sind, haben sie ihre eigenen Gesetze und Gesetzmäßigkeiten. Und: Dem Unerhörten wird nicht allein standgehalten, es wird auch regelrecht genossen!

Es kommt nicht von ungefähr, dass Morus sein "Utopia" in England entwarf, dass Swift den Gulliver erfand und Mary Shelley den Frankenstein - und dass auf demselben Nähr- und Erzählboden, der Alice und Peter Pan, Mary Poppins und Harry Potter hervorgebracht hat, gerade auch der Kriminalroman als anspruchsvolle Gattung eigener Art gediehen ist und gedeiht.

Gerade auch in diesem spiegeln sich wie in den Büchern der Autorinnen und Autoren, von denen alsbald die Rede sein wird, ganz im unverkennbar britische Weisen des Denkens und Empfindens:

Der bekannte Common Sense, die Neigung zu Humor und Hintersinn, der feste Glaube an die eigenen Fähigkeiten (ohne den die Insulaner wohl kaum die Turbulenzen der Jahrhunderte überstanden hätten), dazu ein gut überlegter und oft listiger

Pragmatismus, verbunden mit einer wohltuenden Ideologieferne.

Wer wissen will, wie es in den Köpfen sehr vieler Briten aus allen Generationen aussieht, der sollte zu ihren klassischen Jugendbüchern greifen, denn die haben sie fast alle gelesen und aus denen beziehen sie wichtiges Gedankengut.

Es wird jedoch nicht nur von diesen Büchern allein zu sprechen sein, sondern, mit einigem Nachdruck, auch von denen, die sie erdacht und aufgeschrieben haben. Denn ihre Lebenswege kreuzen sich aufs Augenfälligste mit jenen fiktiven, die sie eröffnet und bevölkert haben. Es wird zu zeigen sein, wie ganz bestimmte - und oft genug dunkle, ja bestürzende - Erfahrungen die Bilder und Ideen prägten, die sich alsdann zu Szenarien immer neuer erregender Geschehnisse verdichteten. Insofern gerieten gerade auch diese Lebenswege zu Pfaden ins jeweilige und eigenwertige Wunderland.

Man bleibt nicht unbewegt, versucht man, sie nachzuzeichnen. Die meisten belegen, wie wir das von vielen Großen der Weltliteratur her kennen, dass schöpferisches Schreiben nicht zuletzt auch als Ausdruck von Widerstand zu deuten ist - gegen böse Heimsuchungen und Schicksalsschläge, deren zerstörerische Wucht auf solche Weise gebannt und umgestaltet wird.

"There is more treasure in books than in all the pirate's loot on Treasure Island...and best of all, you can enjoy these riches every day of your life", sagte Walt Disney, der im Weiteren nicht unerwähnt bleiben wird. Wenn dieses Buch einen Sinn hat, dann diesen: Zu solchen Schätzen hinzuführen, auf Wegen, die jenes Wunderland in seiner ganzen Pracht und Vielfalt begehbar machen, auf dass die Freude aufkomme, die der alte Magier von Hollywood so eindringlich pries.

Lewis Carroll
1832 - 1889

Sein richtiger Name war Charles Lutwidge Dodgson.
Als er sich für ein Pseudonym entschied, verfremdete er die beiden Vornamen und kehrte ihre Reihenfolge um: Charles = Carolus = Carroll, Lutwidge = Louis = Lewis; die Verkleidung war durchschaubar, sollte es wohl auch sein.

Geboren wurde er als ältester Sohn (und drittes von elf Kindern) des Reverend Charles Dodgson und seiner Frau Frances Jane, geborene Lutwidge, am 27. Januar 1832 im Pfarrhaus von Daresbury, Cheshire, das inmitten von Kornfeldern stand.

Carroll nannte es später "das glückliche Plätzchen, wo ich geboren wurde." ("The happy spot where I was born.") Die Pfarre selbst war freilich klein und brachte nicht sehr viel ein. Der Reverend, ein kluger und gebildeter Mann und wie seine Frau aus einer angesehenen Familie stammend, nahm nach dem Umzug in ein größeres Haus Privatschüler auf, um sein Einkommen ein wenig aufzubessern. Auch Charles wurde von ihm bis zum zwölften Lebensjahr unterrichtet. Der Junge verehrte den Vater, der voller Verständnis und mit einen feinen Sinn für Humor begabt war, und der Vater hatte Freude an dem aufgeweckten Sohn, der sich mühelos nicht nur gute mathematische Kenntnisse aneignete, sondern auch über eine lebhafte Phantasie verfügte. Den Schwestern, sieben an der Zahl, spielte Charles eigene Stücke auf dem Marionettentheater vor. Auch gab er ergötzliche kleine Zeitschriften für den Hausgebrauch heraus, die beispielsweise solche Lehrgedichte enthielten:

Don't waste your money.
Abstain from honey.
Shut doors behind you.
(Don't slam them, mind you).

Als der Junge 12 Jahre alt war, glich seine Handschrift schon der eines Erwachsenen, und der Leiter der Richmond Grammar School, die er dann besuchte, sagte ihm eine glänzende Karriere voraus. Doch er blieb nur anderthalb Jahre unter der Obhut dieses wohlmeinenden Pädagogen. Schon 1846 wurde er nach

Rugby geschickt, in eine Schule, deren Name nicht nur ein reichlich rüdes Mannschaftsspiel bezeichnet, sondern auch heute noch in aller Welt bekannt ist.

Der Vierzehnjährige, zurückhaltend und eher still, fühlte sich dort keineswegs wohl. Hunderte von Jungen sorgten für Unruhe und Lärm, meist selbstbewusste und kraftstrotzende Burschen, die sich gegenseitig in sportlichen Leistungen überboten - wohingegen Charles schon beim ersten Cricketspiel vom Platz geschickt wurde. Die Hänseleien der anderen kann man sich unschwer vorstellen, auch das Heimweh, an dem der Einzelgänger fortwährend litt. Gleichwohl war Charles nicht der Typ, der sich aus solcher Drangsal ins heulende Elend flüchtete. Vielmehr entwickelte er eben die Tugenden, die er an seinem Vater bewunderte: Disziplin, Fleiß, Gradlinigkeit, Eigenschaften, auf die er unbewusst stolz war und die sein Selbstwertgefühl förderten.

In seinen Briefen nach Hause erwähnte er sein Außenseitertum mit keinem Wort. Dabei ging es ihm auch körperlich schlecht. Nach einer Mumpserkrankung wurde er auf dem rechten Ohr taub. Im Unterricht begann er zu stottern, obwohl er in fast allen Fächern als Musterschüler glänzte - was den Spott und die Schikanen seitens der unbedarften anderen natürlich noch steigerte.

Und da begann er, gewollt oder ungewollt, dieser üblen Außenwelt die eigene Innenwelt entgegenzusetzen, in der seine Phantasie, ungebrochen und schöpferisch wie je, die tollsten Blüten trieb, Späße, Farcen, Kapriolen - ein witziges Wort - und Figurentheater, Gegenszenen zu dem Alltag, durch den er doch ganz ernsthaft wandelte. Der Schüler Charles Dodgson, ein eigenartig zweifacher Charakter, war im Begriff, sich in den künftigen Lewis Carroll zu verwandeln. Dieser Zwiespalt seines Wesens sollte ihm bleiben, sein Leben lang.

1850, 18jährig, immatrikulierte er in Oxford. Hier, wo die Bullies von Rugby nichts mehr zu suchen hatten, fühlte er sich bedeutend wohler. Aus dem geplanten Studium der Theologie wurde allerdings nichts. Ein stotternder Kanzelredner war nicht vorstellbar. Charles belegte das Fach, in dem er stets geglänzt hatte: Mathematik.

Doch fast zeitgleich traf ihn ein schwerer Schlag. Es starb die geliebte Mutter, deren Kräfte elf Schwangerschaften und die ständige Sorge für die Großfamilie aufgezehrt hatten. Noch 20 Jahre später schrieb er an die Schwester Marie, die ihr erstes Kind zur Welt gebracht hatte, sie möge dem Kleinen das werden, "was unsere geliebte Mutter ihrem ältesten Sohn war", die Gestalterin und Beschützerin einer glücklichen Kindheit nämlich. Charles' hohe Intelligenz, sein praktischer Verstand, seine Selbstdisziplin brachten ihn rasch voran. Mit 20 erhielt er ein Stipendium, das ihm freie Wohnung im Christ Church College gewährte und dazu 25 Pfund im Jahr, unter der Bedingung, dass er seine akademischen Pflichten zuverlässig erfüllte und unverehelicht blieb.

Er hielt sich sein Leben lang an diese Auflagen. Kann sein, dass das feste Gefüge täglicher Obliegenheiten ihm zum Schutz vor dem genialischen Chaos wurde, das mehr und mehr in ihm rumorte. 1855 wurde er Lektor und wenig später Dozent. Offenbar entsprach seine pädagogische Begabung nicht ganz seiner mathematischen. Seine Vorlesungen wurden von den Studenten, fast durchweg verwöhnten Söhnen reicher Familien, als äußerst langweilig ("extremely dull") empfunden. Als helfender Tutor, der glänzend zu erklären verstand, war er aber durchaus geschätzt. Dennoch fühlte er sich in seiner Lehrtätigkeit nicht wohl: "...bin entmutigt... ein undankbares, mühseliges Tun."

1854 hatte er begonnen, ein Tagebuch zu führen. Am Ende seines Lebens umfasste es 13 Bände, von denen 9 erhalten sind. Sie berichten von weitgefächerten Interessen. Literatur und Kunst, Fotografie und Theater, Religion und Wissenschaft beschäftigten ihn über all die Jahre hinweg. Dagegen ließen ihn die lebhaften politischen Bewegungen, die den englischen Alltag nachhaltig prägten, einigermaßen kalt. Im Grund seines Wesens war und blieb er konservativ.

Die Fotos aus dieser Zeit zeigen einen nachdenklichen jungen Mann, gepflegt, sorgsam, gescheitelt und in betont gerade Haltung, die ihn eine Spur größer macht, als er tatsächlich ist.

Im März 1855 legte er sich das Pseudonym zu, von dem bereits die Rede war: Lewis Carroll. Im "Punch" und anderen beliebten Magazinen erschienen die ersten Parodien und komischen Gedichte aus seiner Feder. Die Grünschnäbel, die sich über ihren pedantischen Mathe-Professor lustig machten ("Worüber lachen Sie?" "Ich fürchte, wir lachen über Sie, Sir!") wären wohl maßlos verblüfft gewesen, hätten sie den Namen des Autors erfahren. Dessen, sagen wir, offizielles Sein jedoch unverändert gemessen und geradezu einförmig geregelt blieb. Einmal tat er etwas Ungewöhnliches. Er probierte aus, ob er einer Amputation beiwohnen könne, ohne schwach zu werden. Er konnte, vom blutigen Anfang bis zum elenden Ende.

1851 wurden im Rahmen der großen britischen Kunstausstellung zum ersten Mal Fotografien gezeigt. Carroll sah sie und war begeistert. Er legte ein kleines Vermögen für eine Kamera samt Zubehör an und entwickelte in den folgenden Jahrzehnten bildnerische Fähigkeiten, die ihn auch berühmt gemacht hätten, wenn keine Zeile von ihm erschienen wäre.

Zweifellos ist er einer der hervorragenden Fotografen des 19. Jahrhunderts. Dabei fällt auf, dass in seiner umfänglichen Produktion Bilder von Frauen gänzlich fehlen. Frauen kommen auch in den überlieferten Tagebüchern kaum vor. Kein Flirt, kein Zeichen von Verliebtheit, keine heimliche Sehnsucht, nichts.

Möglicherweise hemmte ihn sein Stottern. Kindern gegenüber war es durchaus nicht hinderlich, die hörten ihm gern zu. Besonders kleine Mädchen, von denen er nach und nach eine ganze Reihe kennen lernte und die sein Entzücken erregten. ("Dear, sweet, pretty.")

1856 wurde Carroll in die Familie des Oxforder Dekans Liddell eingeführt, der dem Christ Church College vorstand. Unter den drei reizenden Töchterchen fiel ihm die vierjährige Alice auf, von der er sofort hingerissen war. "Ich markiere diesen Tag mit einem weißen Stein." Dieses höchste Lob findet sich nur ganz selten in seinem Tagebuch. Von da an besuchte er die Liddells immer wieder.

Er machte von den fotogenen Mädchen eine Anzahl Bilder, was deren Mutter gar nicht so gern hatte. Ihn störte das indessen wenig. Es gelang ihm, sich aufs engste mit den kleinen Liddells anzufreunden, denen er, wie sie später berichteten, "viele, viele Geschichten" erzählte. Lorina, die Älteste, war 13, Edith, die Jüngste, 8, und Alice 10, als Carroll begann, ihnen von den Abenteuern eines kleinen Mädchens in einer Unterwelt zu erzählen, die zum einen wunderbar und zum anderen ganz und gar seine Erfindung war.

Es war der 4. Juli 1862. Die vier fuhren in einem Boot auf der Themse - in Oxford Isis genannt - dahin; ein Fünfter war noch dabei, ein gelehrter junger Mann namens Robin Duckworth, der dann genaue Auskunft über den legendären Vorgang gab: "Offenbar erfand und sprach er alles nur für Alice." Und als Duckworth fragte, ob dies alles spontane Eingebung sei, antwortete Carroll: "Ja, ich dachte mir das aus, während wir hier fuhren." Carroll selbst erinnerte sich später an "den goldenen Nachmittag, das wolkenlose Blau, das spiegelnde Wasser, das sanft dahingleitende Boot, die tropfenden Ruder, die aufmunternden Gesichter der Kinder - hungry for news of fairyland." (In Wirklichkeit hat es, wie skeptische Tüftler herausgebracht haben, auch ein bisschen geregnet.)

Er habe, fügte er hinzu, seine kleine Heldin "geradewegs in ein Kaninchenloch gesandt, ohne die geringste Ahnung, was später geschehen würde." Und das darf man ihm glauben. Am selben Abend wurde Carroll von Alice gebeten, er möge die ganze schöne Geschichte doch bitte aufschreiben. Folglich war er fast die ganze Nacht damit beschäftigt, die Einfälle festzuhalten, die ihm in überraschender Fülle zugeströmt waren. So entstand die erste Fassung von "Alice's Adventures Under Ground", versehen mit eigenen Zeichnungen.

Am 18. November begann Carroll mit der Niederschrift des endgültigen Textes, die er im Februar 1863 beendete. Auch dieses Manuskript, das fast doppelt so umfangreich wurde wie die Urfassung, bebilderte er selbst - und schenkte es 1863 Alice zu Weihnachten. Mittlerweile war es jedoch bereits zum Bruch zwischen ihm und den Liddells gekommen, vermutlich am 29. Juni 1883 Die entsprechende Seite ist aus Carrolls Tagebuch herausgetrennt. Danach ist von einer engen Beziehung zu Alice und ihren Schwestern keine Rede mehr.

Es war Mrs. Liddell, die der begeisterten Freundschaft ein Ende gesetzt hatte. Kann sein, sie fürchtete, Carroll habe sich in die heranwachsende Alice ernstlich verliebt und werde wohl gar um ihre Hand anhalten - ein erstens nicht standesgemäßer und zweitens doch etwas verschrobener Freier, der vorsorglich fernzuhalten war. Näher liegt freilich der Verdacht, dass ihr dieser um die Gunst kleiner Mädchen so hingerissen bemühte Lichtbildner und Geschichtenerzähler mehr und mehr verdächtig wurde. Carrolls berühmteste Portraitstudie, die barfüßige Alice als Bettlermädchen, in zerfetztem Gewand und mit entblößten Schultern, kann ihr kaum gefallen haben. Ganz zu schweigen davon, dass dieser Mann auch zahlreiche andere Mädchen fotografierte, in wechselnden Posen und Verkleidungen, gelegentlich sogar nackt, geradezu besessen von seiner sonderbaren Vorliebe, um nicht zu sagen, Leidenschaft.

Die allerdings in der Mitte des 19. Jahrhunderts noch nicht unbedingt schlimmen Argwohn auslöste. Kinder galten, wenigstens in den ersten Jahrzehnten, als geschlechtsneutral. Mrs. Liddells Entscheidung fällt indessen in eine Zeit, in der sich solche Perspektive zu wandeln begann. (Im übrigen hatte sie auch einen kleinen Sohn, dem Carroll keinerlei Aufmerksamkeit zuwandte.)

Am Ende zerriss sie sogar sämtliche Briefe, die Carroll in den Jahren zuvor an Alice geschrieben hatte. Über seine Empfindungen bei dieser rabiaten Trennung sei hier nicht weiter gemutmaßt. Er selbst deutete sie in seiner Widmung an Alice an:

I have not seen thy sunny face
Nor heard thy silver laughter
No thought of me shall find a place
In thy young life's hereafter.
Enough that now thou will not fail
To listen to my fairy-tale.

Dass er nichts mehr tun werde, um in ihren Gedanken - ganz abgesehen von ihren Gefühlen! - einen Platz zu finden, ist eine Art Versprechen, dass er ihr gegenüber fortan strikt einhielt. Was ihn selbst betraf, so blieb sie sein Leben lang "my ideal child-friend", die vollkommene Verkörperung kindlicher Zuneigung inmitten einer gleichgültigen Welt von Erwachsenen, der er eher abgeneigt war und vor der er die Phantastik seines Wesens nach Kräften verbarg. Briefe an Lewis Carroll, Christ Church College, Oxford gerichtet waren, ließ er regelmäßig zurückgehen. Für das alltägliche, besonders das akademische

Umfeld blieb er Charles Dodgson, der Verfasser anerkannter mathematischer Fachbücher.

Er stellt sich die unvermeidliche Zwischenfrage: Wie war das denn nun? War dieser kuriose Mann, zumal von heute aus gesehen, nicht doch eine mehr als zweifelhafte Erscheinung, mit seiner hartnäckigen und nimmer endenden Suche nach kleinen Freundinnen, niedlichen Wesen zumeist, die er mit Gedichten und Spielen anlockte und mit Geschenken und abertausenden Briefen erfreute? Hat nicht, beispielsweise, Vladimir Nabokov recht, der 1923 "Alice in Wonderland" ins Russische übersetzte und dann mitteilte: "Ich habe ihn eigentlich immer Lewis Carroll Carroll genannt, denn er war der erste Humbert Humbert"? (Humbert Humbert ist der eher traurige Held, der dem halbwüchsigen "Nymphchen" Lolita hoffnungslos verfallen ist.) Dies und vieles mehr zum Thema ist immer wieder und mit großer Ausführlichkeit erörtert worden. Was kam - alles in allem - dabei heraus?

Erstens: Die bekannten "Grenzen des guten Geschmacks" hat Carroll gewiss nicht überschritten, schon aus Selbstschutz nicht. Kurz gesagt: Dodgson blockierte Carroll. Der war ein vielfach Verlockter, aber kein Verführer.

Zweitens: Unübersehbar sind die Prägungen der Kindheit. Da waren die sieben, den klugen und witzigen Bruder herzlich liebenden Schwestern - und im augenfälligen Gegensatz dazu die raubeinigen Buben von Rugby, vor denen jedwede Empfindsamkeit in angestrengter Selbstverleugnung zu verbergen war. "Boys are not in my line" - wen wundert das?

Drittens: Es war nicht so, dass schöne Frauen Carroll völlig kalt ließen. Den begeisterten Theatergänger entzückten gewisse Schauspielerinnen - allerdings stets in der Distanz, die zwischen Theaterwelt und realem Dasein besteht. Mit Ellen Terney, die er 1856 in einer kleinen Shakespeare-Rolle sah (er war da 24, sie - nun ja - 8) verband ihn in späteren Jahren eine enge Freundschaft. Da war er ein Mann in den Dreißigern und sie bereits verheiratet (womit die Gefahr einer deutlicheren Annäherung gebannt war.) Sie blieb für ihn "a beautiful little creature."

Carroll konnte nun einmal mit Frauen seines Alters, auch wenn sie anziehend auf ihn wirkten, kaum mehr als freundschaftlichen Umgang pflegen. Da mag ihm allerlei in die Quere gekommen sein: Die pedantische Seite seines Wesens ebenso wie seine krause Innenwelt, die Ich-Bezogenheit und das linkische Sprechen.

Demnach suchte Carroll die Gesellschaft kleiner Mädchen als Ausgleich für seine Unfähigkeit, sich mit erwachsenen Frauen einzulassen? Durchaus denkbar. Normal, kein Zweifel, ist das nicht. Aber welches Genie ist normal? Carroll war eins - ebenfalls kein Zweifel. Und er hat diese Anomalie nicht ausgelebt, sondern umgesetzt - in einer der hinreißendsten Geschichten der Weltliteratur, die bleiben wird, solange es Leserinnen und Leser gibt, kleine und große. Soviel zu obiger Zwischenfrage.

Und dies zum Schicksal des Manuskripts, das Carroll Alice schenkte: Sie ließ es in den 20er Jahren bei Sotheby's versteigern, wo es 15000 Pfund erbrachte, damals eine Rekordsumme. Es ging dann nach Amerika, von wo es 1948 zurückkehrte. Der Chef der Congress Library machte es dem Britischen Museum zum Geschenk, als Zeichen der Anerkennung für die Tapferkeit, die das britische Volk im Zweiten Weltkrieg gezeigt habe.

Die Geschichte der frühen Ausgaben des Wunderbuchs ist übrigens ein Kapitel für sich. Die erste Auflage wurde zurückgezogen, weil weder Carroll noch der Zeichner - John Tenniel, ein großer Könner - mit der Qualität der Bilder zu-frieden war. Nach einem heftigen Hin und Her wurden 10000 neue Exemplare gedruckt. 1886 waren es schon 78 000.

In den 60ern vollendete Carroll bereits den zweiten Teil von Alices Abenteuern: "Behind the Looking-Glass and what Alice found there." Das ist nun keine Geschichte mehr, die für ein einziges Kind entworfen und aufgeschrieben wurde, sondern ein rundum eigenwertiges Gebilde, geformt aus einer Fülle von Einfällen, Bildern und Szenen, die allesamt dem Autor zugehören, der freilich nicht er selbst wäre, hätte er nicht auch hier immer wieder Spiegelungen der glücklichen Tage mit den Liddell-Kindern aufleuchten lassen.

Das zweite Buch ging Weihnachten 1871 in den Handel. Innerhalb weniger Wochen wurden 15 000 Exemplare verkauft. Übertragungen in alle wichtigen europäischen Sprachen erfolgten. Die französische, deutsche und italienische Version überwachte der Autor persönlich. Bühnenfassungen wurden gespielt, über die er sich freute. Die erste Verfilmung - 1906 - erlebte er leider nicht mehr.

Im 20. Jahrhundert gehörten die beiden Alice-Bände zu den meistübersetzten Büchern der Welt. - Carroll war jetzt ein berühmter Mann. Viele Türen taten sich vor ihm auf. (Nur die eine nicht mehr, die ihm so wichtig war). Doch neue gesellschaftliche Kontakte lockten ihn kaum mehr. Er kehrte zur wissenschaftlichen Arbeit zurück. Fast scheint es, als hätten ihn Gewissensbisse geplagt, weil er so viel Zeit an Alice und ihre Abenteuer gewendet hatte. Im folgenden Jahrzehnt veröffentlichte er eine ganze Reihe von mathematischen Fachwerken.

Eine Gewohnheit, wenn man's denn so nennen mag, behielt er immerhin bei. In den Seebädern, die er in den Ferien aufsuchte, hielt er Ausschau nach kleinen Mädchen - mit ihnen und ihren Müttern kam er rasch ins Gespräch, er war ja kein Unbekannter mehr. Oft lud er sie nach Oxford ein, wo er dann Bilder von den Kindern machte. 1879 wagte er sich an die erwähnten Nacktaufnahmen - und legte ein Jahr später die Kamera für immer weg. Über die Gründe mag man spekulieren.

Während dessen legte er lange Listen von kleinen Bekannten an und führte einen ausgedehnten Briefwechsel mit ihnen. Laut Stephanie Lovett Stoffel ("Lewis Carroll and Alice", N.Y. 1997) schrieb und empfing er die unglaubliche Zahl von 100 000 Briefen. (Erwachsene Adressaten eingeschlossen.) Carroll machte nur eine größere Reise, noch vor Abschluss des zweiten Alice-Bandes, im Sommer 1867, mit seinem Freund und Kollegen Henry Parry Liddon. Sein Reise-Journal ist angenehm zu lesen. Die beiden gelangten nach St. Petersburg, Moskau, Nishni Nowgorod, Kronstadt und bestaunten die Kunstschätze und Kirchen des fremden Volkes ebenso wie dessen Gewohnheiten. (Carroll hatte fast immer ein Wörterbuch bei sich; als er es einmal vergaß, kam es prompt zu komischen Missverständnissen.)

Die Hin- und Rückfahrt führte die Freunde auch durch Deutschland, mit Aufenthalten in Köln, Berlin und Dresden. Von der Innenwelt des Kölner Doms war Carroll zutiefst beeindruckt. Schluchzend wie ein Kind - so Liddon - lehnte er an der Wand und wehrte das Angebot des Küsters ab, sie noch in Nebenräume zu führen. Er könne, sagte er, die raue Stimme des Mannes inmitten so großer Schönheit nicht ertragen.

Die Reise dauerte zwei Monate. 1869 starb Carrolls Vater, von einem Tag zum andern, ohne dass zuvor eine auffällige Krankheit Anlass zur Sorge gegeben hätte. Jahrzehnte danach bekannte Carroll einem guten Freund, dies sei der schwerste Schicksalsschlag, der ihn jemals getroffen habe. Gleichwohl arbeitete er stetig am Manuskript des zweiten Alice-Bandes, der 12 Kapitel umfasste. Ein Kapitel hatte er auf Wunsch John Tenniels gestrichen: "Die Wespe mit der Perücke." Der Illustrator hatte erklärt, er könne sich einfach keine Wespe mit einer Perücke vorstellen und sie folglich auch nicht zeichnen. In anderen Punkten gab Carroll aber nicht nach. Zum Beispiel hatte Tenniel im Weißen Ritter sich selbst portraitiert. Carroll sah jedoch in dieser Figur so etwas wie sein anderes Ich.

Er bekam seinen Willen, nach mancher Auseinandersetzung. Als das Buch erschienen war, erhielt auch die jetzt fast 19jährige Alice Liddell, die längst keinen Einfluss mehr auf Carrolls Schreiben und Trachten hatte, ein Exemplar. In dessen Deckel sollte nach seinem Willen ein Spiegel montiert werden - als das nicht ging, war er betrübt.

Was Alice angeht, so verliebte sie sich 1874 erst einmal in Queen Victorias Sohn Leopold. Ihre Zuneigung wurde durchaus erwidert, aber die königliche Mutter hintertrieb die in ihren Augen nicht standesgemäße Verbindung. Alice ehelichte dann, 28jährig und also nicht mehr in der ersten Blüte ihrer Jugend, einen Fabrikantensohn namens Reginald Hargreaves, der sich in Eton und Oxford einige Bildung angeeignet und auch bei Charles L. Dodgson gastiert hatte. Drei Söhne wurden geboren: Alan, Leopold (bei dem besagter Prinz Pate stand) und Caryl. Die beiden älteren fielen im Ersten Weltkrieg. Das schreibt sich so hin, es war ein entsetzlicher Schlag für Alice und ihren Mann. Der starb 1926, 77jährig. Für Alice und ihren lebenslustigen Jüngsten wurde die Lage schwierig; das Einkommen war schmal.

Alice nahm alles, was sie von Carroll bekommen hatte, die Handschriften, die prächtigen Erstausgaben, die kleinen Geschenke und machte es zu Geld. Es kam - siehe oben Stichwort "Sotheby's" - ein ansehnliches Vermögen zusammen, aber Caryl gelang es, fast die gesamte Summe durch verwegene Fehlspekulationen wieder zu verlieren. Außerdem heiratete er eine Kriegerwitwe, die von Alice abgelehnt wurde. Sie hielt eine Witwe, die sich wieder verheiratete, für unmoralisch. Dieser Widerstand entfremdete ihr den Sohn, sie lief Gefahr zu vereinsamen. Und erlebte doch noch einmal einen ganz außerordentlichen Triumph. Zur Feier von Carrolls hundertstem Geburtstag wurde die Achtzigjährige von der Columbia Universität nach New York eingeladen.

Begleitet von einer Schwester und auch von Caryl reiste sie hin und wurde vielfach gefeiert und geehrt - unter anderem verlieh Columbia ihr den Doctor honoris causa. Ihre Kindheit hatte sie eingeholt. Der Glanz, der von dem ehedem so linkischen und letztlich auch verschmähten Mr. Dodgson ausging, den jetzt alle Welt als den größten Kinderbuchautor aller Zeiten rühmte und verehrte, erhellte und verschönte ihr Alter.

Zurück zu Carroll. Die Kritiken zu "Through the Looking-Glass" waren voller Lob. Sehr treffend etwa die Feststellung des "Globe": "To write good nonsense is as difficult as to write good sense." Wobei dem Autor bestätigt wurde, dass er dieser Schwierigkeit mehr als gewachsen sei. Carroll selbst erklärte: "Das WARUM dieses Buches kann und braucht nicht in Worte gefasst zu werden. Diejenigen, für die das Gemüt eines Kindes ein versiegeltes Buch ist und die im Lächeln eines Kindes nichts Göttliches sehen, würden solche Worte vergeblich lesen..."

A child's mind - das war es, worüber Carroll verfügte, das war die große Quelle und die starke Triebkraft seines Schreibens.

Der Doppelcharakter seines Wesens war ihm aufs eindringlichste bewusst. In einem berühmten Brief von 1875 an eine gute Bekannte, Magdalen Millard, erläutert er, warum er nicht zu einem vereinbarten Treffen gekommen ist. Er sei allzu lebhaft in ein Gespräch mit sich selbst verwickelt gewesen: "I had so many conversations on the way..I said...and myself said..and I said..." Unterzeichnet: "Your affectionate friends: Lewis Carroll and C. L. Dodgson."

Carrolls Produktion endete nicht mit "Through the Looking Glass." Aber keins der noch folgenden Bücher kam an Verbreitung und Beliebtheit den Alice-Geschichten gleich. Das von nachgerade tollem Wortwitz berstende Erzählgedicht "The Hunting of the Snark. An Agony in eight Fits" (1876) hat zwar Scharen hintersinniger Deuter auf den Plan gerufen, aber kindliche Leser nicht interessiert - es war letztlich auch nicht für sie gedacht. G.K. Chesterton, bekannt als Schöpfer des Pater Brown, schrieb, Carrolls Nonsense tauge eher für weise und ergraute Philosophen, die in ihm das Niemandsland zwischen Sinn und Nichtsinn erkunden könnten.

Bereits der "Snark" des Titels bewegt sich in dieser Zone - eine Kreuzung aus "Snail" (= Schnecke) und "Shark" (= Hai). Dieter Stündel nennt ihn in seiner einfallsreichen Übertragung den "Schnai", wohingegen Michael Ende sein "Libretto zu einem Singspiel für Clowns" "Die Jagd nach dem Schlarg" betitelte. (Darin treten übrigens Mr. Lewis Carroll und Mr. Charles L. Dodgson als siamesische Zwillinge auf.)

1889 folgte als letzte größere Veröffentlichung "Sylvie und Bruno", 1893 in einem zweiten Band fortgesetzt. Carroll bot eine gewaltige Erzählmasse, verwertete frühere Geschichten und Notate, verschränkte reale und phantastische Ebenen, setzte neben gelungenen Nonsense tiefgründige Gedankengänge, die nach seinen Worten auch zu ernsteren Lebensphasen passen sollten - eine ungemein komplexe Angelegenheit, die manche ein geniales Patchwork nennen, andere einen reichlich langatmigen Wirrwarr. Alice-Fans werden sich womöglich enttäuscht sehen, geduldige Tüftler und Bewunderer kostbarer verbaler und szenischer Einfälle mögen auf ihre Kosten kommen.

Im Dezember 1897 zog Carroll sich eine Bronchialinfektion zu. 13 Tage vor seinem 66. Geburtstag starb er am 14. Januar 1898. Auf dem Sockel des Grabkreuzes ist nicht nur "Rev. Charles Ludwidge Dodgson" zu lesen, sondern - in Klammern - auch: "Lewis Carroll."

Wunderland im Untergrund – und anderswo. Die Abenteuer von Carrolls Alice

Wozu, überlegt Alice, ist ein Buch gut, in dem es weder Bilder noch Gespräche gibt?

Der Gedanke kommt ihr, als sie ganz zu Anfang einigermaßen gelangweilt neben ihrer Schwester am Ufer eines Bachs sitzt und in deren Buch späht, und tatsächlich! es hat weder Bilder noch enthält es Gespräche. (Was man von dem Buch, das uns im Folgenden ihre Erlebnisse mitteilt, nun wirklich nicht sagen kann.)

Der Tag ist heiß, die Schwester liest, Alice wird sehr schläfrig. Da saust mit einem Mal ein weißes Kaninchen vorbei, und sie hört es brummeln: "Meine Güte! Ich komme zu spät!" - was sie jedoch nicht weiter wundert. Richtig neugierig wird sie erst, als das eilige Wesen eine Uhr aus seiner Westentasche zieht - Kaninchen haben Westentaschen! Wenigstens bei Carroll! - und nachschaut, wie spät es ist. Da springt Alice auf und rennt ihm nach, und als es in einem großen Kaninchenbau verschwindet, saust sie hinterher, ohne auch nur eine Sekunde zu überlegen, wie sie da wieder herauskommen könne.

Und ohne innezuhalten, hastet sie durch einen dunklen Gang, bis der an einem Schacht endet, in den Alice prompt hineinfällt: Hinab! Hinab! Das Fallen hört gar nicht auf.

So beginnt Carrolls großes Buch für kleine Mädchen. Alice fällt aus dieser Welt heraus und hinein in eine ganz und gar andere, voller Bilder und Gespräche, bewohnt von Wesen, die sozusagen vertraut sein müssten, doch sich solcher Vertrautheit meist aufs Unfreundlichste entziehen - ohne freilich bedrohlich oder gefährlich zu werden - mit einer schlimmen Ausnahme.

Aber fremd, das sind sie schon. So fremd, wie etwa die Großen den Kleinen sind, die Erwachsenen den Kindern, die doch meinen, sie kennten diese Großen, und immer wieder überrascht werden von deren absonderlichem Gebaren. (Absonderung: "Das versteht ihr noch nicht! Das ist nichts für euch! Bleibt weg davon!")

Alice ihrerseits bleibt nicht weg von dem, was da auf sie zukommt. Es ist ein ganz wesentlicher Zug an ihr, dass sie immer aufgeschlossen bleibt und verständig dazu. Stets versucht sie, eine kleine, irgendwie vernünftige Ordnung zu schaffen, zumindest so etwas wie eine Übersicht über die völlig ungeordnete und unvernünftige Welt, die sie alsbald umgibt.

Selbst im Fallen verhält sie sich so. Im Schacht gibt es rundherum Regale, auf denen allerlei Zeug steht. Sie ergreift ein Marmeladenglas, und als sie sieht , dass es leer ist, stellt sie es, während sie meilenweit abwärts stürzt, in ein tiefer gelegenes Regal, sorglich darauf achtend, dass es nicht irgendwem auf den Kopf fällt.

Dieses atemlose Fallen: Eigentlich ein Alptraum, ganz das Gegenteil vom schwerelosen Fliegen, das unsereinen bisweilen im Schlaf beglückt. Aber Alice, und auch das ist charakteristisch für sie, bleibt unverzagt. Sie erinnert sich, wie auch im weiteren Verlauf des Geschehens immer wieder, an das, was sie droben gelernt hat, und sie versucht es anzuwenden. Ohne Erfolg freilich, was zugegeben werden muss, sie meint, sie falle durch den Mittelpunkt der Erde hindurch, geradenwegs zu den „Antipathen - das richtige Wort ist ihr ebenso wenig geläufig wie die Begriffe "Längen - und Breitengrade", die sie sich aber laut vorsagt, weil sie so schön beruhigend klingen. Hinab, hinab. Alice denkt an ihre Katze, ihre liebe Dinah. (So hieß die Katze der Liddells.) Sie denkt, merkwürdig genug, nicht an ihre Eltern und Schwestern. Aber an Dinah. Die hätte sie gern bei sich. Freilich, was könnte sie ihr zu essen geben? Mäuse sind weit und breit nicht in Sicht. Vielleicht Fledermäuse? "Do cats eat bats?" denkt sie immer wieder, und der Rhythmus des Sätzchens schläfert sie ein, und sie sieht sich Hand in Hand mit Dinah, bis sie bautz! auf einem Haufen trockenen Laubs landet und aufwacht. (Aufwacht! Im Traum aufwacht und weiter träumt!)

Es folgt das erste Abenteuer in der Unterwelt. Alice betritt einen recht unwirklichen Bau und wird mithilfe einiger Mittelchen, die sie darin vorfindet, abwechselnd ganz groß und ganz klein - einmal fürchtet sie sogar, auszugehen wie eine Kerze, ein andermal erwägt sie, ihren Füßen etwas zu Weihnachten zu schicken, weil sie doch so weit weg sind. Dauernd spielt ihr ihre Körperlichkeit Streiche, so dass sie sich endlich fragt: "Wer in aller Welt bin ich? Ach, DAS ist ein großes Rätsel." In der Tat, das ist es. Denn sie ist dieselbe und doch jemand anders -

was jedes Kind erfährt, das heranwächst und oft nicht weiß, wohin mit sich.

Schließlich kommt sie aus dem Gehäuse, in das sie geraten ist, mit dem besten Willen nicht heraus.

Da beginnt sie nun doch zu weinen, und aus ihren Tränen bildet sich ein ganzer See, in dem sie, winzig, wie sie gerade ist, herumschwimmt, bis ihr eine Maus begegnet. Sogleich besinnt sie sich auf ihre Schulbildung und redet sie mit dem lateinischen Vocativ an: " O, Maus!", und als sie damit keinen Eindruck macht, versucht sie, auf Französisch Konversation zu machen, wobei sie allerdings einen denkbar unglücklichen Ansatz wählt: "Ou est ma chatte?" Die Maus ist, verständlicherweise, schockiert. Alice erkennt ihren faux pas, wechselt rasch das Thema und spricht, ausgerechnet, von Hunden, woraufhin die Maus sich aufs schwerste beleidigt zeigt. Inzwischen wimmelt es im See der Tränen von anderem Getier, von Vögeln und Vierbeinern, und siehe da! es ist Alice, die alle ins Trockene bringt. Da gibt es dann eine Ente (= duck = Rev. Duckworth), einen Papagei namens Lory (Lorina: Die älteste der Liddell-Schwestern) und einen Dodo, welcher ein ausgestorbener Riesenvogel ist. (Wenn Dodgson sich vorstellte, stotterte er oft: "Do-DoDodgson.") Diese und alle anderen, natürlich auch Alice, sind pitschnass, und die Maus will nun doch helfen und erzählt recht wichtigtuerisch eine furchtbar trockene Geschichte, aus einem echten Geschichtsbuch. Was aber nichts nützt, denn keiner wird davon trocken. Auf Vorschlag des Dodos findet ein Rennen statt, in dessen Verlauf tatsächlich alle entnässt werden, woraufhin die Maus eine weitere Erzählung ankündigt, die lang und traurig sei! Erzählung heißt aber auf Englisch "tale", was genauso klingt wie "tail", der Schwanz. Ganz folgerichtig stellt Alice sich auch einen Mauseschwanz vor, der, immer dünner werdend, dann sogar im Druckbild erscheint. (Einer von Carrolls zahllosen Wortwitzen, die gute Übersetzer fordern. Stündel fand die schöne Lösung "Schwätzchen" - "Schwänzchen", Christian Enzensberger brachte "weitschweifig" ins Spiel.)
Alice fängt wieder mit ihrer geliebten Dinah an. Alle Vögel machen sich sofort davon - und da weint sie wieder, "for she felt very lonely." Und das wird sie bleiben, tatkräftig, verständig

und couragiert, aber eben auch einsam, ganz auf sich selbst gestellt. Da kommt keiner, der ihr wirklich hilft.

Auch nicht, als sie danach ins Haus des weißen Kaninchens gerät und die Sache mit dem Größer - und Kleinerwerden wieder losgeht. Richtig böse in der Klemme sitzt sie, nicht drehen und wenden kann sie sich in den engen Räumchen, und das Kaninchen will sogar Feuer ans eigene Haus legen! Alice entkommt mit Mühe, allerdings wieder arg verkleinert und bedroht von einer karrengaulgroßen Wespe, die sie geschickt mit einem Stöckchen abwehrt. (Gulliver in Brobdingnag lässt grüßen.)

Alsdann begegnet sie einer Raupe, die Wasserpfeife rauchend und sehr hochnäsig auf einem Pilz thront. (Wo weiße Kaninchen Weste und Uhr an und mit sich tragen, kann eine Raupe auch Wasserpfeife rauchen.) Naturgemäß behandelt die Raupe Alice sehr von oben herab. "Wer bist du?" will sie wissen, und Alice bekennt schüchtern, das wisse sie nicht. Sie habe es gewusst, als sie am Morgen aufgestanden sei: "Aber ich denke, ich muss mich seitdem etliche Male verwandelt haben. "Was soll denn das heißen?" fragt die Raupe streng. "Erkläre dich!" Was für eine vertrackte Aufforderung! "Ich kann mich nicht erklären", sagt Alice, "weil ich nicht ich selbst bin, sehen Sie." (Was für eine hintersinnige Antwort!)

"Ich sehe es nicht", sagt die Raupe. Kann sie auch gar nicht. Denn Verwandlung ist ihr selbstverständlich - einmal wird sie ein schöner Schmetterling sein.

Fürs erste aber ist sie unglaublich barsch und befiehlt Alice, ein Gedicht aufzusagen. Alice gehorcht, verballhornt den Text aber wunderbar komisch, nach dem Brauch unzähliger Schulkinder, die beim ewigen Wiederkäuen gewisser Gereimtheiten deren komische Substanz herausschmecken. "Einige Worte haben sich verändert ", räumt sie artig ein,

Nicht nur Lebewesen verwandeln sich in dieser Gegenwelt, auch kanonisierte Lesebuch-Gedichte, wobei herauskommt, was in ihnen steckt: Der Wahnwitz der Welt. Verwandlung gleich Verrückung. Verwandelt gleich verrückt. Alice ihrerseits möchte aber keinesfalls verrückt werden, weshalb sie die Raupe um Rat fragt (und dabei schwer beleidigt, als sie nämlich sagt, drei Inches seien eine jämmerliche Größe. "Eine stattliche Größe!" kontert die Raupe entrüstet und richtet sich auf, so lang, wie sie ist: genau drei Inches.) Immerhin, die Raupe weist Alice an, von dem Pilz zu essen. Die eine Seite mache größer, die andere kleiner.

Dankbar folgt Alice ihrem Rat und schafft es so, ihr Dasein halbwegs auszubalancieren. Sie wandert weiter und gerät in ein Haus, in dessen Küche eine potthässliche Herzogin ihr Baby auf dem Schoß wiegt. Außerdem sind eine mürrische Köchin und eine unentwegt grinsende Katze zugegen. Befremdlicherweise schleudert die Köchin alles Küchengerät, Teller, Töpfe, Schürhaken, nach dem Baby und der Herzogin, bis diese das quäkende Kind der erstaunten Alice zuwirft und fluchtartig den Raum verlässt. Das Baby ist indessen gar kein Baby, sondern ein Ferkelchen, das sich sofort trollt, als Alice es auf den Boden setzt. Zurück bleibt nur die Grinsekatze, die ihr versichert, ausnahmslos alle seien hier verrückt. "Ich bin verrückt. Du bist verrückt."

Alice, siehe oben, hört das gar nicht gern und fragt, woher die Katze das denn wisse. "Wenn du nicht verrückt wärest", sagt die Katze, "wärest du nicht hier." Darüber könnte man lange nachdenken, was Alice auch tut. Sie fordert einen weiteren Beweis, aber die Katze verschwindet, kommt wieder, verschwindet zum anderen Mal ...am Ende hängt nur noch ihr Grinsen in der Luft... Monströse Erscheinungen. Aber Alice hält ihnen und allen, die noch kommen, stand, auch dieser, dass da ein Grinsen ohne Katze ist. Eine Katze ohne Grinsen, in Ordnung, das kennt sie. Aber das da?

In Andersens "Schneekönigin" fertigt der Teufel höchstselbst einen Spiegel an, der die Welt und das Dasein übel entstellt. Schönes zeigt er hässlich, Gutes widerlich, und wenn einer einen frommen Gedanken denkt, geht ein furchtbares Grinsen durchs Ganze. Das Grinsen als äußerste Verneinung? Nicht bei Carroll. Es kann den Sinn, hinter dem Alice auf all ihren Wegen her ist, nicht zerstören. Allerdings: Es macht auch keinen Sinn. Es entzieht sich, etwas hochtrabend gesagt, der Sinnfrage. Mit der bleibt Alice allein. It's a mad world, you see. Man könnte darin vielleicht nicht zugrunde, aber immerhin verloren gehen. Man wird sehen.

Ein neues Haus. Sein Dach ist mit Fell gedeckt, und die Schornsteine sehen aus wie Hasenohren. Tatsächlich sitzt ein Märzhase darin und ein Hutmacher dazu. Beide sind, was Alice (und die Leserschaft) schon nicht mehr wundert, verrückt. "Mad as a hatter" und "Mad as a March hare" waren im England des 19. Jahrhunderts nicht einfach nur Redensarten. Hutmacher litten oft an mentalen Vergiftungserscheinungen, die durch das bei der Filzkonservierung verwendete Quecksilber verursacht wurden.

Und was die Hasen betrifft, so führen sie sich im März, ihrer Paarungszeit, tatsächlich einigermaßen verrückt auf. Hase und Hutmacher bilden eine ebenso ausdauernde wie aberwitzige Teegesellschaft. Zwischen ihnen sitzt als Dritter eine im Halbschlaf befindliche Haselmaus, eingequetscht und ziemlich bedrückt, denn die beiden stützen sich mit ihren Ellenbogen auf sie und piesacken sie überhaupt recht gnadenlos. Alice nimmt ungebeten Platz. Der Märzhase bietet ihr Wein an, obwohl gar keiner da ist, was Alice befremdet wahrnimmt. "Kein sehr höfliches Angebot!" beschwert sie sich. Daraufhin der Märzhase: "Es war auch nicht sehr höflich von dir, dich uneingeladen hierher zu setzen."

Auf dieser Ebene verläuft das Gespräch. Es ist eine Ebene der Zurecht - und Zurückweisungen, die der ja nicht auf den Mund gefallenen Alice bisweilen die Rede verschlägt. Dazwischen gibt der Hutmacher ein Rätsel auf. "Was haben ein Rabe und ein Schreibtisch gemeinsam?" Alice rät vergeblich herum. Das hat in der Folge eine ganze Schar gelehrter Geister getan, obgleich Carroll versichert hatte, es gebe wirklich keinerlei sinnvolle Lösung. Dennoch fand einer eine ganz witzige: "Poe wrote on both - i.e. the raven and the writing desk." In den Unfug, den das Trio veranstaltet, schleicht sich überhaupt manche Heimtücke ein. Berühmt ist der Dialog, in dem der Märzhase Alice fragt, ob sie noch eine Tasse Tee wolle. Alice ist beleidigt. "Bis jetzt hatte ich noch gar keine. Da kann ich nicht noch eine bekommen." "Du meinst, du kannst nicht weniger bekommen", mischt sich der Hutmacher ein. "Aber es ist sehr leicht, etwas mehr als nichts zu kriegen."

Womit er ja auf eine verzwickte Weise recht hat. Und als er sich über die Relativität der Zeit, von der er wie von einer Person spricht, auslässt, klingt das keineswegs unlogisch. Gleichwohl schimpft Alice, als sie geht, dies sei die dümmste Teeparty, die sie je erlebt habe. (Carroll hat sie übrigens auf den 4. Mai datiert - den Tag, an dem die wirkliche Alice Geburtstag hatte.)

Die dümmste vielleicht nicht. Eher schon die feindseligste. Wer weiß, was eine Tasse Tee im Alltagsritual der britischen Welt bedeutet, der begreift, dass ihre Verweigerung eine, mit Verlaub, Negation alles Humanen bedeuten kann.

Hutmacher und Hase sind nicht allein verrückt (mad), sondern leider doch auch böse (bad). Ihr Bösesein zeigt sich als Unterdrückungslust (siehe die Position der Haselmaus) und als regelrechte Aggressivität. Bisher hat Alice manches erlebt, Missverständnis, Unverständnis, Abweisung, allenfalls widerwillige Hilfe, aber dies noch nicht. Zwischen Madness und Badness gibt's nur ein schmales Klüftchen. Das zeigt sich hier.

Und auch im folgenden Kapitel, in dem es Alice endlich gelingt, in den wunderschönen Garten einzudringen, zu dem ihr seit ihrer Ankunft in der Unterwelt der Zutritt verweigert wurde.

Denn jetzt erscheint dieser Garten an sich schon etwas fragwürdig. Die roten Rosen darin - schönste Symbole der Liebe - sind in Wirklichkeit weiß und nur rot angestrichen. Immerhin waltet dort endlich so etwas wie eine Ordnung, in Form einer Hierarchie nämlich - aber wie sieht die aus ? Sie wird von Spielkarten dargestellt. Die Pik-Karten (Spades) sind Gärtner, die Kreuz-Karten (Clubs) Soldaten, die Karo-Karten (Diamonds) Höflinge und die Herz-Karten bilden die königliche Familie, mit Königin und König an der Spitze. Die Queen of Hearts ist die erste und einzige Autorität, der Alice auf ihrem unterirdischen Streifzug begegnet. Die Autoritäten des wirklichen Lebens glänzen sämtlich durch Abwesenheit: Eltern, Lehrer, geistige Herren. Und diese Königin der Herzen ist wahrlich zum Fürchten. Sie gibt im wesentlichen immer denselben Satz von sich: "Schlagt seinen Kopf ab!" oder "Schlagt ihr den Kopf ab!" schreit sie etwa einmal pro Minute. Alle zittern und beben vor ihr. Auch Alice fühlt Beklommenheit, sie wundert sich, dass im weiteren Umkreis überhaupt noch jemand am Leben ist. Aber sie schaut sich doch die höchst ungewöhnliche Partie Crocket an, die da gespielt wird:

Die Schläger sind Flamingos, als Kugeln dienen Igel (die immer wieder versuchen, sich davonzumachen.) Arg unlustig nimmt dann auch Alice teil, immer des Unmuts der Königin gewärtig, den sogar die gräuliche Herzogin fürchtet, die plötzlich wieder auftaucht und sich an Alice hängt, was dieser gar nicht recht ist.

Auch die Grinsekatze ist wieder da, und "Ab mit ihrem Kopf!" schreit die Königin. Der König holt den Scharfrichter, der jedoch feststellt, man könne schwerlich einen Kopf abschlagen, zu dem kein Körper gehöre - denn der hat sich schon wieder verflüchtigt. Die Königin giftet sich darüber ungemein und will kurzerhand alle Anwesenden hinrichten lassen, was die Gesamtstimmung gewaltig dämpft.

Wobei sich unweigerlich die Frage erhebt, ob eine solche "blindlings tobende Furie" (Carroll über seine Figur) überhaupt in ein Kinderbuch gehört. Zweierlei lässt sich erwidern. Erstens, man betrachte das Personal der klassischen Märchen und was es so treibt - Zauberer, Hexen, böse Feen, grimme Gesellen jeder Art. Da wird doch gespießt, verbrannt, zerstückelt und sogar menschenfresserisch geschlemmt, dass es einem den Atem verschlagen könnte. Generationen von Dreikäsehochs haben das genossen, ohne seelische Blessuren davonzutragen.

Zweitens: Alice behauptet sich, wie wir sehen werden, auch gegenüber diesem Monster, ja, sie weist es mit Nachdruck in seine Schranken - und die Kindlein, sie lesen und sehen das gerne, in einer Art von Solidarität, die nicht näher beschrieben zu werden braucht.

Martin Gardner, der schon vor Jahren die "Annotated Alice" herausgegeben hat, bemerkt ganz richtig, man könne das Buch normalen Kindern ruhig in die Hand geben, die würden schon ihren Spaß daran haben, aber man solle es Erwachsenen, die sich gerade einer Psychoanalyse unterzögen, besser vorenthalten.

Es gibt, das sei hier eingefügt, nicht wenige, die bemängeln, die ganze Geschichte sei zu beklemmend und ohne befreiende Heiterkeit. Tatsächlich lacht Alice nicht ein einziges Mal - auch auf Tenniels Bildern nicht. Es sei eben, fahren solche Kritiker fort, doch mehr ein Buch für Erwachsene, die sich an dem oft dunklen Witz ergötzen könnten, und nicht für Kinder, die er eher ratlos lasse. Im übrigen habe Carroll in der Figur des Mädchens sich selber dargestellt und nicht eine wie auch immer authentische kleine Alice Seine eigenen Ängste und Frustrationen gegenüber einer monströsen Alltags- und Erwachsenenwelt seien es gewesen, die er, ein ewiges Kind, da verfremdet und inszeniert habe.

Daran ist gewiss etwas Wahres. Dennoch ist es nicht die ganze Wahrheit. Zwar gibt es ein paar sehr deutliche Anspielungen auf des Autors eigene Befindlichkeit.

Da ist zum Beispiel der erwähnte prächtige Garten, von dem Alice sich magisch angezogen fühlt und zu dem sie erst einmal keinen Zugang findet. Sie ist zunächst zu groß, um das Pförtlein zu durchschreiten, und als sie, durch den Zaubertrank geschrumpft, klein genug geraten ist, kann sie den Schlüssel nicht mehr erreichen, mit dem es sich öffnen lässt. Fast so erging es Carroll nach dem Kontaktverbot, das Mrs. Liddell ausgesprochen hatte. Sehnsüchtig sah er von seinem Fenster aus in den Garten, in dem Alice mit ihren Schwestern spielte. In seinem Sehnen und Trachten war er "klein", nach der Zahl seiner Jahre jedoch zu "groß" - dieses Wunderland blieb ihm fortan verschlossen.

So ließen sich manche Parallelen zur Carrollschen Biographie finden. Aber die Szenarien des Buches sind mehr als nur stilisierte Abziehbilder der Sehnsüchte und Betrübnisse des Verfassers.

Alice lacht nicht, das stimmt. Sie ist gelegentlich - nicht oft! - sogar etwas verstört von dem, was ihr da begegnet. Einmal verbirgt sie ihr Gesicht in ihren Händen und fragt sich, ob sich denn überhaupt noch irgendetwas in natürlicher Weise ereignen werde. (Kapitel: "Die Hummer-Quadrille.) Und mehrfach stellt sie grimmig fest, sie sei in ihrem ganzen Leben nicht so herumgeschubst worden wie von diesen Kreaturen. Bezeichnenderweise setzt sie einmal hinzu: "Ich könnte ebenso gut in der Schule sein."

Das ist nicht so komisch. Oder doch? Immerhin, abertausende von Filmen finden ihr Publikum in jener Mehrheit, die erheitert zusieht, wie einer herumgeschubst wird. Hauptsache, er obsiegt am Ende. Noch besser, man kann sich dann mit ihm (oder ihr) identifizieren. Wer zuletzt lacht, lacht am besten - und wenn es nur die Betrachter sind oder, in unserem Fall, die junge Leserschaft, die doch nicht zufällig nach Millionen zählt.

Deren Lachen ist natürlich nicht laut und schadenfroh. Schadenfreude ist das Letzte, was Carroll bewirken wollte. Die wirkliche Alice sollte sich ja in der fiktiven wiederfinden - und ebendies sollten all die Mädchen, die er sich als Leserinnen wünschte. Diese Alice ist deren Stellvertreterin, nicht seine. Sie arbeitet deren Ängste ab - das ist nicht unbedingt komisch, aber befreiend. Und sie zeigt und entwickelt ein Selbstbewusstsein, von dem man sicher sein darf, dass es auch den Geboten und Gefahren der realen, der Ober - und Erwachsenenwelt standhalten wird - das ist ermutigend und gibt Kraft.

Man braucht sich nicht herumschubsen zu lassen, soviel steht fest. Die Monster respektieren Alice nicht, aber sie respektiert erst recht nicht die Monster. Wichtiger noch: Der Autor respektiert Alice. Nirgendwo nimmt er ihr gegenüber einen betulichen oder gar gängelnden Erwachsenengestus ein. Er lässt sie durchaus eigenständig denken und handeln. Sie braucht keine Erwachsenen, auch ihn nicht. Das ist unerhört neu und markiert einen Wendepunkt: Ein Kind verteidigt sein Kindsein, und zwar erfolgreich. Und dieser Erfolg hat, denke ich, mit dem Erfolg des Buches zu tun.

Im Weiteren begegnet Alice noch einer falschen Suppenschildkröte. Im Original ist das eine Mock Turtle, eben jene, aus der man die bekannte - nicht das Fäserchen einer Schildkröte enthaltende - Suppe herstellt.

Diese Mock Turtle erzählt von ihrer Schulzeit, von kuriosen Fächern (Mystery statt History, Seaography statt Geography und so fort), gibt auch ein gefühlvolles Suppenlied zum Besten. (Stündel: "Sah ein Rab' ein Süpplein stehn.") Begleitet wird sie von einem Gryphon, einem Greif mit Löwenleib und Adlerkopf. Ein solches Fabelwesen war das Emblem des Oxforder Trinity Colleges; die kleinen Liddells konnten es dort am Haupttor besichtigen. Dies Gryphon nun, reichlich kurz angebunden, aber ebenso harmlos, schleppt Alice zu einer merkwürdigen Gerichtsverhandlung. Es präsidiert, mit weißer Richterperücke, der König. Ihm zur Seite wacht die Königin mit bösen Blicken über alles Geschehen. Die Jury besteht aus kleinem Getier, Vögeln, Eichhörnchen, Meerschweinchen, auch eine Eidechse ist dabei. Ankläger ist, siehe da, das weiße Kaninchen, und Angeklagter ist der Herzbube. Er soll Törtchen gestohlen haben, was er verzweifelt bestreitet.

Zeugen sind der vor Angst bibbernde Hutmacher, die böse Köchin, auch die Haselmaus, die aber dazwischen redet und des Platzes verwiesen wird. Und ganz unerwartet wird auch Alice als Zeugin aufgerufen. Die ist nun in den Minuten davor größer und größer geworden und somit in die Normalität zurückgewachsen. Und als sie gleichermaßen verdutzt wie hastig aufsteht, schmeißt sie die ganze Geschworenenbank um.

Was man nicht ohne Erleichterung liest, denn der Prozess hat durchaus kafkaeske Züge angenommen. "Erst die Strafe! Dann das Urteil!" plärrt die Königin. Alice ist deshalb auch ziemlich empört, und als alles darauf hinausläuft, dass der arme Herzbube partout geköpft werden soll, protestiert sie nach Kräften: "Quatsch! Blödsinn! Die Strafe zuerst! Wo gibt's denn so was !" "Sei still!" keift die Königin. "Ich denk' nicht dran!" sagt Alice.

"Kopf ab!" schreit die Königin, so laut sie nur kann. "Wer nimmt euch denn ernst?" sagt Alice, nun in voller Lebensgröße. "Ihr seid doch nichts als ein Pack Karten!"

Das sind wohl die bekanntesten Sätze des ganzen Buches. Alice im Aufstand. Bis dahin hat sie alles mitgemacht, höflich, aufgeschlossen, gar folgsam und nicht zeigend, wenn sie ein wenig verwirrt und auch missmutig war, da man sie doch fortwährend von oben herab behandelte, als dummes kleines - sehr kleines ! - Mädchen. Im Gegensatz übrigens zu den bürgerlichen Viktorianern, die ihre Kinder zu - freilich auch mundtot gemachten - Mini-Erwachsenen zurechtstutzen wollten.

Jetzt reicht es Alice. Sie macht nicht mehr mit. Sie steht auf, in des Wortes doppelter Bedeutung. Zweierlei treibt sie: Ihr gutes Herz - da soll ein Unschuldiger sterben! Und ihr klarer Verstand - welch mörderischer Nonsense wird von jenem herrschaftlichen Pack geschwätzt und getrieben!

Güte und Klugheit triumphieren, die beiden Eigenschaften, die Alice so liebenswert machen. Das ganze Kartenpack fällt wütend über sie her. Doch sie "stößt einen kleinen Schrei aus, halb aus Angst und halb aus Zorn", wehrt die sie umflatternde Bande ab und entkommt.

Wie zu Anfang sitzt sie auf einer Bank neben ihrer älteren Schwester, doch jetzt hat sie ihren Kopf in deren Schoß und schläft - genauer: sie wacht allmählich auf, noch im Halbschlaf wischt sie die welken Blätter weg, die von den nahen Bäumen auf ihr Gesicht gesegelt sind. So macht Carroll das Gleiten des Bewusstseins aus der Traumwelt sichtbar. Zunächst das Wiederfinden der eigenen normalen Körperlichkeit, dann der Ansturm der Kartenblätter, die in der Realität als trockenes Laub die Sinne reizen.

Von einem Traum war freilich bisher nicht die Rede. Man hätte eher an ein Fantasia-Land glauben mögen, von der Art, wie Kinder es sich gern erschaffen, in oft langen und vielfach wiederholten Gedankenspielen. (Prominentestes britisches Beispiel: Die Brontë-Schwestern mit ihrem Bruder Branwell.) Indessen erklärt uns die Mitteilung, dass alles ein Traum gewesen sei, ein wenig von der stillen Bereitschaft, mit der Alice all die dunklen Abenteuer über sich ergehen lässt - ohne sie jedoch einfach hinzunehmen, wie betont werden muss. Aber erst, als sie ihr Selbstbewusstsein zu erlangen beginnt, begehrt sie wirklich auf. Welcher Vorgang ziemlich genau dem entspricht, den alle Heranwachsenden erfahren, die in entscheidende Auseinandersetzungen mit den Erwachsenen und deren Welt geraten.

Alice ist allerdings erst sieben. Sie sagt zu der Schwester, sie habe einen recht kuriosen Traum gehabt, und dann erzählt sie alles ganz genau. Die Schwester schickt Alice zum Tee und sie rennt los - jetzt wird sie wirklich Tee bekommen! - und denkt, was für ein wundervoller Traum es doch gewesen sei. ("Was ja auch völlig richtig ist", setzt Carroll hinzu.)

Und damit endet die Geschichte. Nein, noch nicht. Denn die Schwester, die zurück geblieben ist, beginnt nun ihrerseits zu träumen. Zunächst sieht sie Alice vor sich, klein und zutraulich, mit strahlenden Augen und widerspenstiger Haarsträhne. Und dann träumt sie in diesem Traum noch einmal alles, was Alice ihr vom Wunderland berichtet hat. Aber anders als die kleine Schwester WEISS sie, dass sie träumt: "Sie wusste, sie brauchte nur ihre Augen zu öffnen und alles würde sich in stumpfe Wirklichkeit verwandeln."

Die Schwester träumt. Aber es ist ein erwachsener, ein aller Magie beraubter Traum, nachdenklich, nicht mehr schöpferisch, bestenfalls die Spiegelung von Sehnsüchten nach dem Wunderbaren, sei es denn, wie es wolle. Solche Sehnsüchte, das macht

Carroll seiner nicht-kindlichen Leserschaft klar, sind alles, was den Erwachsenen bleibt. In diese Erkenntnis mündet der Traum der Schwester - und auch das Buch. Die Schwester sieht Alice als erwachsene Frau, die sich über die Jahre hinweg das naive und liebende Herz ihrer Kindheit bewahrt hat und darum auch die Sorgen und Freuden ihrer eigenen Kleinen verstehen und teilen kann im Rückblick auf den eigenen Lebensauftakt und die "happy summerdays". Das sind die letzten beiden Wörter des Buches und es ist müßig zu fragen, ob sie denn wirklich so glücklich waren, diese frühen Sommertage. Sie waren es, weil geprägt von Erlebnisfreude und einer unbefangenen Phantasie, die selbst bedrohliche Erscheinungen in eher lächerliche Monster zu verwandeln imstande ist, Monster, die der unschuldigen Courage ihrer kleinen Widersacherin nicht widerstehen können. Im späteren Leben mag's dann ganz anders sein.

Wie schon gesagt: Alice im Wunderland, das ist nicht einfach Carrolls anderes Ich. Aber hier, im Nachspann, in der Vision einer herangewachsenen Alice, ist er selbst mit im Spiel. Kein Zweifel.

Als Carrolls "Through the Looking - Glass" erschien, war Alice 20 und er selbst doppelt so alt. Was er da vorlegte, war nicht mehr aus einem übermütigen Einfall entstanden, ersonnen, um staunende kleine Mädchen zu begeistern. "Hinter den Spiegeln" oder auch "Alice im Spiegelland" gewährt tiefe Einblicke in die Innenwelt des Verfassers, der sich offenbar einiges von der Seele zu schreiben hatte. Dabei ist wehmütiger Verzicht mit im Spiel und ein Bewusstsein endgültigen Verlusts. Viele, die sagen, das sei nun wirklich kein reines Kinderbuch mehr, haben nicht ganz und gar Unrecht.

Die vielen Verrätselungen, Vexierspiele und (Alp)-Traumbilder, die Carroll sich hat einfallen lassen, können oft wohl nur von Erwachsenen durchschaut werden, denen auch die sonderbar heitere Melancholie nicht fremd ist, die hier die Atmosphäre bestimmt. (Des Autors anderes Ich, der Weiße Ritter, sagt einmal: "Je kopfhängerischer ich bin, desto mehr neue Sachen denke ich mir aus.")

Allerdings scheint da oft auch eine geradezu magische Komik auf, die jedes phantasiebegabte Kind bezaubern wird. Dass auch diese Komik bisweilen ein wenig traurig daherkommt - wofür der besagte Ritter ein anrührendes Beispiel ist - versteht sich von selbst. Carroll ist nun einmal ein Meister der Paradoxa. Und, auch hier, ein hinreißender Erzähler.

Dass er in diesem Band, anders als im ersten, sozusagen planmäßig vorgeht, macht er in einer kleinen Vorrede klar. Das Buch folgt, wie er mitteilt, dem Modell einer Schachpartie in zehn Zügen, und ihnen entsprechend bewegt Alice sich als Weißer Bauer von Abenteuer zu Abenteuer. Damit kommt eine Art Ordnung in die Willkür, der das kleine Mädchen - es ist jetzt siebeneinhalb - fortwährend ausgesetzt ist. Andererseits bleibt unklar, wer nun eigentlich die Spielregeln verantwortet, denen es zu folgen hat. Spiel-Regeln: In sich schon wieder ein Paradoxon. Von solchen Verdrehtheiten wimmelt das Buch; sie können gar nicht übersehen werden. Wobei der Doppelsinn des letzten Verbs Carroll wohl gefallen hätte. Denn nicht nur dem Paradoxon, das jene Verrücktheit der Welt veranschaulicht, die wir schon im ersten Band erlebt haben, gehört seine Liebe, sondern auch dem Wortwitz, mit dem er gerade das "Looking - Glass" freudig bestückt.

Beginnen wir also am Anfang. Da finden wir Alice mit der schon bekannten Dinah, ihrer Katze nämlich, die von ihr zärtlich geliebt wird. (Die Katze, notabene, ist das freieste Haustier.) Dinah hat jetzt zwei Kinder, ein schwarzes und ein weißes Kätzchen, und das schwarze hat gerade ein Wollknäuel aufgerollt und ein kleines Chaos von Knoten und Schlingen bewerkstelligt, wofür es von Alice wohlwollend getadelt wird. Schneeflocken tupfen sacht gegen die Fenster. Die Stimmung ist behaglich, das Kätzchen schnurrt, Alice fragt scherzhaft, ob es Schach spiele. Und sie sagt ihren Lieblingsspruch: "Let's pretend" - lasst uns so tun als ob. Das Kätzchen soll so tun, als sei es die Schwarze (im Original: Rote) Königin. Wenn es das nicht tut, so droht Alice scherzhaft, werde es von ihr ins Spiegelhaus gesteckt werden.

Ein Teil dieses bemerkenswerten Hauses ist im großen Spiegel an der Wand zu sehen - nämlich das eigene Zimmer, wirklichkeitsgetreu, nur eben verkehrt herum. Wie schön wäre es, sagt Alice, wenn man in dieses Spiegelhaus gelangen könnte. "Lasst uns so tun, als könnten wir es !" Und tatsächlich, einen Augenblick später kann sie es.

Als Erstes stellt sie befriedigt fest, dass auch im Spiegelzimmer ein wärmendes Feuer brennt, und ihr Wohlgefühl wächst noch, als sie sich ausmalt, was für ein Spaß es sein wird, "wenn sie mich durch den Spiegel hier drinnen sehen und nicht an mich herankönnen." Sie, das sind die Eltern und Geschwister, und Alice freut sich, sie erst einmal los zu sein. Dass freilich auch niemand da ist, um ihr notfalls zu helfen, bekümmert sie mitnichten. Schon im Wunderland waren Eigenständigkeit und Unabhängigkeit ihre hervorragenden Eigenschaften, die sich auch in Momenten völliger Einsamkeit bewährten.

In der Asche des Kamins bemerkt Alice ein paar Schachfiguren, die sich bewegen und erstaunlicherweise auch reden können. Die Weiße Königin schreit sogar, nämlich nach ihrem Kind, das weit von ihr entfernt auf der Tischplatte hockt, und Alice, hilfsbereit wie immer, ergreift sie und befördert sie nach oben, in einem Tempo, dass Ihrer Majestät die Stimme verschlägt. Beim König ist sie dann vorsichtiger, aber sein fassungsloses Glotzen bringt sie so zum Lachen, dass sie ihn beinahe fallen lässt.

Ein deutlicher Unterschied zu dem Abenteuer mit der Kartenkönigin und dem Kartenkönig! Hier hat Alice buchstäblich alles im Griff. Abgelenkt wird sie nur durch ein Buch, das (natürlich, möchte man sagen) in Spiegelschrift geschrieben ist, die Alice mittels eines Spiegels entziffert. Erstaunt liest sie die sieben Strophen eines Gedichts, das "Jabberwocky" betitelt ist. Und hier müssen wir für einen Augenblick innehalten.

Was da steht, ist der blanke Unsinn. Unsinnige Wörter, unsinnige Sätze, ein toller Mischmasch. "mishmash" hieß auch eine der Zeitschriften, die der junge Carroll für seine Geschwister verfertigte, und in einem Heft von 1855 findet sich bereits die erste Jabberwocky-Strophe. Es gibt heute keinen Streit mehr darüber, dass dies das herrlichste Nonsense-Gedicht in englischer Sprache ist. Gestritten wird vielmehr immer noch über seinen Inhalt. Alice selbst sagt: "Es erfüllt scheint's meinen ganzen Kopf mit Ideen - ich weiß nur nicht genau, was sie bedeuten." Keiner weiß das. Aber vielen hat es offenbar mächtig Spaß gemacht, allerlei Sinnbezüge herauszutüfteln, Zudem gibt es gloriose Übersetzungen, ins Lateinische, ins Französische, natürlich auch ins Deutsche.

Der erste Urheber einer deutschen Fassung (überschrieben: "Der Jammerwoch"), nebenbei bemerkt ein Mitarbeiter von Dekan Liddell, fabuliert von einer Séance bei der der Geist eines gewissen Hermann von Schwindel erschien, der behauptete, Carrolls Gedicht sei einfach eine Übertragung einer alten deutschen Ballade, deren erste Strophe wie folgt lautet:

Es brillig war. Die schlichte Toven
Wirrten und wimmelten in Waben;
Und allermümsige Burggoven
Die ohmen Räth ausgraben.

Soviel für die Bedauerns- beziehungsweise Beneidenswerten, die noch nicht wissen, was da auf sie zukommt. Später werden wir noch einmal davon hören, beim 6. Kapitel, das von Humpty Dumpty handelt.

Alice findet den Weg hinaus ins Freie - aber merkwürdig! wie weit auch immer sie sich vom Spiegelhaus zu entfernen scheint, sie läuft immer wieder zu ihm zurück, ganz gegen ihren Willen, aber durchaus gemäß den Gegebenheiten der verkehrten Welt. Endlich gelangt sie an ein Blumenbeet und hört erstaunt, dass diese Lilien, Rosen und Maßliebchen sprechen können: "Wenn jemand da ist", erklärt die Tigerlilie hochmütig, "mit dem zu sprechen sich lohnt." Eigentlich ein hübsches Kompliment für Alice, obgleich sie umgehend einige Tadel einstecken muss. Aber sie - die es nicht mag, kritisiert zu werden, was der Erzähler ausdrücklich vermerkt - versteht es, sich zu wehren.

"Hütet eure Zunge!" droht sie, "oder ich werde euch pflücken!" Das wirkt. Die bunten Gewächse stehen verhältnismäßig brav Rede und Antwort, und Alice erfährt, warum die Blumen in der Welt diesseits des Spiegelhauses nicht sprechen. Sie schlafen nämlich immer zu faul in ihren Betten (flower-beds), die von den Gärtnern viel zu weich gemacht werden.

Wenig später stößt Alice auf die Schwarze Königin, die inzwischen mächtig gewachsen ist und sie um Haupteslänge überragt. Aber die kleine Heldin ist, wie schon ihr Umgang mit den hochnäsigen Blumen gezeigt hat, nicht mehr das eher beflissene und schüchterne Mädchen, das sie im Wunderland war. So imponiert es ihr kaum, dass die Königin (nach Carroll "das Konzentrat gouvernantenhaften Wesens") sich sehr formell und von oben herab benimmt. Sie tritt ihr vielmehr höflich, aber nicht untertänig entgegen, und gemeinsam betrachten die beiden die Landschaft, die wie ein weites Schachbrett vor ihnen liegt und über die sich auch Figuren bewegen. Alice ist entzückt. "Da spielen sie ja ein richtiges Schachspiel! Über die ganze Welt hinweg - wenn das überhaupt die Welt ist!" Das klingt wirklich gedankentief. Aber Alice philosophiert nicht.

Sie ist nur - ein Hauptzug ihres Wesens - auf Klarheit aus. Deshalb die Einschränkung. Im übrigen wird ihr diese nur scheinbar überschaubare Welt solche Klarheit nicht geben. Und die schon angedeutete Frage, wovon oder von wem die Schachfiguren gelenkt werden, stellt sie erst gar nicht. Stattdessen äußert sie das Verlangen, mitspielen zu dürfen, und sei's auch nur als Bauer. Obwohl sie, das sagt sie auch, am liebsten Königin wäre! Ihre Begleiterin lächelt nur und bemerkt, das lasse sich leicht machen. Dann erklärt sie ihr den Weg und verheißt, auf dem achten Feld würden sie zusammen Königinnen sein. Ein Versprechen, das Alice, wie wir sehen werden, sehr ernst nimmt und nicht vergisst.

Aber erst einmal muss sie aufs Kommando der Schwarzen Königin rennen, bis ihr der Atem wegbleibt. Dabei kommt sie keinen Zoll vom Fleck. Das Drumherum bleibt immer gleich. Schließlich beginnen die einzelnen Züge. Das heißt, da ist erst einmal ein richtiger Zug, mit einer Lokomotive vorne dran. ("Der Qualm allein kostet tausend Pfund pro Puff!")

Alice findet sich in einem vollbesetzten Abteil wieder. Ihre Reisegefährten sind Figuren, von denen man sich besser nicht träumen lässt. Nicht, dass sie bösartig wären! Aber sehr ungewöhnlich, das sind sie. Ein Herr in weißem Papieranzug ist dabei, eine Ziege, ein Käfer, ein Pferd, dazu ein Etwas mit einem Stimmchen, so dünn, dass es nur im Kleindruck wieder - gegeben werden kann- "alles in allem eine schräge Wagenladung von Passagieren", die, wie der Erzähler hinzufügt, auch noch im Chor denken können, "Ich hoffe", ergänzt er ein bisschen boshaft, "Sie wissen, was das ist, im Chor denken - ich muss gestehen, ich weiß es nicht!" Und so ist das alles.

Überflüssig zu sagen, dass der Zug nicht dorthin fährt, wohin Alice will, sondern in die entgegengesetzte Richtung, weshalb man ihr den Rat gibt, sich mit Rückfahrkarten zu versehen. Sodann springt er plötzlich über einen Bach, und in jenem jähen Umschlag der Szenerie, der uns in gewissen Träumen erschreckt, findet Alice sich unter einem Baum wieder.

Sie unterhält sich mit einer Mücke, die wie ein Huhn so groß ist und sprechen kann, und erfährt dabei allerlei über Insekten, von denen sie nie zuvor gehört hat, über die Schaukelpferdbremse, die Brot- und Butterfliege (butterfly= Schmetterling) und so weiter.

Die Mücke schlägt ihr auch vor, sie solle sich ihres Namens entledigen, dann könne ihre Gouvernante nicht mehr nach ihr rufen. "Dann wird sie einfach 'Miss' schreien ", wendet Alice ein. Woraufhin die Mücke eins ihrer vielen Wortspielchen macht (das Stündel trefflich übersetzt): "Das wäre dann ein Missverständnis."

Von solchen Scherzen hat Alice aber jetzt genug. Sie wandert in den Wald hinein, der vor ihr liegt, noch immer ein bisschen über den Vorschlag der Mücke sinnierend, zumal auch der Wald und seine Bäume namenlos sind. Was sie wieder einmal zur Frage aller Fragen bringt: "Und jetzt - wer bin ich ?" Sehr verständlich in einer derart unsicheren, verdrehten und verkehrten Welt - und sehr schwer zu beantworten. Alice ist froh, dass sie wenigstens das L findet, mit dem ihr Nachname beginnt (Liddell!). Ein, man denke, freundliches Geschöpf erscheint, ein Rehkitz, und erlöst sie aus ihrer Ungewissheit. (In manchen Märchen - Beispiel: Brüderchen und Schwesterchen - werden Rehe durch unschuldige Mädchen entzaubert.)

Auf Pflanzen und Tiere folgen jetzt Menschen oder doch Wesen, die ihnen gleichen. Da sind zunächst Tweedledum und Tweedledee, zwei kleine, fette, hässliche Kerle, die so etwas wie Schuluniformen tragen und einander zwillingshaft ähnlich sehen - der eine ist die seitenverkehrte Entsprechung des anderen. Spiegelbrüder, gewissermaßen. Schwer zu wissen, woran man mit ihnen ist, und in der Tat weiß es Alice während der ganzen nun folgenden Szene nicht. Ihr fällt nur das alte Kinderlied ein, in dem zwei Figuren gleichen Namens eine Rolle spielen. Den beiden, die vor ihr stehen, missfällt das jedoch - sie können offenbar Gedanken lesen. "Was du da denkst", sagt Tweedledum, "das stimmt ja gar nicht." Und Tweedledee stimmt ihm mit seinem Lieblingswort bei:" Contrariwise" - was etwa soviel heißt wie: "Im Gegentum." Dann strecken sie ihr die Hände zur Begrüßung hin, und als Alice sie artig ergreift, machen sie gleich ein Tänzchen mit ihr, bis ihnen allen die Luft wegbleibt. Die bösen Buben, einander ähnelnd wie ein faules Ei dem anderen, ziehen das arglose Mädchen in den Wirbel ihrer wüsten Existenz - könnte man denken, aber vielleicht ist das auch überzogen. Immerhin: Carroll konnte Jungen einfach nicht ausstehen.

Auf Alices Frage nach dem Weg, der aus dem Wald herausführt, gehen die beiden überhaupt nicht ein. Stattdessen tragen sie erst einmal ein vielstrophiges Gedicht vor. Es handelt von einem Zimmermann und einem Walross, die eine Austernkolonie besuchen und zu einem heiteren Spaziergang einladen. Alle kleinen Austern folgen ihnen und bitten schon bald um eine Pause, weil sie so fett und außer Atem sind. Die Rast wird ihnen gütigst gewährt, und dann werden sie alle vom Walross und vom Zimmermann aufgefressen, die ahnungslosen, dummen Kleinen. Eine schändliche Tat, über die sich Alice gebührend entrüstet, doch ihre Empörung hält nicht lange an, denn sie wird vom Schnarchen des Schwarzen Königs abgelenkt, der im nahen Dickicht ein Nickerchen macht.

Alice betrachtet ihn, besorgt, er könne sich erkälten - ihr Mitgefühl für andere, das uns schon im ersten Band sehr für sie eingenommen hat, ist ungebrochen. Tweedledum und Tweedledee klären sie auf: Der König träume von ihr. Und wenn er nicht mehr von ihr träume, dann existiere sie nicht mehr: "Du bist doch nur eine Vision in seinem Traum, und wenn er aufwacht, dann erlischst du - bang! - wie eine Kerze."

Bereits im Wunderland empfand Alice einmal die Angst, sie könne wie eine Kerze ausgehen. Es ist die Urangst schlechthin. Kinder, lebensfroh und lebenssüchtig, werden sie kaum nachvollziehen können. Das ist ein Passus für Erwachsene, denen womöglich einfällt, dass Carroll zunächst theologische Studien betrieben hat. Dann spiegelt das, was die Zwillingsmonster herausquäken, eine Art von metaphysischem Hintersinn: Der Mensch - nur ein Gedanke Gottes. "Wenn's nicht so humoristisch dargeboten würde", merkte Bertrand Russell dazu an, "würden wir's als peinigend empfinden."

In der Tat, das würden wir. Alice beginnt zu weinen, als sie hören muss, sie sei nicht wirklich. Sie vergießt, wie wir wissen, nur ganz selten Tränen. Die Vorstellung muss ihr also schwer zu schaffen machen. Tweedledum und Tweedledee erweisen sich als unbarmherzig. "Meinst du, du wirst wirklicher, wenn du heulst?" höhnt der eine. Und als Alice erwidert, sie könne wohl kaum weinen, wenn sie nicht wirklich wäre, setzt der andere noch eins drauf: "Du denkst doch nicht, dass diese Tränen wirklich sind?" Ironischerweise haben die beiden Stänkerer sogar recht. Alice ist Fiktion wie sie selbst. Doch Carroll lässt ihr ihren eigenen Willen. "Ich weiß, die schwätzen Unsinn", spricht sie zu sich selbst. Damit ist die Sache für sie erledigt. Sie will ein für allemal heraus aus dem dunklen Wald. Der noch dunkler wird, als flügelschlagend ein mächtiger schwarzer Vogel heranrauscht, vor dem die beiden Spiegelbrüder kreischend fliehen. Über die Symbolik dieser Erscheinung wollen wir lieber nicht sinnieren, zumal sie so rasch verschwindet, wie sie aufgetaucht ist.

Dafür gerät die Weiße Königin wieder ins Spiel, die so zerrupft aussieht, dass Alice ihr hilft, sich halbwegs zurecht zu machen. Dankbar bietet ihr die merkwürdige Majestät eine Stelle als Kammerjungfer an. Zwei Pence pro Woche soll es geben und am jeweils anderen Tag Marmelade. Der andere Tag, so erläutert sie, ist immer gestern oder morgen - niemals heute. "The other day" heißt in der Tat "neulich" oder auch "vor einiger Zeit."

Womit die weiteren Worte der Königin verständlich werden, die sie zu der völlig verwirrten Alice spricht. "Das", macht sie klar, "ist die Folge, wenn man rückwärts lebt."

Die Zeit ist aus den Fugen. Die Königin kann nämlich nicht nur im Rückwärtsgang handeln, sie kann sich auch im Voraus erinnern, wobei jede erfahrungsgemäße Abfolge außer Kraft gesetzt wird. So kommt – siehe das Wunderland - zum Beispiel die Strafe vor der Missetat. Und deshalb schreit die Königin auch auf, noch bevor sie sich in den Finger gestochen hat. Als sie sich dann wirklich sticht, braucht sie nicht mehr zu schreien, weil sie's ja schon getan hat.

Eigentlich so übel nicht, könnte man meinen. Die zeitlichen Kategorien werden aufgehoben, und der Mensch kapriolt einfach darüber hinweg. Wenn dem so wäre! Aber da ist nichts einfach, und besagte Kategorien bestehen durchaus weiter, wenn auch verdreht und verkehrt. So bewegen sich Carrolls Figuren - außer Alice! - in neuen Zwängen, nämlich in denen einer ausgeklügelten Paradoxie, die zwar komisch, aber auch beklemmend ist. Ebendies verspürt Alice, wenn sie ausruft, sie sei SEHR einsam hier, wobei sie abermals Tränen vergießt.

Wir wissen schon: Das tut sie nur, wenn sie sich am Rande der Verzweiflung bewegt. Die Einsamkeit, die sie nun beklagt, ist existentiell. Keine der Kreaturen um sie herum ist imstande, ihr Schicksal oder auch nur ihre Gedanken zu teilen. Sie ist ganz auf sich selbst und ihren Verstand angewiesen - an dem sie wahrlich zweifeln könnte, angesichts der Dinge, die sich um sie herum abspielen. Denn wie im Traum - und ein Traum ist es doch, in den es sie verschlagen hat - verschieben sich abermals die Szenerien. Unversehens findet Alice sich in einem kleinen Allerweltslädchen. Hinter der Theke hockt ein menschlich gewandetes Schaf, das eine Brille auf der Nase hat und strickt. Es fordert Alice auf, etwas zu kaufen, und Alice möchte das auch, aber sonderbarerweise leeren sich die überfüllten Regale in dem Moment, in dem sie hinschaut, da kann sie sich drehen und wenden, wie sie will. Das Schaf fragt sie missbilligend, ob sie denn ein Kreisel sei, und verlangt, sie möge ihm beim Stricken helfen.

Kaum hat Alice die Nadeln in der Hand, da verwandeln sie sich in Ruderblätter, und sie sitzt mit der Schafmadam in einem Boot, das zwischen grünen Ufern dahingleitet. Obwohl sie rudern muss und ständig von ihrer Begleiterin angetrieben wird, gefällt ihr das nicht schlecht. Sie pflückt eifrig Binsen, und es kümmert sie nicht sehr, dass diese umgehend ihren Duft und ihre Schönheit verlieren.

Auch echte Binsen tun das, vermerkt der Erzähler - und erst recht diese Traumbinsen! Womit er uns mit Nachdruck daran erinnert, dass alles, was hier abläuft, als ein Traumgeschehen ist.

Folglich verschwinden mit einem Mal Ruder, Boot und Fluss, und Alice landet abermals in dem dunklen Lädchen. Sie kauft ein Ei - obwohl zwei billiger wären, aber die müsste sie dann auch aufessen, wie ihr das Schaf zu verstehen gibt, das übrigens das gekaufte Ei keineswegs herausrückt, sondern aufrecht (!) in ein Regal stellt. Alice will es sich holen, es weicht zurück, als sie darauf zugeht, und dann breiten sich allenthalben Zweige mit den dazugehörigen Bäumen aus, und sie ist wieder im Wald. Das Ei freilich bleibt. Es wächst und wächst und ist am Ende fast so groß wie ein Mensch, mit Armen und Beinen und natürlich auch einem Gesicht. Auf einer hohen Mauer thront es, im Türkensitz und sichtlich von sich eingenommen.

Alice weiß natürlich sofort, wer das ist. Ein anderes altes Kinderlied fällt ihr ein, das von Humpty Dumpty berichtet, der von einer Mauer herab einen so gewaltigen Fall tut, dass alle Männer des Königs (und die Pferde dazu) nicht imstande sind, ihn wieder auf seinen Platz zu hieven. Aber dieser Humpty Dumpty, der Alice wie so viele vor ihm sehr von oben herab behandelt, kann wie die Spiegelzwillinge Gedanken lesen und ist gekränkt, weil sie ihn nicht richtig ästimiert. Er will ihren Namen wissen und behauptet, der sei dumm, weil er nichts bedeute, während sein eigener Name sich auf sein hübsches Aussehen beziehe und deshalb sehr aufschlussreich sei.

Ganz offenbar weiß er nicht, was da alles anklingt. "to have the hump" heißt "üble Laune haben". "Dump" ist ein dicker Gegenstand oder auch eine plumpe Person. Und obendrein ist auch "egg" nicht nur positiv besetzt. "He's a bad egg" bedeutet "Er ist eine üble Type." Wirklich, ein bezeichnender Name!

Aber ganz so übel ist Humpty Dumpty dann doch nicht. Nach all den Exkursen über Raum und Zeit und das Dasein überhaupt folgt jetzt einer über die Austauschbarkeit von Wortbedeutungen, mit semantischen Kapriolen und Gags, die man dem eiernden Dicksack auf der Mauer gar nicht zutrauen möchte. Tatsächlich ist es ja Carroll, der sich ausgerechnet dieses selbstgefälligen Monstrums bedient, um die Nonsense-Methode, mit der er der Sprache zu Leibe rückt, wenigstens ansatzweise durchschaubar zu machen.

Zuvor eckt Alice aber noch einmal an, indem sie Humpty Dumptys vermeintlichen Gürtel lobt, der in Wirklichkeit eine Krawatte ist - man kann halt nicht sehen, wo der Hals aufhört und der Wanst beginnt. Humpty Dumpty hat das gute Stück vom Weißen Königspaar als Nicht-Geburtstagsgeschenk bekommen, und als Alice nicht begreift, was das nun wieder ist, macht er eine Rechnung auf: Den richtigen Geburtstag feiert man nur einmal im Jahr und erhält folglich auch nur einmal Geschenke. Nicht-Geburtstag aber hat man 364mal im Jahr, infolgedessen .... Eine herrliche Idee, die jedes Kind begeistern wird. Das Gespräch verweilt jedoch nicht lange dabei. Humpty Dumpty gebraucht das Wort "glory" nach Alicens Ansicht falsch. Als sie ihm das sagt, weist er sie hochfahrend zurecht. Wenn er ein Wort in den Mund nehme, dann bedeute es genau das, was es nach seinem Willen bedeuten solle, und nichts anderes!

"Die Frage ist", wendet Alice ein, "ob du es fertig bringst den Wörtern so viele verschiedene Bedeutungen zu geben." Die Frage ist", trumpft Humpty Dumpty auf, "wer das Sagen hat!“ (Im Original: "The question is, which“ nämlich der Mensch oder das Wort – „is the master.") Das kann man nur bestaunen. Es nimmt die Substanz sehr wesentlicher Sprachtheorien des folgenden Jahrhunderts vorweg, von, sagen wir, Sigmund Freud bis hin zu Arno Schmidt und seinen Etyms.

Alice, stets ebenso lernwillig wie lernfähig, ist entsprechend beeindruckt. Als Humpty Dumpty ihr auch noch die Mentalität der Wortarten dargelegt hat - "Verben sind die stolzesten, aber mit Adjektiven kannst du alles machen", oh Werbung und Agitprop! - bittet sie ihn, ihr das Jabberwocky - Poem auszudeuten, von dem sie die erste Strophe vorträgt.

Und wahrhaft spielend löst Humpty Dumpty die vertracktesten Wortgebilde auf. Wie von selbst füllt sich der scheinbar leere Klingklang der Verse mit glimmernden und gleitenden Inhalten, die diese und jene Deutung zulassen, aber immerhin: Sie lassen überhaupt Deutungen zu, machen mehrfachen, buntscheckigen Sinn, und gerade das ist der Humor davon. Alice muss erstaunt zugeben, dass das Ganze funktioniert. "'That'll do very well', said Alice." Dabei spielt es im Grund keine Rolle, ob sie - und mit ihr die junge Leserschaft - versteht, welche Botschaft in Humpty Dumptys Wortspielereien steckt. Abermals geht es um Spiegelung. Die Wörter spiegeln ein Bewusstsein, unseres nämlich, weshalb wir mit ihnen machen können, was wir wollen. Gleichzeitig fixieren sie die Welt. Handhaben wir sie richtig, dann können wir womöglich die Welt verändern. Mit der Richtigkeit ist es andererseits so eine Sache. Humpty Dumpty, dieses aufgeblasene Ei, ist wohl kaum ein zuverlässiger Bürge dafür. Weshalb es auch möglich ist, dass die Welt sich zwar verändert, in besagter Weise - aber ins Verkehrte. Was uns Gästen des Wunder - und des Spiegellands doch irgendwie einleuchtet.

Humpty Dumpty trägt dann, trotz des Protests von Alice, die sehr begreiflicherweise kein Gedicht mehr hören mag, ein solches vor, mit vielen Strophen. Anschließend gibt er noch etwas über ihr Gesicht von sich - es sei so schrecklich normal - und verschwindet ohne weiteren Abschied. "Das ist ja wohl das unerfreulichste Wesen, dem ich je begegnet bin", sagt Alice empört

Aber da füllen plötzlich Soldaten die Szene, scharenweise und sehr unsicher zu Fuß, sie holpern und stolpern und fallen, ganze Knäuel von ihnen bedecken den Waldboden. Auch ihr Kriegsherr erscheint, der Weiße König, der Alice recht freundlich begrüßt. Indessen ist auch er einer von der Sorte, die jedes Wort auf die Goldwaage legt. Als Alice sagt, sie sehe niemand, beneidet er sie um ihr scharfes Auge, mit dem sie sogar jemanden sehen könne, der gar nicht da sei, man stelle sich vor!

Zwei Läufer treten auf, Haigha und Hatta (Stündel: Hoppel and Huttel), in denen wir unschwer alte Bekannte erkennen, den Märzhasen nämlich und den Hutmacher.

Als Alice einen Löwen und ein Einhorn erblickt – beides Tiere aus der britischen Heraldik - fällt ihr zum anderen Mal ein altes Kinderlied ein, in dem die beiden um die Krone kämpfen - und richtig, das tun sie auch. Und sie scheinen das öfter zu tun, denn als das Einhorn diesmal obsiegt, regt sich der Löwe nicht weiter auf, vielmehr prahlt er mit künftigen Siegen. (Auf Tenniels Illustration nimmt der Löwe eine klassische Boxerstellung ein.)

Das Einhorn hingegen mokiert sich, als es Alice wahrnimmt und der Märzhase es wissen lässt, das sei ein Kind. "Ich dachte immer, das seien Fabelwesen und Monster! "Und ich dachte", gibt Alice sofort zurück, "Einhörner seien Fabelwesen und Monster!" Die beiden einigen sich dahingehend, dass sie einander anerkennen.

Man beachte: Alice hat sich bisher gegenüber den Zumutungen des Spiegellandes gut behauptet, jetzt bietet sie eindeutig Paroli. Vielleicht darum darf sie sogar einen großen Kuchen aufschneiden, wobei sich freilich wieder spiegelverkehrte Hindernisse ergeben - sie muss ihn erst einmal herumreichen, und dann teilt er sich von selbst in Stücke.

Ein ohrenbetäubendes, ein schreckliches Trommeln setzt ein. Alice sinkt in die Knie, hält sich vergeblich die Ohren zu .. dann ebbt der Lärm ab, Totenstille folgt... fast glaubt sie, alles geträumt zuhaben, aber da liegt noch die Kuchenplatte zu ihren Füßen. "Also war es doch kein Traum", sinniert sie, fährt dann aber nachdenklich fort, "wenn wir, ja wenn wir nicht alle Teil desselben Traums sind. Ich hoffe sehr, dass es MEIN Traum ist und nicht der des Schwarzen Königs. Ich möchte nicht im Traum von irgendjemand anderem sein!" (Die reale Alice, wir wissen es, ging durchaus durch Carrolls Träume.)

Wie schon bei Tweedledum und Tweedledee empört Alice sich gegen den Gedanken, keine Identität zu haben. Und wir Erwachsenen begreifen, dass sie gerade deshalb auf dem Weg zu sich selbst ist. (Den Viktorianern, die ins Buch sahen, dämmerte vielleicht, dass sie übel daran taten, ihren Kindern dieses Selbstbewusstsein vorzuenthalten, mit den unguten Methoden, die gang und gäbe waren.)

Kinder ihrerseits werden sich, falls nicht allzu verwirrt von der Fülle der Scharaden, am Beharrungswillen des kleinen Mädchens erfreuen, an der Unbeirrbarkeit, mit der es an sich selbst festhält, obgleich es doch, daran sei noch einmal erinnert, erst siebeneinhalb ist!

Alice begehrt also zum anderen Mal auf. Und genau in diesem Moment naht der Schwarze Ritter, hoch zu Ross und eine Keule schwingend. "Du bist mein Gefangener!" schreit er und fällt im selben Atemzug aus dem Sattel. Ebenda erscheint Rettung in (der traurigen) Gestalt des Weißen Ritters, der gleichfalls vom Pferd fällt. Die beiden rappeln sich auf, ein theatralischer Zweikampf beginnt, der vor allem aus Stürzen besteht und auch mit einem solchen endet. Zu guter Letzt hocken die Kämpen mit brummenden Schädeln nebeneinander, machen ganz sportiv shake-hands und der Schwarze Ritter trollt sich ohne weitere Umstände. Das sei doch ein glorioser Sieg gewesen, tönt der Weiße Ritter. Alice weiß nicht recht. Sie weiß nur eins: "Ich will niemandes Gefangene sein. Ich will Königin sein."

Wirklich ein prachtvoller Spruch. Die Quintessenz und Erfüllung all dessen, was sie bisher bestanden hat. Sie hat einen weiten Weg hinter sich, und sie ist bei sich selbst angekommen. Sie hat sich von niemand und nichts anfechten lassen. Sie braucht, um beim Wort zu bleiben, auch keine Helfer, die für sie den Kampf ums Dasein ausfechten. Sie ist frei, und zwar aus eigener Kraft.

Immerhin, der Weiße Ritter ist in diesem vertrackten Schachspiel eine Figur ganz besonderer Art. Er bietet nämlich Alice ohne jeden Vorbehalt seine Hilfe an. Er wird sie bis zum Ende des Waldes begleiten. Dann wird der Schachzug, der ihn bewegt, zu Ende sein, und er muss zurückgehen.

Wie schon gesagt, er ist ein Ritter von der traurigen Gestalt, ein naher Verwandter von Don Quijote, und Tenniel hat ihn auch so gezeichnet. Unausgesetzt fällt er vom Pferd, vorwärts, rückwärts, nach beiden Seiten, und immer auf den Kopf! Aber wenn Alice ihn ansieht, blickt sie in ein sanftes Gesicht mit großen freundlichen Augen. Eine neue, eine unerhörte Erfahrung im Spiegelland. Da ist nun wirklich einer, dem sie vertrauen darf! Dass alle Hilfe, die auf beider weiterem Weg geleistet wird, ihm von Alice zuteil wird und nicht umgekehrt - steht auf einem anderen Blatt und hat mit den Vor-Spiegelungen zu tun, die wir schon kennen. Hingegen ist er der einzige, der mit Alice zutraulich, ja respektvoll spricht. Und seine lebensgefährdende Tollpatschigkeit ist ebenso rührend wie der Stolz, mit dem er seine zahlreichen Erfindungen anpreist, die allesamt nichts taugen, aber grauslich komisch sind.

Es besteht weitgehende Einigkeit darüber, dass Carroll dem Weißen Ritter Züge des eigenen Wesens verliehen hat. Tatsächlich hat er ihn mit einer gewissen physiognomischen Ähnlichkeit versehen. Wie der Weiße Ritter liebte er närrische Erfindungen. Und wie dieser begleitete er Alice - die wirkliche Alice - auf einem Stück ihres Weges, wobei er oft genug vom hohen Ross des Erwachsenenseins wenn nicht herabfiel, so doch bereitwillig abstieg. In den Versen, die Carroll dem "Spiegelland" voranstellt, sagt er, möglicherweise durchzittere die Geschichte "the shadow of a sigh".

Dieser Schatten fällt auf die Schlussszene des Kapitels, in der Alice und der Weiße Ritter endgültig Abschied voneinander nehmen. Zuvor hat der Ritter noch eine lange Ballade vorgetragen, der Alice gutmütig gelauscht hat, obwohl ihr Bedarf an Gedichten wahrlich gedeckt ist. Und nun sagt der Erzähler, dass sie dieses Bild niemals vergessen wird: Da hängt jener windschief auf seinem Pferd, ein schwaches Lächeln verschönt sein Gesicht - "ganz so, als genieße er den Klang eines Liedes." Die untergehende Sonne macht, dass sein Haar so leuchtet wie seine blauen Augen, seine Rüstung glänzt im letzten Licht, und hinter ihm verdichten sich die dunklen Schatten der Bäume des Waldes.

Noch Jahre danach, so lesen wir, wird Alice imstande sein, sich diese Szene zurück in die Erinnerung zu holen, als sei sie gestern erst gewesen.

Langsam reitet der Weiße Ritter weg, nachdem er Alice noch gebeten hat, ihr Taschentuch zu schwenken, bis er an der Biegung des Weges verschwinden werde. "Das wird mich ermutigen, weißt du." Sein Pferd setzt sich in Bewegung, er fällt rechts herunter und links und wieder rechts und so weiter, und immerfort auf den Kopf, und dann ist er weg.

Alice hat unausgesetzt gewinkt. Doch dann geht sie entschlossen weiter. "Um Königin zu werden! Wie großartig das klingt!" Und plötzlich spürt sie etwas Schweres auf ihrem Kopf. "Es war eine goldene Krone" - die letzten Worte dieses bewegenden Kapitels.

Und wieder eine Verwandlung. Alice sitzt - und das wundert sie nicht einmal - zwischen der Schwarzen und der Weißen Königin. In diesem Land ist eben alles möglich.

Die beiden sind nicht von der mörderischen Bosheit jener Queen of Hearts. Aber sie versuchen doch aufs neue, Alice klein zu machen. "Sprich nur, wenn du gefragt bist!"

Alice kennt das und protestiert gelassen: Wenn sich alle nach solcher Anweisung richteten, würde kein Mensch mehr ein Wort sagen! Woraufhin die Majestäten sehr ungehalten werden und hinterhältig mutmaßen, der Schulunterricht dieses Mädchens habe wohl sehr zu wünschen übrig gelassen. Natürlich wehrt Alice sich lebhaft. Aber ihr Protest entbehrt auch nicht der Paradoxie, denn wenn man den zahlreichen Anspielungen glauben darf, die Carroll in beiden Bänden untergebracht hat, ließ der zeitgenössische Unterricht tatsächlich viel zu wünschen übrig, allerdings nicht in der Weise, die von den Königinnen gemeint ist. Die stellen übrigens Alice sofort auf die Probe, traktieren sie mit hirnrissigen Rechenaufgaben: "Ziehe 9 von 8 ab", ist noch eine der vernünftigsten. Dazu kommen, natürlich, allerlei Wortspielereien und verrückte Geschichten. Eher unwillig lässt sich Alice noch einmal auf all das ein. "Was für einen schauderhaften Quatsch reden wir da!" denkt sie. Sie hat dies ganze Gewese einfach satt - und man darf wohl annehmen, dass ihr die Folgerung nicht schwer fällt, es sei gewiss besser, sie selbst zu sein und nicht eine Königin von der Art dieser beiden gekrönten Nebelkrähen.

Das aberwitzige Examen endet damit, dass die Schwarze Königin ein ganz ungewohnt kurzes Schlafliedchen vorträgt und dann zusammen mit ihrer weißen Partnerin einschlummert - die beiden gekrönten Häupter ruhen in Alices Schoß, was dieser alles andere als angenehm ist. "Wacht auf, ihr Schwergewichte!" ruft sie ungehalten, aber die beiden schnarchen mit solcher Hingabe, dass Alice eine Melodie und sogar Worte zu erkennen glaubt.

Mit einem Schlag verschwinden die lästigen Schläferinnen, und Alice steht vor einer Pforte, über der sich ein Torbogen mit der Aufschrift "KÖNIGIN ALICE" wölbt. Zwei Klingelzüge sind auch vorhanden, einer für Besucher und einer für Dienstboten. Alice weiß nicht, an welchem sie ziehen soll, da sie doch selbst die Königin ist. Ein langschnäbliges Getüm öffnet die Tür ein wenig, schreit: "Kein Einlass vor übernächster Woche!" und knallt sie wieder zu. Ganz entfernt mag einem da ein anderer Türhüter in den Sinn kommen, der einem Mann vom Land den Eintritt verwehrt. "Es ist möglich," sagt er, "jetzt aber nicht." Und der Mann wartet und wartet.

Ganz so ergeht es Alice nicht. Zwar kommt noch ein steinalter, Cockney brabbelnder Frosch herbeigewackelt und mäkelt, dass sie mit ihrem Klingeln und Klopfen das Tor beunruhigt habe. Als er merkt, dass sie nicht im mindesten beeindruckt ist, zieht er aber rasch wieder ab. Alice tritt ein und gelangt in eine große Halle, in der eine Menge Gäste sitzen, Tiere (viele Vögel darunter) und auch ein paar Blumen. von denen sie mit einem großen Gesang begrüßt wird. Präsidiert wird dieses Festgelage von den beiden Königinnen, die zwischen ihren Stühlen einen dritten frei gelassen haben. Alice nimmt Platz, und man serviert ihr eine Hammelkeule. Die Schwarze Königin stellt die beiden einander vor: "Alice-Keule: Keule - Alice", und die Hammelkeule erhebt sich und macht einen artigen Diener, woraufhin sie nicht mehr verspeist werden kann. ("Es entspricht nicht der Etikette, jemanden zu verspeisen, dem man gerade vorgestellt worden ist.") Ähnliches widerfährt Alice mit dem Plumpudding, dem sie trotz ihrer Abwehr ebenfalls vorgestellt wird - als sie sich dennoch anschickt, ihn aufzuessen, erhebt er lauten Einspruch. So ist sie noch hungrig, als ein Toast - "Königin Alice!" - auf sie ausgebracht wird.

Sie soll sich mit einer Tischrede bedanken. Als sie zögert, versprechen die Königinnen, ihr den nötigen Nachdruck zu geben, und das tun sie dann auch, mit aller Macht. "Ich dachte, sie würden mich plattdrücken", berichtet Alice später ihrer Schwester. Immerhin erhebt sie sich, um angemessen zu danken, aber mit ihr zugleich erheben sich so ziemlich sämtliche Wesen und Dinge im Saal. Zur Decke nämlich, alles steigt auf, fliegt, wirbelt herum, auch die Teller und die Flaschen. Nur die Weiße Königin fällt in die Suppenterrine, aus der sie ziemlich dumm herausgrinst. Das gesamte Bankett explodiert geradezu, wird zum Krach speienden Hexenkessel. Kopfschüttelnd argwöhnt Alice, die Schwarze Königin habe das alles angerichtet, aber die läuft, auf Puppengröße geschrumpft, vergnügt durch das ganze Chaos, das in der Weltliteratur kaum seinesgleichen hat. (Nur Bloom fällt mir dazu ein, mit den Gesichten, die er im Freudenhaus der Bella Cohen hat, in jener Dubliner Walpurgisnacht.)

Alice jedenfalls ist jetzt entschlossen, der ganzen Sache ein Ende zu setzen. Sie greift sich die Schwarze Königin und schüttelt sie, schüttelt sie mit aller Kraft, immer wieder.

Das ist das zweitkürzeste Kapitel des Buches, es heißt "Shaking" und endet mit der Mitteilung, dass die so Geschüttelte immer dicker - weicher - und runder wurde - "und schließlich war sie wirklich ein Kätzchen", sagt das Satzfragment, aus dem das folgende und kürzeste Kapitel besteht. Betitelt ist es "Waking"; Stündel hat das sehr schön mit "Aus der Traum" wiedergegeben. Tatsächlich ist der Traum vom Spiegelland ausgeträumt. Alice öffnet die Augen und sieht in ihren Händen das schwarze Kätzchen. Sie mag es schier nicht glauben, sucht aus den Schachfiguren, die auf dem Tisch liegen, die Schwarze Königin heraus und stellt sie dem schnurrenden Tierchen gegenüber: "Nun, Kitty, bekenne: Du hast dich in sie verwandelt."

Das schwarze Kätzchen bekennt gar nichts, und auch das weiße, das von seiner Mutter Dinah noch immer geputzt und gehegt wird - der Traum muss also ganz kurz gewesen sein - zeigt keinerlei Regung, als Alice von der Weißen Königin spricht.

Die Szene ist nahezu die gleiche wie zu Beginn - nur hat Alice jetzt eine Frage an die Katzen zu richten, die sie freilich nicht beantworten können: Wer hat das alles eigentlich geträumt? Entweder, meint Alice, muss es der Schwarze König oder sie selbst gewesen sein. War es sie, dann war er ein Teil ihres Traumes, war er es, dann war sie ein Teil seines Traumes. Eine verzwickte, oder, wie Alice sagt, eine ernsthafte Frage. Die Katzen, wie gesagt, wissen keine Antwort. Zumindest geben sie keine.

Im allerletzten Satz fragt der Erzähler, ob man denn selbst eine wisse.

Die kleinen Leserinnen, an die Carroll letztlich wohl auch dachte, werden wohl ganz ernsthaft genickt haben. Schließlich hat Alice all diese Abenteuer nicht nur erlebt, sondern auch erfolgreich bestanden. Nicht eines jener undurchschaubaren Geschöpfe hat ihr etwas anhaben können. Sie hat sich selbst bewahrt, mit allem, was zu ihr gehört - Anmut, Klugheit, Selbstvertrauen, Courage - und zu ihr gehört ebenso dieser Traum, in dessen Mittelpunkt sie durchweg steht und in dem sie wohl nicht die Richtung, jedoch den Ton angibt. Niemand hat ihr dabei geholfen, wenn man vom wohlmeinenden, aber täppischen Weißen Ritter einmal absieht. Kein Märchenprinz hat sie aus den Zwängen der Verzauberung erlöst. Sie durchläuft unangefochten die vielen Proben, denen man sie unterzieht - man? der Schwarze König etwa? Du liebe Güte, der doch nicht! - und wacht auf und findet sich selbst.

Morton N. Cohen, vielleicht der gründlichste Kenner des Carroll'schen Werks, spricht von einem "survival course", den die kleine Heldin und ihre Leserschaft durchlaufen haben. In der Tat, es geht da schon, wenn nicht ums Überleben, sondern um die Erhaltung des eigenen Ich - nicht allein mehr, wie es der erste Teil andeutet, gegenüber einer fremden, gar feindlichen Welt, in der die Monster, wie Reichert doppeldeutig feststellt, "verwünschte Erwachsene" sind. Im zweiten Teil sind die unwirklichen Monster wirkliche Monster. Da geht es um den Aberwitz des Daseins überhaupt, der die bekannten Mechanismen des "Wunderlands" neu aktiviert: Verwandlungen, Verfremdungen, Paradoxien, Unwirklichkeiten, blanken Unsinn. Besagte Mechanismen erscheinen hier noch beklemmender, weil unbegreiflicher. Alice stellt unterwegs eine Menge Fragen, doch kaum eine wird ihr beantwortet. Aus der Einsamkeit, von ihr schon im Wunderland oft schmerzlich verspürt, wird deshalb immer wieder Verlassenheit. (Gottverlassenheit? Wer weiß.) Der Unsinn streift bisweilen die Ränder des Wahnsinns.

Alice erwehrt sich solcher Zumutungen mit Witz und Besonnenheit, womit sie uns immer lieber wird. Dabei entwickelt sie auch Eigenschaften, die von den Viktorianern - denen Carroll nun wirklich nicht sehr nahe stand - durchaus geschätzt wurden: Zielbewusstheit, Stehvermögen, Selbstsicherheit. She is British, you know.

Man kann, ungeachtet aller Beklommenheit, die sich gelegentlich einstellen mag, immer wieder lachen, über diese nicht so sehr wunderbare als wunderliche Welt, die augenfällig aus allen Fugen ist. Weil man sich nämlich auf Alicens Seite weiß, die spielend mit ihr fertig wird. Ich denke, es ist dieses Wissen, diese Gewissheit, die Millionen lesender Kinder dazu gebracht hat, auch dieses nicht unschwierige Buch und vor allem seine kleine Heldin zu lieben.

Alices unerschrockene und zugleich so anmutige Selbstbehauptung - das ist das eigentliche Wunder im derart fragwürdigen Wunderland. An ihm teilzuhaben, war und ist Vergnügen und auch Selbstbestätigung. Carroll verzichtet, und das war zu seiner Zeit neu und unerhört, auf jede vollmundige Belehrung und jede aufdringliche Moral. Die scheinen, überzwerch genug und rasch als leerläufig entlarvt, nur in den Tiraden der Monster auf. Wobei ebenso neu und unerhört die Tatsache ist, dass da nicht ein kecker Junge das Abenteuer des Daseins besteht, sondern ein keineswegs vorwitziges, jedoch aus guten Gründen unbeirrbares kleines Mädchen.

Carroll hat mehr und Besseres zu bieten als die Zeigefinger-Pädagogik der vielen Kinderbuchschreiber jener und auch der kommenden Jahre. Er baut auf die Kraft der Phantasie, mit deren Hilfe er Wege ins Wunderland entwirft, die verworren und beschwerlich erscheinen und auf denen man doch der kleinen Heldin gerne folgt. Denn Carroll lässt erkennen, wohin sie in Wirklichkeit führen. Zum eigenen Ich und zu seiner Befreiung aus allen nichtswürdigen Zwängen.

James Matthew Barrie
1860 - 1937

Er ist fast in der ganzen Welt berühmt. Was freilich Deutschland angeht, so kennen zwar viele sein legendäres Buch, aber nur wenigen ist der Name des Verfassers geläufig.
Seine Kindheit ist kaum glücklich zu nennen.

Als James Matthew Barrie am 9. Mai 186o in Kirriemuir, einer kleinen Stadt nördlich von Dundee, geboren wurde, waren von acht Geschwistern schon zwei gestorben, und der um fast 20 Jahre ältere Bruder Alexander besuchte bereits die Universität von Aberdeen.

Sein Vater, David Barrie, war ein Weber mit magerem Einkommen. Seine Mutter, Margaret Ogilvy, die, einem schottischen Brauch folgend, ihren Mädchennamen beibehalten hatte, war die Tochter eines Steinmetzes, aufgewachsen in einer presbyterianischen Sekte, deren strenge moralische Gebote sie sich zu eigen gemacht hatte.

Die Familie hauste auf engem Raum. Als noch eine kleine Schwester hinzukam, bewohnten neun Menschen ein winziges Haus, in dem es nur vier Zimmer gab. Bis der Vater eine andere Werkstatt fand, klapperte tagaus tagein in einem davon der Webstuhl.

Nahe dieser beengten Bleibe stand ein kleines Waschhaus, in dem der sechsjährige Jamie den Geschwistern und den Kindern der Nachbarn Puppenspiele meist eigener Erfindung vorführte. Das Puppentheater gehörte nicht ihm, sondern einem guten Freund. Barries Mutter hielt nicht viel davon. Ihr war es ungleich wichtiger, dass ihre Kinder regelmäßig den Gottesdienst besuchten. Ihr Lieblingssohn David, der Zweitälteste der Barrie-Brüder, wurde von ihr dazu bestimmt, Geistlicher zu werden.

Der kleine Jamie hatte andere Pläne. Für ihn war es schon früh klar, dass er Schriftsteller werden würde. Er verschlang alles, was ihm lesbar dünkte, auch PENNY DREADFULS, haarsträubende Geschichten in Heftchenform. Besonders gefielen ihm alle möglichen Robinsonaden, vor allem Ballantynes "Coral Island (1858) und - da war er schon erwachsen - Stevensons "Treasure Island" (1881), zwei Klassiker der britischen Jugendliteratur. In beiden spielen heranwachsende Jungen die Hauptrollen, abenteuerlustig, aufgeweckt und furchtlos.

Als der zwölfjährige Barrie nach Dumfries zur Schule ging, gründete er dort eine Theatergruppe, für die er eine Reihe von Stücken schrieb, die hauptsächlich auf Szenen aus Coopers "Lederstrumpf"-Romanen beruhten. Dem gestrengen Ortspfarrer gefiel das gar nicht. Er nannte diese frühen dramatischen Versuche "grossly immoral", also "grob unanständig", und tat alles, um sie zu unterbinden. Ganz offenbar stand er in jener puritanischen Tradition, die alles theatralische Geschehen als der Sünde förderlich verabscheute. Den jungen James focht das nicht weiter an. Lesen, Schreiben, in Szene setzen: Das waren die Glücksmomente seines sonst nicht sehr glückhaften Daseins.

Sein sprachliches Talent verwertete er im übrigen auch praktisch, indem er gegen ein geringes Entgelt Beileidsbriefe verfasste, für Freunde und Nachbarn, wobei ihm, nach eigenem Bekunden, die hellen Tränen übers Gesicht liefen.

Ein phantasiebegabter und gewitzter kleiner Bursche also, dieser Jamie, der sich früh eine bunte Gegenwelt zurechtbaute, in der es sich leben ließ und die durch eine familiäre Katastrophe furchtbar erschüttert wurde, eine Katastrophe, die sein ganzes Leben verändern sollte. Der Bruder David - eben der, der dem Herzen der Mutter am nächsten stand und nach ihrem Willen ein treuer Diener Gottes werden sollte - stürzte beim Eislaufen so unglücklich, dass er auf der Stelle starb,

Das war 1866. David war 13, James 6. Die Mutter war nahe daran, den Verstand zu verlieren. Sie zog sich wochenlang in ihr verdunkeltes Schlafzimmer zurück. Im ganzen Haus war ihr verzweifeltes Weinen und Jammern zu hören. Jamie, von der geliebten Mutter ausgesperrt und durch ihr Verhalten entsetzlich verstört, saß schluchzend auf der Treppe und wusste nicht, wohin mit seinem und seiner Mutter Kummer. Eine der älteren Schwestern konnte das schließlich nicht mehr mit ansehen und schickte ihn unter einem Vorwand zu der hoffnungslos Klagenden. Er ging, klopfte an die verriegelte Tür und hörte die vom fortwährenden Stöhnen entstellte Stimme fragen: "Bist du das?" Er wusste sofort, wen die Mutter meinte. "Nein", sagte er, "ich bin's nur." Der Schlüssel drehte sich im Schloss, der weinende Junge wurde eingelassen.

Von da an war er ein anderer, im wahrsten Sinne des Wortes. Wie selbstverständlich und mit einer bewegenden Stetigkeit übernahm er die Rolle des toten David, des Jungen, der im Gedächtnis von Mutter und Bruder ewig ein Kind bleiben sollte, ein Kind, das nicht erwachsen werden konnte und durfte. Dieses Rollenspiel ging sehr weit. Jamie schlüpfte in Davids Existenz, er ahmte dessen Gestik und Redeweise bis zur Selbstaufgabe nach, trug die Kleider des toten Bruders und versuchte sogar, wie dieser zu pfeifen. All dies tat er nur, um der Mutter das Gefühl zu geben, der so geliebte Sohn sei doch noch da, auf irgendeine Weise.

Was Barrie später von dieser wohl einzigartigen Simulation dachte, ist nicht überliefert. Dass er, selbst empfindsam und leicht verletzlich, von dem Gedanken bedrückt wurde, immer wieder für einen anderen genommen zu werden, steht außer Frage. Aber er war nun einmal fest entschlossen, das Leid der Mutter zu mindern, indem er es mittrug. Es spricht, auf rührende Weise, sehr für ihn, dass ihm das sogar gelang. Die Mutter ihrerseits fasste eine ständig wachsende Zuneigung zu diesem Sohn, der über Jahre hinweg ganz und gar für sie da war. So entstand zwischen beiden eine überaus innige Bindung. Margaret Ogilvy starb, als Barrie 35 war. Bis dahin hatte er ihr nahezu täglich geschrieben.

Ein Foto aus den dunkelsten Tagen von Barries Kindheit zeigt einen kleinen Jungen mit großem Kopf und hoher Stirn, mit ernsthafter Miene und traurigen, verloren blickenden Augen. Man stelle sich die Gespräche vor, die die Mutter mit ihm führte und über die er später nichts verlauten ließ. Was wird die verzweifelte Frau über den göttlichen Walter gesagt haben, dessen Weisheit und Güte zu preisen sie zuvor nicht müde geworden war? Wir wissen es nicht. Wir wissen nur, dass Barrie selbst sagte, er sei seiner Kindheit beraubt worden. Und wir stellen fest, dass Religiosität und frommer Glaube in seinem Weltbild keine Rolle spielten. Im Gegenteil. Im "Peter Pan", wo man das gar nicht erwarten sollte, werden Elemente eines Daseins sichtbar, das zerstörerisch und gnadenlos ist. Davon wird noch die Rede sein. Hier mag der Hinweis genügen, dass das Wesen von

Barries zauberhaftem Helden wohl nicht zufällig von Zügen geprägt ist, die der heidnischen Antike entlehnt sind.

In seinen späten Jahren hatte Barrie eine Sekretärin, Cynthia Asquith, die klug und einfühlsam und obendrein selbst eine nicht unbedeutende Autorin war. Er schätzte sie sehr und begann, ihr Notizen zu diktieren, aus denen seine Biographie hervorgehen sollte. Dazu kam es nicht mehr. Aber sie schrieb ein höchst aufschlussreiches Buch über die Zeit, die sie mit ihm verbracht hatte. ("Portrait of Barrie", 1954). Darin tritt sie entschieden der oft wiederholten Behauptung entgegen, Barrie selbst sei der Junge gewesen, der es nie geschafft habe, wirklich erwachsen zu werden. Sie sagt, das Gegenteil sei wahr. Barrie habe viel zu früh die Last erwachsener Erfahrung und Sorge auf seine noch kindlichen Schultern nehmen müssen.

Nun hat Barrie, als er 62 war, selbst in sein Tagebuch geschrieben, er erkenne erst jetzt die wahre Bedeutung von "Peter Pan". Da komme sein ureigenes Problem zur Sprache: "Mein verzweifelter Versuch, erwachsen zu werden. Aber es gelingt mir nicht."

Dennoch ist Cynthia Asquiths Einwand nicht von der Hand zu weisen. Sie sah aus nächster Nähe, wie beschädigt Barrie von jener Kindheitserfahrung war. Und sie sah auch, wie sehr ihn alles faszinierte, was den Glanz einer sorglosen Kindheit auszustrahlen schien - eben darum, weil er selbst keine gehabt hatte.

Auffällig ist allerdings ein physisches Phänomen. Barries körperliches Wachstum geriet früh ins Stocken. Er war gerade einmal 5 Fuß hoch – 1,52 Meter. Als er sich 1878 an der Universität Edinburgh einschrieb, sah er aus wie "ein pubertierender Zwölfjähriger." Unter den langen und lauten Burschen um ihn herum fühlte er sich überhaupt nicht wohl, zumal deren Gesprächsgegenstände - Sex, Saufgelage, Sport - ihn nicht im mindesten interessierten. Ohne sonderliche Resignation bemerkte er später: "Wäre ich 6 Fuß 3 Inches groß geworden, dann wäre mein Leben anders verlaufen. Ich hätte mich nicht bemüht, Tonnen von bedrucktem Papier zu produzieren ...und was hätte ich alles zu den Ladies gesagt, wenn meine Beine länger gewesen wären!"

Er brauchte Jahre, bis er sich getraute, manches zu manchen Ladies zu sagen. Dabei fehlte es ihm trotz seiner Kleinwüchsigkeit und dem leicht disproportionalen Kopf nicht an anziehenden Eigenschaften. Die hellen blauen Augen, die tiefe, etwas heisere Stimme, vor allem die ausdrucksstarken Gesten und Gebärden, deren er fähig war, wenn er aus sich herausging - damit konnte er beachtliche Sympathien wecken, auch bei Frauen. Doch er ging eben nicht oft aus sich heraus. Erst mit der Selbstsicherheit, die er gewann, als die ersten Erfolge sich einstellten, wuchs ihm ein Charme zu, mit dem er ganze Gesellschaften beeindrucken konnte - wenn ihm danach zumute war. Barrie war sein ganzes Leben lang drastisch wechselnden Stimmungen unterworfen, was er sehr wohl wusste und woraus er keinen Hehl machte.

Das Studium (Anglistik im weitesten Sinne) betrieb er eher unlustig und nur, um einem dringlichen Wunsch seiner Eltern nachzukommen. Immerhin schloss er mit einem akademischen Grad ab. Aber im Grunde wollte er nach wie vor nur eins, nämlich schreiben, und das tat er dann auch. Er belagerte zahlreiche Redaktionen mit Manuskripten, von denen nicht wenige auch angenommen wurden. Die erfolgreichsten drehten sich durchweg um dasselbe Thema: Das Leben und das Wesen seiner Mutter. Die Kindheitsgeschichten, die sie ihm erzählt, die Schicksalsschläge, die sie erfahren und bestanden hatte, gaben schließlich den Stoff für insgesamt vier Bücher her, die ein aufgeschlossenes Publikum erreichten. Barrie verarbeitete auch eigene Erinnerungen, was die Leute in Kirremuir (er nannte es "Thrums", aber man wusste dort, wer und was gemeint war!) nicht sehr erfreute. Sie hatten nicht gedacht, dass "Little Jamie" sie einmal so anschaulich vorführen würde, und da sie Fakten und Fiktion nicht trennen konnten, nahmen sie ihm das ein bisschen übel. Das änderte sich erst, und zwar gewaltig, als er zu den großen Berühmtheiten des Landes gehörte.

Alle diese Bücher erschienen in den späten 80ern und den frühen 90ern, einer Zeit, in denen Szenen der Kindheit und des vergangenen Landlebens bei der britischen Leserschaft hochbeliebt waren. Kenneth Grahames "Golden Age" und seine "Dream Days" waren die Spitzentitel dieser Strömung, von der auch Barrie alsbald zu einiger Popularität emporgetragen wurde. 1885 führten ihn seine Erfolge nach London, wo er für den Rest seines Lebens blieb. Zielbewusst ging er daran, sich wertvolle

Verbindungen zu schaffen. Unter seinen Förderern war W.E. Henley, Herausgeber des weithin geschätzten "National Observer" und enger Freund Robert Louis Stevensons, der von Barrie sagte: "Er ist phantastisch. Aber er muss darauf achten, dass er nicht zu komisch wird. Er ist ein Genie, aber es sitzt ihm ein Journalist im Nacken - und da liegt die Gefahr."

Barrie schrieb eine Fülle von Beiträgen für den "National Observer", einmal, auf dem Höhepunkt seines Ruhms, sogar eine Polemik gegen sich selbst - unter Pseudonym natürlich. Und dann ergötzte er sich an den wütenden Briefen seiner Bewunderer.

1892 hatte Barrie den ersten Bühnentriumph. "Walker, London", hieß das Stück. Unter den Mitwirkenden war eine hübsche junge Schauspielerin, Mary Ansell, die Barrie selbst entdeckt hatte und in die er sich verliebte. Jetzt war er soweit, dass er einer Frau das sagen konnte, was sie von ihm wissen sollte. Die beiden heirateten 1894.

Die Ehe blieb kinderlos, obwohl Mary sich nach Kindern sehnte. Im Nachhinein erscheint es zweifelhaft, ob sie je vollzogen wurde, aber einen eindeutigen Beleg gibt es für solche Zweifel nicht. Mary schaffte Hunde an. Der erste war ein Bernhardiner, der Porthos genannt wurde und zu dem Barrie eine außerordentliche Zuneigung fasste. Der kleine Mann mit dem großen Vierbeiner, der durch den morgendlich leeren Kensington Park spazierte, wurde bald allen Kindern, die dort von ihren Nannys begleitet wurden, zur vertrauten Erscheinung.

1909 wurde die ungewöhnliche Ehe geschieden. Mary hatte sich zum Ehebruch mit einem attraktiven jungen Anwalt bekannt.

Bis dahin hatte sich freilich einiges ereignet. Barrie hatte, wohl auch in kompensatorischer Absicht, seine Produktion erheblich gesteigert. Allein 1896 brachte er zwei Bücher heraus, "Margaret Ogilvy", ein letztes ehrendes Gedenken an seine Mutter, und "Sentimental Tommy", einen Roman, dem bald eine Fortsetzung folgte, "Tommy and Grizel." Tommy Sandy ist so etwas wie Barries Anderes Ich. Zentrales Thema ist seine literarische Karriere - und die unglückliche Ehe, die er mit seiner Jugendliebe Grizel in London führt. Die autobiographischen Bezüge sind unübersehbar.

"Er war nur ein Junge", charakterisiert Barrie seinen Helden. "Und Jungen können nicht lieben. Oh, ist es nicht grausam, von Jungen zu verlangen, sie sollten lieben. Er war ein Junge, der nicht erwachsen werden konnte."

Die Romane erregten jedoch nicht halb soviel Aufsehen wie die Komödien, mit denen Barrie die Londoner Bühnen regelrecht eroberte. 1901 gelang ihm der Durchbruch mit "Quality Street", danach riss die Serie seiner Erfolge nicht mehr ab. (Eine preisende Stimme unter vielen: "Once more, a Barrie play was packing the Haymarket from floor to roof.") Jubelnden Beifall erntete er mit "The Admirable Chrichton" (1902). Der vortreffliche Chrichton ist Butler in einer ebenso versnobten wie parasitären Familie der Oberklasse. Zusammen mit ihr wird er nach einem Schiffsunglück auf eine einsame Insel verschlagen, wo sich innerhalb kurzer Zeit die Herrschaftsverhältnisse umkehren. Als einzig Lebenstüchtiger wird Chrichton zum anerkannten (und sogar geliebten) Chef des Clans und bleibt es - bis die ganze Schar gerettet wird. Da kehrt er dann ohne viel Aufhebens in seine vorige Rolle zurück.

Das Stück fand volle Häuser in allen Teilen der Welt. (In Deutschland kam es erst 1956 zu einer Uraufführung.) Zweimal wurde es verfilmt, in den 30ern und in den 5oern, einmal mit Vittorio de Sica, das andere Mal mit Kenneth Moore. TV-Versionen gab es natürlich auch. Es ist unverwüstlich, weil alles daran stimmt: Die brillante Grundidee, die psychische wie die soziale Beschaffenheit der Charaktere, die pointensichere Komik der Dialoge. Barrie war sehr erheitert, als er in einer Kritik aus der Feder des Kollegen Shaw las: "This is worse than Shakespeare!"

Er war schon ein Mann von hoher gesellschaftlicher Bedeutung, als er der Familie Llewelyn Davies begegnete. Der erste Kontakt ergab sich bei einem jener Spaziergänge im Kensington Park. Barrie war mit den beiden kleinen Söhnen eines Bekannten unterwegs und kam mit zwei weiteren Jungen ins Gespräch, mit George (5) und Jack (3), deren jüngster Bruder Peter noch von einer Nurse im Kinderwagen geschoben wurde. (Später kamen noch zwei Brüder hinzu: Michael, zu dem Barrie sich besonders nachhaltig hingezogen fühlte, und Nicholas, auch Nico genannt.)

Kurze Zeit nach diesem ersten Treffen, bei dem Barrie von der Anmut und dem kindlichen Witz der Jungen mehr als entzückt war, lernte er bei einem Bankett ihre Mutter kennen; Sylvia Llewelyn Davies, eine Tochter des vielgelesenen Romanciers George du Maurier ("Trilby") und Tante der späteren Bestsellerin-Autorin Daphne du Maurier. ("Rebecca", "Meine Cousine Rachel", "Jamaica Inn")

Ihr gegenüber fühlte Barrie sich keineswegs als Junge , der nicht erwachsen werden wollte. Ihre Schönheit bezauberte ihn ebenso wie ihr klares, selbstbewusstes, dabei völlig uneitles Wesen. Er war jetzt 37, und er zweifelte nicht daran, dass Sylvia, "the most beautiful creature that he had ever seen", die ideale Frau für ihn gewesen wäre. Der Konjunktiv ist stark zu betonen, denn Sylvia liebte ihren Ehemann Arthur abgöttisch, einen jungen, glänzend aussehenden, obschon nicht sehr erfolgreichen Rechtsanwalt. Manche Biographen sind der Ansicht, dass Barrie sie gerade darum vorbehaltlos anbetete: Es habe keine Gefahr bestanden, dass aus seiner Verehrung eine verbindliche Beziehung hervorgehen werde. Dagegen spricht jedoch der weitere Verlauf ihrer Freundschaft.

Denn eine Freundschaft war es, die beide sehr bald verband. Sylvia fand den ihr in einer beharrlichen, aber „nicht aufdringlichen Art ergebenen Mann sympathisch.

Der Witz und die nachgerade schöpferische Beredsamkeit, die er entfaltete, wenn er das Haus der Davies-Familie besuchte, taten ihr wohl und stimmten sie fröhlich (was dann wiederum ihn beglückte.)

Und Barrie besuchte sie oft. Denn neben der strahlenden Mutter waren da ja noch die fünf Söhne, die von ihren Eltern die Schönheit, den Charme und die Talente geerbt hatten und die er alsbald liebte, als wären sie sein eigenes Fleisch und B1ut. Auch ihnen war "Uncle Jim" alle Zeit hochwillkommen. Er ging mit ihnen um wie mit seinesgleichen, genauer, er passte sich ihnen an, in einer nicht läppischen, sondern spielerischen Weise, die sie begeisterte, und er unterhielt sie mit immer neuen Einfällen, Kunststückchen, Taschenspielertricks und natürlich auch Geschichten, die er hervorzauberte wie ein Bühnenmagier - der er in besonderem Sinn auch war - die weißen Kaninchen.

Barrie war glücklich - glücklicher als je zuvor. Mr. Arthur Llewelyn Davies sah freilich den häufigen, man könnte auch sagen: ständigen Besucher weniger gern. Genau genommen mochte er ihn überhaupt nicht - und er zeigte das auch. Zweifellos war Eifersucht mit im Spiel, eine Eifersucht, die sich nicht nur auf Sylvia, sondern auch auf die kleinen Söhne bezog, denen "Uncle Jim" bald mehr zu bedeuten schien als der Vater. Und verständlicherweise wurde ihm auch die fortwährende Anwesenheit des aus seiner Sicht durchaus ungebetenen Gastes mehr als lästig.

Barrie nahm das nicht zur Kenntnis. Sogar im Urlaub war er mit der Familie zusammen. Er lud sie in sein Landhaus an der Küste ein, wo er die Jungen mit ausgelassenen Piraten - und Indianerspielen begeisterte, die er schon mit seinen Schulkameraden in Dumfries ausprobiert hatte. Dabei übernahm er selbst die Rolle eines finsteren Seeräuberkapitäns namens Swarthy, dem die Brüder kräftig zuleibe rückten.

Peter, damals vier, war immer noch der Jüngste. George, der Älteste ("strikingly good-looking") war Barries Favorit, doch auch die anderen (selbst die in den folgenden Jahren geborenen zwei Kleinsten) hingen wie Kletten an ihm. Von den Abenteuern, die er mit ihnen durchspielte, legte er ein Foto-Album an, das er mit Texten versah. Zwei Exemplare ließ er drucken (Titel: "Die schiffbrüchigen Jungen von Black Lake Island") und schenkte eins davon dem Vater, der es im Handumdrehen verlor.

Gewissermaßen als Antwort auf diese augenfällige Geringschätzung führte Barrie am Weihnachtstag 1900 im Haus der Familie eine Pantomime auf, "Der gierige Zwerg", in der er selbst, Sylvia, deren Bruder Gerald - der später auf der Bühne den Hook spielen sollte - und der Hund Porthos mitwirkten - nicht aber Arthur, der die Sache mit sehr gemischten Gefühlen betrachtete.

Vier Jahre später war es dann soweit. Aus mehreren Entwürfen und erzählerischen Ansätzen war nach und nach das Werk entstanden, das Barries Weltruhm begründete: "Peter Pan." Die Uraufführung fand 1904 im Londoner Duke of York's Theater statt, wo das Stück in den folgenden zehn Jahren immer auf dem Spielplan blieb.

Sein englischer Agent hatte Barrie einen fürchterlichen Reinfall prophezeit. Er war sogar so weit gegangen, die Bühnen der Hauptstadt vor der Annahme des in seinen Augen völlig missratenen Stücks zu warnen. Barrie selbst war höchst pessimistisch. Am Ende des 4. Aktes richtet Peter Pan an das Publikum die Frage, ob es an Feen glaube. "Sagt schnell, dass ihr an sie glaubt! Wenn ihr dran glaubt, so klatscht in die Hände!" Barrie fürchtete, dass die kindlichen Zuschauer, mit denen er rechnete, keine Hand rühren würden. Also bestach er sämtliche mitwirkenden Musiker und nahm ihnen das Versprechen ab, an besagter Stelle heftig zu applaudieren.

Am Abend der Premiere war das Haus bis auf den letzten Platz gefüllt, und zwar nicht mit Kindern, sondern mit Erwachsenen, vornehmlich Mitgliedern der oberen Gesellschaftsschicht. Und alle diese großbürgerlichen oder nobilitierten Damen und Herren klatschten dermaßen, dass das Haus dröhnte. Wenn Barrie und sein kleiner Held das wünschten, glaubten sie eben auch an Elfen. Wobei Barrie es ihnen leicht machte, daran zu glauben. Er hatte ein Stück von schwereloser Magie geschrieben und gleichsam nebenbei eine der letzten mythischen Figuren der Weltliteratur geschaffen.

"Peter Pan" trat seinen Siegeszug durch die Welt an. Das Spiel vom Nimmerland und seinem eigenwilligen Beherrscher wurde vielfach übersetzt und auf allen Bühnen von Rang aufgeführt. Die erste, durchaus sehenswerte Verfilmung kam bereits 1924 in die Kinos. Knapp 30 Jahre später brachten Walt Disneys Studios ihre Trickfilm-Version heraus, die Jean Cocteau bei den Festspielen in Cannes als besten Film prämiieren wollte.

Nur in Deutschland fand das Stück kaum Widerhall. Erich Kästner, in manchem Barrie nicht unähnlich, hatte es übersetzt und schrieb in einer Vorbemerkung zur deutschen Ausgabe: "Dass sich das englische Bühnenmärchen trotz der unvergesslichen Inszenierung Bruno Hübners ...in Deutschland nicht einbürgern konnte, muss hier nicht nur festgestellt, sondern darüber hinaus tief bedauert werden. Man macht den deutschen Theatern, dem deutschen Publikum gelegentlich zum Vorwurf, dass sie Stücke aus dem Ausland allzu kritiklos aufnähmen. Bei 'Peter Pan' ist der entgegengesetzte Vorwurf am Platze." Das war 1952.

Barrie war fast fünf Jahrzehnte davor unter die ganz Großen der Literatur Britanniens aufgerückt. Zu seinem Freundeskreis zählten George Bernard Shaw, Thomas Hardy, P.G. Wodehouse, H.G. Wells und Arthur Conan Doyle. Von Sylvia wurde er bewundert, von ihren Söhnen vergöttert. Mit "Peter Pan" verdiente er mehr als der wahrlich erfolgreiche Shaw mit seinem ganzen dramatischen Werk.

In London wurde das Stück Jahr für Jahr in der Weihnachtszeit aufgeführt. Die Titelrolle spielte - in der Tradition der britischen "Pantomime" - übrigens stets eine junge Frau. Barrie musste ein paar Sätze einfügen, mit denen vor Flugversuchen ohne magische Hilfe gewarnt wurde. Ein paar kleine Buben hatten es Peter Pan und seinen Freunden nachtun wollen, mit schmerzhaften, doch gottlob nicht schlimmen Folgen.

1913 wurde Barrie die Würde eines Baronet verliehen. Ein Jahr zuvor war im Kensington Park ein Peter-Pan-Denkmal aufgestellt worden, buchstäblich über Nacht. Barrie selbst hatte es in Auftrag gegeben, bezahlt und heimlich errichten lassen - die Kinder sollten glauben, es sei durch märchenhafte Kräfte dorthin versetzt worden. Ursprüngliches Modell war Michael gewesen, einer der Davies-Brüder, von dem eine Fotografie im Peter-Pan-Kostüm existiert.

Aber da war die Familie schon von schweren Schicksalsschlägen getroffen worden. 1906 starb der Vater, Arthur Llewelyn Davies, nach schwerer Krebskrankheit. Barrie stand der noch jungen Witwe nach Kräften zur Seite.

Als er von Mary Ansell geschieden worden war, schien eine Heirat mit Sylvia nicht mehr ausgeschlossen. Aber ein Jahr später (1910) erlag auch sie einem Krebsleiden. In ihrem Letzten Willen nannte sie Barrie als einen möglichen Vormund der Jungen, und er riss diese Aufgabe sogleich an sich. Jack und Peter waren darüber nicht sehr begeistert- besonders Peter nicht, der sich jetzt in Eton aufhielt und es hasste, mit Barries Helden gleichgesetzt zu werden. Später nannte er das Stück "ein schreckliches Meisterwerk", das sein Leben ruiniert habe. Und noch später - 1965 - warf er sich in der Sloane Square Station vor eine U-Bahn.

Die drei anderen Brüder - George, Michael und Nicholas – waren jedoch lebhaft angetan davon, dass "Uncle Jim" nun das

Sagen hatte. Letztlich war das auch ein Glücksfall für die Jungen, denn Barrie nahm die übernommene Verpflichtung aufs Gewissenhafteste wahr. Er schickte seine "lost boys" auf erstklassige Schulen und anschließend nach Oxford und Cambridge, ging auf alle ihre Wünsche und Interessen ein und versorgte sie großzügig mit Geld. Dabei wurde er misstrauisch und wohl auch eifersüchtig von der Gouvernante der jüngeren Brüder beobachtet, und auch einige namhafte Zeitgenossen widmeten der Rolle, die der prominente Autor da in aller Öffentlichkeit spielte, eine sehr kritische Aufmerksamkeit.

Doch wenn Barries Zuneigung über die eines fürsorglichen Adoptivvaters hinausging, dann nur in Gedanken und sichtlich unverdächtigen Gesten. Jahre danach bezeugte Nicholas, der sich als Heranwachsender dem Einfluss Barries mehr und mehr entzog, dass in dessen Verhalten nicht der leiseste Anflug von Pädophilie oder Homosexualität zu erkennen gewesen sei. Wahr ist, dass Barrie die beiden Brüder, die ihm besonders zugetan waren, ohne sexuelles Begehren, aber mit allen Fasern seines Wesens liebte - und es traf ihn bis ins Mark, dass er gerade diese beiden unter grausamen Umständen verlieren musste.

Beim Ausbruch des Ersten Weltkriegs war George 22. Er musste ausrücken und wurde an die flandrische Front geschickt, wo auf beiden Seiten Zehntausende junger Soldaten verbluteten. Barrie und er schrieben einander fast täglich Briefe. Im letzten, den Barrie erhielt, las er: "Lieber Jamie, mach dir keine Sorgen..." Da war George bereits nicht mehr am Leben; ein Kopfschuss hatte ihn getötet. Das war, nach dem Tod seiner Mutter und dem qualvollen Sterben Sylvias, der dritte Schicksalsschlag, der Barrie innerhalb eines Jahrzehnts traf. Ein vierter folgte 1921. Michael, der ihm jetzt mehr bedeutete als irgendjemand anders auf der Welt und der im Oxford jener Tage als einer der hoffnungsvollsten Studenten galt, ertrank in der Themse - zusammen mit einem Freund, den er angeblich retten wollte, obwohl er selbst nicht schwimmen konnte. Die beiden wurden eng umschlungen aus dem Fluss gezogen. Heute ist man der ziemlich begründeten Ansicht, dass es sich um den Doppelselbstmord eines homosexuellen Paares handelte. Barrie wurde auf niederschmetternde Weise an Davids Tod erinnert. Er brach zusammen und verharrte lange Zeit in dumpfer Lethargie.

Die Welt hatte sich für ihn verändert. Erst Jahre später trat er noch einmal mit einem letzten dramatischen Werk an die Öffentlichkeit: "The Boy David" (1936). Im Mittelpunkt stand der biblische David. Gespielt wurde er von Elisabeth Bergner, die Barrie 1934 kennen gelernt und die ihn sehr beeindruckt hatte. Von ihr war auch die Anregung zu diesem Stück gekommen, das aber nur noch ein Achtungserfolg wurde.

Barrie war 57, als er zum ersten Mal jener Cynthia Asquith begegnete, die dann 20 Jahre lang seine Privatsekretärin war. Sie beherrschte weder Stenographie noch Schreibmaschine, aber sie verbürgte sich für die Befolgung der Forderung, die er von Anfang an stellte: "It will be a confidential job. I shall want absolute discretion." Dieses Versprechen hielt sie auch, als sie nach Barries Tod daranging, ihre Erinnerungen aufzuzeichnen. Ihr "Portrait of Barrie" sagt über sein Außer-sich-sein nach Michaels Tod nichts aus und nur wenig über die schweren Depressionen, die ihn schubweise heimsuchten. Sie nennt Barrie eine "immensely strong personality", unzweifelbar geprägt von Trauer und Ichbezogenheit, indessen auch fähig zu Offenheit und Charme. Kindern galt, wie sie schreibt, nach wie vor seine ungeteilte und herzliche Sympathie. Für sie nahm er sich Zeit, studierte tagelang mit den Sprösslingen guter Bekannter - auch mit den Söhnen Cynthia Asquiths - kleine Theaterstücke ein.

Im Übrigen schätzte er, darin Thomas Mann nicht unähnlich, einen geregelten Tagesablauf: Frühstück, ein paar gute Zigarren (schon 1890 hatte er in "My Lady Nicotine" die Wonnen des Rauchens gepriesen), ausgiebige TIMES-Lektüre, Korrespondenz, kleinere Arbeiten, Treffen mit guten Freunden - der feste äußere Rahmen gewährte ihm die innere Sicherheit, nach der es ihn verlangte. Ausgedehnte Reisen unternahm er nicht. Er liebte seine schöne Wohnung im oberen Stockwerk der Adelphi Terrace, von wo er einen prachtvollen Weitblick aufs Embankment und die Themse hatte. Von zunehmender Schlaflosigkeit geplagt, stand er nachts stundenlang am Fenster und schaute auf den lichterfunkelnden Fluss mit den gleitenden Schiffen darauf. Als man kurz vor seinem Tod daranging, das Gebäude zu entkernen und zu modernisieren, litt er, als habe er abermals einen Menschen verloren. Die, nach seinen Worten, "monster buildings", die um, ihn herum entstanden, gehörten nicht mehr zu seiner Welt.

In die Öffentlichkeit begab er sich nur äußerst widerstrebend. Dabei wurde er unausgesetzt aufgefordert, Ämter zu übernehmen, Reden zu halten, sich irgendwie einzuschalten. Wann immer es möglich war, wimmelte er solche Ansinnen ab. Die Herausgeberin seiner Briefe, Viola Meynelt, schreibt in ihrem Vorwort: "Barries Absagebriefe würden einen eigenen Band füllen, mit dem Titel: "Please excuse me."

War ein öffentliches Auftreten nicht zu umgehen, machte ihm das bereits Wochen vorher zu schaffen. Als man ihm 1919 das Rektorat der St. Andrews Universität in Edinburgh antrug, verschob er die Antrittsrede um volle drei Jahre, überzeugt, dass sie zum Fiasko entarten würde. Tatsächlich schien sich diese Ahnung zu bewahrheiten. Die Aula, in der er sprechen sollte, glich einem Hexenkessel, die Studenten tobten und brüllten derart, dass von den einführenden Worten des Kanzlers kein einziges zu verstehen war. Flugblätter und sogar Stiefel flogen herum. Barrie begab sich aufs Podium, zitternd, kreidebleich, in dem Talar, den man ihm umgehängt hatte, erschien er noch kleiner, als er wirklich war. Die Menge lachte, schrie, trampelte, und er fingerte nervös an einem Papiermesser herum, das er auf dem Pult gefunden hatte. Da kam ein Zuruf aus der randalierenden Meute: "Leg's hin, Jamie, oder du schlitzt dir noch die Kehle auf!" Ins Gelächter hinein fuhr plötzlich Barries schneidende Stimme, sie wurde fester und fester, er sprach anderthalb Stunden, längst hörte man ihm ehrfürchtig zu. Als er an die Opfer des Krieges erinnerte und die Anwesenden aufforderte, zum Aufbau einer besseren Zukunft beizutragen, konnte man die berühmte Stecknadel fallen hören. Am Ende gab es stehende Ovationen . Zweifellos hatte der große kleine Mann nicht nur Courage, sondern auch ein ganz persönliches Charisma.

Jede Rede, die er hielt, erschien im Wortlaut in der TIMES, versehen mit entsprechenden Schlagzeilen. Triumph folgte auf Triumph, aber danach war Barrie jedes Mal zu Tode erschöpft. Es gibt einen kleinen Film von ihm, da steht er vor lachenden Zuhörern und berichtet, man habe ihn ersucht, vor den 900 Studentinnen eines amerikanischen Mädchen-Colleges zu reden.

Das gehe nicht, habe er erwidert. "Aber schickt sie mir nach und nach heraus, ich will gern jeder einzelnen eine Rede halten!"

Ein hintersinniger Scherz - es steckt ein Gran Wahrheit darin. Im kleinen Kreis konnte Barrie gelöst und spaßig sein. Einmal sprach er vor einer Runde berühmter, sämtlich schon älterer Autoren, die gerade von verschiedenen jüngeren Literaten recht boshaft attackiert worden waren. In seiner Tischrede verlangte Barrie, man solle diesen darob nicht grollen, wisse man doch nie, welche hervorragenden Talente da heranreiften. Als Beispiel führte er ein junges Genie an, das er einmal gekannt habe:

"Er konnte Stücke schreiben, die vor Witz funkelten. Er war ein glänzender Kritiker und ein begabter Redner. Er schrieb über Karl Marx. Es gab nichts, was er nicht konnte."

Und dann, nach einer kleinen Pause, in der Barrie die Asche von seiner Zigarre streifte:

"Ich habe mich oft gefragt, was aus ihm, geworden ist."

Alles in allem war er ein begnadeter Redner. Viele Zeitgenossen haben bekundet, dass er mit seinem jeweiligen Publikum machen konnte, was er wollte. Er konnte es rühren, zum nachdenklichen Schweigen bringen, es schallend lachen lassen.

Aber er machte von diesen Fähigkeiten nicht allzu oft Gebrauch.

Bis in seine letzten Jahre blieb er ein aufmerksamer Theaterbesucher. Gefürchtet war seine Anwesenheit bei Proben. Da saß er einsam in einer der vorderen Reihen des oft eiskalten Theaters, angetan mit Bowlerhut, Mantel und Schal und aß Käse und Kekse aus mitgebrachten Tüten. Unerbittlich ließ er Szene um Szene bis zur Erschöpfung aller Beteiligten wiederholen. "Unmöglich!" schrie der geplagte Spielleiter einer "Peter-Pan"-Inszenierung bei solcher Gelegenheit. Barrie wollte wissen, warum. "Crocodile under fourteen - gone home", war die Antwort, an der Barrie - von dem Cynthia Asquith sagt, er habe oft ein Lächeln nur mit der gleichen Anstrengung hervorgebracht, mit der man einen Korken aus der Flasche zieht - sich tagelang ergötzte.

1929 vermachte er alle Rechte an "Peter Pan" einem Londoner Kinderkrankenhaus, dem Great Ormond Street Hospital, das noch heute einen Teil seiner Kosten aus den weltweiten Einnahmen bestreitet.

In den 30ern war er berühmt wie kaum ein anderer britischer Autor. Er tafelte nicht nur mit Premierministern, sie holten bisweilen auch seinen Rat ein. Die königliche Familie besuchte ihn, als er sich in Schottland aufhielt. Die jetzige Queen und ihre Schwester Margaret Rose, damals kleine Mädchen, brachten Kuchen und Crackers, und Barrie war so entzückt und aufgedreht, dass er zu einem Gegenbesuch eingeladen wurde, als Margaret Rose ihren dritten Geburtstag feierte. Barrie saß neben der Kleinen; es gab ein Gespräch, das ihn beglückte, besonders, als sie sagte: "Ich kenne diesen Mann. Er ist mein bester Freund (greatest friend) und ich bin seine beste Freundin." Barrie versprach, diesen Satz und noch einen anderen in seinem nächsten Stück zu verwenden. Er tat das auch, woraufhin aus dem Königsschloss eine feierlich-humorvolle Mahnung eintraf, die Tantiemen der Prinzessin betreffend. Sofort begann Barrie blanke Pennies zu sammeln, in einem schönen Samtbeutel, den er selbst überbringen wollte.

Aber da war er schon ein todkranker Mann, und er starb, bevor er seine Aufwartung im Buckingham Palace machen konnte.

Sein Todestag war der 19. Juni 1937. Seine Beisetzung war ein öffentliches Ereignis. Und man erinnerte sich an das, was er einmal gesagt hatte:

"Sind wir uns nicht alle einmal eines weißen Lichtes bewusst, das einen Moment lang unserem Leben voranschwebt Es kommt zu uns zurück, in den letzten Zügen unseres Lebens, um uns zu geleiten - wohin?"

Wunderlicher Kampf ums Dasein.
Zwischen Einsamkeit und Egozentrik: Peter Pan

Peter Pan hatte seinen ersten Auftritt im Jahr 1902.

Da erschien Barries Erzählung vom "Kleinen weißen Vogel" und in der ist von einem Jungen zu lesen, der auf keinen Fall unter Menschen leben mag und einen Unterschlupf im Kensington Park gefunden hat, wo Feen ihn wohlwollend betreuen. So haust er, ein koboldartiges Wesen, das niemals altert, mitten in der großen Stadt London und doch in völliger Verborgenheit. Kinder, die die Neugierde treibt, nach ihm zu suchen, sollten besser zu Hause bleiben, denn sie könnten in der Dunkelheit und Kälte umkommen, die nachts im Park herrschen. Und Peter Pan bliebe nichts anders übrig, als ihnen dann kleine Gräber zu bereiten, mit Grabsteinen darauf - Barrie weist ernsthaft auf steinerne Mäler hin, die es im wirklichen Kensington Park gab. Allerdings hatten sie nichts mit Toten zu tun.

Dieser ebenso eigenwilligen wie eigenartigen Figur widmete Barrie 1906 dann ein eigenes Buch "Peter Pan in Kensington Gardens." (Zwei Jahre zuvor hatte sein kleiner Held zum ersten Mal die Londoner Theaterbesucher begeistert.) Die endgültige erzählerische Form gab er dem Stoff, der ihn über Jahre hinweg beschäftigt hatte, 1911 in "Peter und Wendy" - dieses Buch wird heute oft nur "Peter Pan" betitelt. Und auch auf diese Romanversion, die hierzulande bekannter ist als das Theaterstück, beziehen sich die folgenden Gedanken.

Erich Kästner, der, wie schon berichtet, das Bühnenmärchen ins Deutsche übertragen hat, betont in einer Vorbemerkung den außerordentlichen Stellenwert der umfänglichen Regie-Anweisungen, die Barrie den einzelnen Szenen beigegeben hat. "Gerade durch sie wird deutlich, wie sich bei der Aufführung Poesie und Ironie die Waage halten sollen." Mehr noch: Barrie deutet mit ihrer Hilfe seine Charaktere, beschreibt sagenhafte Vorgänge, erläutert Zusammenhänge. Dabei geht er weit über das hinaus, was auf der Bühne zu sehen ist. Und er redet ganz unmittelbar die kleinen Zuschauer an, die doch gar nicht wissen können, was im Textbuch steht, beispielsweise so: "Wenn ihr jemals gesehen haben solltet, wie ein Löwe in seinem Käfig einen Sperling haschen will, so wisst ihr, was gemeint ist." Die

Handlung ist turbulent und hintersinnig, oft erheiternd, bisweilen beklemmend. Im Folgenden ist vom Stück wie auch vom Roman die Rede.

Das Ehepaar Darling, der Londoner Mittelklasse zugehörig, hat drei Kinder: Wendy, John und Michael. Da man sich einschränken muss, werden dem Hund Nana die Pflichten eines Kindermädchens aufgebürdet, die er trotz ewiger Nörgeleien von Seiten Mr. Darlings nach besten Kräften wahrnimmt.

Eines Abends begibt sich etwas Unerhörtes. Draußen vorm Fenster hockt, nur von den Kindern wahrgenommen, ein sonderbarer kleiner Bursche. Es ist Peter Pan, der mit der winzigen Fee Tinker Bell aus dem Nimmerland (= Neverland) hergeflogen ist, um die Gute-Nacht - Geschichten zu hören, die Mrs. Darling ihren Kindern zu erzählen pflegt. Als kurz darauf Mr. Darling Nana aus einer üblen Laune heraus in ihrer Hütte auf dem Hof ankettet und anschließend mit seiner Frau zu einer Party geht, ist Peters Stunde gekommen. Er überredet Wendy, ihm mit ihren Brüdern ins Nimmerland zu folgen. Dort soll sie bei ihm und den "Lost Boys" die Mutterrolle übernehmen. Die "Verlorenen Jungen", die unter seinem Kommando stehen, sind als Babys aus ihren Kinderwagen gefallen; eine Heimkehr zu den achtlosen Eltern ist ihnen verwehrt. Das Nimmerland ist eine Insel, auf der es alles andere als idyllisch zugeht. Wendy wird schon bei der Landung um ein Haar getötet - die eifersüchtige Tinker Bell hat durch Lug und Trug einen der Lost Boys dazu gebracht, die mutmaßliche Nebenbuhlerin abzuschießen. Im übrigen wimmelt das ganze Eiland von Piraten, Rothäuten, Nixen und wilden Tieren, die den menschlichen Mitbewohnern durchaus nicht wohlgesonnen sind. Und deshalb ist es tröstlich, Peter Pan als tatkräftigen Beschützer zu haben. Zwar wächst er nicht, weil er das Erwachsensein verabscheut, und er hat auch noch alle Milchzähne. Aber er ist ein listenreicher und unerschrockener Kämpfer, der selbst die gefährlichsten Lagen meistert. Sein grimmigster Gegner (und zugleich die zweite Hauptfigur des Buches) ist der schreckenerregende Piratenkapitän Hook, der so heißt, weil seine rechte Hand, die Peter ihm einst abgehauen hat, durch einen eisernen Haken ersetzt wurde, mit dem er fürchterliche Dinge anrichten kann. Er gebietet über eine Schar wüster Galgenvögel, die er verächtlich seine Hunde nennt, und von denen jeder sich auf eine eigene Art des Raubens und Mordens versteht.

Diese wilden Kerle beobachten mit scheelen Blicken das behagliche Familienleben, das sich unter der fürsorglichen Obhut Wendys alsbald entwickelt. Sie einigen sich darauf, dass auch sie eine Mutter nicht entbehren können, und entführen kurzerhand das Mädchen, wobei sie dessen Brüder und die "Verlorenen Jungen" aus dem Hinterhalt überwältigen und gefangen nehmen. Wendy soll hilflos zusehen, wie die Gefesselten "über die Planken gehen", das heißt, von den Piraten ins Meer gestoßen werden.

Aber natürlich greift Peter Pan ein. Trickreich macht er die Bösewichter der Reihe nach unschädlich - als letzten Hook, den er in einem hochdramatischen Kampf besiegt und über Bord befördert, mitten hinein in den Rachen eines Krokodils, das schon lange auf diesen Bissen gelauert hat.

Im Nimmerland scheint Frieden einzukehren. Doch die Geschwister, von Heimweh und Schuldgefühlen geplagt, wollen nicht länger bleiben. Peter läßt sie ziehen. Mehr noch, er begleitet sie sogar zurück nach London, läßt sich jedoch nicht bewegen, seine Zukunft mit ihnen zu teilen. Anders die "Verlorenen Jungen", die Wendy auf ihre dringlichen Bitten hin mitnimmt. Sie hoffen (erfolgreich) darauf, von den Darlings adoptiert zu werden.

Die Darlings sind über den vermeintlichen Verlust ihrer Kinder nicht hinweggekommen. Mr. Darling hat sich in der Hundehütte einquartiert, um für das Unrecht zu büßen, das er Nana angetan hat. Als Wendy, John und Michael von einem Moment zum anderen wieder wohlbehalten in ihren Betten liegen, ist das Entzücken der Eltern darum so groß, dass sie auch den sechsköpfigen Zuwachs in Kauf nehmen - man wird sich schon einrichten.

Peter fliegt heim ins Nimmerland. Im Schlusskapitel wird erzählt, wie die Kinder heran - und in die Berufswelt hineinwachsen. Nur Wendy macht noch zwei kurze Abstecher ins Nimmerland, um Peter beim Frühjahrshausputz zu helfen. Dann ist sie selbst Mutter, aber ihre Tochter und später deren Tochter und wiederum deren Tochter werden auch ein- oder zweimal bei

Peter zu Gast sein. Und so wird es weitergehen, "so lange Kinder fröhlich und unschuldig und herzlos sind."

Man sieht: Barrie hat sich des Personals der klassischen Abenteuerbücher ebenso bedient wie der zauberhaften Wesen, die uns aus Märchen und Sagen bekannt sind.

Auch die Schauplätze muten vertraut an: Vorab die Insel, seit Robinson ein Ort für Unerwartetes und Unerhörtes, eben deshalb aber auch ein Ort der Bewährung. Das Piratenschiff, eine schwimmende Bastion des Bösen (und zugleich die gruslige Umkehrung der freundlichen Metapher vom Lebensschifflein.) Die unterirdische Behausung, Geborgenheit verheißend vor den Mächten, die oben ihr Unwesen treiben, aber doch auch unversehens zur Falle geratend.

Alles nicht neu. Neu ist jedoch die Art und Weise, in der Barrie uns diese Welt und ihre Bewohner erscheinen lässt. Wobei es mehrere Schlüsselwörter gibt, die in der Deutung der Vorgänge eine wichtige Rolle spielen. Sie heißen "Mutter", "Einsamkeit" und "Tod."

Besonders über das letzte mag man sich wundern. Dieses dunkle, grabschwarze Wort soll ein kunterbuntes Geschehen bestimmen, dessen Held ein Ausbund von Jugend und Lebensmut ist? Und dann noch in Verbindung mit der Verkörperung Leben spendender und erhaltender Liebe, der Mutter nämlich?

Indessen wissen wir aus Barries Biographie, wie nahe diese beiden Begriffe in seinem Bewusstsein beieinander wohnten. Er hat sie oft genug in einem einzigen Satz zusammengerückt, etwa im "Kleinen Weißen Vogel", wo er schreibt: "Ich glaube, die einzigen Geister, die in unsere Welt eindringen ("creep"), sind tote junge Mütter, die wiederkehren, um zu sehen, wie es ihren Kindern geht. Es gibt keinen anderen Beweggrund, der stark genug wäre, um die Toten zurückzubringen." Und in "Peter Pan in Kensington Gardens" ist es, wie schon erwähnt, eine der Hauptaufgaben des quicklebendigen kleinen Kerls, die Kinder zu begraben, die sich auf der Suche nach ihm verlaufen und dabei ihr Leben eingebüßt haben. Da erscheint freilich noch nicht das Mutter-Motiv, das den eigentlichen "Peter Pan" von Anfang bis Ende bestimmt.

Im "Peter Pan" spielen vier weibliche Hauptpersonen mit: Mrs. Darling, Wendy, Tiger Lily und Tinker Bell. Am Anfang ist

Mrs. Darling die Kraft, die alles bewegt, zunächst einmal - obschon ungewollt - sogar den Fortgang der Handlung. Allerdings ist sie "the chief one", die wichtigste Figur also, nur so lange "until Wendy came" - Wendy, der der allererste Satz gilt, in dem darauf verwiesen wird, daß sie schon sehr früh den Zwang des Erwachsenwerdens erfahren hat.

Immerhin, wir sehen Mrs. Darling als Mitte einer heiteren Familie von eben der Art, nach der Barrie sich herzlich sehnte (und die er in der Davies-Familie zu erleben glaubte.) Sie ist ihren Kindern liebevollst zugetan, wünscht sich sogar, sie möchten nie erwachsen werden. Den eher ärmlichen Haushalt versorgt sie umsichtig und geschickt. Ihren etwas einfältigen Mann George macht sie glauben, sie habe Respekt vor ihm. Kleinere Spannungen zwischen ihm und den Kindern gleicht sie behutsam aus. Wenn er über das Ersatz-Kindermädchen Nana herzieht, nimmt sie den treuen Vierbeiner stets in Schutz. Sie ist diejenige, die ohne jede Absicht Peter Pan ins Haus lockt. Er hat mitbekommen, wie sie den Kindern von Cinderella erzählt, und das hat ihn entzückt und beglückt. Als er in ihr Zimmer eindringt und sieht, dass sie eine erwachsene Frau ist, packt ihn die Enttäuschung derart, dass er seine Milchzähne - "die kleinen Perlen" - gegen sie fletscht. Zwar ist er auf der Suche nach einer Mutter, aber sie soll kindlich sein wie er... Das ist Mrs. Darling natürlich nicht. Sie entspricht nicht einmal den mütterlichen Idealfiguren, die in den Kinderbüchern der Zeit den (meist sentimentalen) Ton angeben. Trotz der beschränkten Verhältnisse, in die Barrie sie versetzt, ist sie eine Lady von beträchtlichem Selbstbewusstsein - und darin Sylvia Llewelyn Davies nicht unähnlich, der sie nach des Autors Willen tatsächlich auch gleichen sollte. Sie ist hübsch und weiß das auch, ihren Mund ziert ein spöttisches Lächeln. Ihr Wesen bezeichnet Barrie als romantisch, wobei er es mit jenen hölzernen russischen Mütterchen vergleicht, in denen stets noch ein anderes steckt und noch eins und noch eins. Ihr Charakter ist angenehm und schätzenswert, aber nicht glatt und gefällig. In der Tat versagt sie nach dem moralischen Maßstab nicht nur der damaligen Zeit, als sie mit ihrem Mann zur Party geht und die Kinder unbeschützt zurücklässt. Dafür wird sie augenscheinlich hart bestraft. Sie muss buchstäblich mit ansehen, wie die Kinder ihr entschwinden, und was ihr allein bleibt, ist die Angst, dass sie für alle Zeit verloren sind.

Trotz alledem erleben wir Mrs. Darling nicht als gebrochene Frau. "Was liegt an mir", lässt Barrie sie ausrufen, "macht euch fort und passt auf die Kinder auf." Mrs. Darling ist unglücklich, aber nicht sentimental. Die unsinnigen Bußgebärden ihres Mannes - er hat sich, wie gesagt, selbst in Nanas Hütte verbannt - sieht sie mit einer Sachlichkeit, die nicht frei von Ironie ist. Als er sich seiner Selbstbestrafung rühmt, erwidert sie: "Aber ist das wirklich Strafe, George? Bist du sicher, dass du sie nicht genießt?" Barries Sympathie ist uneingeschränkt auf ihrer Seite. "Manche mögen Peter und manche Wendy, aber ich mag sie am meisten." Warum wohl? Mrs. Darling ist eine Persönlichkeit eigener Art. Sie lebt nicht nach Vorschriften und Spielregeln. Sie ist zärtlich und verständnisvoll, jedoch nicht, weil sich das für eine ordentliche Mütter gehört. Es entspricht ganz einfach ihrem Selbstbewusstsein, das ihr die Kraft gibt, sich mit aller denkbaren Einsicht auf alle und alles einzulassen, ohne dabei ihr eigenes Wesen preiszugeben.

Diese Haltung, für Barrie offensichtlich der Ausdruck wahrer Mütterlichkeit, macht sie aber auch einsam, eine Eigenschaft, die auf Barries innigstes Verständnis stößt. Sonderbar genug: Diese liebenswerte und liebende Frau, zu Anfang und am Ende umgeben von einer prächtigen, ihre Liebe, wie's scheint, reichlich vergeltenden Familie, bleibt fast während des ganzen Geschehens hinter der Szene: allein und verlassen. Das führt uns zum dritten Schlüsselwort. Man lese im letzten Kapitel des Romans nach, wie schlicht und schnöde ihr Tod abgehakt wird, in diesem einen Satz: "Mrs. Darling war jetzt tot und vergessen."

Das hat weniger mit der Tragik zu tun, welche die ältere Generation zu verspüren glaubt, wenn sie abtreten muss, als mit dem, sagen wir einmal: coolen Verhalten der jüngeren, wie Barrie es hier sieht. Er nimmt es hin, als sozusagen naturgegeben, aber es verletzt ihn, was die Art und Weise erkennen lässt, in der er von den Jungen spricht.

Die Darling-Kinder nennt er "brats" - Bälger, Rotznasen, Blagen. Nicht sehr freundlich. Er geht aber noch weiter, beschreibt sie als "rubbishy" und "selfish", nichtsnutzig und egoistisch. Und ganz am Ende nennt er alle Kinder rundweg "herzlos."

Erstaunlich bei einem so kinderliebenden Autor. Ganz sicher schwingt die Art von Enttäuschung mit, die jeder Erwachsene verspürt hat, wenn er sich einmal allzu nachdrücklich um die Gunst kindlicher Wesen bemüht- die lassen sich nämlich nicht zur Liebe gängeln.

Kinder sind hier weder herzig noch niedlich, und sie sind auch nicht so wohlmeinend und vernünftig, dass sie - wenigstens im kleinen Rahmen - unvernünftige Spielregeln der Erwachsenen außer Kraft setzen können, wie das, in sympathischer Weise, von Spyri bis Kästner immer wieder geschehen ist. Sie sind auch dies Eigenschaften, die Barrie hervorhebt, heiter und (noch) unschuldig, aber sie bestehen auf ihrem Eigenleben - und wenn sie das tun, werden die Empfindungen, die die Eltern ihnen abzufordern suchen, zweitrangig, wenn nicht belanglos. Peter Pan ist die beispielhafte und ins Mythische gesteigerte Verkörperung solcher Haltung. Eine Ausnahme ist allein Wendy, und es ist kein Zufall, dass Barrie sie im Titel der Erstausgabe gleichberechtigt neben seinen Helden gestellt hat. Den Namen hat er übrigens erfunden, um nicht zu sagen: gefunden. Die kleine, sehr früh verstorbene Tochter Margaret von W.E. Henley (dem "Observer"- Herausgeber, von dem schon die Rede war) pflegte Barrie zärtlich "my friendy" zu nennen, was aus ihrem Mund wie "my wendy" klang - indem er seine Heldin so nannte, widmete er dem Kind eine fortwährende Erinnerung. Wendy darf man sich als eine etwa Zwölfjährige vorstellen. Sie ist ein aufgewecktes, seiner Weiblichkeit durchaus bewusstes Mädchen - natürlich keine Kindfrau ä la Lolita, aber doch "every inch a woman." (Mit der hübschen Einschränkung: "Though there were not very many inches.")

Sie ist, darin ein kleines Abbild ihrer Mutter, nicht tumb wie ihre Brüder, sondern weiß schon einiges vom Leben. Zum Beispiel ist ihr bekannt, wie Mädchen sich gegenüber Jungen und Jungen sich gegenüber Mädchen verhalten können und womöglich auch sollen. Von Anfang an ist sie Peter überlegen. Als er kläglich herumgreint, weil er den Schatten, der ihm abgerissen worden ist, nicht wieder befestigen kann, sagt sie: "Ich werde ihn für dich annähen, mein kleiner Mann", und das tut sie dann auch. Mein kleiner Mann! Da klingt zwar mütterliche Fürsorge an, aber doch auch wohlwollende Herablassung - und unwillkürlich stellt sich das Bild des kleinwüchsigen Autors ein, den die ranke und schlanke Sylvia mit ihrer Freundlichkeit beglückte.

Tatsächlich bezeichnet Barrie Wendys anfängliche Haltung Peter gegenüber mit dem Fremdwort "hauteur" (etwa: von oben herab.) Es folgt dann die berühmte Szene mit dem Kuss, den sie ihm anbietet, als Zeichen dafür, dass sie ihm seine vorige Großtuerei vergeben hat. (Mittlerweile hat er allerdings reuig bekannt, dass ein Mädchen mehr wert sei als zwanzig Jungen.) Peter hat keine Ahnung, was ein Kuss ist und hält erwartungsvoll die Hand auf, um das vermeintliche Geschenk entgegenzunehmen. Wendy ist einigermaßen ratlos ob solcher Ahnungslosigkeit, doch um seine Gefühle nicht zu verletzen, schenkt sie ihm den Fingerhut, den sie gerade zur Hand hat. Als Gegengabe empfängt sie einen aus einer Eichel gefertigten Knopf, der ihr später das Leben rettet, weil der Pfeil, der sie töten soll, daran abprallt.

Wendy begleitet Peter ins Nimmerland, mit der ausdrücklichen Bestimmung, bei ihm und den "Verlorenen Jungen" die Mutterrolle zu übernehmen. Diese flehen sie sogar kniefällig an: "Oh Wendy lady (!), be our mother!" Sie tut's, wird als Mammi angeredet - auch Barrie spricht von ihr als "ihre Mutter" - und ist mächtig stolz, als sie Peter sagen hört, dass die Jungen nun endlich eine Mutter gefunden haben. Die entsprechenden Pflichten nimmt sie vorbildlich wahr. Unter ihrer Obhut werden die verwilderten Buben handzahm, überbieten sich geradezu in willigem Gehorsam, drängen sich nach ihrer Zärtlichkeit. Die Piraten, die davon hören, werden eifersüchtig und wollen auch so eine Mutter haben - weshalb sie Wendy kurzerhand kidnappen.

Wendy wird geradezu gezwungen, eine ganze Entwicklungsstufe zu überspringen. Nahezu übergangslos wird sie vom Kind zur Erwachsenen, mit all den Rollenzwängen, die die zeitgenössische Gesellschaft für die fertige Frau bereithält. Peter Pan kann es sich leisten, nicht erwachsen zu werden und damit allen einschlägigen Zumutungen zu entgehen - Wendy nicht. Nur wenige Male wird uns ihre Weiblichkeit auf andere Weise bewusst, etwa als Tinker Bell und auch die Meermädchen ihr Peters Zuneigung erbost missgönnen. Dabei ist diese Eifersucht ganz unbegründet, wie ein kleiner Wortwechsel im Theaterstück zeigt:

Wendy: "Was sind deine wirklichen Gefühle für mich?" Peter: "Die eines ergebenen Sohnes." Wendy (wendet sich ab): "Das dachte ich mir."

Und im Roman fragt Wendy Peter beim Abschied eher zaghaft: "Meinst du nicht, dass du meinen Eltern etwas sagen möchtest, über eine sehr süße Angelegenheit ?" ("..about a very sweet subject ?") "Nein", sagt Peter. Sie wird deutlicher: "Über mich, Peter?" "Nein."

Das ist alles. Die schroffen Antworten sind nicht nur Artikulationen seines Gekränktseins - wie kann man einen Teufelskerl wie ihn verlassen? - sondern auch klare Zurechtweisungen: Finde dich in die Rolle, die dir ziemt. Das ist vielleicht ein Rest postviktorianischer Prüderie. Mit Sicherheit entspricht es der Regelung des Geschlechterverhaltens, die noch zu Anfang des 20. Jahrhunderts gang und gäbe war und der Barrie bereitwillig zustimmte, weil sie seinem eigenen Empfinden entsprach.

Nur um Tinker Bell ist ein ganz sachtes Glimmern von Erotik - um diese winzige Person, ein Persönchen vielmehr, das im Schauspiel nicht einmal zu erblicken ist, sondern das als Irrlicht über die Bühne geistert und mit allerlei Klingklang seinen Gefühlen Ausdruck gibt. Tinker Bell, eine Mini-Fee, die fast ständige Begleiterin Peter Pans, ein höchst eigenwilliges Helferlein, das zweifelsfrei in ihn verliebt ist und folgerichtig in Wendy eine hassenswerte Konkurrentin sieht, die sie durch einen Mordanschlag zu beseitigen sucht. Anders als Wendy läßt das kleine Biest auch seine Gefühle ungeniert heraus. Dabei bedient es sich einer, wie betont wird, "offensive language", die von Beleidigungen strotzt - Peter selbst wird, wenn ihr sein Verhalten nicht passt, mehrmals als "silly ass" beschimpft, was mit "blöder Spinner" noch sehr sanft übersetzt ist. Freilich scheinen ihn die Ausfälle der Kleinen nicht weiter zu kratzen; im Gegenteil, sie amüsieren ihn. Und bei alledem ist sie bereit, ihr Leben für ihn hinzugeben. Die Elfen sind so klein, schreibt Barrie, dass in ihnen immer nur Platz für ein einziges Empfinden ist: Sie lieben total oder sie hassen total. Tinker Bell ist sozusagen Leidenschaft pur: Eine Wesenheit, die Barrie - und nicht nur ihm - im Grunde unheimlich war. Weshalb er sie ins Miniaturformat versetzt und sie und ihresgleichen sogar als bisweilen lästig tadelt. Verblüfft liest man, dass Peter Pan die Elfen des öfteren dermaßen auf die Nerven fallen, dass er sie gehörig durchprügelt. *) Dabei kann er doch nur fliegen, wenn Feenstaub für ihn abfällt... Natürlich drängen sich bei solchen Passagen unausgesetzt mehr oder minder eingängige Psycho-Deutungen auf. Die wurden auch schon reichlich geliefert. Unter anderem ist das "Peter-Pan-Syndrom" zum festen Begriff geworden, als Charakteristikum eines Mannes, der, verkürzt gesagt, über die Pubertät mit all ihren Defiziten und Besetztheiten nicht hinausgekommen ist.

Jedenfalls geht ein eigentümliches Strahlen von Tinker Bell aus, ein Licht, von dem es ausdrücklich heißt, dass sie es nicht auslöschen kann. Damit gehört sie einer Märchenwelt an, der im Nimmerland, diesem Ort ständigen Kämpfens und Verfolgens, nur wenig Platz gegeben ist. Das belegt auch das anrührende Geschichtchen, mit dem Barrie seinen kindlichen Lesern die Herkunft der Feen erläutert. Feen, sagt er, seien zur Welt gekommen, als das erste Baby zum ersten Mal gelacht habe. Das Gelächter sei in tausend Stücklein zerbrochen, und aus jedem sei eine Fee entstanden. Andererseits falle jedesmal eine Fee tot um, wenn ein Kind sage, es glaube nicht mehr an Feen - und heutzutage sehen die Kinder so sehr vernünftig! Das ist der poetische Barrie - Barrie der Beschwörer. Es gibt noch eine vierte weibliche Zentralfigur, nämlich Tiger Lily, die indianische Häuptlingstochter. Schön wie eine Märchenprinzessin ist sie, aber auch kokett und wetterwendig. Alle Krieger begehren sie, aber sie hält sie sich mit dem Kriegsbeil vom Leibe. Sehr viel mehr erfährt man nicht über sie. Wie ihr Stamm, die Picaninnies (picaninny = "Negerkind") spielt sie eher eine Statisten-Rolle, eingesetzt, um die Handlung ein bisschen zu beleben und ein bisschen voranzutreiben. Immerhin stellt auch sie einen gewissen Frauentyp dar. Wendy, Tinker Bell, Tiger Lily: Ihnen ist gemeinsam, dass sie Peter Pans Aufmerksamkeit

*) "Indeed he sometimes had to give them a hiding" - was in der Ausgabe des Dressler-Verlags arg falsch übersetzt ist: "manchmal mußte er sich richtig vor ihnen verstecken." Als ob Peter Pan sich vor irgendwem oder irgendwas verstecken würde!

erregen. Mehr aber auch nicht. Was Wendy und Tinker Bell angeht, so bieten sie ihm nützliche Hilfen. Tiger Lily gibt ihm Gelegenheit, sich als allzeit siegreicher Kavalier zu erweisen, der der Frau nicht bedarf, um seinen Eigenwert zu genießen, der Sieg genügt ihm. (Er rettet das Mädchen mit einem Handstreich aus den Fängen der Piraten; wenig später verschwindet es von der Bildfläche.) Peter sorgt auch für Tinker Bells Überleben, als sie, höchster Beweis ihrer Liebe, von dem Gift getrunken hat, das sein Widersacher Hook für ihn bereitgestellt hatte. Ums Wohlergehen Wendys ist er vor allem aus eigennützigen Gründen besorgt.

Wie denn überhaupt der hervorstechende Zug in Peters Wesen seine Ich-Bezogenheit und Eigensucht ist. Das Wort, das Barrie mehrmals gebraucht, um den Charakter seines Helden zu erschließen, heißt "cockiness",, was soviel wie Großspurigkeit und Anmaßung bedeutet. Aber auch "cock" gleich "Anführer" klingt darin an und selbstverständlich ebenso "Hahn." Tatsächlich pflegt er, wenn er sich erfolgreich betätigt und bestätigt hat, aus vollem Hals zu krähen. Und diese gockelhafte Eitelkeit ist es, die seinen Erzgegner Hook bis aufs Blut reizt.

Peter Pan ist eben restlos von sich überzeugt, von seiner Klugheit ("Ah, the cleverness of me!") ebenso wie von seinem Charme ("Yes, I am sweet, oh, I am sweet!") Er zögert nicht, sich einen "wonderful boy" zu nennen, obwohl er damit sein Leben aufs Spiel setzt, und er ersucht die anderen Jungen, sie möchten doch bitte nicht aus lauter Begeisterung für ihn in wilden Applaus ausbrechen - woran sie nicht keineswegs denken, im Gegenteil. "Sag ihm, er soll aufhören anzugeben!" fordert John genauso erbittert wie vergeblich. Man versteht schon, dass es diese penetrante Selbstgefälligkeit ist - sie erscheint noch auf den Zügen des schlafenden Peter - die Hook besonders verabscheut.

Mit einem Wort: Peter ist eigentlich mehr Narziß als Pan. Dennoch hat Barrie den Namen dieses antiken Gottes der Wälder und Felder, Hirten und Herden nicht zufällig gewählt. Nicht nur spielt Peter die Flöte wie Pan (der ähnlich selbstbewusst wie sein kleiner Namensvetter Apollo zum Wettstreit herausfordert, den er freilich verliert.) Wie dieser ist er in der Natur behaust - sie ist beider Reich. Und wenn Pans Erscheinen ahnungslose

Wanderer in heillose Angst versetzt, so verbreitet Peter ähnlichen Schrecken unter seinen Feinden. Beide sind Einzelgänger, eigenwillig und unberechenbar, in einer Manier, die ans Dämonische grenzt. Peter ist geradezu besessen von dem Glauben, dass er zu allem fähig sei, und die meisten kindlichen Leser werden ihm in dieser Einschätzung folgen, staunend, bewundernd und mit einem sachten Gruseln. Denn es ist gelegentlich etwas Unheimliches um ihn.

Kann sein, er sehnt sich gerade darum nach anheimelnder Geborgenheit. "Wir sind ziemlich einsam", bekennt er, als Wendy meint, er und die "Verlorenen Jungen" müssten doch eine Menge Spaß haben. Auf junge Gefährten legt er dennoch kaum Wert. Wendys Brüder will er erst gar nicht mitnehmen ins Nimmerland. Es ist auch nicht so, dass er Mütter im allgemeinen mag. Er hält sie im Gegenteil für überschätzte Kreaturen, ja, sie sind ihm sogar zuwider, mit Ausnahme der Kunstmutter, die er sich besorgt hat, Wendys nämlich. Als er Wendy das zum ersten Mal wissen lässt, ahnt sie die Verwirrung hinter seinen Worten. Obwohl er rein gar nichts von seiner Mutter weiß, prahlt er des öfteren mit ihr. Dann lässt er eine Spur der Sehnsucht heraus, die ihn nachts im Schlaf weinen lässt. Denn seine Träume, sagt Barrie, "waren schmerzlicher als die anderer Jungen"; sie plagen ihn oft stundenlang. Wenn Wendy das wahrnimmt, holt sie ihn aus dem Bett, nimmt ihn auf den Schoß - er ist kaum kleiner als sie - und spricht tröstende Worte. Das ist die andere, die beunruhigende, verstörende und wohl auch tragische Seite seiner Existenz. (Er versucht sie zu verdrängen, bestreitet, wach geworden, daß er geweint hat.) Anders als die "Verlorenen Jungen" ist er nicht aus dem Kinderwagen gefallen und dann seinem Schicksal überlassen worden. Er hat sich davongemacht, als seine Eltern davon redeten, was er einmal werden solle, und als er sich dann doch zur Rückkehr entschloss, war es zu spät.

Der Junge, der nicht erwachsen werden will, weil er nichts anderes wünscht, als seinen Spaß zu haben, hat sein Dasein unheilbar beschädigt. "Er erlebte unzählige Ekstasen, die andere Kinder nie erfahren werden, aber er sah durchs Fenster hindurch die einzige Freude, von der er für immer ausgeschlossen sein würde." Die in den Augen des Erzählers allein zählende Freude: Das Aufgehobensein in einer Familie.

Peter ist einsam. Alle anderen im Nimmerland – nur Hook ausgenommen, bezeichnenderweise - haben ihresgleichen, an die sie sich halten können. Er hingegen ist völlig auf sich gestellt, und von daher ist auch zu verstehen, warum er so völlig von sich eingenommen ist. Die Liebe, nach der er verlangt, kann nur er selbst sich geben. Ein Leerlauf, unfruchtbar und letztlich hoffnungslos. Dagegen hilft nur ein Selbstwertgefühl, das sich aus jenen ewig wiederholten Spektakeln und Aktionen herleitet die freilich stets nur der eignen Inszenierung entspringen.

Jackie Wullschläger hat in einem Essay zu Barries Leben und Werk darauf hingewiesen, dass seine hervorragenden Figuren sämtlich einsam sind: Tommy, Crichton, Peter und Hook. (Und wir wissen, dass wir auch Mrs. Darling in dieser Reihe sehen können.)

Nimmerland ist keine Insel der Seligen. Es ähnelt nicht einmal Collodis Spielimmerland, in dem Pinocchio die unschuldigen Freuden der Faulheit genießt, bis ihn eine niederträchtige Bestrafung ereilt. Nimmerland ist ein ansehnlich arrangiertes Schlachtfeld. Barrie hat plastisch beschrieben, wie sie alle hintereinander her sind, und zwar unausgesetzt: Die Jungen werden von den Piraten gejagt, den Piraten sind die Rothäute auf den Fersen, denen wiederum folgen menschenfressende Bestien, deren Zug von dem Krokodil mit der Uhr im Bauch beendet wird. Hinter dem aber tauchen bereits wieder die Jungen auf: "denn die Prozession muss unaufhörlich weitergehen," sie formt einen Zirkel aus Verfolgung, Angriff, mörderischer Gewalt, aus dem es kein Entrinnen gibt. "This shows", sagt Barrie und es klingt wie Hohn, "how real the island was." Zwar hellt er das schreckliche Bild immer wieder ein wenig auf, indem er zum Beispiel einen der Seeräuber auf fast komische Weise ins Jenseits befördert und einen anderen zum Babysitter bei den Indianern degradiert - schwarzer Humor grundiert das Geschehen allenthalben. Gleichwohl liegen Schatten über Nimmerland.

Barrie schrieb in einem Vorwort zu Ballantynes "Coral Island", seinem Lieblingsbuch, von dem Szenerie und Atmosphäre des "Peter Pan" deutlich beeinflusst sind: "Geboren zu werden, heißt: schiffbrüchig auf einer Insel zu landen. Und diese Insel ist nicht unbedingt wirtlich. Peter Pan ist geboren worden und kraft eigenen Willens sogleich auf solcher Insel gelandet.

(Nicht nur von "Coral Island", sondern auch von "Peter Pan" führt übrigens eine gerade Linie zu Goldings außerordentlichem "Lord of the Flies." Auch dort wird ein paradiesisches Atoll binnen kurzer Frist zum Schauplatz eines gnadenlosen Machtkampfs - unter Kindern.)

Barries kleiner Junge ist im Roman ein großer Held. Kampf bestimmt sein Dasein. Die Verfolgten sehen in ihm den Retter. "Alle Arme streckten sich nach ihm aus, als würden sie in seine Richtung geweht; sie flehten ihn wortlos an, sie nicht im Stich zu lassen. Und Peter ergriff sein Schwert ...und die Lust am Kampf ließ seine Augen glänzen." Schon eigenartig. Er, der immer nur seinen Spaß haben und niemals ein Mann werden will, ficht und tötet wie ein ausgewachsener Krieger und hat unverkennbar gerade daran seinen Spaß. Allerdings, setzt Barrie hinzu, muss es ein fairer Kampf sein. "Unfairness lähmte Peter, sie machte ihn hilflos." Und Barrie schlägt einen erstaunlichen Bogen zurück zum kleinen Jungen und zur kindlichen Welt überhaupt: "So geht es jedem Kind, wenn es zum ersten Mal unfair behandelt wird ...Wenn du unfair zu ihm gewesen bist, wird es dich zwar wieder lieben, aber es wird danach nie wieder dasselbe Kind sein." Womit zugleich eine Warnung an den erwachsenen Leser ergeht, die zeigt, wie sehr Barrie in vielen Dingen seiner Zeit voraus ist.

Mit Peter kämpft immer wieder seine Gefolgschaft: Die "Verlorenen Jungen." Sie werden einzeln vorgestellt, jeder von ihnen hat seine besonderen Eigenschaften. Dennoch gewinnen nur zwei oder drei wirkliche Konturen, vorab der tapsige Pechvogel Tootles und dann die Zwillinge, von denen der Autor keinen beschreiben kann, weil er doch immer an den falschen geraten würde. Golding-Lesern werden Sam'n'Eric einfallen, die unzertrennlichen Zwillinge im "Lord of the Flies." Und wer "Coral Island" kennt, dem kommen auch andere Parallelen in den Sinn. "We are British, aren't we ?" ermuntern sich dort die schiffbrüchigen Jungen in gefährlichen Lagen. Peter Pans nicht zu brechender Stolz, sein Kampfesmut und seine alles riskierende Fairness sind nach britischem Selbstverständnis nationale Qualitäten. Dass Barrie stolz auf seine Nation ist, steht außer Zweifel. Als Hook die Jungen gefangen hat, bietet er an, zwei von ihnen das Leben zu lassen, wenn sie in seine Mannschaft eintreten. John und auch der kleine Michael wären gar nicht so abgeneigt. Doch als sie hören, dass sie zuerst dem König abschwören müssten, weigern sie sich sofort, und einer der anderen Jungen ruft: "Rule Britannia!" Wendy ihrerseits behauptet, alle wirklichen Mütter der Jungen hegten nur eine Erwartung: "Wir hoffen, unsere Söhne werden wie englische Gentlemen sterben" - was auf heftige Zustimmung der scheinbar Todgeweihten stößt. Unübersehbar erleuchtet der Glanz des Empires die ganze Szene. Und Peter, der das alles in einem Versteck mitbekommt, ist "frightfully happy."

Hook ist neben dem leicht trottligen Mr. Darling die einzige erwachsene männliche Hauptfigur. Er ist auch der einzige, der Peter ebenbürtig ist - halbwegs ebenbürtig, um genau zu sein. Seinen Namen hat er von dem greulichen Haken am Stumpf des rechten Arms, dessen Ende Peter ihm einst abgeschlagen und jenem monströsen Krokodil zum Fraß vorgeworfen hat. Dem Untier hat die verlängerte Hand so gut geschmeckt, dass es seitdem hinter Hook her ist, um ihn in seiner Gänze zu verspeisen. Ihn, der sonst nichts und niemand fürchtet, foltert eine wahnsinnige Angst vor dieser Bestie, der er bisher nur entkommen konnte, weil sie einen Wecker verschluckt hat, dessen lautes Ticken ihn warnt.

Das Alter, verfolgt von der ablaufenden Zeit, die der Tod beherrscht - nichts anderes hat Barrie hier ins Bild gesetzt. Dabei hat er, während Wendys Brüder und sogar Mr. Darling Taufnamen der Familie Davies tragen, den todgeweihten Oberpiraten mit seinem eigenen Vornamen versehen! Ein weiterer Fall für tiefschürfende Seelenkundler.

Tatsächlich ähnelt Hooks Aussehen schon dem einer Leiche, abgesehen von seinen vergißmeinnicht blauen Augen, in denen eine abgründige Melancholie nistet, die nur verschwindet, wenn er einem Gegner seinen Haken in den Leib rammt. Sein – wörtlich - gigantisches Hirn arbeitet unausgesetzt. Er ist ein Killer und ein Zyniker dazu, Feind aller Freude und letztlich allen Lebens.

Aber er ist auch "frightfully distingué." Tadellose Umgangsformen gehen ihm über alles, schlechten Stil verabscheut er mehr als Tod und Teufel. (Barrie bestand darauf, Hook habe Englands Elite-Internat Eton besucht. Als er das einmal anlässlich einer akademischen Feier echten Etonians zum Besten gab, applaudierten sie entzückt.) Hook kann von erlesener Höflichkeit sein, wirkt dann freilich besonders diabolisch. Die Eleganz seiner Diktion verweist auf einen Grandseigneur. Kurzum: Er ist die perfekte Verkörperung eines Schurken von großem Format. Seine räuberische Crew bleibt - ebenso wie die Gruppe der "Verlorenen Jungen" eher farblos. Zwar werden die schlimmsten Galgenvögel alle namentlich vorgestellt, unter Erwähnung ihrer verwerflichsten Taten, aber zum echten Charakter mausert sich eigentlich nur der irische Bootsmann Smee, der nach jeder Metzelei seine Brille sorgfältig abwischt. Er darf am Ende auch überleben, ein ruheloser Wanderer, der in aller Welt erzählt, er sei der einzige gewesen, den James Hook gefürchtet habe.

Hook ist allein. Nicht zuletzt deshalb beansprucht er genau wie Peter Pan Wendy als Ersatzmutter. "Er war so schrecklich allein. Dieser unergründliche (!) Mann fühlte sich nie einsamer als in der Gesellschaft seiner "Hunde." Sie waren ihm gesellschaftlich so sehr unterlegen." Es kommt heraus: Dieser Finsterling, dem Etikette über alles geht, der Blumen und sanfte Musik liebt, dieser "man unfathomable" (= unergründlich) leidet unter einem Minderwertigkeitskomplex. Denn er ist, wie ausdrücklich betont wird, nicht zur Gänze verderbt. Er möchte geliebt werden, ganz besonders von Kindern, und die Erkenntnis, dass sie ihn in Wahrheit fürchten, macht ihn rasend. Zumal er mit ansehen muss, dass die Gefangenen den schrecklichen Smee herzlich liebenswert finden - der kleine Michael hat sogar dessen Brille auf der Nase!

Hook ist einsam, und in dieser Einsamkeit gleicht er Peter Pan, der ansonsten doch sein genaues Gegenteil ist. Peter ist jung, fröhlich und rundum furchtlos, von Komplexen kann nicht die Rede sein. Eben darum hasst Hook ihn von ganzen Herzen. "Proud and insolent youth", anmaßender und unverschämter junger Kerl, das sind die Worte, die er seinem Erzfeind vorm letzten Gefecht zuruft, und in ihnen ist der Grund für die unversöhnliche Fehde beschlossen, die zwischen beiden waltet. Peter aber schreit triumphierend die Parole, die sein ganzes Wesen ausmacht: "Ich bin die Jugend, ich bin die Freude!"

Das ist der Kern des Buches. Die bürgerliche Welt der Darlings, die abenteuergesättigte Exotik des Nimmerlands - sie weichen zurück angesichts dieses Showdowns, der die zwei sozusagen auf leerer, wenn auch grell illuminierter Bühne zeigt. Das Sein und das Nichts werfen ihre Schatten ins Licht einer gnadenlosen Erkenntnis, die man wohl existentiell nennen darf. Die Alten, die Noch-Machthaber, gezeichnet von lebenslangen Verfehlungen, Verstößen, kleinen und großen Schweinereien, müssen endlich weg, werden in den Abgrund gestoßen, in den sie gehören, von den Jungen nämlich, deren verwegener, auch über Leichen gehender Egoismus allerdings auch nicht unbedingt auf eine bessere Zukunft hoffen lässt. (Barrie ist eben, er betont das selbst, auch Realist.)

Über Leichen gehend? Aber ja doch. Hooks Mannen werden erbarmungslos abgestochen, niedergemacht, über Bord geschmissen. Die prominentesten unter ihnen erledigt Peter Pan eigenhändig aus einem Hinterhalt. Das ist keine fidele Katzbalgerei, kein Slapstick wie in Disneys Trickfilm-Version, wo Hook und die Seinen am Ende über die Weite des Meeres hinweg entwischen. Es ist der Tod, der richtige, der endgültige Tod, der hier rein Schiff macht und es seinen Handlangern, den Jungen, ermöglicht, das Ruder zu übernehmen.

Aber es sind doch durch die Bank Bösewichter, die da zur Hölle fahren? Gewiss. Und die Guten obsiegen, ganz so wie Barrie es im Roman schon rechtzeitig versprochen hat, im 3. Kapitel, als die Darling-Geschwister zu Abenteuern aufbrachen, bei denen es manchen kindlichen Lesern beklommen zumute werden konnte.

Dennoch. Ganz wohl fühlt Barrie sich bei diesem gloriosen Finale nicht. Zwar berichtet er, dass Wendy "vor Entzücken schaudert", als Michael - der kindlichste unter allen Jungen - ihr die Stelle zeigt, wo er einen getötet hat. Doch zuvor schildert er statt Peters Aktionen nur Hooks Reaktionen - wobei ihm eine bezichnende Wendung unterläuft. Alle Jungen umzingeln Hook, und er ist verloren - "striking up at them impotently." Und Barrie widmet dem schmählich Besiegten, der von Peter einen Fußtritt in den Hintern empfängt und stracks in den Rachen des lauernden Krokodils stürzt, einen knappen Nachruf, in dem eine sonderbare Sympathie mitschwingt: "James Hook, du nicht gänzlich unheroische Figur, leb wohl!" Auch gönnt er ihm einen letzten Triumph. Peters Fußtritt spricht jeder heldischen Verhaltensweise Hohn. "'Miserabler Stil', schrie er höhnisch und stürzte zufrieden ins Krokodil." In dessen Bauch der Autor, wie er vermerkt, den Wecker angehalten hat: "Zum Schluss noch ein kleines Zeichen unseres Respekts für ihn!"

Vermutlich haben diejenigen Recht, die vermuten, Barrie habe Hook nicht nur seinen Namen, sondern auch ein Stück eigener Erfahrung mitgegeben. Hook ist ein wüster Missetäter, kein Zweifel, aber er ist auch ein entfernter Verwandter des Don Quijote: Einer von der traurigen Gestalt. Und was diese Trauer angeht, so kann Barrie ein persönliches Wort mitreden. Sie kommt aus der Einsamkeit, dem Empfinden des Alterns, dem schmerzlichen Bewusstsein, zumindest gelegentlich als groteske Gestalt angesehen zu werden - und vor allem aus den Niederlagen in den Kämpfen gegen die Windmühlenflügel des Daseins, wozu auch das vergebliche Werben um Liebe und Zuneigung gehört.

Wenn die Rede von Hooks Tod ist, stellt sich die Frage, ob sein Widersacher denn so gar keine Furcht vorm Sterben und Vergehen habe. Auch dazu macht Barrie sich seine Gedanken, und es ist wohl der, milde gesagt, erstaunlichste Satz, den er dem lebenstollen kleinen Kerl in diesem Zusammenhang zuschreibt.

Das ist am Ende des 8. Kapitels. Peter hat Wendy gerade vom Tode des Ertrinkens gerettet und steht nun auf einem kleinen Felsen, um den die Wasser immer höher steigen. Zum ersten und einzigen Mal empfindet er Angst: "Ein Zittern ging durch ihn hindurch." Aber dann erscheint auf seinem Gesicht ein Lächeln und sein Herz beginnt wie eine Trommel zu schlagen, und er ruft aus: "Sterben wird ein schrecklich großes Abenteuer sein!"

Das klingt nachgerade vermessen. Später erfahren wir auch, wie's ums Sterben wirklich bestellt ist: Hook krepiert im Rachen des Krokodils, Mrs. Darling verlischt hinter der Szene. Aber einer, der die Jugend und das Leben ist, darf so reden. Für ihn wird der Tod zum Kontrapunkt, den er selbst nach Belieben wenn nicht setzen, so doch ausspielen kann. Das rückt ihn an die Seite mythischer Helden. Die Meinung mancher Interpreten, Barrie habe in Peter Pan den vorerst letzten Mythos der Moderne geschaffen, hat in diesem Sinne viel für sich. Im Übrigen hat Barrie den Satz aus dem Stück streichen lassen, als George Davies in Flandern gefallen war. Noch heute wird er in den meisten Aufführungen weggelassen. Aber im Roman steht er.

Zurück zu Peters Triumph. Der siegreiche Junge ist jetzt Kapitän auf Hooks Schiff. Käpt'n Peter Pan. Mit ihm an Bord sind außer den Darling-Geschwistern die "Verlorenen Jungen." Sie tragen verkürzte Piratenhosen und sind, wie es befremdlicherweise heißt, sauber rasiert. Peter hält ihnen eine Rede. Er hoffe, sie würden als tapfere Burschen ihre Pflicht tun, aber er wisse auch, dass sie der Abschaum Rios und der Goldküste seien, und wenn sie gegen ihn aufmuckten, werde er sie in Stücke reißen. Die Jungen halten das für einen Mordsspaß und schreien Hurra - und einige Sätze weiter lesen wir, dass ihr famoser Kapitän sie wie Hunde behandelt und blinden Gehorsam fordert.

Das erinnert fatal an Hooks Regime. Aber wir haben keine Zeit, nachdenklich zu werden. Denn es folgt nun die Heimkehr. Nach einigem Hin und Her - Peter will Wendy nicht herausgeben, besinnt sich dann aber doch eines anderen - schließt Mrs. Darling ihre "drei kleinen selbstsüchtigen Kinder“ wieder in die Arme. Peter beobachtet das mit gemischten Gefühlen, dann wendet er sich an seine kleine Begleiterin: "Los, komm Tink, wir wollen diese albernen Mütter nicht."

Hier könnte das Buch enden. Aber Barrie hat ihm noch ein merkwürdiges letztes Kapitel beigegeben - wie er ja auch dem Stück ein Schlussbild angefügt hat, von dem Erich Kästner nicht ganz grundlos meinte, es sei entbehrlich. Noch einmal erscheint Peter, gerade recht, um zu erfahren, dass die sechs "Verlorenen Jungen" von den Darlings adoptiert werden. Er selbst weist ein entsprechendes Angebot entrüstet zurück. Er wird mit Tinker Bell in dem unterirdischen Heim wohnen, das die Jungen für Wendy eingerichtet haben. Als Wendy das hört, regt sich Eifersucht in ihr und sie schwankt ein letztes Mal. Aber dann lässt sie ihn ziehen. Schon als der Abschied beschlossen wurde, hat sie dem großen Helden des Nimmerlands auf die Seele gebunden, er möge seine Medizin pünktlich nehmen und regelmäßig seine Unterhosen wechseln - davon will er jetzt nichts mehr hören. Doch einmal im Jahr wird er kommen und sie zum fälligen Hausputz abholen. ("Den Dreck darf sie ihm wegmachen" hörte ich einmal eine Elfjährige unerfreut murmeln, als sie das Buch zuklappte.)

Die folgenden Szenen setzen letzte Akzente. Dabei ist es nicht so wichtig zu erfahren, dass aus den "Verlorenen Jungen" samt und sonders reichlich verspießerte Erwachsene werden. Derlei hatte man eigentlich erwartet. Von wirklicher Bedeutung ist etwas anderes. Als Peter, von Wendy mit Spannung erwartet, nach einem Jahr zurückkommt, stellt sich zu ihrer maßlosen Verwunderung heraus, dass er alles und alle vergessen hat, Hook und die Piraten und die großen Kämpfe und sogar Tinker Bell, an deren Namen er sich nicht einmal erinnert. "Es gibt so viele von denen", sagt er gleichgültig, "ich nehme an, sie ist nicht mehr."

Das ist kein sacro egoismo mehr. Das ist blanke Gefühllosigkeit. Und das ist der, der gejubelt hat: "Ich bin die Freude, ich bin die Jugend" - aber vielleicht steckt eben darin die Logik seines Verhaltens. Erinnernde Rückschau ist die Sache der Alten, nicht der Jungen. Gefühlvolle Kinder wird das womöglich ein wenig verstören und sogar empören.

Aber wie verhalten sich die Darling-Geschwister? Natürlich werden auch sie erwachsen. Michael wird Lokführer. Und John? "Der bärtige Mann, der keine Geschichte weiß, die er seinen Kindern erzählen könnte, war einmal John."

Wendy ist nun selbst Mutter, ihre Tochter heißt Jane. Was mit ihrer eigenen Mutter geschehen ist, der liebe- und hingebungsvollen Mrs. Darling, wissen wir bereits. "Mrs. Darling war nun tot und vergessen."

Was für ein Finale! Noch einmal ein Wort vom Tod - und in welchem Umfeld! Einmal, in der Vergangenheit, sind die Kinder ins Nimmerland entschwunden und haben ihre Mutter weit hinter sich gelassen. Jetzt sind sie in der Zukunft angekommen und haben diese Einzige, die für sie da war, dem Nichts überantwortet.

Kennte man Barrie nicht ein wenig besser, so möchte man denken, er meine das zynisch. Aber er ist nur traurig, und wir ahnen, warum.

Zum kleinen Trost lässt er das Spiel noch ein bisschen weitergehen, ins Kommende, Zukünftige. Dieses Spiel bringt freilich nichts Neues, es wiederholt sich nur. Anstelle ihrer gealterten Mutter fliegt Jane zu Peter Pan und nach ihr ihre Tochter - und so wird es weitergehen, "so lange Kinder heiter und unschuldig und herzlos sind."

PS: Und die Erwachsenen, die hier so schlecht wegkommen, wie steht es mit denen? Wir alle, sagt Barrie, sind einst in Nimmerland gewesen, wir können noch das Rauschen der Brandung hören, doch wir können nie wieder an seinen Zauberstränden landen, schon deshalb nicht, weil wir nicht fliegen können. Das können nur die "frohen und unschuldigen Herzen", die Kinder, deren Phantasie ins Nimmerland hineinspielt, was tagsüber durchaus nicht beunruhigend ist, wohingegen die Dinge kurz vom Einschlafen leider nicht mehr recht geheuer sind, weil sie da nämlich "very nearly real" werden. Beinahe so real wie Nimmerland, dessen Wirklichkeit Barrie immer wieder beteuert, ("Ich will euch nur erzählen, was wirklich geschah.") Und das, wie wir gesehen haben, eine Fülle von Widersprüchen umschließt. Wunderbar ist es und ebenso furchtbar. ("That fearsome island'.') Und Erwachsene haben nun einmal dort nichts zu suchen. Es heißt, dass jedes Mal, wenn einer der Bewohner des Nimmerlands atme, ein Erwachsener sterben müsse - "und Peter brachte sie, rachsüchtig wie er war, so schnell wie möglich um." Kein Ort für unsereinen. Ganz sicher nicht. Und dabei doch, vertrackt genug, ein Platz für Spiele und Träume, deren Haupteigenschaft es immerhin ist, gut auszugehen, auch wenn sie noch so böse beginnen. Was, nehmt alles nur in allem, etwas Wunderbares ist. Auch Nimmerland, can't help, ist Wunderland.

Robert Louis Stevenson
1850 - 1894

Er ist nicht eigentlich ein Jugendbuchautor. Aber das eine Buch, das er für (zunächst nur einen) Jungen geschrieben hat, hat ihn derart berühmt gemacht, dass viele sofort wissen, von wem die Rede ist, wenn auch nur seine Initialen genannt werden: RLS.

Geboren wurde er in Edinburgh, am 13. November 1850. Sein voller Name war Robert Lewis Balfour Stevenson. Von "Balfour", dem Mädchennamen seiner Mutter, machte er keinen Gebrauch, "Lewis" wurde bald in "Louis" geändert.

Die Familie war in Schottland wohlbekannt. Robert Stevenson, der Großvater, hatte viele Leuchttürme entlang der schottischen Küste und auf schottischen Inseln errichtet. Mit Walter Scott, dem Nationaldichter der Schotten, hatte ihn eine enge Freundschaft verbunden. Thomas Stevenson, der Vater, wurde gleichfalls Fachmann für Leuchttürme. Er entwickelte und baute neue Modelle und schrieb einige wichtige Bücher darüber.

Auch zum Umfeld der Mutter, Margaret Isabella Balfour, zählten angesehene Leute. Ihr Vater war promovierter Geistlicher, unter ihren 12 Geschwistern war der schottische Leibarzt der Queen. Thomas Stevenson kam wie sie aus einer kinderreichen Familie; auch er hatte 12 Geschwister. Um so verwunderlicher, dass beide nur ein Kind hatten - eben Robert Louis, der im zweiten Jahr der Ehe zur Welt kam.

Er war kein kräftiges Kind, leicht erregbar, hyperaktiv, das ziemliche Gegenteil seines Vaters, mit dem er sich gleichwohl zunächst gut verstand. Die Mutter, selbst zart und empfindsam, liebte ihren einzigen Sohn sehr. Nachdem ein Kindermädchen sich in einer Bar betrunken und den kleinen Louis auf dem Tresen zurückgelassen hatte, wo er friedlich einschlummerte, wurde die 24jährige Tochter eines Webers in den Dienst genommen., Alice Cunningham "Cummy", die den Kleinen, den sie "Lou" oder "My Laddie" nannte, verwöhnte und vergötterte. Fromm bis zur Bigotterie, las sie ihm die Bibel vor, aber auch die gefühlvollen Penny-Magazine, die sie sich als Wochenend-Lektüre kaufte. Als bedrohliche Kinderkrankheiten Louis heim suchten, pflegte sie ihn aufopfernd. Aber sie füllte seinen Kopf auch mit Bildern von Teufel, Hölle und ewiger Verdammnis.

die den ohnehin mit ausufernder Phantasie begabten Jungen erschreckten und noch dem Heranwachsenden zu schaffen machten. Stevensons Zuneigung zu ihr wurde dadurch keineswegs gemildert.

Mit sechs kam er in die Schule. Seine schwächliche Verfassung machte ihn zum Außenseiter. Er konnte nicht an den sportlichen Spielen der anderen teilnehmen, die ihn zudem seines nervösen und altklugen Wesens wegen hänselten.

Mit dreizehn nahm er an einer fünfmonatigen Europareise seiner Eltern teil. Auch Cummy war mit von der Partie. Sie war außer sich, als sie in Italien dicke Kleriker sah, die genüsslich tafelten und obendrein Karten spielten! Louis, gegen ihren puritanischen Gestus bereits gefeit, genoss dies und alles andere, was er zu sehen bekam, nach Kräften. Schon während der langen Phasen seiner Bettlägerigkeit hatte er eine starke Sehnsucht nach Ferne und Abenteuern verspürt. Hier kam er zum ersten Mal auf seine Kosten. Nach der Heimkehr wechselte er bald in eine teuere Privatschule, wo man seine Eigenheiten durchaus respektierte.

Mit sechzehn verfasste er einen knappen Text über eine Begebenheit der schottischen Geschichte, den der Vater in 100 Exemplaren drucken ließ.

1867 schrieb Stevenson sich an der Edinburgher Universität ein. Er sollte - und wollte zunächst auch - Ingenieur werden, wie der Vater und der Großvater. Was er im folgenden wirklich lernte, schreibt Hunter Davies, einer seiner zahlreichen Biographen, das brachte er sich selbst bei: "writing, loving and living." Seine Begeisterung, für technische Dinge war, milde gesagt, gering. Drei Jahre hielt er recht und schlecht durch. In den Semesterferien begleitete er den Vater auf dessen Inspektionsreisen zu den Leuchttürmen. Dabei las er unendlich viel, Shakespeare, Defoe, Meredith, Hawthorne und viele andere, und begann mit ersten Versen. Er schloß sich einem studentischen Literatur - und Debattierclub an, der "Speculative Society", und obwohl sein erster Auftritt dort gründlich danebenging, war er bald hellauf begeistert: "I think that the Spec is about the only good thing in Edinburgh."

Er war nun eine ungewöhnliche Erscheinung, groß und eher hager, mehr südländisch als schottisch aussehend, langhaarig und stets extravagant gekleidet. Binnen kurzem kannte man ihn in der ganzen Stadt.

Freunde hatte er jetzt genug. An seinen drei Jahre älteren Vetter Bob schloss er sich eng an, so dass die beiden allenthalben mit Castor und Pollux verglichen wurden, den berühmtesten Zwillingen der Antike. Bob, der "rastloseste Geist, den ich je gekannte habe", ein antibürgerlicher Bohemien, beeinflusste Louis mehr als irgendwer sonst. Diese enge Bindung hielt trotz der tadelnden Vorwürfe Thomas Stevensons jahrelang, auch dann noch, als Louis' spätere Frau eine nachhaltige Abneigung gegen den zum zweitrangigen Kunstmaler gewordenen Verwandten enwickelte.

1871 gab Stevenson das Studium des Maschinenbaus endgültig auf. Der enttäuschte Vater schlug vor, er solle wenigstens Jura studieren, um später als Anwalt die Belange der Familie vertreten zu können. Der Sohn stimmte zu, schon deshalb, weil er weiterhin die großzügigen elterliche Zuschüsse erhielt.

Ein Jahr verging, und es war ein wildes Jahr. Stevenson trieb sich in der Edinburgher Subkultur herum, schloss zweifelhafte Freundschaften, besuchte Kneipen und Bordelle.

Der Bruch mit dem Vater kam, als der erfuhr, dass sein Sohn einem Club angehörte, in dem die Existenz Gottes geleugnet wurde. "Du hast mein Leben zerstört", sagte der strenggläubige Calvinist, als er begriff, dass Louis tatsächlich das geworden war, was er am meisten verabscheute "a horrible atheist." Auch die Mutter war tief erschüttert. Später fühlte Stevenson Reue: "O Lord, what a pleasant thing it is to have just DAMNED the happiness of (probably) the two only people who care a damn about you in the world."

Während des Zerwürfnisses mit seinen Eltern lernte Stevenson Mrs. Frances Sitwell kennen, 34 Jahre alt, hübsch, klug und literarisch gebildet. Mit ihrem kleinen Sohn lebte sie getrennt vom Ehemann, einem Geistlichen. Stevenson, 12 Jahre jünger als diese außergewöhnliche Frau, war ihr sofort ergeben, und sie nahm seine begeisterte Verehrung geschmeichelt an. Gleichwohl wollte sie, die sich schon anderweitig gebunden hatte, eine bestimmte Linie nicht überschreiten. Zu Stevensons dauerndem Kränkeln - man streitet sich, ob eine verschleppte Tbc oder chronische Bronchiektasien die Ursache waren - gesellten sich daraufhin psychische Wirrungen. Ein völliger Zusammenbruch war die Folge.

Den entsetzten Eltern wurde geraten, den Sohn zur Erholung an die Riviera zu schicken. Von dort aus ergab sich - brieflich - die Versöhnung mit dem Vater.

"Bin sehr zufrieden mit deinem Brief", telegrafierte Thomas Stevenson, "entspanne dich." ("Keep your mind easy.") Er hatte schon gefürchtet, sein Sohn werde dem Wahnsinn verfallen.

Der kam indessen wieder zu sich. Er schrieb die ersten einer langen Reihe oft glänzender Essays (unter anderem über Walt Whitman und Victor Hugo), die durch Vermittlung von Sidney Colvin, Frances Sitwells zweitem Gatten, der einer seiner besten Freunde wurde, in einer angesehenen Zeitschrift gedruckt wurden. Freilich war er noch weit entfernt davon, seinen eigenen Lebensunterhalt zu verdienen.

Dafür lernte er ein paar weitere Damen kennen, die ihn als witzigen Unterhalter schätzten, zugleich aber auch nicht ganz ernstnahmen. "I am to them as some undiscovered animal." Gleichzeitig beschäftigte er sich gründlich mit schottischer Geschichte, schottischer Folklore, schottischem Volkscharakter, wobei Scott sein Vorbild war. Bücher wie dieser wollte er schreiben. (In gewisser Weise tat er das auch, zum Beispiel mit seinem Erfolgsroman "Kidnapped" (1886) und der Fortsetzung "Catriona" (1893))

1875 fuhr er nach Paris, wo Bob auf ihn wartete. Die Stadt überwältigte ihn wie so viele andere davor und danach, das bunte und lichterglänzende Leben in der City ebenso wie der noch ländliche Montmartre mit seinen Weinbergen und Windmühlen und den prachtvollen Ausblicken, die er bot. Das Ganze kam ihm vor wie ein immer währendes Freilichttheater, dramatisch und bewegend. Edinburgh schrumpfte dagegen fast zum Provinzkaff.

Aber er wusste, dass er nie ein derart leichtlebiges Dasein würde führen können wie der von ihm bestaunte Bob. Er war jetzt 25 und ohne jede berufliche Perspektive. Diese niederschmetternde Erkenntnis warf ihn wieder einmal körperlich um. Er kehrte zu den Eltern zurück, schwer angeschlagen und schuldbewusst. Der Vater, froh, den Sohn zurückzuhaben, erhöhte den monatlichen Zuschuss auf sieben Pfund, damals eine ganz stattliche Summe. Dennoch blieben weitere Auseinandersetzungen nicht aus. Louis hielt den Eltern vor, sie sähen nur den Taugenichts in ihm:

"I am never good, because they never seem to see me, when I am good." Frances Sitwell gegenüber nannte er sich ein "mürrisches und verzogenes Kind." Seine Leidenschaft für sie war erloschen.

Im gleichen Jahr begegnete er durch Vermittlung Leslie Stephens, des Vaters von Virginia Woolf, der einige Texte Stevensons in seiner Zeitschrift "Cornhill" veröffentlicht hatte, W.E. Henley. Der ewig kränkelnde Stevenson bewunderte diesen bärenstarken Mann, der infolge einer Knochentuberkulose den linken Fuß verloren und eine grausam schmerzhafte, 18 Monate währende Prozedur des Schabens und Schneidens ausgehalten hatte, damit der rechte gerettet wurde. Als die beiden sich kennen lernten, lag Henley auf seinem Hospitalbett und blies auf einer Flöte. Obgleich nur ein Jahr älter, übernahm er sogleich eine Art Vaterrolle und nahm den neuen Freund in seinen Kreis begabter Schützlinge auf, die als "Henley's young men" bekannt wurden.

Unter dem Eindruck von Henleys mächtiger Persönlichkeit raffte Stevenson sich auf und beendete sein Jurastudium. Er eröffnete eine Anwaltspraxis, zu deren Gründung der beglückte Vater eintausend Pfund beisteuerte, die im Nu verbraucht wurden. Ein nicht unansehnlicher Teil ging an den ewig in Schulden steckenden Bob, sowie an dessen mittellose Schwester. 1879 besuchte Stevenson den Vetter in Fontainebleau und war von dessen Freunden ebenso entzückt wie von der Landschaft des Loire-Tals. Er las sich ein in die französische Literatur der Zeit: Dumas, Balzac, Flaubert, Verlaine, Baudelaire. Er wurde, wie sein späterer Stiefsohn Lloyd Osbourne feststellte, selbst zum halben Franzosen. Im Empfinden, in den Gewohnheiten und in den Vorurteilen war er total französisch. Die fremde Sprache beherrschte er bald in allen Feinheiten. Verglichen mit Schottland war Frankreich der wahre Himmel. Stevenson fühlte sich erlöst und gelöst, aus der nachhaltig erwachten Lebenslust kamen ihm die tollsten Einfälle.

Einmal sprang er durchs geöffnete Fenster in den Speiseraum eines ländlichen Hotels. Drinnen saß eine attraktive Amerikanerin mit ihrer halbwüchsigen Tochter, beide dachten, der ausgelassene Eindringling sei nicht ganz bei Trost. Sie hatten schon von den "zwei verückten Stevensons" gehört und stellten jetzt Vergleiche zwischen den Vettern an, wobei Louis um einiges besser abschnitt. Mrs. Fanny Osbourne, 36, lebte getrennt von ihrem Mann, der ein unverbesserlicher Fremdgänger war. Sie versuchte, ihren eigenen Weg zu gehen, zusammen mit ihren Kindern Belle und Lloyd. (Ein zweiter Sohn war ihr gestorben.) Stevenson war sogleich entzückt von ihr. Sie konnte zart und liebevoll sein, aber auch zäh und hartnäckig. In seinen Briefen redete er sie gelegentlich mit "My dearest little man" an, und er widmete ihr die Verse "All woman in the body / and all man in the heart."

Die gegenseitige Zuneigung steigerte sich rasch. Fanny gefiel der kenntnisreiche, lebhafte, seinen Gefühlen freien Lauf lassende junge Mann, und für ihn war sie eine Frau, bei der er sich geborgen fühlen konnte - eben das war es, was er brauchte. So wie sie zielsicher die Entscheidungen für ein eigenes, unabhängiges Dasein traf, so würde sie auch sein Schicksal in ihre Hände nehmen. (Das tat sie dann auch, und zwar so nachdrücklich, dass sie fast alle seine Freunde in die Flucht schlug.)

Doch zunächst war da noch Sam Osbourne, der verlassene Ehemann, der seine Frau zur Rückkehr in die Staaten zwang indem er ihr drohte, andernfalls die Unterhaltszahlungen einzustellen. Stevenson, jetzt fast 28, blieb ratlos zurück, geplagt von der Frage, wie es denn nun weitergehen werde. Ablenkung tat not. Mit einem Esel namens Modestine, der ihn 65 Francs und ein Glas Branntwein gekostet hatte, machte er sich auf zu einer Wanderung durch die Cevennen. Die Fußreise wurde zum Abenteuer, nicht nur wegen der Eskapaden des Esels und des zeitweise abscheulichen Wetters. Beispielsweise musste er in Le Bouchet das Zimmer mit einem eben vermählten blutjungen Paar teilen, was ihn dann doch in einige Verlegenheit versetzte. 1879 rief ihn ein dringliches Telegramm Fannys nach Kalifornien. Henley, Colvin und andere Freunde äußerten begründete Bedenken, doch Stevenson brach umgehend auf.

Viel Geld hatte er nicht dabei, aber es reichte für bescheidene Ansprüche.

An Bord des Passagierdampfers "Devonia", der nicht eben ein Schiff der Luxusklasse war, begegnete er zum ersten Mal Leuten, die er bislang fast nur vom Hörensagen kannte, Besitz- und Arbeitslosen, schäbigen Glücksrittern und hoffnungslos Gestrandeten, die in der Neuen Welt ganz von vorn anfangen wollten. Bald fühlte er sich ihnen kameradschaftlich verbunden. "Wir waren eine Gesellschaft der Zurückgewiesenen, der Trinker, der Unfähigen, der Schwachen, der Verschwender, lauter Leute, die mit den Verhältnissen im eigenen Land nicht fertig geworden waren und jetzt kläglich in ein anderes flüchteten. Wir waren eine Schiffsladung von Versagern, die kaputten Typen (broken men) von England." Ganz neue Töne. Der verwöhnte, schon ein klein wenig in die Jahre gekommene Gentleman, der Meister brillanter Wortwechsel und pointensichere Alleinunterhalter, fand sich mitten in einer neuzeitlichen Massenodyssee, die zu beschreiben seine bisherige Beredsamkeit nicht mehr ausreichte. So verlegte er sich aufs Zuhören und Beobachten. Dabei ging ihm auf, dass er nicht nur weg von seinem Land fuhr, sondern auch weg von sich selbst. ("Out of myself.") Mit scharfem Blick nahm er die Schicksale anderer wahr, das Elend der Armen, die Zustände unter Deck, die jeder Beschreibung spotteten. Weil er immer wieder an dem Tischchen saß, das er sich gesichert hatte, und all diese Eindrücke zu Papier brachte, wurde er von den Mitreisenden mit freundlichem Spott "Shakespeare" genannt.

An einem verregneten Augusttag setzte Stevenson zum ersten Mal den Fuß auf amerikanischen Boden. Durchnässt bis auf die Haut lief er bis spät in die Nacht in New Yorks Straßen herum. Am nächsten Tag erging er sich weiter in diesen "nightmare wanderings", bevor er, wiederum in einer Menge erregter, rat- und rastloser Auswanderer, seine Reise ins Landesinnere antrat. Auch er selbst sah jetzt abgerissen aus, in Kleidern, die zerknittert und fleckig geworden waren. Dazu erschien er übernächtigt und hohläugig, überdies geplagt von einem großflächigen Ekzem, das er sich auf der Überfahrt geholt hatte. Stundenlang stand er im überfüllten Zug und starrte hinaus in die fremden Landschaften. Um sich herum vernahm er Stimmen und Sprachen aus aller Herren Ländern. Er stellte fest, dass die weißen Habenichtse sich den chinesischen Kulis überlegen fühlten, die in einem eigenen Waggon zusammengepfercht worden waren. Anderthalb Tage vergingen, bevor er die erste warme Mahlzeit erhielt - das war in Pittsburgh. Er war so hundemüde, dass er sich wie ein Schlafwandler vorkam. Kaum konnte er noch seine wenigen Gepäckstücke schleppen. Schwerste Hustenanfälle machten ihm zu schaffen, er spuckte Blut und zweifelte, ob er je die pazifische Küste sehen würde. "Wie ein Mann an der Pforte des Todes" - so sein Befund.

Die Fahrt dauerte endlose 12 Tage. Sie ging quer über den Kontinent, durch viele Staaten: Pennsylvania, Ohio, Illinois Iowa, Nebraska, Wyoming, Utah, Nevada. Endstation war San Francisco. Die Stadt lag, prächtig anzusehen, im vollen Glanz des Sonnenlichts; Stevenson liebte sie auf den ersten Blick. Aber er musste weiter. Am 30. August 1879 traf er endlich in Monterey ein, dem Ort, den John Steinbeck Jahrzehnte später berühmt gemacht hat und der damals noch ein armseliges Dorf mexikanischer Prägung war, mit rund 350 Einwohnern.

Fanny, die dort mit ihrem Sohn lebte, war immer noch verehelicht. Eine Scheidung war damals eine schwierige und obendrein die liebe Umwelt schockierende Angelegenheit. Stevenson, der 3000 Meilen zurückgelegt hatte, um wieder mit ihr vereint zu sein, war maßlos enttäuscht, als sie ihn anwies, sich eine Bleibe außerhalb ihres Hauses zu suchen. Seine Anwesenheit, sagte sie, könne sie kompromittieren. Außerdem glich er im Aussehen einer Vogelscheuche.

"Er sah sehr krank aus", erinnerte sich Lloyd Osbourne Jahre danach, "und seine Kleidung wirkte nicht mehr malerisch, sondern war einfach nur schäbig..."

Der Aufenthalt in Monterey bekam Stevenson gar nicht. Die Nebel, die auch im Sommer in den Ort eindrangen, waren Gift für seine kranken Lungen. Er wich in die Umgebung aus, fand ein paar hilfsbereite Freude - sein Charme war, trotz allem, immer noch bezwingend - schrieb ein paar Artikel für den "Californian"; zwei davon unter dem Titel "Hidden Treasure" mögen als erster Ansatz zur späteren "Schatzinsel" gelten. Er war nicht ganz mittellos, erhielt immer noch Geld von zu Hause, litt jedoch mehr denn je unter dem Gedanken, dass er sich "Schriftsteller" nannte, ohne vom dürftigen Ertrag seines Schreibens leben oder gar eine Familie unterhalten zu können.

Im Mai 1880 konnte das Paar endlich heiraten, in San Francisco. Belle Osbourne schrieb über ihre Mutter: "Sie heiratete Louis nicht in der Erwartung, dass er lang leben würde, sondern in der Hoffnung, dass ihre Hingabe an ihn das Leben verlängern würde, das ihr so teuer war." Tatsächlich folgte eine Periode der Erholung, die nicht zuletzt auch durch ein Telegramm aus Edinburgh gefördert wurde: "Rechne mit 250 Pfund im Jahr." Ein Pfund war 5 Dollar wert , und das war viel Geld - eine ordentliche Mahlzeit in einem guten Restaurant kostete damals 50 Cent. Zwischen Fannys Kindern und dem neuen Ehemann ihrer Mutter bestand ein ausgezeichnetes Verhältnis.

Belle, jetzt 22, war bereits verheiratet. (Nach 14 Jahren löste sie die unerträglich gewordene Ehe und widmete sich zusammen mit ihrer Mutter der Verwaltung und Erhaltung von Stevensons Nachlass.) Lloyd, erst 12 Jahre alt, liebte den Mann, den er zärtlich "Luly" nannte und der ihm mehr Freund und Vertrauter war als Stiefvater, von ganzem Herzen. Es spricht für Stevensons Einfühlungsvermögen, für seine offene und unverstellte Art, dass der Junge sich so vorbehaltlos an ihn anschloss. Lloyd Osbourne sollte ihm später ein wertvoller Mitarbeiter werden.

Die Reise nach Kalifornien war für Stevenson eine Reise in eine in jedem Sinne neue Welt gewesen. Mehrere Biographen haben sie als DEN Wendepunkt in seinem Leben bezeichnet, wohl zu Recht. Er hatte Menschentypen, Daseinsweisen, Schicksale kennen gelernt, von denen er sich zuvor nicht hatte träumen lassen. Ein Wissen war ihm zugewachsen, das sein Leben verwandelte. Hinzukamen die Bedrängnisse, die ihm seine Krankheit bereitete, und die ihm mehr und mehr zu denken gaben. Er konnte jetzt auf Erfahrungen zurückgreifen, die in ein reiches erzählerisches Material zu verwandeln waren. Dessen Gestaltung, das sollte sich bald zeigen, würde er kraft seiner ästhetischen Begabung schier mühelos meistern. Er war zum Schriftsteller eigener Art gereift.

Nach der Hochzeit fuhr er mit Fanny und Lloyd nach Schottland. Die mit unbehaglichem Misstrauen erwartete Schwiegertochter verstand es rasch, sich die Sympathie der alten Stevensons durch geschickte Anpassung zu sichern. Sie milderte ihr gelegentlich zu selbstsicheres Benehmen und verzichtete vor allem darauf, ihre Zigaretten selbst zu drehen und in aller Öffentlichkeit zu rauchen. So gestaltete sich das wechselseitige Verhältnis alles in allem vorteilhaft und angenehm. Besonders herzlich wurde Lloyd aufgenommen. Stevensons Eltern freuten sich, wieder einen Jungen im Haus zu haben.

Alles hätte gut sein können, wäre da nicht die fortwährende Bedrohung durch die Krankheit gewesen. Die Ärzte empfahlen Davos. Der Aufenthalt dort - vom Oktober 1881 bis zum folgenden April - erbrachte keine Besserung. Aber Stevenson schrieb in den folgenden Monaten seine ersten Texte von Bedeutung, Stories über die Abgründe der menschlichen Seele, mit extremen Außenseitern als Hauptfiguren, Doppelnaturen, Leichenräubern, Mördern. (Die Horrorgeschichten, die Fanny zur selben Zeit verfasste, waren vordergründiger, fanden jedoch auch Abnehmer.) Daneben schuf er in Erinnerung an seine Kindheit eine wunderhübsche kleine Sammlung von Kinderversen, "A Child's Garden of Verses", die er an Henley sandte, mit genauer Anweisung, wie sie zu bebildern sei: "Eine gute Zeichnung von jedem Gegenstand, der erwähnt wird, sei es auch nur ein Laib Brot oder ein Kerzenhalter, wird jedes Kind entzücken. " Er widmete das Buch der unvergessenen Cummy, dem "Engel meiner Kindheit" als Zeichen seiner Dankbarkeit.

1883 erschien "Treasure Island", das Buch, das ihn von heute auf morgen berühmt machte. Die Karte einer imaginären Insel - Lloyd sagte, er habe sie gezeichnet, aber es ist ziemlich sicher, dass Stevenson sie selbst entworfen hat - wurde zur Grundlage einer Handlung, an der Lloyd insofern beträchtlichen Anteil hatte, als er immer neue Figuren und Ereignisse aus Stevenson herausfragte. Angeregt von soviel aktiver Neugier, schrieb dieser Kapitel um Kapitel.

Vom Oktober 1881 an erschien der Roman in 17 Folgen des "Young Folks Magazine", dessen Herausgeber von der Unzahl begeisterter Zuschriften in höchstes Erstaunen versetzt wurden. 1883 kam er in Buchform heraus, in vorsichtig kleiner Auflage noch: 2000 Exemplare. Der Autor bekam 100 Pfund und war es zufrieden.

Der Band enthielt eine schöne Widmung: "TO S.L.O., AN AMERICAN GENTLEMAN, IN ACCORDANCE WITH WHOSE CLASSIC TASTE THE FOLLOWING NARRATIVE

HAS BEEN DESIGNED...DEDICATED BY HIS AFFECTIONATE FRIEND, THE AUTHOR." Der herangewachsene Lloyd wurde dann selbst zum Schriftsteller und verfasste zusammen mit Stevenson drei Romane, von denen einer - "The Wrong Box" (1889) - wohl hauptsächlich aus seiner Feder stammt.

Leslie Fiedler, amerikanischer Literaturwissenschaftler und selbst Schriftsteller, hat in "Treasure Island" ein zentrales Motiv festgestellt, das in Stevensons späteren Büchern fast regelmäßig wiederkehrt: Eher mittelmäßigen Vertretern des Guten werden Gestalten gegenübergestellt, die das leibhaftige Böse zu sein scheinen und von denen eine dämonische Kraft ausgeht. In der weltberühmten Geschichte von Dr. Jekyll (den Stevenson "Dschiekl" aussprach) und Mr. Hyde, die 1886 erschien, ist dieser Gegensatz in der gespaltenen Persönlichkeit einer Figur angelegt. 40000 Exemplare dieser Erzählung wurden innerhalb von 6 Monaten verkauft - ein einzigartiger Erfolg

Die Bewunderer von RLS - und deren gibt es zahllose - sind sich im übrigen darin einig, dass man vor allem seine Geschichten lesen müsse, um ihn in der Fülle seines Könnens zu erleben. Stellvertretend seien genannt: "Der Strand von Falesa,„ "Markheim", sowie "Uma" und "The Bottle Imp" ("Das Flaschenteufelchen"), zwei Südsee-Geschichten, von denen die zweite das Motiv des Teufelspakts aufgreift, ähnlich wie Fouques "Galgenmännlein" und Balzacs "Peau de Chagrin."

Es waren die Jahre von 1883 bis 1894, in denen Stevenson seine wichtigsten Werke schrieb, ungeachtet der unausgesetzt fortschreitenden Krankheit, die ihn, dem Zeugnis Lloyd Osbournes zufolge, zeitweise in wahre Agonien versetzte. Von geruhsamer Arbeit konnte ohnehin keine Rede sein. Stevensons Leben glich dem eines nomadenhaften Wanderers. Insbesondere nach dem Tod des Vaters - 1887 - befand er sich fast ständig auf Reisen, zu Land und zu Wasser, in Europa, Australien und Asien. Mit Henley zusammen hatte er sogar Stücke geschrieben, von denen er jedoch selbst nicht viel hielt - eins fand er gar zum Kotzen. ("Vomitable"). Henley geriet dann in Streit mit Fanny, die ihm vorwarf, er treibe ihren Mann immer tiefer in die Krankheit.

Louis sei zu elend zur Pflege geselliger Formen, behauptete sie und hatte mit dieser ihrer Eifersucht entsprossenen Taktik Erfolg - viele ehedem gute Freunde gingen auf Distanz. Nur Henry James, dem Stevenson 1879 zum ersten Mal begegnet war, blieb ein stetiger und zuverlässiger Freund - und weil er gebürtiger Amerikaner war, hatte Fanny auch nicht viel gegen ihn einzuwenden. Er seinerseits schrieb allerdings über sie an einen Bekannten: "Wenn du Schluchten und Canyons magst, wirst du auch sie mögen."

Im Oktober 1890 fuhr Stevenson mit Fanny und Lloyd und seiner Mutter nach Samoa. Das wohltuende Klima zog ihn an, und außerdem gab es da eine günstige Postverbindung zu seinen Verlegern. Auf einer der Inseln erwarb er ein 128 Hektar großes Grundstück, auf dem er sein Haus "Vailima" ("Fünf Ströme") errichtete.

In kurzer Zeit freundete er sich mit einheimischen Stammesfürsten an und lebte mit seinem Anhang - der Familie und vielen farbigen Hausgenossen - bald selbst wie einer von ihnen. Die Leute um ihn herum nannten ihn "Tusitala", den Geschichtenerzähler. Viele kannten den "Bottle Imp", der, von einem samoanischen Missionar übersetzt, in einem Lokalblatt erschienen war, und nicht wenige glaubten, dass jemand, der eine solche Geschichte geschrieben hatte, selbst über magische Kräfte verfügen müsse.

Stevenson seinerseits begann, das Leben, die Denkweisen und die Bräuche seiner neuen Nachbarn gründlich zu erforschen. Seine erstaunliche Einfühlungskraft bewährte sich auch hier. Die Samoaner, mit denen er sprach, fassten Vertrauen zu ihm und gaben bereitwillig Auskunft. "Nirgendwo", schrieb er an Colvin, "gibt es solche Sitten und Gebräuche, eine derart unglaubliche Mischung aus Schönem und Schrecklichen, Wildem und Zivilisierten." Zum anderen Male reizten ihn die schroffen Gegensätze, die im Ineinander verschmolzen. Er gab ausführliches Zeugnis davon in dem Band "In der Südsee; der 1886 posthum erschien.

Im Übrigen arbeitete er wie ein Besessener. Mehr als 700 000 Wörter soll er in rund zwei Jahren zu Papier gebracht haben, trotz des spürbaren Nachlassens der körperlichen Kräfte. "I am tired out and intend to work no more for six months at least" -

ein Versprechen, das er nicht einhielt. Auch war er nicht frei von Heimweh. Die Bücher mit schottischem Hintergrund, die noch entstanden - zum Beispiel "Catriona", 1893 - belegen das unübersehbar. Noch der letzte große Roman, den er in Angriff nahm - "The Weir of Hermiston" - war schottischer Thematik gewidmet.

Er konnte ihn nicht mehr vollenden. Knapp drei Wochen nach seinem mit großem Aufwand und einer Menge von Gästen gefeierten 44. Geburtstag, am 3. Dezember 1894, griff er sich mitten in einem Gespräch mit Fanny an den Kopf und rief verstört: "Was für ein Schmerz! Sehe ich verändert aus ?" Dann fiel er in eine Bewusstlosigkeit, aus der er nicht mehr erwachte.

Er starb nicht an seinem lebenslangen Leiden, den kranken Lungen, sondern an einem Gehirnschlag. Schon am nächsten Tag trugen ihn seine samoanischen Freunde auf den Mount Vaea, auf dem begraben zu werden er sich gewünscht hatte.

Die Inschrift des Grabsteins hatte er schon vor einiger Zeit verfasst:

Under the white and starry sky,
Dig the grave and let me lie.
Glad did I live and gladly die,
And laid me down with a will.

This be the verse you grave for me;
Here he lies where he longed to be.
Home is the sailor, home from the sea.
And the hunter home from the hill.

Pedanten stoßen sich an dem grammatikalischen Fehler im vorletzten Vers und verbessern ihn: "from sea."

Die Oberen der benachbarten Stämme belegten den Platz mit einem Tabu gegen Schusswaffen, damit die Vögel neben dem Grab nisten und ungestört ihre Lieder singen konnten.

Wunderland im Zwielicht:
Stevensons "Schatzinsel"

Anders als all die anderen Jugendklassiker, von denen hier die Rede ist, bleibt dieser ganz nahe an der Wirklichkeit. Die handelnden Personen sind rundum echte Charaktere, wirken glaubhaft in Worten und Taten, Gesten und Gebärden. Die Schauplätze, wiewohl vornehmlich ins Außerhalb verlagert, werden sorgfältig und mit merklicher Freude am stimmungsfördernden Detail beschrieben. Und das Aroma längst vergangener Zeit - das Geschehen spielt in den 40er Jahren des 18.Jahrhunderts – erfüllt die wunderbar treffsichere Sprache. Stevenson sagte, er habe für seine Geschichte nicht viel erfinden müssen. Die tropische Insel habe er bei Defoe entdeckt, ebenso den sprechenden Papagei ("Armer Robinson"), den sagenhaften Schatz gebe es bei Poe ("Der Goldkäfer"), das umkämpfte Blockhaus bei Frederick Marryat, dem Verfasser weit verbreiteter Abenteuerromane. (Sein "Masterman Ready", eingedeutscht als "Sigismund Rüstig", hat sich auch hierzulande einiger Beliebtheit erfreut.) Beeindruckt, wenn nicht beeinflusst hat ihn gewiss auch Ballantynes Coral Island von 1847 - davon später.

Überflüssig zu sagen, dass die "Schatzinsel" dennoch ein Meisterwerk ganz eigener Art ist. Der Zutaten waren viele, doch das, worin sie vereinigt wurden, ist einmalig. (Ähnliches lässt sich in unseren Tagen von den Harry Potter-Büchern J.K. Rowlings sagen.) Der Autor hat einen kleinen gereimten Appell "an den zögernden Käufer" vorausgeschickt, in dem er ihm Seemannsgarn und Matrosen-Döntjes ("sailor tunes") verspricht, die von "Sturm und Abenteuer, Hitze und Kälte", von Schonern, Inseln, Bukanieren und vergrabenen Schätzen handelten, von jener verschütteten Romantik , "retold in the ancient way." Dieses Versprechen hat er eindrucksvoll eingelöst.

Der Ich-Erzähler - es ist der junge Jim Hawkins, zur Zeit des Geschehens 16 Jahre alt - beginnt ohne Umschweife. Schon im allerersten Satz teilt er Bedeutsames mit. Die Insel, auf die der Titel verweist, wird genannt, und ganz beiläufig erfahren wir, dass dort ein noch immer ungehobener Schatz der Bergung harrt. Sogleich gerät auch der alte Seemann ins Spiel, dessen Gesicht von einer Säbelnarbe entstellt ist. Ein zwielichtiger, ein unheimlicher Geselle! Im abseits gelegenen Gasthaus von Jims Vater, im "Admiral Benbow", bezieht er Quartier, und kaum hat er sich eingenistet, ist die Lage nicht mehr geheuer. Unerwartetes, Bedrohliches bricht ein in eine kleine, brave, dörfliche Welt. Es dauert nicht lange, da fürchten die Fischer und Bauern den wüsten Kerl, der sie im Vollrausch mit seinen grauslichen Liedern traktiert und obendrein zum Mitsingen zwingt. "Fünfzehn Mann auf des Toten Mannes Kiste / Johoho, und eine Buddel Rum!"

Das zieht sich leitmotivisch durch die Handlung. Und ohne eines toten Mannes Kiste käme sie gar nicht erst in Gang. Am Ende sind es mehr als fünfzehn Mann, die ihretwegen ins Gras beißen mussten, schlimme zumeist, aber leider auch ein paar gute.

Außerdem erzählt dieser furchteinflößende "Käpt'n" - so will er genannt werden - eigene Abenteuer, die erkennen lassen, dass er "unter den verruchtesten Kerlen gelebt hat, die Gott jemals das Meer befahren ließ", und weidet sich am Schrecken der unfreiwilligen Zuhörer, von denen die meisten den "Admiral Benbow" zu meiden beginnen. Einer freilich lässt sich nicht einschüchtern, der Arzt Dr. Livesey, der gekommen ist, um nach Jims krankem Vater zu sehen.

Jim stellt fest, dass die beiden schon rein äußerlich kaum gegensätzlicher sein könnten. Hier "der adrette, hellwache Doktor mit seiner schneeweißen Perücke, den glänzenden schwarzen Augen und den angenehmen Manieren", dort "diese dreckige, ungeschlachte, triefäugige Vogelscheuche von einem Piraten." Als dieser das Maul aufreißt, um wieder einmal den Rest der Gäste niederzubrüllen, fährt ihm Livesey ebenso kühl wie scharf in die Parade: Wenn er so weitersaufe, werde er demnächst krepieren! Wütend zückt der alte Halunke sein Messer, doch über die Schulter hinweg lässt ihn der Doktor wissen, wenn er das Ding nicht sofort wegstecke, werde er in Kürze baumeln. Der "Käpt'n" kuscht wie ein geprügelter Hund und hält von da an Ruhe. Gesiegt hat die Ordnung, für die der Doktor eintritt. Sie hat Bestand durch drei Tugenden, welche er wie die anderen "Guten" des Romans verkörpert: Rechtschaffenheit, Klugheit, Kaltblütigkeit - und nicht durch angemaßte Autorität, von der Stevenson nichts hielt. Wenn der sich seiner Bürgerpflicht bewusste Einzelne nach seinen Möglichkeiten für sie eintritt, dann funktioniert auch das große Ganze. Das ist die Botschaft des Autors. Seine positiven Helden sind in erster Linie Individualisten. Der Staat und seine Instanzen bleiben im Hintergrund, sind geradezu unsichtbar.

Zurück zu dem Piraten, der, wie wir später erfahren, richtig Billy Bones heißt und in der Crew des schrecklichen Kapitän Flint als Maat eine Art Führungsposition innehatte. Anders als Livesey, sein gradliniger Gegner, ist er in sich widersprüchlich. Einerseits geht ein starker Horror von ihm aus, andererseits sitzt ihm selbst die Angst vor etwaigen Verfolgern im Nacken. Einen fürchtet er besonders, "a seafaring man with one leg" und sein Grauen vor diesem offenbar monströsen Einbeinigen ist so groß, dass es sich nachgerade traumatisch auf Jim überträgt. Was um so bemerkenswerter ist, als Jim durchaus kein Angsthase ist, sondern ein Junge, den die Wechselfälle des Lebens zwar bewegen, aber nicht verstören. Er versteht immer wieder, damit umzugehen. Nichts wirft ihn wirklich um. Seine Zähigkeit und sein letztlich unerschütterliches Selbstvertrauen sind es, die ihm helfen, die künftigen Fährnisse durchzustehen, nicht irgendwelche moralischen Anleitungen.

Damit ist er, zumindest in den Augen des Autors, sehr britisch. (Der lässt später den ehrenwerten Squire Trelawney sagen, der verruchte Flint sei zwar ein blutdürstiger Totschläger gewesen, aber: "Die Spanier hatten eine so gewaltige Angst vor ihm, dass ich, offen gesagt, manchmal Stolz darüber empfand, dass er ein Engländer war!") Bezeichnend ist, dass Jim in brenzligen Lagen allemal auf eigene Faust handelt, selbst dann, wenn er den Tadel der geschätzten Gönner fürchten muss. Er ist durchaus nicht wohlerzogen. Nur eins weiß er genau: Dass er seinen eigenen Platz finden und verteidigen muss, auf Biegen und Brechen. Seine kämpferische Eigenständigkeit und die Tatsache, dass er, ohne weinerlich zu werden, sich freimütig ausspricht, auch dann, wenn etwas schief gelaufen ist und Furcht ihn beschleicht, haben ihm über Generationen hinweg die Zuneigung junger Leser gesichert. Mit einem wie ihm kann man sich gut befreunden, wenn nicht gar gleichsetzen. Er enttäuscht unter keinen Umständen und ist doch keineswegs vollkommen - wie etwa die artigen Vorbilder, die die gängigen Lesebücher eine lange Zeit bevölkerten.

Die Ängste des alten Piraten bewahrheiten sich. Seine Verfolger stellen sich ein. Zuerst ein bleicher, fetter Tunichtgut, der auf den schönen Namen "Black Dog" hört und mit Messerstichen verjagt wird, von Billy Bones, der allerdings dabei einen leichten Schlaganfall erleidet. Dann ein blinder Bettler namens Pew - "nie in meinem Leben sah ich eine grässlichere Gestalt."

Er bringt Bones den "Schwarzen Fleck", ein Zeichen, das Schlimmes ankündigt, und den packt ein solcher Schrecken, dass er auf der Stelle leblos umfällt.

All das geschieht am gleichen Tag, an dem Jims Vater beerdigt wird, der einer schweren Krankheit erlegen ist. Jim und seine Mutter sind begreiflicherweise außer sich, was sie jedoch nicht hindert, die Seemannskiste des Toten zu untersuchen - schließlich schuldet er dem "Admiral Benbow" noch ein gutes Stück Geld. Atemlose Spannung kommt auf: Als die beiden sich gerade geholt haben, was ihnen zusteht, und ein kleines Wachstuchpaket dazu, dringt der Blinde abermals ins Haus ein, gefolgt von einem Halbdutzend Spießgesellen. Der Tod ist ganz nahe. "'Liebling', sagte meine Mutter plötzlich, 'nimm das Geld und lauf, was du kannst. Ich falle in Ohnmacht.'"

Wie auch immer: Das Entkommen gelingt. Und Hilfe eilt auch herbei, Konstabler aus der Gegend, die misstrauisch geworden sind. Die Piraten werden in die Flucht geschlagen. Nur Pew, der wie ein Rasender tobt, weil er nicht gefunden hat, wonach er suchte, gerät unter die Hufe der Pferde der Verfolger und wird zertrampelt.

Jim trägt das Wachstuchpaket zu Dr. Livesey, der gerade bei dem reichen Squire Trelawney zu Gast ist. Es enthält das zwanzig Jahre umfassende Journal des Billy Bones - eine Chronik übelster Missetaten! - und eine versiegelte Karte, die sorgfältige Zeichnung einer Insel, mit vielen Beschriftungen, von denen eine lautet: "Hauptmasse des Schatzes hier." Wobei es sich um nicht weniger handelt als um den sagenhaften Schatz des Kapitän Flint, die Ausbeute seines ganzen schurkischen Lebens!

Dr. Livesey und der Squire, die man sich als tatkräftige Männer jüngeren Alters vorzustellen hat, sind begeistert. Trelawney wird ein Schiff ausrüsten und man wird lossegeln, den unerhörten Reichtum zu bergen, mit Jim als Schiffsjungen.

Damit endet der erste, sechs Kapitel umfassende Teil, in dem Stevenson all das versammelt hat, was geeignet ist, die Neugier des Lesers zu reizen. Da sind der scharfe, heftige Auseinandersetzungen versprechende Kontrast zwischen Gut und Böse, die Schatten von Verbrechen und Tod, das Aufleuchten lockender, gewaltige Abenteuer verheißender Fernen. Dem schlichten, vermutlich der fortsetzungsweisen Veröffentlichung geschuldeten Gliederungsprinzip dieses Auftakts folgt der Autor auch in der weiteren Wiedergabe des Geschehens. Jedes Kapitel endet kurz vor einem neuen Höhepunkt. Dass die Handlung dabei fortwährend an Bewegung gewinnt, versteht sich von selbst. Im hohen Maße anschaulich wird sie durch Jims Sprache, die frisch und geradeheraus und zupackend ist, an keiner Stelle von gedanklicher Blässe angekränkelt.

Das zweite Buch heißt so, wie zunächst der ganze Roman betitelt werden sollte: "Der Schiffskoch" - und ebendieser steht fortan mehr oder weniger im Zentrum der Ereignisse. Sein Name ist John Silver, und der Squire hat ihn und mittels seiner Hilfe eine ganze Schar anderer Teerjacken für die "Hispaniola" angeworben, das Schiff, das die Schatzsucher zu jener Insel bringen soll. Silver betreibt im nahen Bristol ein Gasthaus für Seeleute. "Spy-Glass" heißt es, was soviel bedeutet wie "Fernrohr" - merkwürdigerweise gibt es auch auf Flints Karte einen Ort gleichen Namens. Jim geht hin und findet im Wirt einen Mann, dem man das linke Bein bis zur Hüfte abgenommen hat - eben den langen John. Natürlich fällt ihm sofort das Einbein ein, vor dem der unselige Bones sich so schrecklich fürchtete. Aber er hat den alten Bill erlebt und den Schwarzen Hund und den blinden Pew - John Silver sieht überhaupt nicht aus wie dieses Gelichter. Sauber, heiter, freundlich, ja herzlich und dabei beschlagen und vernünftig - ein solcher Mann kann kein Bukanier und Totschläger gewesen sein! Denkt Jim.

Aber der Leser weiß es gleich besser. "Spy-Glass" plus Einbein - das ist deutlich genug. Zudem taucht der "Schwarze Hund" ganz kurz in der Gaststube auf - was hat er da zu suchen? Fast möchte man Jims Arglosigkeit für eine Schwäche des Erzählers halten: Kann der Junge wirklich so naiv sein? Doch, er kann. Noch ist er gutgläubig, noch fehlt es ihm an genügend Erfahrung - die wird ihm erst auf der Fahrt hinaus ins Unbekannte zuwachsen.

Der junge Leser wird es gleichwohl besser wissen, und das wird ihn freuen. Er wird diesem Silver von Anfang an misstrauen - und der wird ja dann auch bald genug enttarnt. Nun, Stevenson, der doch alles, wie wir wissen, erst einmal einem entsprechend jungen Zuhörer erzählte, wird gerade dies in Rechnung gesetzt haben. Eine begründete Besserwisserei ist immer etwas Schönes - auch und gerade beim Erlebnis einer Lektüre. Mit dem Selbstgefühl wächst die Anteilnahme, man überdenkt die Möglichkeiten der Auflösung, spielt sozusagen mit. Mehr kann ein Autor von seinem Leser schwerlich erwarten.

Schließlich jedoch: Stevensons Personen sind keine Plastic People. Sie haben Hintergründe und vielfältige, auch widersprüchliche Züge. Ihr Erscheinungsbild changiert - gerade auch das der Bösen, die, milde gesagt, dem Autor nicht ganz unlieb sind. Silver ist wahrlich eine bis ins Mark verderbte Kreatur, verfügt gleichwohl aber auch über Fähigkeiten, die ihn den Menschen angenehm machen. Darin ist er durchaus Jekyll/ Hyde verwandt. Wie dieser hat er eine Tag- und eine Nachtseite, die er je nach Bedarf vorzeigt, am Ende sich wandelnd wie ein Chamäleon. Ein echt romantischer Typus ist er, wie etwa E. Th. A. Hoffmanns Cardillac oder der "Sandmann" Coppelius/ Coppola des gleichen Autors. Mitten in der abenteuerlichen Saga von Kapitän Flints verborgenem Schatz erscheint - als treibende Kraft! - übergroß dieser zwielichtige, zwiewertige Silver und erinnert an unser aller existentielle Unzulänglichkeitt.

Junge Leser werden das naturgemäß kaum wahrnehmen. Doch die handfeste Erkenntnis, dass Schein und Sein nicht immer eins sind, wird sich ihnen nicht versagen.

Die "Hispaniola" sticht in See, unter dem Kommando Kapitän Smolletts, eines erfahrenen und scharfsichtigen Seemanns, der Livesey und Trelawney als Erstes wissen lässt, dass die ganze Mannschaft Kenntnis von dem Schatz hat, und von der Insel, auf der er zu suchen ist. Der Squire hat nämlich seinen Mund nicht halten können. So wird der Aufbruch von einem drückenden Unbehagen begleitet, das sich während der Fahrt mehr und mehr verdichtet. Der erste Maat geht nachts unter unaufgeklärten Umständen über Bord; irgendwer hat ihn betrunken gemacht. Immer deutlicher wird, dass Silver, obwohl nur als Koch angeheuert - die anderen nennen ihn "Barbecue" - die eigentliche Befehlsgewalt an Bord ausübt. In einem fast leeren Apfelfass sitzend, wo er nach einer noch essbaren Frucht gefahndet hat, belauscht Jim ungewollt ein Gespräch, in dem Silver Mitglieder der Mannschaft auf die künftige Meuterei einschwört.

Er hat den vertrauensseligen Squire übertölpelt und eine ganze Rotte von Galgenvögeln, die einst bei Flint Dienst taten, an Bord geholt.

Jim ist sprachlos. Er hat bisher Silver gut leiden können, viel besser als den bärbeißigen Kapitän, der ihn immer zur Arbeit scheucht, um die er, Jim, sich nicht gerade reißt. Silver ist immer guter Dinge, kann unheimlich spannend erzählen und besitzt einen Papagei, der Käpt'n Flint heißt, "Dublonen! Dublonen!" schreit und lästerlich fluchen kann. Das alles hat Jim sehr gefallen. Und nun ist da auf einmal ein ganz anderer Silver, der von der Ermordung der gutgesinnten Männer an Bord redet, als sei das die selbstverständlichste Sache von der Welt. Ein kaltblütiger Killer ist er, der genau die Tonlage trifft, die nötig ist, um die anderen auf Trab zu bringen. Bemerkenswert ist die Art, in der Stevenson ihn auftreten lässt: Er hat es sichtlich nicht ungern, wenn die Leser der zynischen Intelligenz Silvers so etwas wie erschrockene Anerkennung zollen: Der versteht's, der kann alle Register ziehen!

Anders die drei Vertreter von Recht und Ordnung: Der Kapitän, der Doktor, der Squire, die doch ziemlich überrascht sind, als Jim ihnen mitteilt, was er erkundet hat. Sie denken geradeaus. Die Welt teilt sich für sie in Gute und Böse, und es ist ihre feste Überzeugung, dass sie durchaus fähig sind, mit den Bösen fertig zu werden. Wobei der Humor davon der ist, dass sie ohne den jungen Jim dazu eben NICHT imstande wären. Nicht weniger als dreimal verhindert er, dass Silver und die Seinen ihnen den Garaus machen - ihnen, die doch Englands besondere Herrschaftsformen verkörpern: Die Seemacht, die Macht der Wissenschaft, die Macht des Adels, der die Krone stützt.

Jim verehrt zwar den gleichermaßen beherzten wie besonnenen Doktor, doch er versteht sich, nicht zu Unrecht, mehr als dessen jungen Freund und nicht als dessen Untergebenen. Den

Squire mag er, ohne ihn so richtig ernst zu nehmen. Zu Kapitän Smollett hält er respektvollen Abstand. (Der scheidet dann auch bald, angeschossen und aufs Schmerzenslager verbannt, aus dem aktiven Geschehen aus.) Wirkliche Autoritäten gibt es für Jim nicht, schon gar nicht jene, die auch im 19. Jahrhundert noch der Jugend mit nicht durchweg geeigneten Mitteln den Weg weisen wollten: Die Geistlichkeit und die Lehrerschaft fehlen hier ganz - wie auch in den anderen großen Jugendbüchern der Zeit. Jedes Wunderland ist nun einmal ohne Regelwerk und Reglementierung.

Nicht nur in diesem Sinn ist die Insel, an der die "Hispaniola" anlegt, Wunderland - freilich eins, das auch zum Horror-Szenarium entarten kann. Sie birgt, fern jeder Alltagserfahrung, erstaunliche Überraschungen, ist indessen, auch darin Silver und seinesgleichen nicht unähnlich, von zweifelhafter Beschaffenheit. Ein Ort des Fiebers und der Fäulnis, eine dunkle Heimstatt schwelender Verbrechen - und doch gibt es auf ihren wenigen Höhen auch Sonnenlicht und Frische. Allüberall lauern mörderische Gefahren, doch gleich daneben finden sich auch Plätze, die Zuflucht und beste Chancen zum Widerstand gewähren.

Ein Mikrokosmos ist diese Insel, Schauplatz und Spiegelbild jenes Lebens, das ein Ineinander von Herausforderung und Kampf, Niederlage und Sieg, Triumph und Scheitern ist. Auf ihr erfährt Jim eine Art Feuerprobe, die ihn am Ende zum Mann macht - ohne dass er es merkt, denn er ist und bleibt ein echter Simplicius, der im Geknatter der Schusswechsel nicht nach dem Sinn von alledem fragt, sondern allein bestrebt ist, den Kopf auf dem Hals zu behalten und frischweg zu überleben. Selbst der Schatz kommt bei ihm erst an zweiter Stelle. Es ist diese unbändige Lebenslust und -kraft des Haupthelden, die das Buch bis zum heutigen Tag jung und anziehend erhalten hat.

Nach Jims Warnung wissen der Squire und die anderen, was sie zu gewärtigen haben. Als Silver, nachdem das Ziel der Fahrt erreicht ist, die Meuterei eröffnet, indem er zwei Männer tötet, die ihm die Gefolgschaft verweigern, setzen sie auf die Insel über und verschanzen sich mit wenigen Getreuen in einem befestigten Blockhaus, das Flint einst errichten ließ. Jim wiederum geht, typisch für ihn, eigene Wege und stößt mitten im Dschungel auf ein sonderbares Wesen, struppig und verwildert, den "Inselmenschen" Benn Gunn, der einst den Schatz zu vergraben half und später von enttäuschten Kumpanen ausgesetzt und zurückgelassen wurde, so dass er drei Jahre lang ein einsames Dasein fristen musste.

Diesen Ben Gunn macht Jim sich zum Freund, womit er den Männern im Blockhaus einen weiteren unschätzbaren Dienst erweist. Gunn, der alle Schleichwege des Urwaldlabyrinths und überhaupt alle Geheimnisse der Insel kennt, wird erheblich zu ihrer Rettung und zum endlichen Erfolg ihres Unternehmens beitragen.

Silver und sein Anhang müssen sich, koste es, was es wolle, in den Besitz der Karte setzen, die ihnen allein den Zugriff auf den Schatz sichert. Deshalb kommt es erst einmal zu wilden Gefechten, bei denen die treuen Bediensteten des Squire getötet werden. Neben dem Doktor und dem bald kampfunfähigen Kapitän bleibt ihm nur mehr ein loyaler Mann.

Jim fährt derweil in einem kleinen Boot, das Ben Gunn für sich gebastelt hat, zurück zur "Hispaniola", wo er an Bord klettert. Er kommt gerade recht, um zu sehen, wie Israel Hands, der Bootsmann und einer von Silvers Gang, im Streit einen Mitverschwörer tötet und dabei selbst am Bein verwundet wird. Er gibt ihm Branntwein zu trinken und lässt ihn wissen, wer jetzt das Sagen hat: "Ich bin an Bord gekommen, um dieses Schiff in Besitz zu nehmen, Mr. Hands, und bis auf weiteres wollen Sie mich bitte als Ihren Kapitän ansehen." Dies gesagt habend, geht er und holt den "Jolly Roger" herunter, die schwarze Flagge, die die Piraten gehisst haben. Dem abgebrühten Hands verschlägt es erst einmal die Rede. Als er schließlich den Mund wieder auftut, wird klar, dass er Übles im Schilde führt. Er grinst verschlagen und "reckte so schuldbewusst und verlegen die Zunge heraus, dass ein Kind erkannt hätte, er plane eine arglistige Täuschung."

(Und Jim ist, wenn auch noch kein Mann, so doch auch kein Kind mehr.)

Immerhin hilft Hands erst einmal, die "Hispaniola" in eine sichere Bucht zu steuern - um sich dann hinterrücks auf Jim zu stürzen, das Entermesser in der rechten Hand. Es folgt die erregendste Szene des Buches. Jim springt in die Besanwanten, klettert blitzschnell empor und hockt hoch oben, als Hands ihm nachsteigt, langsam, wegen des verletzten Beins, doch unaufhaltsam - wie er meint. Aber Jim erwartet ihn mit zwei geladenen Pistolen.

Sie gehen in dem Moment los, als Hands sein Messer wirft, das die Schulterhaut des Jungen am Mast annagelt. Der Pirat, tödlich getroffen, stürzt kopfüber ins Meer.

Ein unerhörter Vorgang, den Stevenson aufs sorgfältigste glaubhaft macht. Hands ist vom vorigen Kampf erschöpft, dazu verletzt und überdies angetrunken - nur deshalb ist Jim ihm gewachsen. So jedoch kann Jim sich freiweg zum Vorgesetzten des alten Schlagetots machen, der dreißig Jahre freibeuterischer Seefahrt hinter sich hat und ein eiskaltes Credo von sich gibt: "Aus Gutsein ist noch nie was Gutes gekommen. Wer zuerst zuschlägt, der hat recht, tote Leute beißen nicht, das ist, was ich glaube - Amen, so sei es !" Und wirklich schlägt er als erster zu, aber deshalb hat er noch lange nicht recht, und übrig bleibt er auch nicht, im Gegenteil. Dabei fällt auf, Jim schießt nicht. Die tödlichen Schüsse lösen sich durch den Ruck, der durch den Körper des Jungen geht, als ihn das Messer trifft. Nach Stevensons Willen bleibt er schuldlos, in einer Weise, die erzählerisch wie psychologisch überzeugt, wenn er ihn auch Hands' Worte spöttisch wiederholen lässt: "Tote Leute beißen nicht, oder ?" Nicht zu vergessen: Der Junge ist oben, sein alter Widersacher unten. Fast ist man an den Showdown mit Peter Pan und Käpt'n Hook erinnert. Die Jugend triumphiert.

Die jungen Leser, sie sehen das gern. Und bekommen, unter der Hand, doch so etwas wie eine Moral beigebracht, eine sehr pragmatische freilich. Erstens: Schon möglich, dass sich aus Gutsein nichts Gutes ergibt. (Ein braver Jim wäre umgekommen.) Aber Verbrechen zahlt sich erst recht nicht aus. Zweitens: Hilf dir selbst, so hilft dir Gott. Auch und gerade, wenn es alttestamentarisch zugeht: Auge um Auge - in der Art .

Sehr christlich ist das nicht. Immerhin schafft es klare Verhältnisse.

Jim ist jetzt ganz frei zu handeln. Das Festmachen der "Hispaniola" in der geschützten Bucht ist die dritte Tat, mit der er den bedrängten Freunden hilft. Jetzt steht ihnen, wenn nötig, ein Fluchtweg offen.

Er selbst hat freilich noch einmal Pech. Als er an Land geht fällt er der - ziemlich zusammengeschmolzenen - Silver-Bande in die Hände. Die wegen der bisher erfolglosen Schatzsuche höchst aufgebrachten Kerle wollen ihn auf der Stelle niedermachen, aber Silver hält sie zurück. Nicht aus Menschenfreundlichkeit. Er braucht den Jungen als Geisel. So wird Jim gebunden mitgeschleppt, bis zu der Stelle, wo Flint sein Vermögen vergraben hat. Denn Dr. Livesey hat, zum Erstaunen des verstörten Jim, dem falschen Koch jetzt doch die bewusste Karte ausgehändigt. Vermutlich hat er gewusst, warum. Der Platz ist nämlich leergeräumt. Die Piraten geraten außer sich. Ein gewaltiger, für Jim lebensgefährlicher Wirrwarr entsteht, dessen Auflösung auch für den Leser einige Überraschungen bereithält.

Am Schluss haben die Guten ihr Unternehmen glücklich beendet: Der Riesenschatz ist geborgen. Silver hat wieder eine Kehrtwende gemacht und die drei Männer, die ihm geblieben sind, verraten, um die eigene Haut zu retten. Sie müssen als Ausgestoßene auf der Insel zurückbleiben und noch froh sein, dass sie nicht gehängt werden. Silver jedoch ist wieder auf der richtigen Seite, beim Essen herzhaft zulangend und allzeit dienstbereit, "derselbe, sanfte, höfliche, unterwürfige Seemann wie beim Beginn der Reise."

Als die "Hispaniola" unterwegs ankert, um neuen Proviant aufzunehmen, macht er sich unversehens von Bord und zwar nicht mit leeren Händen. Einen Sack Piratengold nimmt er mit, im Wert von ein paar hundert Guineen. "Ich denke, wir waren alle zufrieden, ihn so billig loszuwerden."

Kein Zweifel, Stevenson hielt nichts vom Schwarzweiß - Schema der zeitgenössischen Trivialliteratur, in der die Guten stets den verdienten Lohn, die Bösen die nicht minder verdiente Strafe empfingen. So einfach, das zeigt er gleichsam nebenher, liegen die Dinge in Wirklichkeit nicht. Darüber hinaus wird abermals die eigenwillige Sympathie sichtbar, die er für den so glimpflich davongekommenen Missetäter und Mörder empfindet, den er schließlich auch mit Eigenschaften versehen hat, die, an und für sich genommen, in der geregelten Welt der Liveseys und Trelawneys durchaus ihren Wert hätten: Zielstrebigkeit, Tatkraft, Mut und praktische Intelligenz, gekoppelt mit einem ausgeprägten Besitzdenken. Hinzukommt eine große Gewandtheit im Umgang mit Menschen jeder Art, im besonderen Fall die nicht einmal gekünstelte Offenheit Jim gegenüber, die ihm zunächst dessen herzliche Zuneigung einträgt. Silver steht Jim im Grunde näher als der bewunderte Doktor - das macht schon der unterschiedliche soziale Abstand. In den Augen junger Leser ist es womöglich das größte Verbrechen Silvers, dass er Jims Vertrauen so schmählich hintergeht. Oder doch nicht? Rettet er nicht am Ende Jims Leben?

Dabei ist nicht zu vergessen, dass Jim schon zu Beginn der Handlung seinen Vater verliert, von dem wir nicht mehr erfahren, als dass er der Wirt des "Admiral Benbow" ist. Jim gehört damit zu jener großen Gruppe vaterloser junger Männer, aus der auch Dickens die Leitfiguren seiner großen Romane rekrutiert: Oliver Twist, David Copperfield, Nicholas Nickleby, Pip in den "Großen Erwartungen." Oder um ein weiteres Beispiel zu geben: Auch in Ballantynes "Coral Island. A Tale of the Pacific Ocean", meistern drei Jungen, die es auf eine Insel verschlagen hat, ihr gefahrvolles Dasein mit stetig wachsender Eigenständigkeit.

Ihre Väter sind weit, weit weg, um nicht zu sagen: Sie existieren überhaupt nicht. (Einer der Drei fällt übrigens in die Hände eines Piraten mit dem sprechenden Namen Bloody Bill und muss bis zu dessen Tod mit ihm segeln.)

Die Viktorianer schätzten Entschlusskraft, Draufgängertum und eigenwillige Perspektiven. Im Zeitalter des imperialen Aufbruchs waren solche Männer gefragt, die die Outstations des wachsenden Weltreichs besetzen und ebenso unabhängig wie zuverlässig verwalten konnten. Die eher biederen Denkweisen der Vätergeneration mochten dazu, Tradition hin und her, nicht mehr so recht taugen. Für britische Jungen jener Zeit war das Wunderland, besser: waren die Wunderländer nahe. Sie lagen jenseits der Ozeane - und wollten erobert werden. Mit Gott, Selbstvertrauen und modernen Feuerwaffen.

Jim erobert, fürs erste, nur seinen Platz an der Sonne innerhalb einer Gesellschaft, in der es galt, ihren Spielregeln gemäß tüchtig zu sein, wollte man nicht auf die Dauer unten bleiben, bei den vielen, die man nicht sah. Wir erfahren nicht, was im weiteren aus ihm wird, aber wir ahnen es: Ein guter Bürger, wenn auch einer, der in Abgründe geschaut, ja sich in ihnen bewegt hat, tumb und tapfer. In gewisser Weise ist auch er, obgleich nicht so markant wie Silver, ein doppelter Charakter – weshalb ihm viele der eigenen Wandlungen bewusste erwachsene Leser ebenso zugetan sind wie unbeschwerte junge.

PS: Stevenson betonte mehrfach, "Treasure Island" solle nichts anderes sein als "a story for boys, no need of psychology or fine writing." Tatsächlich enthält der Roman jedoch eine solche Menge von beidem, dass er wie kaum ein anderer zu Ergänzung und Fortsetzung gereizt hat. Aus der großen Zahl einschlägiger Titel seien genannt: Leonard Wibberleys "Flint's Island" (1972), Robert Leesons "Silver's Revenge" (1979), John Goldsmiths “Return to Treasure Island" (1985) und Björn Larssons famoser "Long John Silver" (1998).

Die erste Verfilmung gab es schon 1908 (!), ein weiteres Halbdutzend folgte. Die kurioseste Buchfassung, die mir vorliegt, stammt von 1952. Die Titelseite sieht so aus: WALT DISNEY. DIE SCHATZINSEL. Nach dem gleichnamigen Film unter Benutzung des Synchronisationstextes übersetzt und bearbeitet von Dr. Lore Ifflaender.

Und Stevenson wird überhaupt nicht genannt...

Rudyard Kipling
1865 - 1936

Seine Kindheit war alles andere als glücklich. Mit knapp 3o Jahren war er auf dem Weg zum Weltruhm. Als erster britischer Schriftsteller erhielt er den Nobelpreis für Literatur. Schwerste Schicksalsschläge verdunkelten sein Leben. Er war ein überaus zärtlicher Vater und ein unversöhnlicher Hasser solcher Völker, die er als Feinde Englands ansah. Noch Jahrzehnte nach seinem Tod schieden und scheiden sich an ihm und seinem Werk die Geister. Die Weltauflage seiner Bücher geht in die Millionen; einige von ihnen sind mehrfach verfilmt worden.

Seinen ungewöhnlichen Vornamen hat er von einem kleineren Ort in der Grafschaft Staffordshire, wo seine Eltern sich die Ehe versprachen. Sein Vater, John Lockwood Kipling, war ein Mann von vielen Talenten und ausgeprägtem künstlerischen Empfinden, Seine Mutter Alice verfügte über komödiantische und musikalische Begabung, komponierte, schrieb Verse, war gewandt im Auftreten und geschätzt als glänzende Unterhalterin.

Als das Paar 1865 nach Bombay übersiedelte, wo Rudyard am 30. Dezember des gleichen Jahres geboren wurde, gingen beide schon auf die Dreißig zu. In der indischen Metropole wurde John zunächst Lehrer an einer Kunstschule. Er entwickelte sich bald zu einem hervorragenden Kenner des Subkontinents, seiner Kultur und Folklore und leitete später ein landeskundliches Museum von Rang.

Die Familie war nicht reich, gehörte aber zur maßgeblichen weißen Mittelschicht. Es gab Hausdiener, der kleine Rudyard hatte eine Ayah, eine einheimische Kinderfrau; ein Foto zeigt den Zweijährigen auf dem Rücken eines geduldigen Pferdes. Der Dreijährige lernte dann recht schnell, mit ebenso geduldigen Erwachsenen auf seine Weise umzugehen.

Im Februar reiste Alice Kipling nach England, um dort ihr zweites Kind, ein Mädchen, zur Welt zu bringen. Den Sohn nahm sie mit. An Bord des Schiffes gab es eine ganze Horde sehr eigenwilliger Kolonialkinder, doch nach dem Bekunden der eigenen Mutter schoss Rudyard den Vogel ab, und sie war froh, als sie ihn endlich an Land hatte. In der kleinen Stadt, in der die Großeltern wohnten, erregte er bald befremdetes Aufsehen, wenn er durch die Straßen rannte und aus vollem Hals schrie: "Hier kommt Ruddy! Hier kommt ein böser Ruddy!" Später behaupteten einige Zeitgenossen sogar, er habe zum vorzeitigen Ableben seines schwachen und kranken Großvaters beigetragen.

Diese Mitteilung ist nicht nur anekdotisch. Der Junge war oder vielmehr wurde ein kleiner Sahib eigener Art: Ungebärdig, selbstbewusst, herrisch, wilde Szenen machend, wenn er nicht bekam, was er wollte. Man muss das wissen, um das Folgende zu verstehen.

1871 brachten die Kiplings ihre Kinder, den sechsjährigen Rudyard und die dreijährige Alice, wegen ihres trickreichen Wesens "Trix" genannt, nach England, wo sie eine ordentliche Schulbildung erhalten sollten. Das war nichts Ungewöhnliches. Ungewöhnlich war indessen, dass die Eltern ihre beiden Kleinen bei der Gastfamilie, Mr. und Mrs. Holloway und deren halbwüchsigem Sohn ablieferten, ohne ihnen ein einziges Wort davon zu sagen, dass sie für viele Jahre dort bleiben sollten. Sie machten sich nach einigen Tagen verstohlen davon, heimwärts zurück nach Indien. Später erklärten sie einigermaßen schuldbewusst, sie hätten das getan, um den Schmerz des Abschieds zu mindern.

Ungleich schmerzvoller jedoch war der Schock, den die beiden so ohne jede Vorwarnung Verlassenen empfanden, als sie merkten, wie sie hintergangen worden waren. Kipling hat später in "Something of myself" beschrieben, wie er sich, das Schwesterchen an der Hand, auf die verzweifelte Suche nach den Eltern begab, die doch irgendwo sein mussten, womöglich am Meer, an dem diese kleine Stadt Southsea lag.

Es kam noch viel schlimmer. Wie schlimm es kam, wissen in England nicht nur die zahllosen Kipling-Leser, denn die Geschichte "Baa, Baa, Black Sheep", in der er die Leiden des jungen Punch, seines anderen Ichs, in einer nur scheinbar leidenschaftslosen Weise zur Sprache brachte und die in aller Welt berühmt wurde, ist auch von der BBC aufs eindringlichste verfilmt worden.

Solange Mr. Holloway, ein pensionierter Kapitän, noch am Leben war, liefen die Dinge einigermaßen. Er nahm sich des vereinsamten Jungen an, so gut er konnte, und bremste vor allem seinen Sohn Harry, der boshaft genug war, um alles zu tun, was dem Jüngeren das Leben erschweren mochte - mit Billigung von Mrs. Holloway, die es nur richtig fand, wenn dem besagten kleinen Sahib sein hochfahrendes und nach viktorianischen Begriffen schlechthin ungezogenes Benehmen ausgetrieben wurde, mit welchen Mitteln auch immer. Sie selbst bevorzugte dabei den Stock.

Leider starb Mr. Holloway - "der einzige Mensch, der mir in jenem Haus ein freundliches Wort gesagt hat" - als Rudyard erst neun Jahre alt war. Von da an gestaltete sich das Leben des Jungen zur Hölle. Genauer: Es war Mrs. Holloway, der er die Anrede "Tante Rosie" hartnäckig verweigerte, die es ihm zur Hölle machte. Sie schlug nicht nur zu. Sie schritt auch nicht ein, als ihr Sohn, mit dem Rudyard das Zimmer teilte, anfing, den Kleinen nachts aus dem Schlaf zu reißen und mit der Verheißung künftiger Qualen im Diesseits und im Jenseits zu ängstigen. Sie versuchte auch, freilich erfolglos, die Geschwister gegeneinander auszuspielen. Sie betrieb, möglicherweise - und das ist das Ärgste daran - mit bestem Gewissen, eine immerwährende Gottesvergiftung. Gottes Gebote rechtfertigten alle Strafen, jede, so Kipling, "berechnete Folter", zu der auch das Einsperren im Keller gehörte, und sahen für den kleinen Sünder obendrein die ewige Verdammnis vor. Gott war "der Mann im Hintergrund, der die Schläge zählte."

Diese Jahre im "House of Desolation" (das Wort bedeutet "Öde, Einsamkeit, Trostlosigkeit") waren fürchterlich. Zur Überlebensstrategie des Jungen gehörte, dass er den ewigen Quälereien mit erschwindelten Schutzbehauptungen zu entkommen suchte. Wurde das entdeckt, so galt seine moralische Verworfenheit erneut als erwiesen, und es hagelte weitere Strafen. Einmal nähte ihm "die Frau" - er nannte sie nie anders – ein Schild auf den Rücken: KIPLING THE LIAR. Damit sollte er zur Schule gehen (wo ihm übrigens das Leben auch nicht gerade leichter gemacht wurde.) Er schlich davon, gebeugt wie ein alter Mann, berichtete die Schwester Trix, der das zuviel wurde. Entrüstet riss sie den schändlichen Fetzen herunter, nannte das herbeieilende "Tantchen" lauthals "a wicked woman" und drohte, alles denen zu erzählen, die es anging. "It was the end of my childhood", schrieb sie viele Jahre später in ihren Erinnerungen. Derartige Quälereien waren, am Rande gesagt, bei den Viktorianern nicht ungewöhnlich. Man denke etwa an die einschlägigen Kapitel in "Jane Eyre" oder in "David Copperfield."

Ein anderes Kind wäre an solcher Fron wohl zugrunde gegangen. Aber da waren jene inneren Kräfte, die sich in Rudyards frühen Jahren auf eher ungute Weise bemerkbar gemacht hatten, als Neigung zu Trotz, Starrsinn, Überheblichkeit. Jetzt bewährten sie sich auf andere Art, verhalfen zum Widerstand, zur Gegenwehr, zur Entwicklung eines letztlich unzerstörbaren Selbstgefühls. Außerdem gab es Stärkungen verschiedener Art. In erster Linie die durch nichts zu beirrende Zuneigung der kleinen Schwester, die, obwohl gelegentlich von "Tantchen Rosie" bevorzugt, stets auf der Seite des Bruders war, gegen die Frau, der beide den geheimen Namen "Kuch-Nay" gegeben hatten, was soviel bedeutete wie "das reine Garnichts." Sodann war da der jährliche, sich über Wochen hinweg erstreckende Ferienbesuch bei der geliebten Tante Georgie und ihrem Mann, dem seinerzeit berühmten Maler Edward Burne-Jones. Beider Welt war der absolute Gegenentwurf zur düsteren Enge der Hollowayschen Behausung. Unbegreiflicherweise offenbarte Rudyard diesen wohlmeinenden Verwandten nie seine Nöte, und das Ehepaar, vorrangig mit den eigenen Mädchen beschäftigt (die er mit gravitätischer Heiterkeit als "Oh ihr Töchter meines Onkels" anredete), nahm das sich mehr und mehr verändernde Wesen des Neffen ohne besondere Besorgnis wahr.

Immerhin ließ Georgianas Mann den Jungen an seiner Kunst teilhaben, begeisterte ihn beispielsweise mit Bildern, auf denen Wombats, Schweine und Möpse groteske Abenteuer erlebten. "Ned Burne-Jones war einer von den zwei oder drei Menschen, die für Rudyard die Tore des Wunderlands öffneten."

Und schließlich waren da noch die Bücher. Der Siebenjährige hatte nur widerwillig und unter heftigem Druck lesen gelernt; die Bibel zumal wurde ihm schnell zuwider. Aber ziemlich bald kam ihm die Erkenntnis, dass "Lesen kein Schreckgespenst war, sondern ein Weg zu alledem, was mich glücklich machen konnte. So las ich alles, was mir in die Finger kam. Sobald man merkte, dass mir das Freude machte, bestrafte man mich mit dem Entzug der Lektüre. Ich las dann heimlich und umso eifriger."

Als die Eltern davon erfuhren, schickten sie ihm zahlreiche, geschickt ausgewählte Bücher. In seinem Kopf entstanden Landschaften von erregender Vielfalt und Buntheit, bevölkert von Wesen oft atemberaubender Art, die im monotonen Alltag nicht vorkamen und auch gar nichts damit zu tun hatten. "Irgendwie erwischte ich eine Geschichte über einen Löwenjäger, der unter die Löwen fiel, die alle Freimaurer waren, und mit ihnen ein Bündnis gegen einige ruchlose Paviane abschloss. Ich denke, das schlummerte in mir, bis das 'Dschungelbuch' zu entstehen begann."

Zu den erwähnten seelischen Kräften kam auf diese Weise eine neue hinzu, nämlich die der (noch kindlichen, aber gerade darum höchst produktiven) Imagination, der Phantasie. Man kann gut nachvollziehen, wie der Junge, täglich aufs neue bedrängt und verprügelt, sich eine Welt der Freiheit erschuf, eine Innen-Welt, zu der er nur einem Einlass gewährte: Sich selbst. Die widerwärtige Wirklichkeit, die Welt der Holloways und all derer, die ihnen glichen, hatte darin keinen Platz. Die magische Erfindungskraft, die später im "Dschungelbuch" und einer Reihe anderer Erzählungen aufstrahlt, hat da ihren Ursprung.

Erst 1877 nahmen die Leiden des jungen Kipling ein Ende. Der Zwölfjährige war in einer reichlich elenden Verfassung. Während eines erneuten Aufenthalts bei den Burne-Jones's stellte Tante Georgie fest, dass sein Sehvermögen drastisch geschwächt war: Er konnte kaum noch einen Menschen von einem Baum unterscheiden. Entsetzt alarmierte sie die Eltern, und Alice Kipling brach sofort auf, um - zum ersten Mal nach sechs Jahren - nach den Kindern zu sehen, die ihr, wie sich herausstellte, ganz fremd geworden waren. Als sie sich über ihren Sohn beugte, um ihn zu küssen, hielt er den Arm vors Gesicht, um den erwarteten Schlag abzuwehren. Von sehr gemischten Gefühlen bewegt, nahm sie ihn mit sich. Trix blieb noch drei Jahre in der fragwürdigen Obhut von "Tantchen Rosie."

Später vermieden es die Geschwister, vom "House of Desolation" zu reden. Nur einmal sagte der längst erwachsene Kipling, wenn er könnte, würde er es niederreißen und den Boden umpflügen. Im Übrigen bewirkte Mrs. Holloways eifernde Auffassung von christlicher Erziehung, dass er nie wieder an einem Gottesdienst teilnahm und seine drei Kinder nicht taufen ließ.

1877 kam Rudyard ins United Services College von Westward Ho! in Devonshire. Das war nicht unbedingt eine der besten Schulen des Landes, aber schlecht war sie auch nicht. Das Schulgeld war nicht übermäßig hoch; es wurden auch Jungen aufgenommen, die andere Schulen hatten verlassen müssen. Andererseits war das Bullying, die nicht selten bösartigen und schmerzhaften Schikanen, die jüngere Schüler von älteren zu erleiden hatten, noch im Schwange. Und am Essen wurde auffällig gespart - die Zuchthäusler in Dartmoor würden meutern, schrieb Kipling an seine Eltern, setzte man ihnen einen derartigen Fraß vor!

Dennoch. Der Leiter der Schule, ein gebildeter und verständnisvoller Mann und obendrein ein Freund von Edward Burne-Jones, hielt seine Hand über den neuen Zögling und gewährte wichtige Vergünstigungen. Der eher kleinwüchsige und stark kurzsichtige Rudyard wurde vom Sportunterricht befreit. Er durfte nach Herzenslust lesen, auch die direktoriale Bibliothek benutzen. Vor allem aber: Er fand endlich Freunde, Gleichgesinnte, die in derselben Lage waren wie er - und er wusste, dass seine Eltern hinter ihm standen und an seiner weiteren Entwicklung Anteil nahmen. (Die massive Sehstörung, die zweifelsfrei auch seelisch bedingt gewesen war, ging zurück und zeigte sich nur mehr in späteren Stress-Situationen.)

Kipling hat über seine Jahre im College ein (nicht durchweg autobiographisches) Buch geschrieben, "Stalky & Co' (1889), auf das sich zumindest für deutsche Leser ein wenig der Staub des Jahrhunderts gesenkt hat. Anders ist es in England. Dort hat man, nicht zuletzt aufgrund eigener Erlebnisse, seit eh und je eine große Vorliebe für Romane aus dem Internats-Milieu gehabt - von der noch in unseren Tagen Jeanne K. Rowling deutlich profitiert. Mit 16 fühlte sich Kipling nach eigenen Worten schon wie ein 26jähriger. (Möglicherweise hatte es da bereits erste Kontakte mit Frauen gegeben.) Seine Neigungen waren durchaus literarisch; er hatte unendlich viel gelesen, Fielding und Thackeray, Dickens und Poe, Bret Harte und Mark Twain, auch Maupassant, von dem er einiges gelernt hat.

Als ihm der Schulleiter am Ende der Sommerferien 1892 mitteilte, dass er für eine Zeitung im indischen Lahore arbeiten würde (Gehalt: 150 Rupien, nicht üppig, aber auskömmlich), ergriff er die Chance, auf die er gewartet hatte. Am 18. Oktober des gleichen Jahres, 16 Jahre und knapp 10 Monate alt, kam er in Bombay an. Schon der Geruch der Stadt - Gewürze und Holzfeuer, Jasmin und Kuhmist - ließ in ihm die verschüttete Kindheit lebendig werden, und die englischen Jahre fielen nach eigenem Bekunden von ihm ab, "ohne jemals wiederzukehren." Er wurde Assistant Editor an der halbamtlichen Civil and Military Gazette, hatte seine eigene Wohnung, sein eigenes Pferd, seinen eigenen Diener. Und er arbeitete unermüdlich, mindestens 10, oft 16 Stunden am Tag, wobei er sich einer Fülle journalistischer Aufgaben gewachsen zeigte, ob es nun um die Bearbeitung von Nachrichten, um Berichterstattung, Kommentare, Glossen, Leitartikel, um das Lektorieren von Leserbriefen oder die Zusammenfassung von Regierungsbulletins ging.

Er hat den Dschungel nie betreten. Aber wieder und wieder durchwanderte er die ärmeren Quartiere der nächtlichen Stadt, lernte die Idiome der Einheimischen, redete mit Menschen aller Schichten und Kasten, sammelte einen wahren Reichtum an Kenntnissen über Indiens Lebensart, Gebräuche, Denkweisen, innere Verfassung. Den allgegenwärtigen Bedrohungen - Fieber, Cholera, Typhus und exotischen Krankheiten jeder Art - schenkte er wenig Beachtung, obwohl Fieberanfälle ihm bisweilen kräftig zu schaffen machten.

“I am in love with the Country ...where I find heat and smells and oils and spices...and sweat and darkness and dirt and lust and cruelty and, above all, things wonderful and fascinating innumerable." Hitze und Gerüche fand er dort, ätherische Öle und Gewürze, und Schweiß und Dunkelheit und Schmutz und Begierde und Grausamkeit und, vor allem, wunderbare Dinge in überwältigender Fülle!

Dagegen blieb die Beziehung zu seinen britischen Landsleuten zunächst eher zwiespältig. Die Mitglieder des Offizierskorps waren geneigt, auf den jungen Zeitungsschreiber herabzusehen; die Regierungsbeamten verdross die Kritik, mit der er des Öfteren ihre Maßnahmen begleitete. Doch das änderte sich allmählich. Der noch nicht volljährige Journalist schrieb eine gewandte

Feder, er wurde recht bald als Autor noch nicht hervorragender, aber doch sehr lesenswerter Geschichten bekannt und erhielt Einlass in Clubs und Kasinos, wo er auch die Welt der kolonialen Weißen kennen und schätzen lernte.

Besonders hatte es ihm, der zu jedem militärischen Dienst untauglich war, die Armee angetan. Deren typische Vertreter standen seinem Herzen nahe: Aus den oberen Rängen die durch und durch vom Bewusstsein ihrer Überlegenheit getränkten Kommandeure - und ebenso ihre jungen Offiziere, manchmal noch überreagierend, doch stets loyal und tapfer, in der zuverlässigen Gewissheit, dass die Ehre, die Macht und der Reichtum des Empires von ihnen abhingen, ja dass sie dies alles verkörperten. Und aus den unteren Rängen die unzähligen Exemplare des legendären Tommy Atkins, jenes altgedienten Kolonialsoldaten, der fluchend und unerschütterlich seinen Dienst versah, oft aus den östlichen Stadtteilen Londons kommend und am Cockney-Idiom ohne weiteres erkennbar. Kipling war von diesem Jargon der Arbeiterklasse sehr beeindruckt, eine plastische und deftige und allen Phrasen abholde Sprache war das. Als Erster (und lange Zeit auch als Einziger) hat er sie in eine klingende lyrische Form gebracht, in seinen "Kasernenhof-Balladen" ("Barrack-Room Ballads", 1890), die viele begeisterte Leser fanden. Einer von ihnen war Bertolt Brecht, politisch ein ganz anderes Kaliber, der nicht nur ein paar Gedichte unseres Autors übersetzte, sondern sich auch von ihm in einem Maß anregen ließ, das Tucholsky dazu veranlasste, ihn mit freundlichem Spott als "Rudyard Brecht" zu apostrophieren.

Viele von Kiplings Stories spielen in dieser fernen soldatischen Welt, In der "Ehre des Gemeinen" ("His Private Honor", 1891) schlägt ein junger Leutnant auf dem Exerzierplatz einen Untergebenen, der viele Dienstjahre auf dem Buckel hat und solche Kränkung nicht hinnehmen will noch kann. Mord und Totschlag liegen in der Luft, doch dann legen die beiden die Sache auf typisch Kiplingsche, um nicht zu sagen britische Manier bei - an einem entlegenen Platz treten sie zu einem Boxkampf gegeneinander an, unter Ausschluss der Öffentlichkeit, versteht sich.

In dieser Geschichte entwickelt der Ich-Erzähler dann auch eigene Gedanken zur weiteren Kolonisierung Indiens. Eine Armee, "wie sie die Welt nie gesehen hatte", bestehend aus lauter kampferfahrenen Elitesoldaten, soll in Kaschmir - noch heute ein Krisenherd - angesiedelt werden; nach zehnjährigem Dienst haben die Männer das Recht und die Pflicht zu heiraten, und aus den Familien sollen neue Soldaten hervorgehen, wehrhafte Geschlechter, die dem Empire den Besitz dieser begehrenswerten Region für alle Zeiten sichern sollen.

Ein halbes Jahrhundert später plante ein gewisser Himmler für seine Heerscharen ganz ähnliche Aktionen, und zwar in den Gebieten diesseits des Urals. Dennoch wäre es verfehlt, Kipling - wie es geschehen ist - deshalb einen Faschisten zu nennen. Er war, nach den Worten Orwells, der Prophet des britischen Imperialismus in seiner expansivsten Phase, nicht weniger, aber auch nicht mehr. Es war die Zeit, in der John Ruskin in Oxford die Jugend Englands aufforderte, hinauszugehen und immer neue Kolonien zu erobern, während Joseph Chamberlain, Führer der Konservativen, als die größte "aller herrschenden Rassen, die die Welt je gesehen hat", die britische proklamierte. Und es war die Zeit, in der, beispielsweise Cecil Rhodes dem britischen Weltreich sehr wertvolle afrikanische Ländereien hinzufügte, die so groß waren wie Frankreich, Spanien und das kaiserliche Deutschland zusammen. Das waren Parolen und Vorgänge, die Kipling begeisterten, zumal er sie durch die eigenen Erfahrungen vollauf bestätigt glaubte.

Orwell stellte auch fest, dass Kipling nicht imstande war zu sehen, dass ein Imperium wie das britische vor allem ein "money-making concern" war. Für ihn war es eine Art missionarischer Aufgabe, wie er sie in einem seiner bekanntesten Gedichte verherrlicht hat, darin von der "Last des Weißen Mannes" die Rede ist, dem auferlegt ist, fremden Völkerschaften ("halb Kinder, halb Teufel") unter großen eigenen Opfern die Segnungen der Zivilisation zu bringen und sie damit in eine bessere Zukunft zu führen. Wie man weiß, sahen diese fremden Völkerschaften das ganz anders, und zwar nicht ohne Grund. Aber man weiß auch, dass Kiplings Sicht der Dinge nicht völlig falsch ist - selbst wenn er die Elemente britischer Herrschaft oft genug verklärt und verschönt hat.

Im "Chef des Distrikts" zum Beispiel ermahnt ein vom Fieber geschüttelter District Commissioner nach Minuten vor seinem

Tod die Führer eines wilden Gebirgsstamms, fortan die Gesetze zu achten und Frieden zu halten. ("The Law", das Gesetz, ist, wie noch zu zeigen sein wird, der zentrale Begriff, der Kiplings Deutung des Daseins bestimmt.) Die verwegenen Kerle werden von dem Sterbenden als "meine Kinder" angesprochen.

Neben Katherine Mansfield und William Somerset Maugham gehört Kipling zu den Autoren, die der Short Story als Gattung die Form gegeben haben, wegen derer sie sich heute so großer Beliebtheit erfreut. Kipling versteht es meisterhaft, den typischen Ausschnitt fürs große Ganze zu setzen, beispielhafte Charaktere zu gestalten und zum Reden zu bringen, Atmosphärisches zu verdichten, in einer Weise, die zugleich wirklichkeitsnahe und hintergründig ist.

Martin Seymour-Smith schrieb im Hinblick auf Kiplings Stories ein Diktum, an dem etwas Wahres ist: "Er arbeitete schlecht, wenn er sich auf sein Gefühl verließ, und gut, wenn er seiner Intuition vertraute." 1889 verließ Kipling Indien und trat die erste seiner vielen großen Reisen an, die ihn über Rangun, Singapur, Hongkong nach Japan und von dort in die USA führte, nach San Francisco, Boston, Washington, New York. Als er im Oktober des Jahres in London landete, wurde er in der Presse bereits als " a young Englishman of genius and minute observation" gerühmt. Er habe, so hieß es, die Kraft, die Leute das sehen zu lassen, was er sehe - und er lasse sie eine völlig neue Welt sehen.

Damit war er nicht mehr und nicht weniger als eine Gegenfigur zu den Zirkeln, die in London den literarischen Ton angaben und deren (noch) gepriesenster Vertreter Oscar Wilde war. Dem eleganten Ästhetizismus dieser Kreise musste Kiplings neuer Realismus eher platt und ungehobelt erscheinen.

In der Tat fiel es ihm anfangs nicht leicht, sich in der Hauptstadt durchzusetzen. Er mietete eine bescheidene Wohnung am Strand, wo viele Literaten hausten, und befestigte an der Tür ein Schild: "To Publishers: A classic while you wait." Anfällen von Niedergeschlagenheit suchte er mit jenem Gleichmut zu begegnen, den er sich in schweren Jahren erworben hatte: "Es gibt Zeiten, wo ich völlig einsam bin. Aber dann kann ich ins Feuer schauen, Geschichten spinnen und Träume träumen."

Er arbeitete unermüdlich, bis zu 10 Stunden am Tag, was seiner Gesundheit nicht förderlich war. Wieder ließ seine Sehkraft nach. Aber schon im März 1890 widmete ihm die noble TIMES ihren Leitartikel(!): "Indien hat uns eine Fülle von Soldaten und Beamten geschenkt, aber kaum je einen Schriftsteller. Keine Frage, dass genau dies jetzt geschehen ist ... Mr. Kipling hat das Verdienst, eine völlig neue Goldader erschlossen zu haben und zwar auf völlig eigenwillige Weise."

Der schon als guter Freund Barries, Stevensons und anderer Autoren von Rang erwähnte W.E. Henley, eine maßgebliche Instanz der britischen Literaturszene, brachte die "Kasernenhof-Balladen" heraus. Er war überrascht, dass der Autor kein gestandener Mann war, sondern ein ihm noch unreif dünkender Bursche von 24 Jahren, den er nicht ausgesprochen freundlich beurteilte: "Angeberei, vulgäres Gebaren, nachgeäffter Cockney-Akzent."

Dennoch entstand bald Sympathie zwischen den beiden. Kipling füllte die Lücke, die entstanden war, als Stevenson sich von Henley entfremdet hatte.

Nur wenig später begegnete Kipling einem jungen Verleger aus New England, Wolcott Balestier, der in London eine Zweigstelle seines Unternehmens eröffnete. Die beiden, fast gleichaltrig, wurden Freunde. Balestiers jüngere, sehr hübsche Schwester urteilte über Kipling: "Er ist überhaupt kein Frauentyp und die jungen Mädchen haben immer Angst vor ihm." Dennoch fand sie die ersten Begegnungen "aufregend und höchst unterhaltsam (= great fun)".

Jetzt fingen auch andere literarische Größen an, sich über Kipling zu äußern. Stevenson, wohl nicht ganz frei von eifersüchtigen Empfindungen, tadelte ihn. Das sei smarter Journalismus, clever gemacht, gewiss, doch ohne Herzblut, ohne harmonische Töne. Barrie kam zu dem befremdlichen Urteil:
"Sein Hauptfehler ist seine Unkenntnis des Lebens... er muss noch viel lernen." (Gemeint war wohl die Welt Barries, die nicht diejenige Kiplings war.) Dagegen Henry James: "Kipling beeindruckt mich persönlich als ein Mann von derart vollendetem Genie ..., desgleichen ich nie zuvor gesehen habe." Es kam bald zur Freundschaft zwischen den beiden.

Dann traf Kipling ein erster Schicksalsschlag. Wolcott Balestier, dessen offene und herzliche Art ihm wohlgetan hatte, starb an einer Typhus-Infektion. Das war im Dezember 1891, als Kipling sich wieder in Indien aufhielt. Nur wenige Wochen später heiratete er Caroline ("Carrie"), die weniger attraktive, aber willenstarke und lebenstüchtige Schwester des Verstorbenen. Henry James war Trauzeuge. Am Tag nach der Hochzeit trug sie in ihr Tagebuch ein: "Wir sind noch immer verheiratet." ("We continue to be married.")

London lag in dichtem Nebel und wurde von einer verheerenden Grippe-Epidemie heimgesucht. Kipling buchte bei Cook eine Weltreise, die das Paar Anfang Februar 1892 antrat. Zum Zug nach Liverpool wurde es begleitet von Henry James und dem "Dracula"-Autor Bram Stoker.

Zwei Wochen später landeten die beiden im winterlichen New England, und von dort ging es weiter, nach Kanada und Japan. In Yokohama überraschte Kipling die Nachricht, dass seine englische Bank die Zahlungen eingestellt hatte, weshalb ihm gerade noch 100 Dollar auf einem New Yorker Konto blieben.

Caroline war zu diesem Zeitpunkt bereits schwanger. Die Kiplings brachen die Reise ab, ließen sich von Cook auszahlen und kehrten fürs Erste zurück nach Amerika, wo am 29. Dezember 1892 die Tochter Josephine geboren wurde, ein reizendes Kind, blond und blauäugig. Kipling war außer sich vor Freude und zärtlicher Zuneigung, seine Gefühle spiegelten sich bald danach in Briefen, von denen er vorgab, die knapp Zweijährige habe sie verfasst. Die Familie ließ sich unweit von Brattleboro nieder, einer kleinen Stadt in Vermont. Es folgten glückliche Jahre. Kipling genoss die wechselnden Jahreszeiten New Englands, besonders natürlich den Indian Summer, den er begeistert beschrieb. Er liebte aber auch den schweren Schnee im Winter, die fegenden Stürme, die klirrende Kälte.

Dabei arbeitete er wiederum regelmäßig, meist von 9 bis 13 Uhr. Es entstanden zahlreiche Stories und vor allem die beiden Dschungelbücher, die ihn, so sein Biograph Lord Birkenhead, auch unsterblich gemacht hätten, wenn er nichts anderes geschrieben hätte.

In der Tat wurde Kipling jetzt international berühmt. Und er lernte amerikanische Prominenz kennen, allen voran Theodore

Roosevelt, der später einer der populärsten Präsidenten der USA wurde, eine Draufgänger-Natur, mit der er sich auf Anhieb verstand. "Ich liebte ihn vom ersten Augenblick an. Er kam in unser Hotel und dankte Gott mit lauter Stimme, dass er nicht einen Tropfen englischen Blutes in seinen Adern habe."

Und Kipling traf auch den großen Mark Twain, der sich danach wie folgt äußerte:

"I believed that he knew more than any person I had ever met before, and I knew that he knew I knew less than any person he had met before - though he did not say it and I was not expecting that he would. When he was gone, Mrs. Langdon wanted to know about my visitor. I said: ' He is a stranger to me but he is a most remarkable man - and I am the other one. Between us, we cover all knowledge; he knows all that can be known and I know the rest.'"

Man muss das im Original lesen, der trefflichen Lakonik der Sätze zuliebe und der trocken servierten Pointe am Ende. Außerdem ist es leicht zu verstehen, sprachlich wie inhaltlich. Da blickten zwei völlig gegensätzliche Charaktere einander an nicht ohne Skepsis und, im Falle Mark Twains, nicht ohne selbstbewusste Heiterkeit, und es kam doch das Gefühl auf : Der andere, das ist, wie auch immer, ein Kerl. "I had surprised him", schloss der Autor des "Huckleberry Finn", "as much as he had surprised me, and the honors were easy."

Es war, alles in allem, erst einmal eine gute Zeit für Kipling, drüben in den Staaten.

Die Familie war glücklich, das Schreiben brachte Befriedigung und reichlich Geld - besser konnte es gar nicht gehen.

Doch dann wurde die Vermonter Idylle empfindlich gestört, durch Carolines Bruder Beatty Balestier, einen Schuldenmacher und Verschwender, der oft genug betrunken angerückt kam und vom reichen Schwager krakeelend bare Münze verlangte. Als der sich endlich weigerte, wurde Beatty ausfallend, schimpfte ihn Lügner, Betrüger, Feigling, und ging sogar zum körperlichen Angriff über. Kipling holte den Sheriff und ließ den lästigen Schnorrer einsperren - was sich als böser Fehler herausstellte. Es kam zur öffentlichen Anhörung, wovon - Kehrseite des Ruhms! - alle Welt erfuhr. Der ebenso berühmte wie begüterte, am Ende gar steinreiche Kipling hatte seinen armen Schwager ins Kittchen gebracht! Aus allen großen Städten der USA strömten Reporter nach dem kleinen Brattleboro. Kipling machte keine gute Figur, wurde in der Presse mit bösartigem Hohn bedacht, erlitt einen Zusammenbruch - er war mitnichten so unerschütterlich, wie er sich gab. (Beatty starb 1936, im gleichen Jahr wie Kipling, unversöhnt und völlig mittellos.)

Im September 1896 fuhr die Familie auf der deutschen "Bremen" zurück nach England. Kipling suchte die Stille. Er kaufte ein schönes Haus an der Küste von Sussex; die klare Luft, der blaue Himmel, das Rauschen des Meeres taten ihm gut. Aber dann bedrückte ihn die Stille auch wieder, und er hing seinen Grübeleien nach. Mehr und mehr wuchs in ihm die Furcht vor einer deutschen Bedrohung, wurde nachgerade zu einer fixen Idee: England bemühe sich, "den Frieden in der Welt zu retten", aber es werde "von Deutschland verhöhnt und angestachelt." In seinem berühmten Gedicht von 1897, "Recessional" (etwa: "Choral"), in dem er den Herrn um Schutz und Hilfe für Britannien anfleht, spricht er von "lesser breeds without the Law" ("niederen Rassen ohne Gesetz") und meint damit die Buren, die Iren ("eine Bande von Kriminellen!") und vor allem die Deutschen - lauter Feinde seines Volkes, wie er annimmt. (Man beachte wieder die Betonung des "Law"!)

Im August 1897 wurde der Sohn John geboren. Eine Flut von Gratulationen erfreute die Eltern, und der stolze Vater bekundete: "Das ist das reichste Jahr in unser beider Leben.“ Anderthalb Jahre später, im Februar 1899, reiste die Familie wieder einmal in die USA. Caroline Kipling wollte ihre Mutter wiedersehen. Schon am Tag ihrer Ankunft in New York vertraute sie ihrem Tagebuch an, dass sie von großer Sorge um ihre Kinder geplagt werde, die alle schwer erkältet seien. Knapp drei Wochen später wurde Kipling selbst von einer Lungenentzündung befallen, die sich rasch verschlimmerte. In seinem Hotelzimmer verfiel er ins Delirium, konnte kaum noch atmen, war dem Tod gefährlich nahe.

Während er im Koma lag, blockierten Menschenschlangen den Verkehr auf der 7th Avenue (vor dem Hotel), kamen Tausende von Briefen und Telegrammen aus aller Welt, darunter auch eine besorgte Anfrage von Kaiser Wilhelm, wurden täglich Bulletins über sein Befinden veröffentlicht. Der ebenfalls hochberühmte Jack London schrieb einen verfrühten Nachruf. (Gisbert Haefs vermerkt zu alledem, dass solche Teilnahme heutzutage nur noch einem Pop-Star zuteil werden würde.)

Während Kipling mit dem Tode rang, starb Josephine, die siebenjährige Tochter, sein Herzenskind, schön, heiter, sensibel. (Es gibt Fotos, die diese Eigenschaften augenfällig belegen.) Sein Freund und Verleger F.N. Doubleday überbrachte ihm nach überstandener Krise die furchtbare Nachricht, "...in so wenigen Worten wie möglich. Er lauschte schweigend, bis ich fertig war; dann drehte er sein Gesicht zur Wand."

Diesen Schlag hat Kipling nie überwunden. Es fanden sich Kräfte, die ihm halfen - der Beistand seiner Frau, die sich in solch entsetzlicher Lage als ungemein stark erwies, die Liebe zu den beiden verbleibenden Kindern, die von diesen herzlich erwidert wurde, nicht zuletzt das verzweifelt Bemühung um Haltung und widerständiges Ausharren, das er zum Leitgedanken seines Lebens gemacht hatte. Dennoch: Die Trauer ließ sich niemals verdrängen, der Schmerz war nicht zu überwinden. Jahre später schrieb er an einen Vater, der seinen Sohn verloren hatte: "Man sagt, dass auch diese Art von Wunde heilt. Sie tut es nicht. Sie schließt sich nur... und es lässt sich allenfalls so etwas wie ein schwarzer Trost aus dem alten und bitteren Gedanken ziehen, dass der Junge jetzt vor den Wechselfällen des späteren Lebens sicher ist."

Was er vom Wesen dieses Lebens hielt, ließ er Doubleday wissen: Ein Himmel existiere nicht, aber die Hölle, die gebe es wirklich, nämlich hier auf Erden.

Die Kiplings zogen zurück in das stille Haus in Sussex. Aber so still war es da auch nicht mehr. Fast täglich erschienen Pferdebusse aus dem benachbarten Brighton, beladen mit Neugierigen, die sehen wollten, wie der bekannteste Autor der Nation seine Tage verbrachte - eine Plage, gegen die sich die Familie kaum abzuschirmen vermochte. Außerdem waren Haus und Garten in Kiplings Augen "full of the lost child." John Lockwood Kipling schrieb, sein Sohn sehe Josephine, wenn er die Tür öffne, wenn ein Platz am Tisch unbesetzt sei, er sehe sie im grünen Halbdunkel jedes Winkels in seinem Garten.

Während der nächsten zehn Jahre verbrachte Kipling auf ärztlichen Ratschlag die Winter in Südafrika. Im Burenkrieg (1900) berichtete er für große englische Zeitungen, besuchte Verwundete in Hospitälern, geriet auch einmal in die Nähe einer Schlacht und verherrlichte die britischen Truppen und ihre Siege. ("Gesichter von Bulldoggen, Falken, hungrigen Wölfen - nur keine schwachen Gesichter!") Manche bekannten Literaturkenner von heute bescheinigen ihm, dass mehr oder weniger alles, was er über den Burenkrieg gesagt habe, falsch gewesen sei - so zum Beispiel Seymour-Smith.

1901 veröffentlichte Kipling den Roman "Kim", an dem er über Jahre hinweg gearbeitet hatte und den viele für sein Meisterwerk halten. Der Waisenjunge Kim, eigentlich Kimball 0'Hara, von irischer Herkunft und bei einer Halbinderin aufgewachsen, treibt sich auf den Straßen von Lahore herum, wo er ein Leben führt "toll wie aus Tausendundeiner Nacht" und den Spitznamen "kleiner Freund aller Welt" erhalten hat. Englisch radebrecht er nur; dafür spricht er Hindostani - und denkt sogar darin, ganz wie sein Autor als kleiner Junge. Mit seiner dunklen Hautfarbe sieht er aus wie ein Einheimischer. Damit ist aber auch sein Dilemma beschrieben. Wohin gehört er? Zu den weißen Sahibs oder zu der Welt, in die er seit frühester Kindheit eingetaucht ist? "I am Kim. I am Kim: but what is Kim?"

Er begegnet einem alten tibetanischen Lama, der auf der Suche nach dem "Fluss des Lebens" ist, in dem alle menschlichen Bedingtheiten abgewaschen werden. Eine weite Wanderung führt die beiden quer durch das Land, von Benares bis zum Fuß des Himalaya, und Kipling bringt die Fülle und die Farben Indiens in einer Weise zur Sprache, die einheimische Literaturkenner später zu der Wertung veranlassten, dies sei das beste Buch, das je von einem europäischen Autor über ihre Heimat geschrieben worden sei. (Kiplings Vater hatte seinem Sohn dazu - wie zu den Dschungelbüchern - eine Vielzahl von Auskünften und Anregungen gegeben.)

Im weiteren Verlauf gerät Kim in den Dienst des britischen Secret Service. Er spielt als kleiner Bote und Kundschafter seinen Part in "The Great Game", dem großen Spiel, mittels dessen die weißen Herren ihre Herrschaft unentwegt verstärken und erweitern. Am Ende weiß er immer noch nicht, wohin er nun eigentlich gehört. Kipling, "dieser Apostel des Kriegs und der

Rache", hat hier ein bemerkenswert tolerantes Buch vorgelegt, "the nostalgic history of his childhood."

Damit war jedoch der Höhepunkt seines Schaffens überschritten. 1902 erschien das erfolgreiche Kinderbuch "Just So Stories", von Gisbert Haefs treffend als "Genau-So-Geschichten" übersetzt, denn es enthält fabelhafte Märchen, die Kipling Kindern erzählt hatte, den eigenen und anderen, und die wollten - wovon viele Eltern und Großeltern ein Lied singen können - dass bei einer Wiederholung kein Wort geändert wurde, ob es sich nun um die Katze handelte, die ihre eigenen Wege ging, oder um das Kamel, das einen Höcker kriegte, oder um die vielen anderen Tiere, von denen da die Rede ist.

1906 kam ein weiteres Buch für jugendliche Leser heraus, "Puck of Pooh's Hill", eine Sammlung von Geschichten, die auf Ereignissen der frühen britischen Historie beruhten. Die beiden Kinder, Elsie und John, wuchsen heran und wurden in angesehene Internate geschickt. Kipling schrieb ihnen viele Briefe, humorige, einfühlsame, sehnsüchtige: "Ihr glaubt nicht, wie ausgedehnt und lang die Tage ohne Euch zwei sind!" Dem Sohn hilft er über das Heimweh hinweg, der Tochter gibt er liebenswürdig-verrückte Verhaltensregeln: "Sei nett zu Polizisten. Du weißt nie, wann Du vielleicht verhaftet wirst!" Auch solle sie keine Bilder in der Nationalgalerie abhängen, das falle nämlich auf. Als Johns Episteln beträchtliche Unsicherheit in der Rechtschreibung verraten, antwortet der Vater in grässlicher Orthographie: "Warum, zum Kuguk, schreibst du nicht richtik?“ Kipling belebt die eigenen Briefe zudem immer wieder mit plastischen Berichten, über Wale, die er auf hoher See beobachtet hat, ebenso wie über die kleine Katastrophe einer häuslichen Überschwemmung. Und die meisten dieser Schriftstücke sind mit verspielten Zeichnungen versehen. Diese Bilder, diese Texte machen eins ganz deutlich: für den Verfasser gibt es neben seiner Frau nur diese beiden jungen Menschen, die er von ganzem Herzen liebt und deren Wohl und Wehe ihm nahe geht.

1907 erhielt Kipling den Nobelpreis für Literatur. Auch darüber berichtete er ausführlich seinen Kindern. Der schwedische König war gerade gestorben, den üblichen Pomp hatte man abgesagt: "Ich fühlte mich eher wie ein böser Junge, der vom Lehrer verhauen werden soll. ... Es ist schrecklich, stille zu sitzen und an der eigenen Nase entlang zu sehen, während ein Herr, der Englisch nur unter Schwierigkeiten redet, einem lange Komplimente macht." Natürlich bereitete ihm die Ehrung gleichwohl eine Genugtuung, die er nach Kräften genoss.

Aber diese Kräfte waren gemindert. Er schrieb weniger, erreichte nicht immer die frühere Originalität und Sprachgewalt. Der Verlust Josephines war nicht zu überwinden. In der wohl bewegendsten Geschichte, die Kipling je verfasst hat, "They" heißt sie, berichtet der Ich - Erzähler, wie er nach einer Autopanne durch ein Gewirr von Hügeln und Wäldern an ein völlig abseits gelegenes altes Herrenhaus gelangt, das von einer blinden Frau bewohnt wird - und von, wie es den Anschein hat, vielen Kindern, denen die ganze Fürsorge der Besitzerin gilt. In einer Atmosphäre sanfter Magie, in behutsamen, von tiefer wechselseitiger Sympathie bestimmten Dialogen zwischen der Frau und dem Erzähler verdichtet sich allmählich die Gewissheit, dass die Kinder, deren Wesen und Treiben die fast unwirkliche Szenerie erfüllt, tot sind. Dies deutliche Gefühl durchströmt den Erzähler, als eine Kinderhand die seine erfasst und einen kleinen, hauchenden Kuss, hineindrückt. So pflegte Josephine sich bemerkbar zu machen, wenn sie leise ins Zimmer gekommen war und neben Vater trat.

Die seelische Belastung, die Kipling nach dem Verlust des Kindes auszuhalten hatte, war ungeheuer. Sie zu begreifen heißt, das Ausmaß der Katastrophe zu erkennen, die nach dem Beginn des Ersten Weltkriegs über ihn hereinbrach.

Zunächst freilich war er regelrecht erfreut, dass seine langjährigen Warnungen und dunklen Voraussagen sich offenbar bestätigten: "I can't help feeling cheerful over this." Weshalb er Brandreden vor Rekruten hielt, zum Zeichnen von Kriegsanleihen aufforderte, Lazarette besuchte und unermüdlich gegen den verhassten Gegner agitierte, gegen die "Teutonen, Boches, Hunnen", wie er die Deutschen zu nennen pflegte. 1915 fuhr er nach Frankreich, um sozusagen vor Ort Berichte über das Kriegsgeschehen zu schreiben. Er kam bis Reims, wo der Anblick der zerstörten Kathedrale seine Wut auf die Feinde zum Glühen brachte, und nach Verdun, wo das spätere Inferno noch nicht ausgebrochen war. In Paris wurde er von Clemenceau empfangen, dessen unerbittlicher Patriotismus ihn entzückte

("Dieser erstaunliche menschliche Sprengkörper!") - und von Briand, den er nicht mochte ("Ein Schwätzer!") Einmal wagte er sich sogar in die vorderen Linien und berichtete in einem etwas prahlerischen Brief dem Sohn darüber.

Dieser war erst 17 Jahre alt und hatte vom Vater die schwachen Augen geerbt - beides hätte ihn vor einer Einberufung bewahren können. Doch Kipling ließ alle seine Verbindungen spielen und ruhte nicht, bis sein Sohn m September 1914 einrücken durfte, zu der Elite-Einheit der Irish Guards. Es gibt Photos, die John in Uniform zeigen. Trotz des Offizierbärtchens wirkt er wie ein verkleideter Primaner - ein typischer "public schoolboy officer", wie Angus Wilson schreibt: "The man-child had gone to the wars." Am 15. August 1915 wurde das Regiment nach Frankreich eingeschifft. Am 2. Oktober kam die Nachricht, dass John seit dem 27. September vermisst war.

Seine Überreste waren nicht auffindbar; vermutlich hatte ein Geschoss sein Gesicht und Teile des Körpers zerfetzt. Er war 18 Jahre und 6 Wochen alt geworden.

Die Eltern klammerten sich zunächst an die Ungewissheit. Vermisst - das hieß noch nicht: tot. Was sie quälte, war der (unsinnige) Gedanke, John könne in der Gefangenschaft gefoltert werden, weil er doch Kiplings Sohn war. Der Vater schaltete neutrale Botschaften ein (USA, Schweden), ergebnislos. Am Ende schwand, nach vielen vergeblichen Bemühungen um erlösende Klarheit, jede Hoffnung dahin. Was in Kipling vorging, kann man nur ahnen. Er zerbrach nicht, doch etwas schwer Benennbares in ihm war für immer zerstört. Von da an bis zu seinem Tod marterten ihn schwere und schwerste gastrische Beschwerden. Nach außen hin verbarg er seine Agonie hinter stoischen Formeln: "Vielen Leuten geht es wie uns, und es ist doch immerhin etwas, einen Mann hervorgebracht zu haben."

("It's something to have bred a man.") Aber an einen Freund der Familie schrieb er: "Danke Gott auf den Knien, dass du keinen Sohn hast."

Den Deutschen vergab er nie den Tod seines Jungen - diesen schrecklichen Tod, den mit herbeizuführen er selbst doch auch einiges getan hatte, was ihm grausam bewusst sein mochte.

Von den späteren Jahren ist nicht mehr viel zu berichten. Als der Krieg zu Ende war, schrieb Kipling - vor allem dem Sohn zu Ehren - eine zweibändige Geschichte der Irish Guards, die allerdings selbst bei deren Offizieren nur gedämpfte Zustimmung fand. Die Abwesenheit der Kinder verdüsterte sein Leben. In langen Jahren der freudlosen Routine entstanden keine Meisterwerke mehr. Neben William Somerset Maugham blieb er freilich der meistgelesene Story-Autor seiner Zeit. Zu seinen Freunden zählten P.G. Wodehouse, Henry Rider Haggard ("König Salomons Diamanten"), Hugh Walpole und A.A. Milne, dessen "Winnie the Pooh" er liebte und bewunderte.

Am politischen Geschehen nahm er nur noch selten Anteil. Irgendwie, schreibt Orwell, war die Geschichte für ihn nicht nach Plan verlaufen. Nach dem größten Sieg, den Britannien je errungen hatte, verlor es mehr und mehr an Macht - und dafür war sein Sohn gefallen! Zusammen mit Rider Haggard warnte er vor den Gefahren des Bolschewismus und natürlich auch vor Hitler. ("Der Sturm zieht auf.")

1936 erlitt er auf einer Reise nach Cannes im Hotelzimmer einen jähen Blutsturz und starb am 17. Januar. Der Leichnam wurde eingeäschert. Die Urne wurde in Westminster Abbey in der Poets' Corner beigesetzt, ganz in der Nähe von Dickens.

Wildnis, Wölfe, Widerstände.
Mowgli und das Gesetz des Dschungels

"Es war um 7 Uhr an einem sehr warmen Abend in den Sioni-Hügeln, als Vater Wolf aus seinem Tagesschlummer erwachte, sich kratzte, gähnte und seine Pfoten spreizte, um das letzte schläfrige Gefühl in ihren Spitzen loszuwerden. Mutter Wolf lag mit ihrer großen grauen Nase quer über ihren tapsigen, quiekenden Jungen, und der Mond schien in den Eingang der Höhle, in der sie alle lebten."

Bereits die ersten Sätze schaffen eine Stimmung, die eigentümliche Erwartungen zulässt. Die vom Mondlicht erhellte Nacht, gemäß alter Erzähltradition die Zeit, in der Ungewöhnliches und Ungeahntes geschehen mag, die Höhle, ein Ort, der ein fremdes, ein dunkles Leben verheißt, und schließlich die Bewegung, in die da Lebewesen geraten, von denen man zu wissen glaubt, dass sie gefährlich und deshalb böse sind: Wölfe nämlich. Wölfe im Familienverband allerdings, der sonderbar anheimelnd wirkt: Vater Wolf und Mutter Wolf und die putzigen Kleinen - ein fast biederes Personal inmitten einer Szenerie, die Teil einer sehr abenteuerlichen Welt ist, wie sich bald genug herausstellen wird.

Womit bereits die beiden Ebenen angedeutet sind, auf denen sich alles Kommende ereignet. Die (für kindliche Leser bestimmte) Spielwelt, in der Tiere so miteinander umgehen als seien sie Menschen, eine Welt, die trotz aller lauernden Gefahren doch ein tröstliches Gefühl der Geborgenheit vermittelt, weil man meint, sich darin auszukennen. Wo Vater Wolf und Mutter Wolf und nicht etwa der böse Wolf und seine Wölfin das Sagen haben, da können die Dinge am Ende keinen ganz schlechten Verlauf nehmen.

Aber daneben gibt es auch eine Welt von kaum zu fassender Bedrohlichkeit. Zunächst liegt sie noch draußen vor der Schutz und Sicherheit gewährenden Höhle, aber unerwartet schnell wird sie hereinbrechen, wild und zerstörerisch. Dann geraten Idyll und Chaos ganz nah aneinander, ein Vorgang, der verstören kann. Erwachsene Leser begreifen unschwer die poetische Verdichtung, mit der Kipling solche Gegensätze meistert. Kinder wird diese Art der Poetisierung mit all ihrer Bildhaftigkeit berühren, aber nicht beruhigen. Für viele wird eben diese Unruhe zur Faszination werden, andere mögen sich ihr nicht ausliefern. Das "Dschungelbuch" stößt erwiesenermaßen bei nicht wenigen Jungen und Mädchen durchaus auf Befremden.

Kipling selbst hat sich mehrfach gefragt, für wenn er da eigentlich schreibe, und keinen Zweifel daran gelassen, dass der zweite Band nur für erwachsene Leser bestimmt sei. (Wozu Zuckmayer angemerkt hat, der Gehalt und die Bedeutung der "Dschungelbücher" bestätige und vertiefe sich überhaupt erst bei der Lektüre "in reifen Jahren.")

Aber zunächst einmal geht es weiter wie in einem fabelhaften Bilderbuch. Tabaqui erscheint, der Schakal, ein windiger Geselle, ein Restefresser, durchtrieben und verlogen, ein Stänkerer, den jedes Unheil erfreut, besonders, wenn er es selbst anstiften kann, weshalb ihn die anderen Tiere nicht nur verachten, sondern auch ein wenig fürchten. Er darf einen Knochen abnagen, den die Wolfsfamilie verschmäht hat, und preist zum Dank vollmundig die Jungen - obwohl er doch weiß, dass "nichts so verfehlt ist wie Kinder in ihrer Gegenwart zu loben." Folglich schauen Vater und Mutter Wolf sehr unbehaglich drein - ganz wie die meisten Eltern im wirklichen Leben. Dann kündigt Tabaqui die Ankunft Shere Khans an, "the Big One" nennt er ihn, den Großen, den Tiger, der sein Jagdrevier verlassen hat, um einen Menschen zu jagen.

Dieser Mensch kommt den Hügel hinauf. Vater Wolf prescht ihm entgegen, schnellt empor - und hält mitten im Sprung inne: Vor ihm steht ein nacktes braunes Baby, das gerade laufen gelernt hat, ein zartes und mit Lachfältchen versehenes Wesen, das sich an einem Ästchen festhält und ihn treuherzig anstrahlt! Vater Wolf verschlägt es die Sprache, aber Mutter Wolf ruft: "Ist das ein Menschenjunges ? Ich hab nie eins gesehen. Bring's her!" Und sie ist entzückt: "Wie klein ! Wie nackt - und wie keck!" "Er hat keine Angst", staunt auch Vater Wolf, und das Kerlchen wühlt sich mitten hinein in die kleinen Wölfe, um an ihrer Mahlzeit teilzunehmen. "He!" ruft deren Mutter. "Hat es je eine Wölfin gegeben, die sich rühmen konnte, ein Menschenjunges unter ihren Kindern zu haben ?" Der erwachsene Leser nickt wissend, denkt an Romulus und Remus, von denen der eine die Keimzelle eines Weltreichs erschuf - und nebenbei noch den Bruder erschlug, ein Mordsbursche! Und eben so einer wird, mit einer Einschränkung, auch der vorwitzige Kleine werden, der jetzt an Mutter Wolfs Zitzen trinkt. Die Einschränkung: Er tötet, sich strikt an das Gesetz haltend, von dem noch viel die Rede sein wird, nie seine Brüder, sondern immer nur die gemeinsamen Feinde – bei denen er freilich keine Gnade kennt. Im Augenblick ist er indessen noch so nackt und winzig, dass Mutter Wolf ihn zärtlich Mowgli nennt, den kleinen Frosch, und dieser Name wird ihm bleiben. (Auf Anfragen hin erklärte Kipling, die erste Silbe reime sich auf "cow" und sei so auszusprechen.) Dann aber erscheint der furchterregende Shere Khan und fordert seine Beute - eben diesen Mowgli. Bei den Wolfseltern erregt er keinerlei Furcht. Mutter Wolf, über die wir jetzt erfahren, dass sie Raksha, die Dämonin heißt, weiß, dass er von Geburt an auf einem Bein lahmt, und sie höhnt ihn: Hinkefuß! Froschfresser! Fischkiller! Jäger kleiner nackter Menschenbabys! Hau ab, oder du gehst lahmer weg, als du gekommen bist!

Der Furor, mit dem sie ihren neugewonnenen Kleinen verteidigt, verblüfft sogar Vater Wolf und lässt ihn an damals denken, als er um seine Frau warb und sie ihren Namen schon mit vollem Recht trug. Er selbst nennt Shere Khan einen Rinderschlächter und lässt ihn wissen, die Wölfe seien ein freies Volk und nahmen ihre Befehle nur vom Oberhaupt des Rudels entgegen und nicht von so einem wie ihm. Erstaunlicherweise ist der Tiger beeindruckt. Er stößt, um das Gesicht zu wahren, noch einige Beschimpfungen aus und macht, dass er wegkommt. Woraufhin Mutter Wolf feierlich sagt: "O thou Mowgli - the time will come when thou wilt hunt Shere Khan as he has hunted thee." Damit ist die Handlung der weiteren beiden Mowgli - Kapitel vorgegeben. (Von den insgesamt sieben Geschichten des Ersten Dschungelbuchs berichten lediglich drei von den Abenteuern des Menschenjungen. Aber nur an sie wird gedacht, wenn von Kiplings berühmtesten Werk die Rede ist.).

Nachdem Mowgli von der Ratsversammlung der Dschungeltiere als angenommen worden ist, wächst er in ihrer Mitte auf, angeleitet von Vater Wolf und dem Rudel und belehrt von Baloo, dem Bären und Bagheera, dem Schwarzen Panther. Baloo führt den Zwölfjährigen ins Gesetz des Dschungels ein. Bagheera zeigt ihm, wie man kämpft und überlebt: "Schlag erst zu, und dann gib Laut!" Bagheera weiß, wovon er spricht. Er ist in Gefangenschaft geboren und hat sich aus eigener Kraft befreit: "Und weil ich die Art der Menschen kennen gelernt habe, bin ich im Dschungel furchtbarer geworden als Shere Khan. Stimmt das?" "Ja", sagt Mowgli etwas naseweis und sehr selbstbewusst, "alle im Dschungel fürchten Bagheera - alle außer Mowgli." Denn eins weiß er schon (und Bagheera weiß es auch): Mit seinen menschlichen Gaben ist er den Tieren überlegen. Das hat er, jung wie er ist, bereits bewiesen, und darum wird er von den anderen gehasst; auch von den meisten seiner Wolfsbrüder, die aufzuhetzen Shere Khan nicht müde wird. Als Shere Khan dann Akela, den alt und müde gewordenen Leitwolf des Rudels aufs übelste verspottet und zugleich die Herausgabe des Menschenjungen fordert - "Er ist ein Mensch, und keiner von uns kann ihm zwischen die Augen sehen!" - greift ihn Mowgli, von Bagheera gedeckt, mit einem brennenden Ast an, bis der Tiger in Todesangst wimmert und winselt und gedemütigt flieht. Aber auch Mowgli geht, wütend und traurig, weil er sich von der Mehrheit der Wölfe verraten und aus dem Wunderland des Dschungels vertrieben sieht. Er geht zu den Menschen, "those mysterious things that are called men", gerät in ein Dorf, wo er mit größtem Misstrauen empfangen wird, da er auch dort als Fremdling und Außenseiter gesehen wird - als Wechselbalg aus dem Dschungel, wie ihn sein ärgster Widersacher, der Dorfjäger Buldeo, alsbald nennt. Da er jedoch stark wie ein Stier ist, wagt sich keiner an ihn heran. Nur eine Frau, Messua, die sein Anblick an den kleinen Sohn erinnert, der ihr vom Tiger geraubt wurde, nimmt ihn bei sich auf. Man macht ihn zum Hirten der gemeinsamen Viehherde. Gelassen erträgt er die Anrempeleien der Dorfjugend, denn er hat im Dschungel gelernt, sich zu beherrschen, und weiß, dass es besonders unsportlich ist, kleine nackte Jungen zu töten.

Aber sein Erzfeind, Shere Khan, ist ihm ebenso rachsüchtig wie hartnäckig auf den Fersen. Vom Grauen Bruder, dem ältesten Sohn Mutter Wolfs, vorgewarnt, entwickelt Mowgli deshalb eine wirkungsvolle Strategie. Zusammen mit dem Grauen Bruder und dem dankbaren Akela empfängt er den Gegner in einer Schlucht, aus der es kein Entrinnen gibt. Die beiden Helfer jagen die Büffel der Herde geradenwegs auf den entsetzten Shere Khan zu, und er stirbt unter deren Hufen einen grausamen Tod.

Man mag sich wundern, dass Kipling ausgerechnet einen Tiger, das herrlichste aller Raubtiere, Inbegriff majestätischer Kraft und Stärke, zum Träger alles Bösen gemacht hat. (Indira Gandhi, ehedem Ministerpräsidentin Indiens, weigerte sich nachdrücklich, den Abschuss von Königstigern freizugeben, die Menschen angefallen hatten. "Wir haben bei uns in Indien so viele Menschen und so wenige Königstiger" sagte sie. "Und wie hässlich sind die meisten Menschen, und wie schön ist der Königstiger!")

Im Zweiten Dschungelbuch geht Kipling sogar so weit, den Tiger als Urheber des unheilvollen Kampfes anzuklagen, der für alle Zeiten zwischen Mensch und Tier ausgebrochen ist. Solche mörderische Urheberschaft hat freilich noch immer eine gewisse, wenn auch ruchlose Größe. Shere Khan, Nachfahre dieses Urtigers, ist jedoch völlig heruntergekommen. Die Macht, die von ihm ausgeht, ist getränkt von Niedertracht.

Der Anspruch, den seine Erscheinung verkündet, wird durch keinerlei kämpferisches Verhalten mehr eingelöst. Er ist korrupt und hinterhältig, und weil er obendrein noch dumm ist, blüht ihm ein schimpflicher Tod. Vielleicht ist es nicht überzogen zu sagen, dass er an gewisse Shakespearesche Herrscherfiguren erinnert.

Mowgli zieht dem toten Shere Khan das Fell ab. Die verstörten Dörfler sehen, wie er damit, begleitet von den beiden Wölfen, zurück in den Dschungel wandert. Dort wollen die anderen ihn und Akela wieder als Anführer haben, weil die Gesetzlosigkeit, die nach beider Weggang eingerissen ist, sie krank macht.

Aber Mowgli weigert sich. "Menschenrudel und Wolfrsrudel haben mich ausgestoßen. Von jetzt an will ich allein im Dschungel jagen." Er geht, und nur vier seiner Wolfsbrüder folgen ihm.

Viel später, sagt Kipling, wird er ein Mann sein und heiraten. "Aber das ist eine Geschichte für Erwachsene." Er wird sie im zweiten Band erzählen.

Nun aber zum Schlüsselwort allen Geschehens. Es heißt "Gesetz", und Kipling schreibt es bedeutungsvoll groß: "The Law of the Jungle." Keiner, der sich jemals mit dem "Dschungelbuch" beschäftigt hat, ist daran vorbeigekommen, auch wenn er, wie etwa Lord Birkenhead, der Meinung war, man solle da nicht heruminterpretieren, sondern sich einfach der Faszination des Werkes hingeben.

Deuteln wir also nicht, sondern greifen nur auf, was der Autor selbst sagt. Das Gesetz des Dschungels ist in allem, was es vorschreibt, nachhaltig begründet.

Es schützt die Mitglieder der tierischen Gemeinschaft, indem es sie zur strikten Einhaltung gegebener Regeln verpflichtet. (Eine Auflage, die Mowgli vollauf erfüllt.) Auf es beziehen sich die magischen Worte, die Baloo seinem Zögling zu dessen Sicherheit beibringt: "Ich will hier jagen, weil ich hungrig bin. Wir sind vom gleichen Blut, ihr und ich. Wir gehören zusammen, du und ich."

Im Zweiten Dschungelbuch fügt Kipling ein eigenes Gedicht ein, "Das Gesetz des Dschungels", um, wie er sagt, einen Begriff von der ungeheueren Mannigfaltigkeit dieses Gesetzes zu geben. Einiges ist freilich arg simpel: "Wasch dich täglich von der Nasenspitze bis zum Schwanzende ...Die Beute des Rudels gehört dem Rudel.." - und so fort. Doch andere Gebote sind ungleich inhaltsreicher: "Für euch dürft ihr töten und für die Euren, aber niemals aus Lust - doch tötet nie einen Menschen." (Weil die Menschen nämlich zurückschlagen - der Grundgedanke ist nicht ethisch, sondern schlicht taktisch.) Vor allem jedoch: Das Wort des Anführers ist Gesetz, ihm ist unbedingt Folge zu leisten.

Das also fordert das oberste Gebot des Dschungels. Man erfährt auch, was es erbringt: Eine klar gefügte Daseinsordnung, gesichert durch ein festes Herrschaftssystem, den Schutz des Einzelnen durch die Gruppe, der er auf Gedeih und Verderb verbunden ist.

Das Gesetz des Dschungels leitet sich von keinen Ideen her. (Tiere haben keine Ideen.) Es beruht allein auf der Erfahrung, dass Dasein Kampf ist und nur Kampf die Selbsterhaltung sichert. Es ist nicht moralisch - was an ihm so scheint, ist zweckgebunden.

Christliche Grundsätze, etwa Mitleid oder Nächstenliebe betreffend, kommen nicht vor. Wie sollten sie auch. Einmal abgesehen vom tierischen Personal: Kipling hatte damit überhaupt nichts mehr im Sinn.

Was er im Sinn hatte, hat er in das Gesetz übertragen und in die Szenen, die dessen Anwendung veranschaulichen. Auf den Menschen angewandt, ist das Gesetz die schützende Schranke zwischen Selbstbehauptung und Chaos, zwischen schaffender Zuversicht und passiver Verzweiflung, zwischen dem Menschen überhaupt und der Vernichtung, die ihn und sein ganzes Wirken erwartet. Die Verhaltensweisen, die Kipling den Tieren zu- und vorschreibt, bilden demnach einen Kanon, der auch dem Menschen, wenn schon keine Sinngebung, so doch eine gewisse Befriedigung und, mehr noch, ein Durchkommen im Hiesigen garantiert. Es ist, alles in allem, Kiplings Alternative zu den Heilsbotschaften, die er, nach schlimmen Erfahrungen, schroff von sich wies.

Dabei fehlt es dem Gesetz nicht an ironischen Zügen, gewollten und ungewollten. Gewollt ist gewiss der Seitenhieb auf die sich so überlegen dünkende menschliche Gesellschaft. Denn in der geht es, Kipling lässt keinen Zweifel daran, chaotischer und eben auch bestialischer zu als in der Wildnis des Dschungels. Ungewollt dürfte hingegen sein, dass das tierische Ordnungsgefüge ebenso unverkennbar wie naturgemäß unmenschliche Züge trägt. Es herrscht ein brutales Faustrecht, und Außenseiter und Aufsässige werden kurz und schmerzhaft ausgerottet.

Das freilich könnte auch der Kodex der Mafia oder jeder totalitären Gesellschaft sein. Und wenn man, beispielsweise, an den Sepoy-Aufstand, den Mahdi oder die irischen Rebellen denkt, ist er auch auf bestimmte Exzesse vergangener britischer Herrschaft anzuwenden. (Die Kipling zweifellos gebilligt hat.)

Jugendliche Leser werden all das kaum zur Kenntnis nehmen. Für sie wird ganz anderes bedeutsam. Sie stellen fest: In Mowglis Wunderwelt haben Erwachsene nichts zu sagen. Zusammen mit Einrichtungen wie der Kirche oder der Schule entfallen deren Zwänge und Gebote allesamt. An die Stelle lehrhafter Monotonie treten Spontaneität, kühner Eigenwille, Abenteuer, bisweilen sogar Ekstase:. Die Handlung wird gradlinig und zugleich spannungsreich geführt, vom eher drolligen ersten Auftritt Mowglis bis zur Tötung seines ewigen Widersachers. Die Sprache ist klar, konkret und kräftig und entbehrt oft nicht der Komik. Und was Mowgli selbst angeht: Er folgt zwar den Spielregeln des Dschungelgesetzes, muss jedoch nicht dumpf und stumpf parieren. Er genießt erst einmal Gleichberechtigung und wird dann sogar als Anführer anerkannt. Er kann nicht fliegen wie Peter Pan, doch ansonsten zeigt er sich allem und jedem gewachsen.

Somit lädt er zur vorbehaltlosen Identifikation ein. Dies nicht zuletzt auch darum, weil Kipling deutlich erkennen lässt, dass er an seinen kleinen Helden glaubt und ihn mit den Zügen jenes Wesens versehen hat, das er selbst gern hätte sein wollen. (Eine grundlegende Voraussetzung für die Beliebtheit fiktionaler Heldinnen und Helden.)

Andererseits gibt es ein weiteres Handlungselement, das Teile der jungen Leserschaft befremden mag. Es ist die bis zur Grausamkeit gesteigerte Unerbittlichkeit, mit der Kiplings Leitfiguren auf der Einhaltung des Gesetzes bestehen. Gnade gibt es nicht.

Ein beklemmende Beispiel dafür bietet die zweite der drei Mowgli-Geschichten des ersten Bandes, "Kaas Jagdzug." Im Dschungel leben die Bandar-log, das Volk der grauen Affen. Mowgli ist sehr angetan von ihnen: Sie haben ihn bedauert, als Baloo ein wenig grob mit ihm war, und ihm Nüsse und andere gute Dinge gegeben. Obendrein haben sie ihm versprochen, er - als ihr Blutsbruder! - werde eines Tages ihr Führer sein. (Über solche Nähe des Menschen zum Affen wird Mowgli später mit einiger Bitterkeit nachdenken.)

Baloo und Bagheera sind höchst aufgebracht, als sie das hören. Diese Affen - Lügner, Allesfresser, Ausgestoßene sind sie, einfach Dreck, schmutzig, verkommen und schamlos. Nicht einmal eine eigene Sprache haben sie, sie müssen sich ihre Wörter von anderen stehlen! Und den lieben langen Tag treiben sie sinnlose und gemeine Dinge. Das Schlimmste jedoch: "They have no Law." "Wir aus dem Dschungel", sagt Baloo, "haben nichts mit ihnen zu schaffen. Wir trinken nicht, wo die Affen trinken, wir gehen nicht dorthin, wo sie sind, wir jagen nicht, wo sie jagen." Der Umgang mit dem Affenvolk ist verboten - "für das Dschungelvolk verboten. Denk dran!"

Mowgli denkt dran und hält sich von den derart ausgegrenzten Affen fern. (Die immerhin den Menschen am ähnlichsten sind.

Wer bei Swift über Gulliver im Land der Pferde gelesen hat, dem werden die Yahoos einfallen.) Aber dann entführen die Bandar-log Mowgli, weil sie sich überlegt haben, dass ihnen seine von den Menschen ererbten handwerklichen Fähigkeiten sehr nützlich sein könnten. (Ganz so dumm sind sie also nicht, die Affen.) Baloo und Bagheera sind außer sich und brechen auf, ihren Zögling zu befreien. Begleitet werden sie von Kaa, der gefürchteten Pythonschlange, die sie mit geschickten Lügen gegen die Bandar-log aufgehetzt haben. In einer bizarren Ruinenstadt - "the Lost City" - finden sie den Gesuchten, umwimmelt von Affen, die dort ihr Quartier bezogen haben, weil sie meinen, allen anderen Tieren haushoch überlegen zu sein: "Kein Volk im Dschungel ist so weise, stark und edel wie die Bandar-log!"

Als Baloo und Bagheera, die sich gegen die Affen wenden, deren Übermacht fast erliegen, kommt Kaa ihnen zu Hilfe, "unaufhaltsam, eilig und begierig zu töten", und richtet ein Blutbad unter den kreischend Fliehenden an. Schlimmer noch: Sie stößt einen einzigen, langen, zischenden Laut aus, die Affen erstarren, unfähig zur kleinsten Bewegung, und Kaa beginnt das, was sie "Kaas Tanz des Hungers" nennt. Sie wiegt und windet sich, singt und schwingt, alle sind gebannt, selbst Baloo und Bagheera und Mowgli - und erst recht die Affen, deren Willen vollends gelähmt ist. Die Schlange befiehlt ihnen zu kommen, und widerstandslos schwanken sie ruckend und zuckend einem grausigen Tod entgegen. „And Kaa feasted royally upon monkey meat", wie ein gemütvoller amerikanischer Nacherzähler schreibt. Nichts für Zartbesaitete. Ein Alptraum, gespenstisch und voll böser Bedeutung. Ein Tier aus der Tiefe macht sich über die Wesen der Oberfläche her. Wobei man sich fragt, was diese eigentlich verbrochen haben, dass sie solch grausamer Vernichtung ausgeliefert werden.

Sie leben in den Tag hinein, gewiss, sind leichtsinnig und dreist, piesacken wohl auch einmal die anderen Tiere, stiften dabei jedoch keinen größeren Schaden. Entscheidend ist allein, dass sie das Gesetz nicht achten. Das macht sie unberechenbar und zu Schmarotzern, die von keinerlei Nutzen für die Dschungelgemeinschaft sind. Sie müssen weg, und nur ihr zahlreicher Nachwuchs bewahrt sie vor der totalen Ausrottung, die sie, daran lässt Kipling keinen Zweifel, von Rechts wegen verdient hätten.

Dass er mit den Bandar-log eine bestimmte Spezies von Menschen gemeint hat, ist anzunehmen. Wen genau, lässt sich nicht sagen. Manche meinen, es könnten die Amerikaner schlechthin sein, andere denken an eine Spielart wortmächtiger Demokraten, die Kipling besonders verhasst war. Zuwider war ihm freilich auch der Typus des Intellektuellen, den er in einem grimmigen Gedicht angeprangert hat: "...langhaarige Wesen mit samtenen Kragen / die über den Sinn der Kunst schwätzen / und über "Theorien" und "Ziele" / und mit dem Weibervolk blöken und girren (moo and coo) / über ihre kostbaren Seelen." Und die vor allem im parasitären Nichtstun verharren. Was ja auffällig zu der Beschreibung paßt, die Baloo vom nichtswürdigen Volk der Affen gibt.

Wie dem auch sei. Die jugendliche Leserschaft wird derlei Anzüglichkeiten nicht wahrnehmen. Hingegen wird der Schauder, der vom Geschehen in der "Lost City" ausgeht, seine Wirkung nicht verfehlen. Wobei nicht auszuschließen ist, dass viele Halbwüchsige gerade diesen Schauder genießen.

Die Mehrzahl jedoch wird sich wohl eher an jenen Geschichten des Ersten Dschungelbuchs erfreuen, die mit Mowgli und seiner Welt überhaupt nichts zu tun haben, und die Kipling vermutlich aus drei Gründen aufgenommen hat: Weil auch sie von Tieren handeln, weil sie ihm (mit Recht) als gelungen erschienen und weil er damit dem Buch einen passenden Umfang geben konnte.

Ein Prachtstück ist die Geschichte von "Rikki-Tikki-Tavi", dem kleinen Mungo, der ohne weiteres Star einer Walt Disney-Produktion sein könnte, so niedlich ist er und so verwegen (und auch ein bisschen eingebildet) - und alle bösen Schlangen, die seine (britischen) Gastfreunde bedrohen, macht er ratzeputz tot. Die Kleinen, sie lesen das gerne.

Das Zweite Dschungelbuch ist, wie Kipling das angekündigt hat, wirklich nur für Erwachsene bestimmt. Auch hier erzählen nur 5 von insgesamt 8 Geschichten von Mowgli und den Seinen. In der ersten holt Kipling Versäumtes nach. Unter dem Titel "Wie die Angst kam", lässt er Hathi, den alten Elefanten, darlegen, wie jenes fabelhafte Gesetz entstand, von dem wir schon so viel gehört haben. Als der Elefant das berichtet, sind die Umstände nicht gut. Eine große Dürre ist über das Land gekommen, gefolgt von einer Hungersnot, die alle Lebewesen bedroht: "The Men-Folk, too, they die beside their ploughs." Unter den Tieren herrscht Waffenstillstand; die gemeinsame Not verbietet jede gewaltsame Tötung. Nur Shere Khan unterläuft dieses Verbot.

Er tötet einen Menschen, und zwar nicht aus Hunger, sondern einfach so, weil er Lust dazu hat. Damit vergeht er sich wiederum gegen das Gesetz. Er liefert die Dschungeltiere einer neuen Bedrohung aus, denn die anderen Menschen werden den Mord an einem der ihren grausam rächen.

Hathis Erzählung aber geht so: Am Anfang aller Zeiten, als der Dschungel gerade erst erschaffen worden war, lebten alle Tiere friedlich zusammen. Vom Menschen wussten sie nichts. Tha, der erste Elefant, war ihr oberster Gebieter. Weil er sehr viel zu tun hatte, ernannte er zum Herrn und Richter des Dschungels den ersten Tiger, und der war schön und von gewaltiger Kraft, und er hatte noch keine Streifen auf seinem leuchtenden Fell. Doch als ein Bock ihn versehentlich mit seinem Gehörn stieß, wurde er wütend und brach dem Unvorsichtigen den Hals. Blutgeruch erfüllte den Dschungel, der Tiger floh, und die Tiere, die nun ohne Richter waren, begannen miteinander zu kämpfen. Als Tha das sah, ergrimmte er und gab den Dschungelbäumen den Befehl, den flüchtigen Mörder mit ihren tiefhängenden Zweigen zu zeichnen - seither hat der Tiger seine Streifen.

Als nächsten Herrn über den Dschungel bestimmte Tha den Affen, der sich eilfertig anbot. Aber der trieb nur Allotria; närrisches Geschwätz und sinnlose Worte waren alles, was er zu bieten hatte.

So hatte, nach Thas Worten, der erste Herr den Tieren nur den Tod gebracht und der zweite nur die Schande.

Von da habe es nur einen Herrscher gegeben, sagte der weise Elefant, und der heiße Angst. Die Tiere wollten wissen, wer das denn sei, Angst, aber bald genug lernten sie ihn kennen: Es war der Mensch. Alle fürchteten sie ihn, nur der Tiger nicht, der zeigen wollte, dass er, obgleich als Mörder gezeichnet, immer noch der Größte sei, und deshalb hinging und einen Menschen tötete. Eben damit brachte er den Menschen das Töten bei. Seitdem birgt der Dschungel tödliche Gefahren und ist erfüllt von Furcht, die die Tiere nur meistern können, wenn sie sich an das bekannte Gesetz halten.

Mowgli hört diese Geschichte - das Kernstück des Buches - nicht sehr gern. Er beteuert, ihm könne ein Tiger nichts anhaben, da er ja kein Mensch sei, sondern zum Freien Volk gehöre - woraufhin Bagheera ein zweideutiges Brummen hören lässt. Mowglis wahre Bedrängnis wird erkennbar. Er weiß nicht, wohin er gehört. Erst am Ende wird er es wissen, nach schmerzhafter Erfahrung. Da wird er des Dschungels - seines Wunderlands - verwiesen, um seine Pflicht als Mensch zu erfüllen.

Natürlich ist das, was Hathi erzählt, nichts anderes als eine exotische Version des Sündenfalls, eine sehr farbige Spielart der Mär von der Zerstörung des Paradieses. Die Triebkraft, die diese Zerstörung bewirkt, ist nicht der Wille, sich mit Gott gleichzusetzen - wie denn auch, weit und breit ist kein solcher Gott zu sehen. Sie hat vielmehr zwei Wurzeln. Die eine ist die Selbstzerstörung - denn indem der Tiger ein Tier tötet, das ein Wesen ist wie er, leitet er die große und fortwährende gegenseitige Vernichtung ein. Die andere ist die Selbstsucht: indem der Affe die eigene Nichtswürdigkeit genießt und diesen Genuss zum Maßstab aller Dinge macht, schafft er das Chaos und riskiert das drohende Nichts. Wo es keinen Gott gibt, bedarf es auch keines Teufels. Die Tiere sind nahe daran, sich selbst das Inferno zu bereiten.

Wenn da nicht das Gesetz wäre, das, wie wir gesehen haben, allein dem Selbstschutz und der Erhaltung der Art dient. Jenseits aller großen Worte läßt es sich (nach Martin Seymour-Smith) auf die grobe Formel zurückführen: "Mit den Wölfen musst du heulen." Seine Grundbestandteile sind Kampfesmut, Wachsamkeit, gleichmütige Annahme des Schicksals. Das sind ziemlich genau die Gegenpositionen zu den drei göttlichen Tugenden: Liebe, Glaube, Hoffnung. Aber es ist ja auch das Gesetz einer ewig bedrohten Welt, in der das Wort "Erlösung" nicht vorkommt.

Kipling versuchte, dieses Gesetz auch aufs eigene Dasein zu übertragen, indem er sich mit einem streitbaren Stoizismus wappnete, der ihm helfen sollte, all die Anfechtungen und grausamen Schicksalsschläge wenn nicht zu bestehen, so doch zu überleben. Auffällig ist das puritanische Element, das dieser ausgewiesene Antipuritaner in sein Daseinsgesetz übernahm: Lebensgenuss oder gar Frivolität sind geächtet. Das Leben ist ein Schlachtfeld. Wenn nicht gar die Hölle.

Das belegen auch die beiden folgenden Geschichten. Mowgli bekommt zu hören, dass nach seinem Weggang aus jenem Dorf Messua und ihr Mann als Zauberer angeklagt, eingekerkert und gefoltert worden sind. Jetzt wollen die Dörfler die beiden töten und sich ihren Besitz aneignen. Mowglis Zorn ist groß: Am einzigen Menschen, der ihm Gutes erwiesen hat und den er "so liebt, wie er das übrige Menschenvolk haßt", eben Messua, soll ein derart schändliches Verbrechen begangen werden! Er befreit sie und ihren mürrischen Mann, und dann befiehlt er die totale Vernichtung des Dorfes. Zwar sollen die Einwohner geschont werden, obwohl sie wahrlich nichts taugen: "Die Menschen sind Blutsbrüder des Affenvolks!" (Ausgenommen vielleicht die Engländer, wo das gejagte Ehepaar Schutz und Rettung findet und denen Messua ein verhaltenes Lob spendet: Leute seien das, "die das ganze Land regieren und nicht dulden, dass Menschen einander ohne Bestätigung verbrennen oder erschlagen.") Das Dorf selbst aber verfällt der Vernichtung.

"Lass den Dschungel gegen das Dorf los, Hathi!" verlangt Mowgli, und sogar Bagheera erschrickt bei diesen gnadenlosen Worten. "Ein ganzes Dorf mit kühler Überlegung auszurotten, vor den Augen von Mensch und Tier - das entsetzte ihn." Das Raubtier ist weniger blutgierig als der Mensch. Mowgli, heißt es, "bebte vor Wut und Hass".

Zuerst stürmen die Elefanten, gefolgt von der Armee des Wildes, das die Felder und Wiesen verheert - was übrig bleibt, wird von den Wildschweinen zerwühlt. Die Wolfsrudel jagen die Herden auseinander, die wiederum in ihrer Panik die Bewässerungskanäle niedertrampeln. Bagheera aber tötet die Ponys des Dorfes. Alles, wirklich alles wird niedergemacht. Die Bewohner fliehen in kopflosem Entsetzen. Kurze Zeit später dringt der Dschungel vor und überwuchert den Boden, wo einst das Dorf stand, das jetzt zerfetzt, zerstückelt und zerstampft ist: "shredded and tossed and trampled."

Ein eindrucksvolles Beispiel für das, was man eine Befriedungsaktion nennt. Nur ein Mensch, Mowgli, kann sie ersinnen.

"There is a man to direct", betont er selbst. Wohingegen Hathi sich nicht hätte zur Ausführung des Plans bewegen lassen, hätte er nicht selbst schon böse Erfahrungen mit der Grausamkeit der Menschen gemacht. Deren Gesetzlosigkeit und Habgier wird in der Geschichte "Des Königs Ankus" veranschaulicht. Der Ankus, um den es hier geht, ist ein reich mit Juwelen besetzter Stab, mit dem der Mahout des Königs dessen Elefanten anzutreiben pflegte. Er liegt unter unendlich vielen anderen Kostbarkeiten in einem Gewölbe unterhalb der "Lost City", wo eine ungeheure Kobra alle tötet, die kommen, um zu plündern und zu rauben.

Durch Kiplings Sprachgewalt sehen die Leser die ausgebreiteten Schätze förmlich vor sich glimmern und glitzern. Mowgli jedoch, der zusammen mit Kaa in das magische Halbdunkel vorgedrungen ist, zeigt sich kaum beeindruckt. Nur das "dornenspitzige Ding" gefällt ihm, eben der Ankus. Er nimmt ihn mit, nachdem er die Kobra überwältigt und gedemütigt hat. Sie speit ihm einen Fluch hinterher: "Er ist der Tod - der Tod - der Tod!"

Als Mowgli erfährt, dass das spitze Ding das Blut der Elefanten hat fließen lassen, schleudert er es angewidert weg. Und dann muß er erleben, dass der Ankus tatsächlich der Tod ist: In einer einzigen Nacht bringen sechs Männer einander seines Besitzes wegen um. Da trägt er ihn zu der Kobra zurück.

Unersättlich, heißt es in einem Dschungelspruch, den Kipling vorangestellt hat, seien die vier, die sich niemals zufrieden gäben: "Des Schakals Schlund, des Geiers Gier, des Affen Hand, des Menschen Sinn" - so übersetzt von Dagobert von Mikusch.
Dennoch bestimmt Mowglis menschliche Herkunft noch nicht sein gesamtes Tun. (Andererseits bricht er eindeutig das Gesetz, als er die Tiere zu Instrumenten seiner Rache macht. Aber das wird an keiner Stelle ausgesprochen.)

Immerhin hat er sich jetzt stärker erwiesen als Kaa, die allenthalben gefürchtete, ja, stärker noch als die weiße Kobra, die Bezwingerin sämtlicher lebender Wesen, vor der sogar Kaa Angst hat und die von Brahmanen verehrt worden ist. Damit hat er den Nachweis erbracht, dass er fähig ist, Anführer zu sein, und in dieser Eigenschaft führt er die Wölfe gegen die Rothunde, ein übles Gezücht, reißende Bestien, wüst anzusehen, nicht

Hunde, nicht Wölfe. Sie kommen in dichten Rudeln, um in das Reich des "Freien Volkes", der Dschungelgemeinschaft, einzufallen. Schon haben sie rücksichtslos gemordet, denn natürlich sind auch sie gesetzlos - da entwickelt Mowgli einen neuen Plan, der auf dem Grundsatz beruht, dass Gewalt nur mit Gegengewalt gebrochen werden kann. Mit besonders brutaler Gegengewalt, wie sich dann zeigt. Das Kapitel "Rothund" umfasst Szenen von fast sadistischer Grausamkeit; den Kritikern Kiplings (darunter H.G.Wells) galt es als Beleg für seinen imperial-entarteten Geisteszustand.

In der Tat mag man nachdenklich werden, wenn man das Ganze als Gleichnis begreift, das heißt, in den Rothunden die Widersacher sieht, die das britische Empire und sein Gesetz von außen bedrohten und gefährdeten - in Kiplings Augen vorab die Deutschen.

Die Rothunde werden durch Mowglis Schläue wie Shere Khan in eine Schlucht gelockt. Dort fallen Bienen über sie her, unter deren Stichen sie heulend verrecken. Die entkommen können, stürzen sich in die reißende Strömung eines Flusses, an dessen Ufern sie von Mowgli und seinen Wolfsrudeln erwartet werden. Es vollzieht sich ein bestialisches Gemetzel. Die Flüchtigen ersaufen, werden zerschlagen, abgestochen, in Stücke zerrissen. Geschrei und Geheul erfüllen die Luft. Die Toten werden zu Bergen geschichtet und die Wellen sind gerötet von Blut. Nicht einer der zweihundert Rothunde überlebt.

Auch Akela, der alte Leitwolf, stirbt. Mit seinen letzten Worten preist er Mowgli, der das Freie Volk gerettet hat, aber er erinnert ihn zugleich daran, dass er ein Mensch ist, der nun endlich zu seinem Volk zurückkehren solle. "Was wird mich treiben?" fragt Mowgli, und Akela antwortet: "Mowgli wird Mowgli treiben.“ "Wenn Mowgli Mowgli treibt, dann wird Mowgli gehen!"

Zwei Jahre nach der Schlacht mit den Rothunden ist Mowgli 17 Jahre alt. Vom Dschungelvolk wird er nicht allein seiner Klugheit willen, sondern auch wegen seiner wilden Kraft geachtet: "I am the master of the jungle!" Sogar Bagheera erkennt ihn als den Überlegenen an. Da - man kann es nicht anders sagen - bricht ein neuer Frühling herein. Sämtliche Tiere werden von einer unwiderstehlichen Unruhe erfasst, sie singen, tanzen, balzen, kämpfen, nur Mowgli empfindet eine lähmende, eine unerklärliche Schwermut. Er fühlt sich plötzlich einsam. Seine Kräfte scheinen ihn zu verlassen; es kommt ihm vor, als sei er vergiftet. Und da treibt es ihn dann wirklich aus dem Dschungel. Er findet den Weg zu Messuas neuer Hütte. Stark, groß und schön steht er vor der Frau. "Ein Gott der Wälder ist er!" ruft sie entgeistert. "Hat man dir je gesagt, dass du schöner bist als alle anderen Menschen?“ Sie nimmt ihn bei sich auf, als sei er wirklich ihr Sohn, aber Grauer Bruder kommt und holt ihn zurück.

Noch immer feiern die Tiere ihre Hoch-Zeit. Später einmal werden sie wieder auf Mowgli hören - jetzt nicht. Nur Grauer Bruder und die anderen Wölfe halten ihm die Treue. Baloo, jetzt alt und blind, und Bagheera finden sich bei ihm ein, versichern ihn ein letztes Mal ihrer Zuneigung und bekräftigen das Gefühl, das ihn ganz und gar erfüllt - er wird neuen, ganz anderen Fährten folgen müssen.

Die ursprüngliche Fassung des Buches endet mit einem Abgesang dieser Freunde Mowglis, der in den Wunsch einmündet, dass Dschungelgunst immerdar mit ihm sein möge.

Das ist ein bewegender Ausklang. Aber Kipling hat ein weiteres Kapitel hinzugefügt. Mowgli gelangt ein anderes Mal zu Menschen, und diesmal sind es Weiße. Gisborne, ein englischer Forstbeamter, ist zutiefst verwundert, als unversehens ein Junge aus dem Wald kommt, engelsgleich umflutet vom Licht der Sonne, und ihm den Weg zu einem menschenfressenden Tiger weist, den Gisborne lange gesucht hat und den er jetzt erschießt. Der Brite ist von Mowglis Aussehen ("Wie ein Bild der Klassik!") ebenso beeindruckt wie von dessen Kraft und Gewandtheit: "Der ideale Forstaufseher und Waldhüter!" Seine Bewunderung wird geteilt von "dem Oberhaupt und König aller Wälder und Forsten Indiens", der merkwürdigerweise ein Deutscher ist und auf den Namen Müller hört. Der zögert auch nicht, Mowgli in den staatlichen Dienst aufzunehmen: "Du kriegst dein Gehalt in Silber und später, wenn du eine Frau hast und Kinder und Vieh, dann bekommst du eine Rente vom Staat."

So geschieht es. Zuvor findet Mowgli noch ein Mädchen, die Tochter von Gisbornes Hausmeier Abdul Gafur, der den ihm unheimlichen Wilden gar nicht mag, zumal der ihn gleich eines

Diebstahls überführt hat. Aber er kann die Ehe der beiden nicht verhindern, die wir noch in einer gefühligen Inszenierung betrachten dürfen. Mowgli sitzt auf einem Baumstamm, "festlich bekränzt mit frischen Blumen, hatte einen Arm um den Nacken von Abdul Gafurs Tochter gelegt und spielte auf einer Bambusflöte, zu deren Klängen vier riesige Wölfe das Paar mit feierlichen Bewegungen umtanzten."

So also endet das große Buch vom kleinen Jungen, der unter Wölfen aufwuchs und zum Herrn des Dschungels wurde. Mit jugendstiligem Aufputz und staatlicher Anstellung samt Rentenanspruch, für zu leistende Dienste unter der Befehlsgewalt der weißen Herren! Ein durchaus unerwartetes Ende, resignativ und ironisch in einem. Der Mythos, der ins Alltägliche einmündet, gerinnt augenfällig zum Banalen, das schier lachhaft anmutet.

Kipling war sich dessen natürlich bewußt. Den Gegensatz zwischen der Welt seiner Einbildungskraft und der des Lebens, wie es ist, hatte er oft genug als unüberwindbar erfahren. Er begriff, dass er ihn nicht auflösen konnte. So machte er das Beste daraus. Das finale Märchenglück (Stichwort: "And they lived happily ever after") wird aufgehoben mittels einer Wirklichkeit, deren Beengungen lächelnd verfremdet und damit annehmbar werden. Der reale Dschungel bleibt als Schauplatz immerhin erhalten - und Mowgli bleibt jung. Sein Altern wird uns, den erwachsenen Lesern, die es tagtäglich erfahren, nicht zugemutet. Trotz der unvermeidlichen Zähmung des Wilden bleibt der Mythos letztlich unversehrt. Das konnte nur ein großer Erzähler glaubhaft machen, der damit die Spielregeln der herkömmlichen Jugendbüeher außer Kraft setzte, sehr viel wirkungsvoller noch als Carroll und Barrie das getan hatten. Einen bürgerlichen Verhaltenskodex konnte und wollte er nicht liefern. Er entschied sich für eine unglaubliche Wahrheit, die ganz ihm eigen war. Doch eben sie gehört zur Genialität seines Wesens.

Nachschrift: Die Wirkungsgeschichte des "Dschungelbuchs" würde viele Seiten füllen. Zwei Hinweise mögen genügen. Die "Wolf Cubs" (Wölflinge) innerhalb der Boy Scout Bewegung, die General Baden Powell 1907 gründete und von der Kipling sehr angetan war, leiten nicht allein ihren Namen, sondern auch manche Wertsetzungen von den Mowgli-Geschichten her.

Und 1912 erfand Edgar Rice Burroughs einen kleinen englischen Jungen, der von Affen aufgezogen wird. Sie nennen ihn in einem eigens vom Autor erfundenen Idiom "Tar-Zan", was soviel wie "Weißhaut" bedeutet. Tarzan, eigentlich Lord Greystoke, vollbringt dann im afrikanischen Urwald viele Heldentaten - von denen die Leser des ersten Romans ("Tarzan of the Apes") dermaßen begeistert waren, dass Burroughs nicht weniger als 27 weitere Bände folgen ließ - praktisch jedes Jahr einen. Auf diese Weise wurde er zum schwerreichen Mann. Und er bekannte: "I loved (ergänze: as a boy) the boy Mowgli in Kipling's "Jungle Books." I suppose, Tarzan was the result of those early loves."

Irwin Porges in seiner großen Biographie "The Man who Created Tarzan" wird da deutlicher; er spricht von "direct inspiration." Wofür sich Belege finden lassen: "Sabor the Tiger" etwa ist eine Art Stiefzwilling von Shere Khan - wobei Burroughs sich von der Tatsache, dass es in Afrika keine Tiger gibt, kaum anfechten ließ.

Als man ihm unverblümt vorwarf, er habe sich bei Kipling (und auch bei Henry Rider Haggard) bedient, räumte er immerhin ein, das sei "vielleicht unabsichtlich" geschehen.

Kipling ist das sicherlich zu Ohren gekommen. Vermutlich hat er gelächelt. Tarzan bei den Affen, wird er gedacht haben, ausgerechnet bei den Affen...

Kenneth Grahame
1859 - 1932

Wie James Barrie war er Schotte. Geboren wurde er am 20. Juli 1859 in Edinburgh, als drittes Kind des Ehepaares Elizabeth und James Cunningham Grahame. Die Schwester Helen war drei Jahre alt; der Bruder Thomas William, genannt "Willie", war im Jahr zuvor zur Welt gekommen. Nur wenige Tage nach der Geburt des dritten Sohnes Roland - 1864 - starb die Mutter an Scharlachfieber. Ihre letzten Worte sind überliefert. Sie sagte: "It's all been so lovely."Bis dahin hatte der kleine Kenneth in der Geborgenheit der Familie glückliche Jahre verlebt. Ob er sich dessen später bewusst war, ist unsicher. In allem, was er schrieb, kamen weder die Mutter noch der Vater vor. Dabei war die Mutter eine offenbar sehr liebenswerte Frau, die ihren Kindern herzlich zugetan war. Doch ihr früher Tod ließ die Erinnerung an sie verblassen.

Der Vater war eine problematische Natur. Ein erfolgreicher Jurist, klug, beschlagen, rhetorisch begabt. In der Edinburgher Gesellschaft waren er und seine schöne Frau gern gesehen. Er hätte zufrieden sein können, doch er war es nicht. Eine Neigung zu Pessimismus und Schwarzseherei verdüsterte seine Tage. Er ging mit Alkohol dagegen an, zuerst nur gelegentlich, dann, nach dem Verlust der geliebten Frau, immer häufiger. 1860 hatte die Familie Edinburgh verlassen und war aufs Land nach Inveraray gezogen, wo Kenneths Vater den Posten eines Sheriff-Stellvertreters angenommen hatte. Kenneth und seine Geschwister genossen die Freuden der Natur, den Wechsel der Jahreszeiten, die Wunder der nahen See - Eindrücke, die Grahames Leben und Schreiben nachhaltig prägten.

All das nahm ein jähes Ende, als Elizabeth Grahame der Familie entrissen wurde. Mit ihrer schlimmen Infektion hatte sie auch Kenneth angesteckt, man zweifelte über Wochen hinweg an seinem Aufkommen. Bronchial-Beschwerden plagten ihn dann sein Leben lang, und noch einmal, im Jahr seiner Heirat, geriet er in die Nähe des Todes.

Der Vater, in eine Art Lethargie verfallen, glaubte sich außer Stande, für seine verwaisten Kinder zu sorgen, und gab sie ohne weitere Umstände in die Obhut seiner Schwiegermutter, Mrs. Ingles, die in einem Dorf in Berkshire unfern der Themse wohnte. Mrs. Ingles hatte selbst fünf Söhne und eine Tochter aufgezogen und damit, wie sie nicht ganz unverständlicherweise meinte, ihre Lebensleistung bereits vollbracht.

Die vier Kleinen, die jetzt acht, sechs, fünf und ein Jahr alt waren, nahm sie zwar pflichtbewusst, doch mit gemischten Gefühlen auf. Sie tat, was sie konnte, aber mehr tat sie nicht. Viele Jahre danach, 1936, schrieb Helen: "Ich glaube kaum, dass man sie als kinderlieb bezeichnen konnte."

Gleichwohl fühlte Kenneth sich in ihrem Haus bald heimisch. Drumherum lag eine reizvolle, in seinen Augen einfach wunderbare Landschaft, die Raum für viele aufregende Entdeckungen bot. All diese Gärten, Wiesen, Hügel gewährten einen weiten Auslauf, und der Junge wurde es nicht müde, die Wege, Winkel und Verstecke zu erkunden. ("Du liebst Personen", sagte der Erwachsene einmal zu seiner Frau, "ich liebe Plätze.")

Als Kenneth ins Schulalter kam, und die Erwachsenen, die er später ironisch "die Olympier" nannte - die Großmutter, die Onkels, Tanten, Gouvernanten - sich maßgeblich in sein Dasein drängten, erfand und entwickelte er ein ganz neues Spiel, eine Art sich ständig fortsetzenden Tagtraums, den er "Die City" nannte. Diese unsichtbare Stadt, zweifellos ein besonders anziehender Ort im schönen Land Phantasien, wurde vorzugsweise in der geräumigen Mansarde des Hauses angesiedelt, da diese außerhalb der Hörweite der "Olympier" lag. Zugelassen waren allein der Gründer und seine Geschwister, nur sie waren imstande, die Wunder zu genießen, die sie gewährte und deren größtes war, dass die Spielregeln - ach, es waren eher Zwangsregeln - der Erwachsenen dort ganz und gar nichts galten. (Dazu können einem die erfundenen Länder der Brontës in den Sinn kommen, Angria und Gondal, und die langen, magischen Gedankenspiele, die die drei Mädchen und ihr Bruder damit verbanden.) Die imaginäre Stadt erscheint, abgewandelt, doch erkennbar, immer wieder in Grahames Werk.

Indessen wurde auch das Idyll von "The Mount" - so hieß das große alte Haus, das die Großmutter bewohnte - unversehens zerstört. Ohne dass die Kinder gefragt oder auch nur von der Notwendigkeit eines Umzugs in Kenntnis gesetzt wurden, wurde die bisherige Bleibe mit dem Fernhill Cottage in Cranbourne vertauscht. Zum zweiten Mal wurden die Vier in eine Umgebung versetzt, die ihnen ungewohnt und fremd war.

Der siebenjährige Kenneth reagierte auf seine Weise. Er suchte und fand Zugänge zu einer Innenwelt, die ihm keiner nehmen konnte. Vor allem begann er zu lesen.

Die Bücher boten eine Fülle neuer Entdeckungen. Zusammen mit denen, die ihm Natur und Landschaft bescherten, ergaben sie ein Gegenbild zur täglichen Einförmigkeit, an dem Grahame sein Leben lang festhielt.

Der Vater holte die Kinder für ein Jahr zurück nach Inveraray, was abermals Unruhe und Umstellung bedeutete Es ging nicht gut. Den trübsinnigen, den Schwankungen seines Gefühls unterworfenen und zum Trinker gewordenen Mann erinnerte der Anblick der Geschwister immer wieder an die geliebte Tote - er konnte mit ihnen nichts anfangen.

Bald darauf verließ er die Familie endgültig und ging für die nächsten 20 Jahre nach Frankreich, wo er sich mühsam mit Privatstunden über Wasser hielt. Dann starb er einsam in einer schäbigen Pension in Le Havre. In den Taschen des Toten fand Kenneth ganze 15 Francs. Er fühlte weder Hass noch Trauer.

Ab 1868 besuchte der jetzt neunjährige Kenneth die St. Edward's School in Oxford. Der Abschied von den Geschwistern fiel ihm schwer; die kasernenhaft wirkende Schule machte einen abschreckenden Eindruck. Später beschrieb er sich als "kleinen Schuljungen, aus dem vertrauten Nest hinausgeworfen in eine zugige und unbehagliche Außenwelt." Die Lehrer erschienen ihm als "große, fleischige, muskulöse, haarige Kerle" ohne sonderliches pädagogisches Feingefühl - gleich am ersten Tag bezog er Prügel, weil er ahnungslos auf dem Boden statt in der Bank saß. Aber es gelang ihm, der bis dahin nur von Gouvernanten und Hauslehrern erzogen worden war, sich auch dieser völlig neuen Lage anzupassen und, mehr noch, ein ausgezeichneter Schüler zu werden. Am Ende war er sogar Senior Prefect oder Head of the School, der in der Schülerschaft auf respektheischende Weise das Sagen hatte. Das kam auch daher, dass er, anders als Carroll und Kipling, ein ebenso leistungsstarker wie vielseitiger Sportler war, der viele Preise einheimste. Nur gegenüber den üblichen puritanischen Ritualen, zu denen auch der sonntägliche Zwangskirchgang gehörte, verhielt sich der Heranwachsende mit bissigem Spott. Dass ihm jedwede angemaßte Autorität zuwider war, ließ er auch im Debattierclub der Schule erkennen, wo er mit aufreizenden Thesen aufwartete, die er kämpferisch vertrat. (Etwa der, dass ein Verteidiger nur dann wirklich seine Pflicht tat, wenn er für einen Klienten eintrat, von dem er genau wusste, dass er schuldig war.)

Der junge Grahame fühlte sich am Ende wohl in der Schule, und besonders wohl fühlte er sich in Oxford. Wie schon gesagt, er liebte Plätze, und diesen liebte er vor allem, diese mittelalterlich geprägte, noch immer kleine und altmodische Stadt, in der es nicht einmal Fahrräder, geschweige denn Autos gab. Er war, kein Zweifel, dem Zauber von Oxford verfallen, dem legendären "spell of Oxford." Und dann war da die Themse, der Fluss, immer derselbe und doch immer bewegt: Grahame konnte wie hypnotisiert auf die gleitenden Wasser sehen, stundenlang.

Ein erneuter Schicksalsschlag traf ihn: 1875 starb der Bruder Willie, erst 16 Jahre alt, an einer Lungenentzündung. Und eine heftige Enttäuschung sollte folgen.

Grahames Wille und Sehnsucht war es, von der Schule auf eins der Oxforder Colleges überzuwechseln. Das war kein unbilliges Verlangen. Für einen intelligenten Junger aus dem gehobenen Bürgertum war es ganz selbstverständlich, in Oxford oder Cambridge zu studieren. Und die vorzüglichen schulischen Leistungen Grahames rechtfertigten seinen Wunsch ebenso wie seine ausgeprägte Neigung zu den antiken Völkern und ihrer Literatur.

Sein Onkel John - der Bruder des Vaters - war jedoch ganz anderer Ansicht. Er scheute die zu erwartenden Kosten und machte seinem Neffen klar, dass ein Studium - und schon gar eins in Oxford! - für ihn auf keinen Fall in Frage komme. Der junge Mann sollte begreifen, dass er de facto Waise und völlig mittellos war und sich keinen müßigen Phantasien hinsichtlich einer akademischen Karriere hingeben durfte. So musste Grahame den Ort verlassen, an dem sein Herz hing. Das sollte später noch verhängnisvolle Folgen haben.

Ein einflussreicher Bekannter der Familie, der als Governor der Bank von England vorstand, verschaffte dem Schulabgänger einen Ausbildungsplatz an dieser Institution, die in jener Zeit

Millionengewinne machte. Damit eröffnete sich eine nicht zu verachtende berufliche Perspektive. Aber Grahame verfluchte im Stillen den filzigen Onkel und all die anderen Verwandten, die, obgleich nicht unbegütert, ihm das ersehnte Studium verweigerten.

Am 1. Januar 1879 trat er seine Stelle an. Über ganz London hing der dickste Nebel dieses Winters, aber er marschierte unverdrossen zur Threadneedle Street, wo er zu seiner Verwunderung keinen Menschen in der Bank vorfand. Ein befremdlicher Auftakt - die künftigen Kollegen warteten alle zu Hause das Ende der Vernebelung ab und machten dann ihre Späße über den ahnungslosen jungen Provinzler. Der indessen kein Dummer war. Er hatte die von der Bank veranstaltete Aufnahmeprüfung glänzend bestanden. Sein Essay zum Thema Indien ist bis in unsere Tage der beste in der gesamten Geschichte der Bank geblieben.

Abermals bewährte sich Grahames Talent zur Anpassung an die gegebenen, wenn auch von ihm nicht gewünschten Verhältnisse. Den Gegensatz zwischen Wunsch (Oxford!) und Wirklichkeit (Bankjob!) überwand er mit den ihm eigenen Gaben: Mit unentwegter Gründlichkeit, gleichmütiger Disziplin und produktiver Intelligenz. So stieg er rasch auf. Er war noch nicht 40, als er eine der drei höchsten Positionen erreichte, die die Bank zu vergeben hatte.

Mit seinen Kollegen hatte er freilich kaum freundschaftlichen Verkehr. Wenn es in den Büros der jungen Clerks bisweilen hoch herging - Gassenhauer wurden im Chor gesungen, Akten segelten durch die Gegend und verkaterte Köpfe wurden unter Wasserhähne gehalten – fühlte sich Grahame von solchem Treiben mehr abgestoßen als von der Eintönigkeit seiner täglichen Pflichten, denen er im übrigen entkommen konnte, wann immer er wollte: unter Vortäuschung angeblich wichtiger Geschäfte in der Stadt. Grahame fing an, London zu lieben. Diese nicht abreißende Flut von Menschen, diese Marktschreier, Straßenhändler, Pflastermaler, Flaneure - und all die hübschen Mädchen! ("Und oh! Diese Wellen roten Haares, das über einen kühlen weißen Nacken schwappt!") Und dann diese Galerien, Museen und Theater und ganz besonders das schier exotische Soho, wo mitten in der Stadt das Fremde so nahe war, in italienischen Restaurants, chinesischen Garküchen, türkischen Bädern!

Denn ein starkes Verlangen nach Ferne und Weite war ihm geblieben, und es gab Tage und Wochen, in denen es sich mächtig rührte. Dann empfand Grahame die Doppelnatur, die sein Wesen ausmachte, genoss er doch zur gleichen Zeit, in der ihn solche Sehnsucht überkam, die Annehmlichkeiten, die seine Stellung ihm gewährte, die komfortable Wohnung in Chelsea (mit prachtvollem Blick auf die Themse und den Battersea Park) und vor allem das ansehnliche Einkommen, das ihm manche Eskapaden gestattete: kleine, spannende, letztlich ungefährliche Abenteuer.

Peter Green schreibt, Grahame habe sich als eine Art Ulysses gesehen, den Pflicht und Notwendigkeit an die tägliche Routine fesselten, und der sich, wohl wissend, dass er diesem Zwang nicht entkommen konnte noch wollte, wie weiland als Kind in die "countries of the mind" flüchtete, in die Welt der Tagträume und der versponnenen Ideen.

An die er sich jedoch nie gänzlich verlor. Da war nicht nur der Beruf, der ihn forderte. Da gab es die besagten kleinen Fluchten: Wochenendfahrten auf der geliebten Themse, Abstecher ins zwielichtige Whitechapel, wo er mit ziemlich raubeinigen Typen boxte und Billard spielte. 1884 entdeckte er seine Liebe zur Tiefseefischerei. Er fuhr mit hinaus auf die offene See, und wenn die Fischer ihn wie einen der Ihren behandelten, war er glücklich.

Außerdem konnte er sich Reisen leisten. In den ersten Jahren führten sie ihn nach Italien, später in den ganzen Mittelmeerraum.

Außerhalb der Bank fand Grahame auch einige Leute, die ihm zusagten, Männer seines Alters, mit denen er wandern, zechen und diskutieren konnte und deren literarische Vorlieben den seinen entsprachen.

1888 veröffentlichte er - jetzt 29 - zum ersten Mal kleine Prosastücke, Gedichte und Essays. Er geriet an jenen Henley, der Herausgeber des "National Observer" - kraftstrotzend, ideenreich, streitbar – der schon Barrie, Stevenson und Kipling gefördert hatte. "Seine immerwährende Fähigkeit zu Anregung und Ermutigung bleibt mir in bester Erinnerung!" schrieb Grahame im Rückblick auf den zehn Jahre Älteren. Und: "Henley was the first editor who gave me a full and a free and a frank show, who took all I had and asked me for more" - der ihn also schreiben ließ, was immer er wollte, und alles, was er anbot, auch veröffentlichte.

Die beiden wurden gute Freunde. Henley suchte Grahame zu überreden, seinen Bankjob aufzugeben und Berufsschriftsteller zu werden, aber dazu konnte Grahame sich noch nicht entschließen.

Ein Zeitgenosse beschreibt den Dreißigjährigen als "großen, kräftig gebauten, blonden Mann, der sich gemächlich und mit Würde bewegte und der selbst in den heftigsten Diskussionen gelassen lächelte" - "a ready smile that women would call sweet." Er schien "ein Mann zu sein, der die Tatsache, dass er kein Kind mehr war, noch immer nicht zur Kenntnis genommen hatte."

Im Übrigen ließ Grahame es sich gut gehen. Gern verbreitet er sich im Freundeskreis über jene Geschenke des Daseins, die er dankbar genoss: Essen, Trinken, Rauchen - Schlafen, Wandern, Reisen - und die Erfahrung der Schönheiten der Natur. Über all das schrieb er in seinen "Heidnischen Papieren", den "Pagan Papers" (1893), in denen er zugleich die alten Zeiten preist und gegen den industriellen Fortschritt mit seiner Hektik und Hässlichkeit vom Leder zieht. Und wieder geht er gegen puritanische Heuchelei an, setzt gegen frömmelnde Demut und Askese die Vergötterung der Natur, deren Symbolfigur der große Pan ist.

Was Frauen betrifft, so hatte Grahame, der sich in tönenden Männerzirkeln am wohlsten fühlte, keinerlei Erfahrungen. Ein einziges Mal wagte er einen Vorlese - Abend mit einer kleinen Gruppe junger Mädchen, die von seinem linkischen Charme so begeistert waren, dass sie anfingen, ihn zu küssen, wobei sie sangen : "Was ist einer für so viele?" Ihm missfiel es nicht, "auf diese Weise mundtot gemacht zu werden" - aber das war es denn auch.

Die "Heidnischen Papiere" wurden von der Kritik kaum beachtet. Aber sechs darin enthaltene Geschichten über elternlose Kinder erregten bei der Leserschaft einiges Wohlgefallen. 1895 kamen diese Geschichten, um einige weitere vermehrt, ebenfalls in Buchform heraus, unter dem Titel "Das goldene Zeitalter."

("The Golden Age") Mit diesem Buch erzielte Grahame seinen Durchbruch. Es war derart erfolgreich, dass er 1898 eine Fortsetzung folgen ließ: "Traumtage" ("Dream Days") Die beiden Bände gehören zum Schönsten, was die englische Literatur hervorgebracht hat. Sie erzählen nicht für Kinder, sondern von Kindern, und diese Kinder werden weder zu Püppchen versüßlicht noch zu vorbildlichen kleinen Männern deformiert. Sie behalten ihre Eigenarten, ihre Erkenntnisse, ihre Art und Weise, die Welt und besonders die Erwachsenen (eben die "Olympier") zu sehen. Mehr noch, in einem Akt zugleich behutsamer wie spielerischer Erinnerung kommt Grahame noch einmal den Träumen und Versponnenheit der eigenen Kindheit auf die Spur. In einer wunderbar schwerelosen Prosa (die etwa Meret Ehrenzeller für den Manesse-Verlag höchst einfühlsam übertragen hat) lässt er die Außen- und Innenwelten, jener magischen und so sehr vergangenen Tage noch einmal erstehen.

Fünf Geschwister treten auf, die Schwestern Selina und Charlotte, die Brüder Edward und Harold und der namenlose Ich-Erzähler. Sie sind sich einig und uneinig, es gibt Eifersüchteleien und Eigenwilligkeiten, aber sie halten, wenn es darauf ankommt, ganz fest zusammen - und es kommt immer darauf an, wenn all diese Onkels und Tanten und Gouvernanten der irrigen Meinung frönen, Kinder seien welche, mit denen man machen könne, was man wolle. Auf eine eher wortlose, von den "Olympiern" nicht zu durchschauende, aber stets einfallsreiche Manier unterlaufen die Fünf derlei Anschläge, wobei ihnen das Unvermögen ihrer Möchtegern-Gebieter, sich in kindliches Wesen hineinzuversetzen, sehr zustatten kommt.

Ironischer Bericht und deutende Poesie gleiten oft in einem einzigen Satz ineinander - "Welcher Junge kann denn an einem Wässerchen vorbeigehen, ohne es zu trüben" - womit eine Stimmung entsteht, die jedem vertraut ist, der auf die eigene Kindheit mit den bekannten gemischten Gefühlen zurückblickt: Erleichterung, da sie vergangen, Wehmut, weil sie unwiederholbar ist "To some extent every reader's biography."

Ungemein anrührend ist das letzte Kapitel der "Traumtage." Die Fünf sind dem kindlichen Alter entwachsen und sollen, so haben es die "Olympier" beschlossen, ihr Spielzeug hergeben, auf dass es arme kleine Jungen und Mädchen weiterhin erfreue.

Die Geschwister, an sich keineswegs herzlos, sind empört über diese Zumutung, die man wieder einmal über ihre Köpfe beschlossen hatte. Die Spielsachen "hatten unsere Freuden und Leiden geteilt, waren Zeugen unserer schlimmsten Stunden gewesen und zu einem festen Bestandteil unseres Lebens geworden." Und so tragen sie all diese Puppen, Tiere und Figuren zusammen und beerdigen sie, weit weg vom Haus, nachts im milden Licht der Sterne und des Mondes.

"Mir schien, er" - der Mann im Mond - "habe nie freundlicher geblickt. Er würde sich ihrer annehmen, das war klar..." "A departure", ist dieses Kapitel überschrieben, "Abschied" - und natürlich ist es der Abschied von der Kindheit, um den es da geht, auch der von Grahames eigener Kindheit, die er nie ganz so erleben durfte wie seine liebenswerten Geschöpfe.

Unter den vielen zeitgenössischen Bewunderern der beiden Bände waren US-Präsident Theodor Roosevelt, sonst nicht gerade als besonders zartbesaitet bekannt, und Kaiser Wilhelm II., von dem es heißt, er habe an Bord seiner Jacht nur zwei Bücher gehabt, die Bibel und das "Goldene Zeitalter."

Zu den entzückten Leserinnen der "Traumtage" zählte eine, die sich sogleich heftig für den Autor zu begeistern begann, schien er doch ihrem schwärmerischen Bild von einem Traummann vollkommen zu entsprechen: Gemütvoll und klug, gelassen und doch begeisterungsfähig, den schönen Dingen zugetan und die hässlichen vermeidend. Sie hieß Elspeth Thomson, war 1862 in Edinburgh geboren und kam aus angesehener Familie. Als Kind hatte sie Mark Twain kennen gelernt, später folgte eine lockere Freundschaft mit Tennyson - sie war immer hinter Berühmtheiten her, um in der Begegnung mit ihnen die eigene Bedeutsamkeit gesteigert zu sehen. Belesen war sie, ichbezogen, auf eine leicht angestrengte Weise kapriziös, oft unermüdlich über ihre besonderen literarischen und künstlerischen Vorlieben redend, und dies stets mit einer Neigung zu Dominanz und Selbstinszenierung. Ihr Portrait zeigt eine selbstbewusste junge Frau mit ebenmäßigen Zügen, kleinem Mund und fragenden Augen, die mit einem passenden Partner wohl hätte glücklich werden können. Grahame, um es gleich zu sagen, war dieser Partner nicht, obwohl sie, wie gesagt, davon überzeugt war.

Die beiden lernten einander 1897 kennen. Grahame war 38, sie fast 36. Er ging auf ihre hartnäckige Werbung zunächst nur zögernd ein, blieb aber doch nicht unbeeindruckt von soviel schmeichelhaftem Eifer und erwiderte endlich, wenn auch etwas ungelenk, ihre Zuneigung. Die Nachricht von beider Verlobung löste bei allen, die sie kannten, einige Verwunderung aus. Weder Grahame noch seine künftige Frau waren in dem, was man damals "Liebesdinge" nannte, erfahren. Elspeths Gedankengänge waren von denen Grahames völlig verschieden - ebenso wie ihre Art, sich zur Geltung zu bringen. In den Briefen, die sie sich vor ihrer Verehelichung schrieben, zog sie ihn in eine kindisch-sentimentale Welt eigener Erfindung - "babytalk-letters" entstanden, geschrieben in einer läppischen Orthographie. "Im wishing you elth & appiness, my deer. Goodby darlin from your luvin Dino." "Dino", das war Grahame. Man wundert sich, dass er, der es inzwischen zur dritthöchsten Stelle in der Bank gebracht hatte, als geschäftsführender Generalsekretär nämlich, bei derartigen Albernheiten mitmachte. Aber vielleicht verbarg sich hinter ihnen, wie Jackie Wullschläger mutmaßt, auch nur die Angst vor sexueller Aufrichtigkeit.

Noch einmal gab es eine Verzögerung. Grahame wurde schwerkrank. Aus der alten bronchialen Anfälligkeit entwickelte sich eine bedrohliche Lungenentzündung. Es kam zur Operation, eine Rippe wurde entfernt.

Eine lange Phase der Genesung folgte, während der er von seiner Schwester Helen und einer Haushälterin gepflegt wurde. Da wäre noch einmal Zeit zum Überdenken der zweifelhaften Verbindung gewesen, wäre nicht Elspeth, mit einem klaren Gespür dafür, dass sie die Initiative ergreifen müsse, tagtäglich am Krankenbett erschienen.

Grahame war mehr als nur beeindruckt. Im Mai 1899 schrieb er Elspeth einen Brief, auf den sie womöglich gewartet hatte: "Liebling - komm, wenn du kannst, morgen Nachmittag - meine Schwester geht etwa um drei für den Rest des Nachmittags weg - jedenfalls: komm! Dein dich liebender Dino!" Damit war er festgelegt, in der Sicht der Zeit sogar kompromittiert. Als er zur weiteren Erholung nach Cornwall fuhr, ergab sich noch einmal ein längerer Briefwechsel - von ganz anderer Art als der bisherige. Grahame schrieb nun nieder, was ihn wirklich bewegte, und seine Beteuerungen ließen Elspeth glauben, er sei wahrhaftig der leidenschaftliche Liebhaber ihrer lang gehegten Wünsche.

Am 22. Juli 1899 war die Hochzeit. Danach begannen die Enttäuschungen. Jeder von beiden lebte in einer Traumwelt - aber jeder in einer anderen. Wenige Wochen nach der Heirat schickte Elspeth, offenbar zutiefst ernüchtert, einen Brief an die Frau von Thomas Hardy, in dem die Rede von Desillusion war und davon, dass eine Frau keine Dankbarkeit, nicht einmal Gerechtigkeit und schon gar nicht wirkliche Zuneigung erwarten dürfe!

Beide wussten von ehelichem Zusammensein herzlich wenig. Zudem litt Grahame immer noch an den Folgen der Operation, Das gemeinsame Leben entsprach weder seinen noch Elspeths Erwartungen, und er zog sich bald wieder in die eigene gesicherte Welt zurück. Elsbeth war frustriert und auch erbittert, und diese verständliche Bitterkeit prägte nach und nach ihr Wesen in unguter Weise. In den vielen Dinnerparties und Soiréen, die sie veranstaltete (und von denen Grahame sich nur zu gern fernhielt), suchte sie eine ausgleichende Befriedigung zu finden.

Immerhin wurde sie im ersten Ehejahr schwanger. Etwa zur selben Zeit glaubten Grahames Vorgesetzte festzustellen, dass er kaum mehr die Erwartungen erfüllte, die die Bank in ihn setzte. Sie bescheinigten ihm zwar eine hinlängliche Pflichterfüllung, stellten jedoch auch fest, es mangle ihm an der nötigen Initiative. Er sei allzu zögerlich und umständlich und setze seine Kräfte nicht in dem Maße für die Bank ein, das man füglich erwarten dürfe. Es klingt der Verdacht an, Grahame habe seine Bücher während der Dienststunden geschrieben

Auch im privaten Gebaren schien Grahame sich zu verändern. Freunde stellten fest, er entwickle die "wunderbare Gabe, schweigen zu können." Einer bemerkte dass Grahames Leidenschaft für Spielzeug ständig steige: Das ganze Haus sei voll davon. Es sehe fast so aus, als ob Grahame vor der Ehe in die Kindheit fliehe. Wie auch immer, auf jeden Fall drifteten die Wirklichkeit, die Eheleben und Bankverpflichtungen umfasste, und die Wunschwelt, die erfüllt war von spielerischen Sehnsüchten, weit auseinander.

Am 12. Mai 1900 wurde der erste und einzige Sohn Alastair geboren. Die Spannung zwischen den Eheleuten löste sich erst einmal. Aber die Probleme wurden nicht beseitigt, sondern nur von beider Freude über die Ankunft des Kindes überlagert - einer Freude, die einer stillen Verstörung gewichen sein muss, als sich herausstellte, dass der Junge behindert war - auf dem rechten Auge war er blind, auf dem linken schielte er und war nur begrenzt sehfähig.

Alastair, der alsbald nur "Mouse" genannt wurde, blieb in der Folgezeit kränklich, war sensibel und sprunghaft, litt unter seinem eingeschränkten Sehvermögen und auch unter seinem Aussehen. Dabei war er keineswegs übermäßig begabt. Elspeth jedoch weigerte sich - anders als ihr Mann - das alles zur Kenntnis zu nehmen. Sie war einfach nicht davon abzubringen, dass sie ein Kind von brillanter Intelligenz zur Welt gebracht habe. Sein ganzes kurzes Leben lang hatte der wahrlich schon genug belastete Junge zu kämpfen, um diesen unsinnigen Anspruch der Mutter auch nur halbwegs zu erfüllen.

Im November 1907 drang ein Verrückter in die Bank ein, bedrohte Grahame mit einem Revolver und feuerte auch drei Schüsse ab, wurde dann aber dingfest gemacht. (Die "Times": "A lunatic - he seems to hold socialistic views.") Grahame war geschockt. Sein seit langem gefasster Entschluss, aus dem Dienst zu scheiden, nahm feste Formen an. Und aus aller Welt kamen Briefe, deren Absender sich besorgt nach dem Befinden des verehrten Autors erkundigten.

Der hatte sich mittlerweile nicht nur um seinen Sohn zu kümmern, sondern auch um seine Frau, die in langen Perioden wirklicher und eingebildeter Krankheiten den Beschwernissen ihres Daseins zu entkommen suchte, bewußt oder unbewusst. Während eines ihrer Kur-Aufenthalte schrieb Grahame an einen Bekannten:

„Mouse hat am Abend vor seinem Geburtstag einen schlimmen Weinkrampf gehabt. Ich musste ihm eine Geschichte über Maulwürfe, Giraffen und Wasserratten, die hatte er sich ausgesucht, bis nach Mitternacht erzählen."

Im gleichen Jahr reiste Grahame allein nach Spanien. Als er in den Pyrenäen war, holte ihn ein Telegramm zurück: Alastair musste an einer Bauchfellentzündung operiert werden. Um den unglücklichen Jungen aufzuheitern, erzählte der Vater ihm weiter seine Geschichten. Die Giraffen verschwanden, dafür tauchten jetzt eine Kröte und ein Dachs auf - die Riege der Hauptfiguren vom "Wind in the Willows" war komplett. Allein die Abenteuer von Toad, der (unwiderstehlichen) Kröte füllte eine ganze Serie von Briefen, die Grahame an "my dearest Mouse" schrieb,

"Mouse" war nun sehr verzogen, launisch bis jähzornig, frühreif und altklug. Seine Mutter unterband jeden Umgang mit anderen Kindern und zeigte sich entzückt von (fast) allem, was er tat. Dagegen sagte ein älteres Mädchen einmal zu ihm: "Du bist nur ein Baby, das ein Wörterbuch verschluckt hat." Grahame selbst plagte im Jahr 1907 zeitweilig wohl die Versuchung, sich genauso davonzumachen wie ehedem sein Vater. (Wie begründet im "Wind in the Willows" die Schiffsratte ihre Auswanderung? "Family troubles, as usual, began it.") Aber schließlich war dieser Vater alles andere als ein Vorbild gewesen. Zudem hätte der große Sprung ins Außerhalb auch die Preisgabe der sorgfältig gehüteten Innenwelt bedeutet. Der dann unvermeidliche Kampf ums Dasein hätte keine Zeit mehr für wohltuende Gedanken - und Traumspiele gelassen. Und auch die vielen Annehmlichkeiten, die der ungeliebte Alltag, mochte er sein, wie er wollte, immerhin bot, waren keineswegs zu verachten. Am wichtigsten für die Entscheidung, daheim zu bleiben, war indessen wohl seine Empfindung für den unglückseligen Sohn, dieses Gemisch aus Pflichtgefühl, Mitleid und väterlicher Liebe. Nein, fliehen konnte und wollte er nicht. Aber er setzte sich hin und schrieb "The Wind in the Willows" - "Der Wind in den Weiden." Zunächst war die Aufnahme dieses herrlichen Buches eher zurückhaltend. Ein großer Verlag lehnte es ab, ein anderer, Methuen, brachte es nur mit erheblichen Bedenken heraus, da es doch ganz anders war als "The Golden Age" und "Dream Days." In den USA war es in erster Linie die Fürsprache Theodore Roosevelts, die bewirkte, dass der angesehene Verlag Scribner's sich zu einer Herausgabe entschloss. Viele Kritiken waren alles andere als enthusiastisch. "Was uns angeht", schrieb die "Times", "so legen wir den "Wind in den Weiden" respektvoll zur Seite und greifen zum hundertsten Mal nach dem "Goldenen Zeitalter" und fuhr befremdlicherweise fort: "Als Beitrag zur Naturgeschichte kann man das Werk vergessen." Ein einziger kluger Kritiker schrieb, dass die Hauptfiguren weder Tiere noch Menschen seien, sondern "Typen jener tieferen Menschlichkeit, die uns alle bewegt."

Elspeth glaubte allen Ernstes, sie sei es gewesen, die Grahame den Anstoß zur Niederschrift gegeben habe. In einer vertrackten Weise hatte sie sogar recht. Hätte Grahame nicht die Lähmung empfunden, die seine Ehe ihm verursachte, er hätte sich wohl kaum die Energie abgerungen, die er brauchte, um das Buch zu vollenden. (Einer amerikanischen Journalistin, die seine Sympathie gewann, obwohl sie Feministin und Autofahrerin war, vertraute er an, er hasse Schreiben, es sei eine regelrechte Tortur! - Hier jedoch wurde es für ihn wohl eher eine Art Autotherapie.) 1908, vier Monate, bevor "The Wind in the Willows" in die Buchhandlungen kam, verließ Grahame die Bank von England. Das geschah nicht ohne Druck von Seiten des Vorstands, aber auch er selbst war jetzt zu diesem Schritt bereit. Die Verabschiedung war formell und kühl, kein persönliches Wort fiel. Er erhielt auch nur eine Pension von 400 Pfund im Jahr, erstaunlich wenig für die damaligen Verhältnisse.

Die lang ersehnte Zeit der Ruhe erwies sich als Fata Morgana. 1910 kaufte Grahame ein Haus auf dem Land, in Blewsbury am nördlichen Rand der Berkshire Downs.

"Nur 54 Meilen von London, aber in jeder Hinsicht 5400 Jahre davon entfernt." In dem kleinen Ort schien die Zeit stehen geblieben zu sein, was Grahame, der jetzt die Moderne regelrecht hasste, ungemein gefiel.

Das Ehepaar - "we are both somewhat stale and rusty" – entwickelte eine ungewöhnliche Manier des Nicht-Beisammenseins. Man lebte in getrennten Räumen. Elspeth stand kaum je vor 11 Uhr auf und machte es sich dann auf dem Diwan bequem, wohingegen Grahame stundenlang herumwanderte und sich in der Landschaft verlor.

Als Alastair 14 Jahre alt war, bestand er mit Mühe die Aufnahmeprüfung für Rugby. Zuvor war er von Gouvernanten und auch vom Vater unterrichtet worden und hatte dann drei Jahre lang eine Vorschule besucht. Das raue Klima Rugbys unter dem schon Carroll gelitten hatte, hielt der scheue, introvertierte und nur an den Umgang mit freundlichen Erwachsenen gewöhnte Junge nicht aus.

Doch die Eltern, vor allem die ehrgeizige Mutter, gaben so schnell nicht auf. 1915 wurde Alastair nach Eton geschickt, wo er aber weiterhin einsamer Außenseiter blieb. 1916 verließ er auch dieses Elite-Institut.

Elspeth bekannte gegenüber einer Freundin: "Es ist eine so große Enttäuschung, dass es mich unglücklich macht, auch nur darüber zu schreiben. Wir haben alles getan, was wir konnten, und es hat nichts erbracht."

Indessen hatte das ignorante Streben der Eltern den Jungen in eine Lage versetzt, aus der er keinen Ausweg sah und die ihn mutlos und unglücklich machen musste. Und dabei drängte ihn gerade die Mutter in eine immer tiefere Niedergeschlagenheit - es ist leider durchaus vorstellbar, dass sie sich im Grunde seiner schämte, seines linkischen und sprunghaften Wesens, seiner entstellenden Akne, seiner Blindheit.

Immerhin war er, als Sohn eines vor Jahren so sportlichen Vaters, ein guter Reiter und Schwimmer. Aber das waren einsame Vergnügungen, die nicht dem entsprachen, was Elspeth von ihm erwartete. Sie verlangte öffentliche und allgemeine Anerkennung. So musste er, von Privatlehrern eingepaukt, lernen, bis ihm der Kopf rauchte.

1918 kam er dann nach Oxford. Das hatte nicht nur mit dem Ehrgeiz der Mutter zu tun. Da wirkten sich auch die traumatischen Enttäuschungen aus, die der Vater vor Jahrzehnten erlitten hatte. Ihm war damals der Weg nach Oxford versperrt gewesen - jetzt sollte der Sohn ihn gehen, das nachholend, was dem Vater versagt worden war. Aber es wurde ein Weg in die Katastrophe.

Alastair fühlte sich in Oxford nicht weniger fremd als in Eton. Dem Einzelgänger war jedes Gemeinschaftsleben ziemlich unerträglich. Als Erleichterung empfand er nur, dass er jetzt, wann immer er wollte, allein bleiben konnte. Auch fanden sich ein paar Leute, die ihm Sympathien entgegenbrachten, und das nicht nur, weil sein Vater ein berühmter Mann war.

Auf einem Foto sieht der Neunzehnjährige kaum anders aus als die meisten seiner studentischen Zeitgenossen, ein bisschen unsicher lächelnd, jedoch offensichtlich nicht bedrückt. Das Bild trügt. Die körperlichen und seelischen Beschwerden nahmen zu. Alastairs an sich schon schwache Sehkraft verschlechterte sich. Seine Gesamtverfassung machte ihm zu schaffen. Und er geriet in eine tiefgreifende religiöse Krise. Verstört nahm er wahr, dass er seinen Glauben verloren hatte.

Als Kind hatte er einmal zu einer Gouvernante gesagt: "Death is promotion." ("Tod bedeutet Erhöhung.") Diesen Tod suchte er in der Nacht vom 7. auf den 8. Mai 1920. Am Tag darauf fanden Streckenarbeiter seine Leiche auf den Schienen der nahen Eisenbahnlinie. Sein Kopf war abgetrennt. Seine Taschen waren gefüllt mit religiösen Schriften. Bei der amtlichen Leichenschau entschied man sich für einen "Tod durch Unfall."

An diesen Befund klammerten sich die fassungslosen Eltern. Als Alastair in Oxford beigesetzt wurde, ließ Grahame den Sarg des Sohnes mit Maiglöckchen bedecken. "Die Hoffnungen sind tot", sagte er. Elspeth verkaufte sämtliche Kleider und Sachen Alastairs auf einem Ramschbasar in Blewbury.

Grahame hatte noch 12 Jahre zu leben. Über sie ist nicht mehr viel zu sagen. Es waren Jahre der Zurückgezogenheit und, zu bestimmten Zeiten, des ruhelosen Reisens. Die letzte öffentliche Anerkennung hatte Grahame 1910 erfahren, als Theodore Roosevelt nach England kam und darauf bestand, dass neben Kipling auch Grahame als Ehrengast zum offiziellen Bankett eingeladen wurde. Danach wählte er die Einsamkeit, verschloss sich gegenüber allen öffentlichen Anliegen, wollte weder Telefon noch Dienstboten. Elspeth lebte neben ihm her, bleich, hager, ungepflegt, dabei krankhaft knauserig und mit den Kaufleuten keifend. Sie war jetzt eine tragische Figur, einsam wie ihr Mann, wenn auch auf andere Weise, mit dem Schicksal hadernd, aber noch immer den alten Illusionen nachhängend.

Grahame nahm sie nur selten mit auf die Reisen, die ihn immer wieder nach Italien führten, nach Sizilien, in die Dolomiten - und viele Male nach Rom (wo er Zeuge von Mussolinis Marsch auf die Hauptstadt wurde.) 1930 kam eine neue bebilderte Ausgabe vom "Wind in the Willows" heraus. "I love these little people", sagte Grahame zu dem Illustrator. "Be kind to them." Im gleichen Jahr bearbeitete A.A.Milne das Buch für die Bühne. "Toad of Toad Hall" hieß das Stück, das ein gewaltiger Erfolg wurde, obwohl Milne wesentliche Teile der Vorlage ausgelassen und das Ganze recht rührselig angelegt hatte.

Da litt Grahame bereits an hohem Blutdruck, Herzverfettung, Arteriosklerose. Am 5. Juli 1932 machte er abends noch einen Spaziergang mit seiner Frau und ging dann früh zu Bett, mit Scotts "Talisman" als Lektüre. In der Nacht hörte Elspeth ein Geräusch und eilte in sein Zimmer. Er hatte eine Gehirnblutung erlitten und lag im Koma. Fünf Stunden später starb er.

Am 9. Juli war die Trauerfeier. Später wurde der Leichnam auf einen Friedhof in Oxford überführt.

Grahame war am Ende heimgekehrt.

Die Wunderwelt des Großen Pan.
Grahames nicht ganz unbedrohtes Arkadien

Kenneth Grahame hat seinen wohl prominentesten Bewunderer, den weiland US-Präsidenten Theodore Roosevelt, mit großer Bestimmtheit wissen lassen, der "Wind in den Weiden" habe keine wie auch immer geartete Nebenbedeutung "No problems, no sex, no second meaning." Das Buch sei nur Ausdruck der einfachsten Freuden des Lebens, wie es von den einfachsten Wesen der Schöpfung gelebt werde

Es ist bemerkenswert, welche Geschöpfe er sich als Handlungsträger ausgesucht hat: In erster Linie einen Maulwurf (mole), eine Ratte (rat) und eine Kröte (toad), also lauter Tiere, die, milde gesagt, nicht eben das Wohlwollen der Menschen genießen. Sogar ihr Symbolwert ist negativ besetzt.

Else Strup, die ansonsten tüchtige Urheberin der ersten "und einzig berechtigten Übersetzung ins Deutsche" von 1929, suchte die fragwürdige Herkunft der kleinen Handlungsträger deshalb tunlichst zu umgehen, indem sie ihnen eigenmächtig meist niedliche Namen anklebte. Der Maulwurf hieß Cornelius Grabfuß, die Ratte Christoph Braunröckchen (!) und die Kröte einfach Großmaul. Das ganze Buch, dem sein deutscher Verlag offensichtlich keinen großen Erfolg zutraute - die Erstauflage umfasste ganze 6000 Exemplare - war dann auch "Christoph, Großmaul und Cornelius" betitelt.

Aber die Menschen und ihre Ansichten haben in den Vorgängen längs des Flusses und inmitten des Waldes rein gar nichts zu suchen. Sie würden den kleinen, in sich geschlossenen Kosmos, den Grahame da entworfen hat, im Handumdrehen zerstören. Der Autor spricht das nicht aus, aber er denkt es, und er läßt uns dieses Denken gelegentlich ahnen - und verstehen, wozu wir Leute im 21. Jahrhundert noch fähiger sind als seine Zeitgenossen.

Womit sich also doch einer jener Bezüge ergibt, von denen Grahame nichts wissen wollte - in diesem Fall einer, der mit dem Verständnis von Umwelt zu tun hat.

Nun ist es in der Tat so, dass man dieses wunderbar heitere, von Lebenslust sprudelnde und unbeschwert von Episode zu Episode gleitende Buch nicht mit Deutungen befrachten soll, die ihm nicht zukommen. Aber da klingt und schwingt doch vieles mit, was lohnt, mit wachen Sinnen wahrgenommen zu werden - inbesonders von uns erwachsenen Lesern, die im übrigen mit den jungen das göttliche Vergnügen eint, das die Lektüre von Anfang bis Ende bereitet.

Was also geht da vor?

Der Maulwurf unterbricht, überwältigt von einem unfassbaren Frühjahrsgefühl, seinen üblichen Hausputz und strebt nach oben, eiligst, ohne auch nur seinen Mantel anzuziehen. Er kratzt und schabt und scharrt und schreit dabei begeistert: "Up we go! Up we go!", denn "etwas da oben rief ihn gebieterisch", und nichts kann ihn aufhalten. Ein Kaninchen, das Sixpence Wegzoll verlangt, rennt er einfach über den Haufen!

Und so gerät er aus dem Dunkel in die Helle, aus der Enge in die Weite, aus dem Verharren in die Bewegung, und diese Gegensätze entzücken ihn so wie all das, was er alsbald in strahlendem Sonnenschein vor sich sieht: "it all seemed too good to be true."

Auf den Wiesen, in den Büschen und Bäumen, entlang der Pfade, quer durchs Unterholz: Überall lebt und webt es, bunt und beglückend und wunderbar. Vögel bauen Nester, Blumen knospen, Bäume breiten die jungen Zweige, Blätter ergrünen - es reihen sich bewegte Bilder eines Daseins, das der Maulwurf bisher nicht sah, geschweige denn kannte. Er gibt sich ganz der Freude dieser neuen Erfahrung hin - und dem schönen Gefühl, dass er der einzige ist, der nichts zu tun hat.

Dann steht er pötzlich am Fluss und ist abermals überwältigt. Nie zuvor ist ihm ein Fluss vor die Augen gekommen, "dieses glatte, gewundene, gewichtige Tier", glitzernd, glänzend, funkelnd, rauschend, wirbelnd, plappernd und schwätzend. Ja, auch schwätzend, denn der Fluss hat einiges zu erzählen, "eine endlose Folge der besten Geschichten der Welt, die aus dem Herzen der Erde kamen." (Denn der Fluss, man sollte das nicht vergessen, kommt eben daher und zieht hinaus in die Welt, von der er mehr weiß als alles, was um ihn herum ist.)

Unversehens folgt der Auftritt der Ratte (die eigentlich eine Wasserratte ist.) Man begrüßt sich ganz selbstverständlich: "Hullo, Mole!" "Hullo, Rat!" Die Ratte holt den Maulwurf vom Ufer ab, in einem Boot, das in den Farben des Himmels gestrichen ist, außen blau und innen weiß, und das der Maulwurf sofort von ganzem Herzen liebt, obwohl er noch gar nicht ahnt, was man alles damit machen kann.

Die Ratte erklärt es ihm: "Nichts ist besser, als einfach so mit dem Boot herumzugondeln. Nichts spielt irgendeine Rolle. Ganz egal, ob du dort ankommst, wo du hinwillst oder aber ganz woanders oder ob du überhaupt nirgends ankommst. "

Für den Maulwurf, der ein sehr tätiges Leben geführt hat - man denke nur an den Hausputz! - sind das völlig neue und verheißungsvolle Töne. Er ist begeistert. "Was für ein Tag! Lass uns sofort losfahren!" Er steckt eine Pfote ins Wasser und gibt sich seligen Wachträumen hin.

"Das also ist der Fluss", sagt er andächtig.

"DER Fluss", verbessert die Ratte. "Für mich ist er Bruder und Schwester und Tante und sonst was, und Essen und Trinken. Es ist meine Welt, und ich will keine andere."

Der Maulwurf lauscht begeistert. Nur jenseits der Wiesen am anderen Ufer, da sind die Umrisse von etwas zu sehen, das nicht sehr anheimelnd wirkt - es ist der Wilde Wald, und in dem hausen Tiere, denen man besser aus dem Weg geht: Wiesel, Frettchen, Füchse. Die Ratte redet etwas leichthin über diese zwielichtigen Gesellen hinweg und auch über das, was hinter dem Wilden Wald liegt, denn das ist die Weite Welt, und von der mag sie nichts sagen noch hören.

Die beiden neuen Freunde landen an einem besonders hübschen Plätzchen, um ein behagliches Picknick mit all den guten Dingen zu halten, die die Ratte mitgebracht hat. Es wird viel geschlemmt in diesem Buch, dessen Autor nach eigenem Bekunden eine tiefe Zufriedenheit empfand, wann immer er Platz an einer reich besetzten Tafel nahm.

Die Freuden des Gaumens zählten - wie das Erlebnis der Natur - für ihn zu den wenigen wahren Segnungen des Daseins, und seine kleinen Geschöpfe sind sich darin mit ihm einig.

Ein Dachs - DER Dachs - läßt sich sehen, aber nur für einen Augenblick: "Hm! Gesellschaft!" brummt er und macht sich wieder davon, denn er verabscheut alles, was nach Society aussieht. Ein liebenswürdiger Otter dagegen nimmt gern am Mahl teil und erzählt von Toad, dem Kröterich, der mit einem brandneuen Rennboot den Fluss unsicher macht. Tatsächlich kommt, von der Ratte freundlich begrüßt, dieser Kröterich auch kurz in Sicht, aber nicht an Land, denn er muß mächtig gegen die Wellen anrudern. Als die Ratte und der Maulwurf ihr Picknick beendet haben, will der Maulwurf unbedingt das Ruder übernehmen, was nicht gut geht, aber die Ratte meistert die Lage und man vergnügt sich prächtig. Später sitzen die zwei entspannt am Kamin in der guten Stube der Ratte, die ganz wunderbare Geschichten zu erzählen weiß, bis der Maulwurf schläfrig wird und zu Bett gebracht werden muss, wo er wonnig entschlummert, während sein anderer neuer Freund, der Fluss, gegen Hauswand und Fensterscheiben schwappt.

Herrliche Tage kommen und gehen. Der Maulwurf äußert den Wunsch, den außergewöhnlichen Mr. Toad einmal aus der Nähe zu sehen, und die Ratte stimmt sofort zu. Der Kröterich, versichert sie, sei immer guter Laune und stets erfreut, Besuch zu empfangen, und traurig, wenn dieser wieder gehe. Allerdings zeichne er sich nicht gerade durch besondere Klugheit aus, aber "wir können nicht alle Genies ein." Im selben Atemzug räumt sie freilich ein, "Kann schon sein, er ist ein bisschen angeberisch und eingebildet."

Was sich als ein echtes Understatement erweisen wird.

Der Kröterich residiert in Toad Hall, einer Art Herrensitz, und er begrüßt die beiden Gäste mit großer Herzlichkeit - ist da doch etwas, was er ihnen unbedingt zeigen möchte. Er führt sie zu einem zitronengelben Wohnwagen, wie ihn die fahrenden Zigeuner haben und sagt mit großer Geste:
"Bitte sehr! Hier ist das wirkliche Leben!" Und in tönenden Stichworten gibt er einen Hymnus auf die Freuden der Landstraße, der weiten, offenen Welt von sich: "Reise! Abwechslung! Interesse! Erregung! Und ein Horizont, der dauernd wechselt!"

Der Maulwurf hat einen zweifachen Aufbruch erlebt. Einmal den aus der dunklen Tiefe in die strahlende Oberwelt. Zum zweiten den vom sicheren Ufer aus hin zu den Lockungen des Flusses. Sein Führer und treuer Begleiter ist die Ratte gewesen, jemand, der nur das kleine Abenteuer sucht; dem es gefällt, sich treiben zu lassen, unbekümmert um das Wohin - wenn es denn nicht allzu fern liegt. Und am Ende gibt es allemal die Rückkehr in die vertrauten vier Wände.

Anders nun dieser Kröterich. Der geht aufs Ganze. Sein Feld ist die Welt - meint er. Widerspruch duldet er nicht. ("It's the one thing I can't stand.") Sehr verdächtig der Satz, den er zu der zögernden Ratte spricht: "I'm going to make an animal of you" - was einerseits Blödsinn ist und andererseits ganz wie die wohlmeinende Drohung nicht nur jener Tage klingt: "Ich werde einen Mann aus dir machen!"

Die Ratte will das ganz und gar nicht. Der Fluss ist ihr ein und alles, und der Rest geht sie nicht an. Sie hat die Balance zwischen Abenteuer und Idylle gefunden.

Nicht so der Maulwurf. "The Life Adventurous was so new a thing to him, and so thrilling" - und außerdem hat er sich auf der Stelle in den zitronengelben Wagen und dessen phantastische, vom Kröterich großspurig gelobte Ausstattung verliebt. Er möchte sofort aufbrechen.

Schließlich gibt die Ratte nach, dem Maulwurf zuliebe, und die Reise ins Ungewisse beginnt. Sie endet in einem völligen Zusammenbruch - des Wohnwagens nämlich, an dem eins der neumodischen Automobile so blitzgeschwind vorbei rast ("riesengroß, atemberaubend, leidenschaftlich"), dass das träge Zugpferd entsetzt auskeilt und die ganze Fuhre in den Straßengraben setzt, dergestalt, dass sie für alle Zeiten entzwei und hinüber ist.

Der Maulwurf sitzt benommen da, die Ratte regt sich furchtbar auf und tobt, aber der Kröterich gerät in Verzückung: DAS ist die wahre Art der Fortbewegung! Ein solches Auto MUSS er haben! Gleich und auf der Stelle!

Alles Zureden seitens der Ratte hilft nichts. Mit der Eisenbahn fahren die drei nach Hause. Und am nächsten Tag bestellt der Kröterich "ein großes und sehr teures Automobil."

Der Sommer geht vorüber. Frost und Kälte brechen herein; die Tiere am Fluß verbergen sich in ihren Höhlen und Nestern, und auch die Ratte macht den lieben kurzen Tag lang Nickerchen in ihrem Lehnstuhl. Dem Maulwurf ist das zu ruhig. Er beschließt, auf eigene Faust den Dachs zu besuchen, der sich so rar macht. Trotz Dämmerung und Kälte zieht er los in den Wilden Wald, wo er nur zu bald erkennen muß, wie berechtigt die Warnungen der Ratte gewesen sind.

Im dunklen Dickicht ist es durchaus nicht geheuer. Kleine Fratzen spähen mit glimmenden Augen durchs Gehölz, irgendwo klopft und pfeift es, und von Entsetzen gepackt sucht der Maulwurf Unterschlupf im Wurzelwerk einer Buche, wo er jämmerlich friert. Wie froh ist er, als plötzlich die Ratte erscheint! Sie hat ihn vermisst und sich ungeachtet aller Gefahr auf den beschwerlichen Weg gemacht, ihn zu retten. Durch dicht treibende Flocken und knietiefen Schnee treten die beiden den Rückzug an und landen, sich fast schon verirrt habend, in der Behausung des Dachses, der sie mit kräftigem Wohlwollen empfängt.

Sein Heim ist urgemütlich, wenn auch etwas labyrinthisch. Sie bekommen Schlafröcke und Pantoffeln, und dann wird - wieder einmal - ein leckeres Essen aufgetischt. Das Gespräch kommt rasch auf den Kröterich, der mittlerweile sechs Autos zu Bruch gefahren hat und auf immer neue Temporekorde erpicht ist. Man beschließt, ihn gemeinsam wieder zur Vernunft zu bringen, wenn erst die Tage wieder länger werden.

Zum Frühstück am nächsten Morgen gibt sich auch der Otter die Ehre, der aufs anschaulichste die verschneite Welt draußen schildert. Der Dachs und der Maulwurf preisen im Wechsel die Annehmlichkeiten des Lebens unter der Erde. "There's no security, or peace and tranquillity, except underground" - bei näherem Hinhören eine etwas zwiespältige Behauptung.

Der Dachs legt dar, dass dort, wo jetzt der Wilde Wald wächst, einmal Menschen gehaust haben, in einer großen Stadt: "Sie bauten für die Dauer, denn sie dachten, ihre Stadt werde für immer stehen."

"Und was ist aus ihnen geworden?" will der Maulwurf wissen. Der Dachs spricht aufschlussreiche Worte: "Wer kann das sagen? Menschen kommen - sie bleiben eine Weile, sie vermehren sich, sie bauen - und sie vergehen. So sind sie eben. Aber wir bleiben ...Wir haben Ausdauer, wir machen uns vielleicht ein Zeitlang davon, wir sind geduldig und warten, und dann kommen wir zurück. Und so wird's immer sein."

Und er erzählt, wie die Stadt zerfiel und wie Bäume, Buschwerk, Kräuter und Gräser über die Ruinen hinweg wuchsen. Anders als in Kiplings Lost City haben die Menschen fast nichts hinterlassen, keine leeren Gemäuer, schon gar keine verborgenen Schätze, nur ein unterirdisches Tunnelsystem, in dem der Dachs und seinesgleichen sich eingerichtet haben. Am Ende hat die Natur triumphiert.

Grahame hat nicht von ungefähr diese doch eigentlich beklemmende Geschichte gerade dem Dachs in den Mund gelegt. Der Dachs ist der Kämpferischste im Kreis der Freunde; er allein kann es sich leisten, mitten im Wilden Wald zu wohnen. Was er vorträgt, ist eine Art rückwärts gewandter Schöpfungsgeschichte. Die Menschen verschwinden, die Tiere bleiben, und sie sind stark, sie überleben. Noch entsteht kein Paradies, noch gibt es, man wird das sehen, Kampf und Auseinandersetzung. Der Wilde Wald ist kein Garten Eden. Aber er birgt keine Schuld. Selbst die gefährlichen kleinen Wesen, die ihn unsicher machen, handeln nur nach dem Gesetz ihres Daseins, das ganz natürlich und mit moralischen Begriffen ebenso wenig zu fassen ist wie Kiplings Law of the Jungle. Alle diese Tiere leben nicht nach irgendwelchen Geboten, sondern gemäß ihrem Sosein, für das sie nichts nichts können und das an sich nicht schlecht ist.

Was das Handeln des Quartetts Maulwurf – Ratte - Dachs - Kröte betrifft, so ist es freilich nicht ganz frei von menschlichen und allzu menschlichen Vorzügen und Schwächen, wenn der Autor ihnen auch, anders als das bei den Tieren der Fabeln der Fall ist, einen Großteil ihrer tierischen Eigenart belässt. Der Maulwurf ist empfindsam, der Dachs stoisch und tapfer, die Ratte verständig, und der Kröterich ebenso geltungssüchtig wie tapsig. Wobei vor allem der Dachs und die Ratte ein ausgeprägtes solidarisches Empfinden für alle Gefährdeten und Hilflosen entwickeln.

Alle diese kleinen Kreaturen leben einträchtig miteinander, Es ist die Natur im allgemeinen, die ihnen den nötigen Schutzraum gewährt, und es ist ihre besondere Eigenart, die sie davor bewahrt, sich gegenseitig Schlimmes zuzufügen. Der Wilde Wald ist, wie gesagt, kein Garten Eden. Aber das Land am Fluß ist, immerhin, ein kleines Arkadien.

Ein sehr britisches notabene, in dem Raum ist für Unternehmungslust und Initiative, aber auch für die Wonnen der Häuslichkeit, und das obendrein immerzu den Ausblick in die weite Welt offen läßt.

Weshalb man sich nicht wundert, dass das 5. Kapitel tatsächlich "Dulce Domum" ("Home, sweet home") überschrieben ist. Sehnsüchtig späht der Maulwurf, der jetzt zusammen mit der Ratte auf dem Heimweg ist, in die traulich erleuchteten Fenster eines Dorfs, durch das sie wandern. Ein gewaltiges Heimweh überfällt ihn. Und wirklich gelangt er kurze Zeit später in einen Tunnel, der ihn zu den eigenen vier Wänden führt, die er vor Monaten verlassen hat. Vor dem kleinen Haus gibt es - unterirdisch! - ein artiges Gärtlein, worin die Büsten von Königin Victoria und Garibaldi stehen, und auch eine Rasenwalze, denn der Maulwurf hat es nicht gern, wenn andere Tiere auf seinem Grund und Boden unerwünschte Erdhügel aufwerfen - !

An der Haustür steht in gotischen Lettern "Mole End", was Harry Rowohlt sehr schön mit "Maulwurfshügel" übersetzt - wobei man an die bekannte Villa Hügel denken darf, denn wenn der Maulwurf auch kein Großprotz ist wie der Kröterich, so hat er doch einen gewissen Hang zu Höherem. Ebendarum schämt er sich auch wegen der Schäbigkeit seines vernachlässigten Domizils vor der Ratte, die jedoch taktvoll genug ist, umgehend die Vorzüge des Hauses herauszustellen: "What a capital little home this is! So compact! So well planned!"

Das ist nun eben das, was jeder ans Ziel seiner Träume gelangte Bausparer hören möchte, und dem Maulwurf tut es gut, denn genau so einer ist er, ein braver Bürger, der sich - klein, aber mein! - sein eigenes Heim geschaffen hat, behaglich genug, um in Frieden darin zu leben. Grahame ist weit entfernt davon, sich darüber lustig zu machen - es ist schließlich das gängige Wunschbild des Fin de Siécle, das auch sein eigenes Sinnen und Trachten bestimmte - weitgehend.

Das Kapitel hat gleichsam einen doppelten Schluß. Zum einen tritt - es ist Weihnachten! - eine kleine Schar von Feldmäusen auf, die ein Adventslied singen, in dem Verse vorkommen, die Harry Rowohlt wie folgt überträgt: "Und wer erfand die Weihenacht ? / Die Tiere haben das gemacht - /Im Stall, wo sie die Nacht verbracht." Auf anrührende Weise verschmelzen da (wie in den übrigen Strophen) kindliche Frömmigkeit und neuheidnische Naturverklärung.

Die Sänger werden gastlich bewirtet und trollen sich dankbar, frohe Weihnachten wünschend und eine Stimmung hinterlassend, in der sich die weiteren Sehnsüchte des ausgehenden Jahrhunderts verdichten: Friede auf Erden, ungetrübtes Wohlbefinden und Teilhabe an allen guten Dingen. Man kennt sie beispielsweise auch von Dickens her, über den Orwell schrieb, dass es für dessen wohlmeinende Helden gewiss nichts Schöneres gebe, als wenn ihr Dasein in ein ewiges Weihnachtsfest verwandelt würde.

Aber Grahame setzt noch einen weiteren Schlusspunkt. Vorm Einschlafen sieht der Maulwurf sich noch einmal um. Im Schein des Kaminfeuers erblickt er all die vertrauten Gegenstände und erkennt, wie sehr er diese kleine Welt liebt. Er sieht ganz klar, wie schlicht und einfach und sogar eng alles ist, aber auch, wieviel ihm dieser Ankerplatz bedeutet. "Er wollte mitnichten das neue Leben und seine glänzenden Möglichkeiten aufgeben und Sonne und Luft und alles, was sie ihm boten, hinter sich lassen, um sich wieder in sein Heim zu verkriechen und dort zu bleiben. Die Welt dort oben war viel zu stark, sie rief immer noch nach ihm, selbst dort unten, und er wusste, er musste auf diese größere Bühne zurückkehren. Aber es tat gut zu wissen, dass er das hier hatte, um dahin zurückzugehen, diesen Ort, der ganz ihm gehörte, diese Dinge, die sich freuen würden, ihn wiederzusehen, und auf deren freundlichen Empfang er immer zählen konnte."

Das hat etwas Bewegendes, nicht zuletzt, weil Grahame hier Eigenes zur Sprache bringt. Den Trost der Dinge hat er oft genug gesucht; man denke nur an die Spielzeugwelt, die er als reifer Mann um sich herum aufbaute.. Die Heimkehr ins vertraute Heim wurde ihm deshalb immer wieder zu einem Akt der Selbstbestimmung, in einer Welt, die ihm gleichermaßen verlockend (Macht der Ferne) wie befremdend (Gewalt des Fortschritts) erschien.

Grahames Welt ist nicht heil. Aber so, wie er sie darstellt, läßt sie den Glauben zu, dass sie heil sein könnte. Das macht sie so rührend wie liebenswert.

Der Kröterich freilich, dem das nächste Kapitel gewidmet ist, sorgt dafür, dass nicht zu viel Rührung aufkommt.

Er hat ein neues Luxusmobil erworben, ein, versteht sich, riesiges, knallrotes Modell, und lädt die Freunde gönnerhaft zu einer Spritztour ein. Aber die erinnern sich an ihren Beschluss, ihn von seiner manischen Raserei zu kurieren. Der Dachs sagt: "Wir Tiere erlauben unseren Freunden niemals, sich über ein gewisses Maß hinaus lächerlich zu machen." (Hinter den drei ersten Wörtern könnte der Einschub "anders als die Menschen" stehen.)

Es ist auch der Dachs, der vom Kröterich das Versprechen verlangt, niemals mehr ein Auto auch nur zu berühren. Der jedoch weigert sich mit großer Gebärde: "Im Gegenteil! Ich verspreche feierlich - mit dem nächsten Auto, das ich sehe, geht's ab - tatütata!" Infolgedessen sperren ihn die Freunde in sein Zimmer ein, tagelang, fast scheint es, als werde er überschnappen, besonders, als er sich aus Stühlen eine Fahrzeug-Attrappe baut, sich hineinhockt und Motorendonner imitiert. Aber dann übertölpelt er die gutmütige Ratte und entweicht mithilfe zusammengeknoteter Bettlaken.

Vorm nahen Hotel "Zum Roten Löwen" steht ein schönes neues Auto. Der Kröterich ist hingerissen. "Die alte Leidenschaft ergriff ihn, er ließ sich überwältigen, mit Leib und Seele." Und ab geht es, quer übers Land, selbstverständlich in irrwitziger Eile. Man muß das im Original zitieren: "He was Toad once more, Toad at his best and highest, Toad the terror, the traffic-queller (wörtlich: der Verkehrsbezwinger), the Lord of the Trail, before whom all must give way or be smitten into nothingness and everlasting night."

Was Grahame über Autofahrer zu sagen hat, das sagt er hier. Für ihn ist das Automobil nicht allein ein Symbol rastloser Rücksichtslosigkeit. Unter die Räder dieser teuflischen Maschine gerät alles, was ihm lieb ist, vorab die Stille, die Unberührtheit, der Zauber der Natur, und auch die guten Gaben des Menschen fahren dahin, er kann nicht mehr sehen noch hören, geschweige denn fühlen, sondern funktioniert wie das Ding, das zu lenken er vorgibt.

Es kommt, wie es kommen muß. Der Kröterich landet vor Gericht. Zwanzig Jahre Kerker werden ihm aufgebrummt - wobei das Verfahren in seiner Willkür an jene erinnert, welche Carroll und auch Kafka beschrieben haben.

Da sitzt er nun, ein wimmerndes Häufchen Elend, in einem gräßlichen Verlies, zu dauernder Einsamkeit verdammt, was dieses leichtsinnige, aber auf großzügige Weise gesellige Kerlchen besonders hart trifft.

Währenddessen erleben der Maulwurf und die Ratte ein Abenteuer ganz eigener Art, das dem Autor so wichtig ist, dass er es zur Mitte des Buches macht.

Das Kind des Otters, der kleine Portly, ist abhanden gekommen, und die beiden, hilfreich wie immer, machen sich auf, es zu suchen. Durch die allmählich in frühe Dämmerung übergehende Sommernacht fahren sie auf dem Fluss, ein leichter Wind geht durch die Binsen und Weiden, und auf einmal vernehmen sie darin ein geradezu göttliches Flöten und Klingen, eine "himmlische Musik", die sie ergreift und in eine ehrfürchtige Stimmung versetzt, in der sich eine leise Trauer und ein friedvolles Glücksgefühl auf eigenartige Weise mischen. Sie folgen den magischen Klängen und gelangen auf eine unberührte Insel, einen, wie die Ratte sagt, "heiligen Platz", wo "wir IHN finden werden." Und sie finden IHN, den großen Pan, sie sehen in seine Augen, die Augen des Helfers und Freundes, der er ist. In seinen Händen hält er die Flöte, und zwischen seinen Hufen schläft friedlich und geborgen Portly, der kleine Otter.

Die beiden Tiere knien nieder, beugen die Köpfe und verweilen in Andacht. Als sie wieder zu sich kommen, ist die Erscheinung verschwunden. Wieder regt sich sanfter Wind, der wie ein Streicheln über ihre Gesichter geht. "Und mit dieser sachten Berührung begann das Vergessen." Denn das, erklärt Grahame, ist die beste Gabe des Naturgotts: Er lässt die Wesen, die er liebt, vergessen, dass er da ist, damit sie, wenn er ihnen geholfen hat, so glücklich und unbeschwert sein können wie zuvor. Nur ferne Ahnungen bleiben ihnen, die sie nicht belasten.

In einigen deutschen Übertragungen fehlt dieses zentrale Kapitel vom "Pfeifer am Tor zur Dämmerung." In der Tat ist es nicht für kindliche Leser bestimmt. Wie an keiner anderen Stelle des Buches wird hier deutlich, dass Grahame sein Wunderbuch letztlich nicht für "Mouse", den kleinen Sohn, entworfen hat. Im Innersten ist das Werk sein eigener geheimer Bereich, sein, wie Jackie Wullschläger schreibt, "Ort des Entkommens aus den Enttäuschungen seines Daseins."

Der Große Pan, zweifellos eine heidnische Figur, löst hier keinen Schrecken aus, sondern im Gegenteil eine Empfindung vollkommener Harmonie. Die Natur und ihre Wesen sind eins. Nur der Mensch steht außerhalb - man möchte hinzufügen: allein mit seiner Sehnsucht nach einer allumfassenden Liebe, die weder Forderungen noch Strafen kennt. Solche Sehnsucht kann bei der Betrachtung einer Szene wie dieser ins Schwingen geraten, wohl weniger bei Kindern, die noch spontan genug sind, um derartige Vermittlungen nicht zu benötigen, aber bei vielen nachdenkenden, dem verlorenen Wunderland nachtrauernden Erwachsenen.

Kinder ihrerseits werden sich an den weiteren Abenteuern des Kröterichs erfreuen, des "beliebten und gut aussehenden des reichen und guten freundlichen Kröterichs" - seine eigenen Worte! (Ganz nebenbei lernen sie, dass es keinen Sinn macht, den Mund allzu sehr aufzureißen.)

Von Reue erfüllt schmachtet der Kröterich im Kerker und erregt schließlich das Mitleid der Tochter des Kerkermeisters, die ihm zur Flucht verhilft, was wiederum seine Eitelkeit weckt, denn in seinen Augen ist sie "ein hübsches Ding", das ihn "offensichtlich anbetet." Das Mädchen verkleidet den ihr Handeln derart gründlich Missverstehenden als Waschfrau, und er macht sich unter den sehenden Augen der Wachen eilig davon. Nur kurz darauf entdeckt man jedoch sein Entkommen, und ganze Schwärme von Kriminalern, teils in Uniform, teils in Zivil, machen Jagd auf ihn. Ein gutmütiger Eisenbahner lässt ihn auf der Lok mitfahren, während die Verfolger schon in den hinteren Waggons sitzen. In letzter Sekunde hopst der Kröterich ins freie Gelände - und prallt gegen eine Schiffersfrau, die ihn zwar mitnimmt, aber statt Fahrgeld eine Dienstleistung fordert, die er nicht erfüllen kann noch mag. Er soll ihre Wäsche waschen - und stellt sich so tapsig an, dass sie ihn alsbald entlarvt und weidlich verspottet. Gerade das hätte sie nicht tun dürfen! Der Kröterich stiehlt zur Strafe ihr Treidelpferd und verhökert es gegen einen Riesenteller köstlichster Suppe, die ein Zigeuner am Straßenrand kocht

(Hier ist anzumerken: Der Kröterich ist der einzige von den Freunden am Fluss, der mit Menschen in Berührung kommt, draußen, in der weiten Welt. Und was ihm von ihnen widerfährt, ist, soweit sie das Gemeinwesen repräsentieren, unangemessen, ja, niederträchtig.)

Aus Freude über all seine gelungenen Streiche dichtet der Kröterich ein langes Lied, das von Eigenlob nur so strotzt: Die Welt habe schon große Helden gesehen, aber keiner sei mit ihm, den Kröterich, zu vergleichen - so ungefähr beginnt es und würde noch endlos weitergehen, wenn der Autor sich nicht ausdrücklich weigerte, mehr als fünf Strophen wiederzugeben. Er habe da noch die gemäßigsten ausgewählt, beteuert er.

Der Kröterich hält ein Auto an. Darin sitzen zwei Herren, die er kennen sollte. Es sind die Besitzer des Wagens, den er seinerzeit vor dem "Roten Löwen" gestohlen hat. Als ihm das aufgeht, erleidet er einen Schock. Er fällt um und liegt stocksteif auf der Straße.

Da er nach wie vor verkleidet ist, meinen die menschenfreundlichen Fahrer, da habe eine arme alte Waschfrau einen Hitzschlag erlitten. Sie packen das hilflose Wesen auf den Rücksitz.

Sofort ist der Kröterich wieder obenauf. Er bittet, auch einmal fahren zu dürfen. Lachend wird ihm die Erlaubnis erteilt. Ohne zu zögern, drückt er auf die Tube und gibt tollkühn Gas. Die entsetzt Schreienden klärt er über seine wahre Identität auf: "Sitzet still und wisset denn, was Fahren wirklich ist - denn ihr seid in den Händen des berühmten, erfahrenen und absolut furchtlosen Kröterichs!“ Im selben Moment saust das Auto auch schon in einen tiefen Tümpel und der Kröterich selbst durch die Luft. Er genießt das Fliegen geradezu, denn schließlich erhebt es ihn über die anderen, und als er gelandet ist, stimmt er einen zweiten Eigenlobgesang an, der jedoch ganz schnell unterbrochen wird - scharenweise sind jetzt Geprellte und Häscher hinter ihm her. In Todesangst läuft er drauflos - und geradenwegs in den Fluss, in dem er um ein Haar ertrinkt. Aber der Fluss ist ein guter Freund. Er trägt ihn weiter - bis in die helfenden Pfoten der Ratte. Der Kröterich ist gerettet.

Ohne Zweifel ist er der komische Held des Buches. (Milne hat ihn mit Recht zur Titelfigur seiner Theaterbearbeitung gemacht.) Seine Rolle wie sein Verhalten sind - entgegen Grahames Absicht - vielfach gedeutet worden. Manche sagen, er sei die Inkarnation des parasitären Kapitalisten. Das mag glauben, wer will. Green stellt fest, der Kröterich zeige unverkennbar die Züge eines Manisch-Depressiven, angefangen bei seiner maßlosen Geltungssucht bis hin zu den Abgründen der Verzweiflung, in die das Fehlschlagen seiner närrischen Aktionen ihn stürzt. Er fügt aber auch hinzu, dass Grahame sich gegenüber seinem Mr. Toad sehr zwiespältig verhalte. Einerseits gebe er die Exzesse des Kröterichs der Lächerlichkeit preis. Andererseits spiegle sich in dessen Verhalten eine sonst sorgsam verheimlichte Sehnsucht des Verfassers - nämlich sich einmal rückhaltlos mit allen denkbaren Autoritäten anzulegen.

Der Kröterich ist ein großer Nonkonformist - das heißt, er möchte es wohl sein, ist dafür jedoch in jeder Hinsicht eine Nummer zu klein. In diesem Widerspruch sind seine Tragik wie seine Komik begründet. Deshalb erweckt er bei den kindlichen Lesern zwei ebenso unterschiedliche wie belebende Reaktionen: Mitleid und Heiterkeit. Sie lieben den Kröterich so sehr, wie sie etwa Pinocchio lieben. Der stolpert ja gleichfalls von einem Missgeschick ins andere, wenn auch, anders als der egomane Kröterich, mehr von fragwürdigen äußeren Kräften gelenkt als von der eigenen Unbedarftheit. Pinocchio ist, wie der Kröterich, alles andere als böse, weshalb man sich auch wundert, warum er immer wieder so grausam bestraft wird. (Beine versengt, an den Ast gehängt - und so weiter.) Der Kröterich kommt glimpflicher davon, weil er in heiklen Momenten die Hilfe der guten Freunde hat. Pinocchios eifriges Streben wird vom Erzähler durchaus gebilligt - das hölzerne Bengelchen will doch ein musterhafter Knabe werden (und wird es ja denn auch.) Des Kröterichs Streben wird vom Erzähler durchaus missbilligt - Mr. Toad möchte der Rasendste aller Raser werden (und wird es, dank des Einspruchs besagter Freunde, am Ende nicht.) Beider Bemühen jedoch gibt beiden Büchern recht eigentlich die Spannung und die Würze - zumindest, was die jungen Leser betrifft, auf die es immerhin ankommt.

Die älteren wird anderes ergötzen - und auch nachdenklich stimmen. Vom Pan-Kapitel war bereits die Rede.
Ein weiteres Abenteuer besonderer Art hat die Ratte, bevor der Kröterich auf seinem verwegenen Fluchtweg zu ihr findet. Eigentlich ist es ein Nicht-Abenteuer, aber gerade darum verdient es gesteigerte Beachtung.

In dem Kapitel, das "Wayfarers All" überschrieben ist, begegnet die Ratte zunächst drei Schwalben, die in den Süden ziehen und deren aufgeregtes Gezwitscher auch in ihr ein träumerisches Verlangen nach Ferne und Wärme weckt. Danach trifft sie auf eine Schiffsratte, die sie mit einer episch-breiten Schilderung all ihrer Fahrten und Abenteuer mächtig beeindruckt. "Verzaubert und bibbernd" ("spell - bound and quivering") sieht die Ratte die betörend bunten Bilder, die ihr Gegenüber entwirft, an sich vorüberziehen. "Meile um Meile" folgt sie der dargebotenen Erzählung, die sich zeitweilig in einen Gesang verwandelt, in dessen Klängen die wirkliche Welt ihre Konturen verliert. (Denn so wunderbar ist sie nicht, die wirkliche Welt, was die Erfahrungen des Kröterichs belegen - wie ja auch die Idyll, am Fluss nicht ohne weiteres mit der Befindlichkeit des alten England gleichzusetzen ist.)

Am Ende fordert die Schiffsratte den "jungen Bruder" auf, sie auf der anstehenden Reise zu begleiten - "denn die Tage vergehen und kommen nicht wieder und der Süden wartet immer noch auf dich." Noch während sie diese lockenden Worte spricht, macht sie sich auf den Weg und verschwindet allmählich in der Ferne. Wie ein Schlafwandler beginnt die Ratte ihre Sachen zu packen, schon hat sie den Wanderstab in der Hand - da erscheint gerade noch rechtzeitig der Maulwurf, dieser Erd- und Heimverbundene, drückt sie in einen Sessel und fängt an, von den Freuden der Ernte zu sprechen, deren Zeit gerade gekommen ist. Die Verheißung des Landes wirkt in der Tat stärker als der Ruf der See - zumindest auf die Ratte, die sich damit trösten darf, dass sie, weil am Fluss behaust, tagtäglich im Wasser das Unvereinbare vereint sieht, das ewig Fließende und dennoch immer Gleiche.

Dem entspricht auch ihr Wesen (das dem ihres Autors auffallend ähnelt.) Im Freundeskreis ist sie der ruhende Pol, zuverlässig, aufgeschlossen, jemand , auf den man bauen kann (und den einer wie der Kröterich dringend nötig hat.) Wenn sie allerdings, selten genug, ein Anfall von WANDERLUST überkommt - die Engländer haben das deutsche Wort ihrem Sprachschatz einverleibt - dann ist sie in Gefahr, außer sich zu geraten. (Was Grahame eindringlich mitzuempfinden vermochte.)

Grahame hat übrigens die beiden Kapitel vom Großen Pan und dem Weltumsegler erst ganz zuletzt ins Buch eingefügt. Beide sind eben Bekenntnisse eigener Art und haben mit dem für Kinder bestimmten Geschehen nur bedingt zu tun. Begonnen hat der Autor mit den Abenteuern des Kröterichs, die seinen Sohn so erfreut hatten. Dann ließ er den Maulwurf und die Ratte auftreten, wobei er an den Titel "The Mole and his Mates" dachte. Und dann erst schrieb er die zwei Episoden, von denen man sagen darf, dass sie seinem Werk die Krone aufsetzen.

Wie der Maulwurf die Welt der Ratte wieder in Ordnung bringt, so verhilft sie selbst dem Kröterich zur Rückkehr in ein neu zu ordnendes Dasein. Als erstes hält sie ihm eine gründliche Standpauke: "Wann wirst du endlich vernünftig und denkst an deine Freunde und versuchst, ihnen keine Schande zu machen? Glaubst du, es macht mir Vergnügen, wenn andere Tiere von mir sagen, dass ich der Bursche bin, der mit Zuchthäuslern gemeinsame Sache macht?"

Bemerkenswerterweise betont die Ratte besonders, dass der Kröterich gegen die Gesetze der Freundschaft verstoßen hat. Man kann Green zustimmen, der sagt, dass er sich der Illoyalität gegenüber der eigenen Kaste schuldig gemacht habe, mit seiner Ichsucht und Rücksichtslosigkeit. Wer will, mag auch den Begriff "Klasse" einsetzen. Sie ist gefährdet, wenn auch nur wenige ausscheren - werden die Spielregeln gebrochen, wanken die Privilegien.

Der Kröterich bekommt das zu spüren. In sein Besitztum, das er sträflich vernachlässigt hat, sind Frettchen und Wiesel eingedrungen, gewissermaßen die Proles des Wilden Waldes. Die machen sich jetzt dort breit und fressen alles leer - ganz wie die Freier am Hof des Odysseus. Der Hinweis auf die homerische Parallele kommt nicht von ungefähr. Der "Wind in den Weiden" weist auch parodistische Züge auf. Und das Schlußkapitel, in dem der Kröterich mit Hilfe der Freunde die dreisten Besatzer verjagt, ist ausdrücklich "Die Heimkehr des Odysseus" betitelt. Unter dem Kommando des Dachses zeichnet sich besonders der sonst so gutherzige Maulwurf aus. Wenn es um den Besitzstand von ihm oder seinesgleichen geht, hört die Gemütlichkeit auf. Eine Haltung, die sich für jeden guten Bürger der viktorianisch-edwardischen Ära von selbst verstand.

Der glorreiche Sieg wird - natürlich - mit einem üppigen Bankett gefeiert. Es zu krönen, hat der Kröterich ein sehr umfängliches Programm entworfen, dessen Punkte er sämtlich selbst zu bestreiten gedenkt. Aber daraus wird nichts. Kaum setzt er an, da wird er auch schon von den anderen unterbrochen. "Wir wollen nicht lange streiten", spricht kurzangebunden die Ratte. "Wir befehlen es dir!"

Nur in der Abgeschiedenheit seines Schlafzimmers darf der Kröterich ein letztes kleines, der Grandiosität der eigenen Person gewidmetes Liedlein singen - vor einem nicht vorhandenen Publikum, dessen Stühle er im Halbkreis vor sich aufgestellt hat.

Das Buch klingt aus. Der Kröterich macht die kleinen Vergehen gut, die er sich auf der Flucht geleistet hat, und überall, wo er und die Freunde auftauchen, genießen sie die ehrfürchtige Achtung derer, denen sie begegnen, selbstverständlich auch die der Wiesel und ihrer Spießge sellen.

Die Welt am Fluss ist wieder in Ordnung. Für immer, wie Grahame uns glauben macht. Nur fürs erste, wie wir leider annehmen müssen.

Denn er selbst hat auf die Frage, ob der Kröterich sich künftig eines vernünftigeren Lebenswandels befleißigen werde, die wenig zuversichtliche Auskunft gegeben: "Natürlich hat er sich nie wirklich gebessert; er war von Natur aus unfähig dazu." ("Of course Toad never really reformed; he was by nature incapable of it.")

Kann sein, dass sein nur vordergründig heiles Arkadien - auch - deshalb verloren ging. Für immer? Das weiß nur der Große Pan. Die jungen Leser bekümmert diese Frage ohnehin nicht. Im Buch existiert jene schöne kleine Welt, und das genügt ihnen. Und nach wie vor haben sie ihre helle Freude an den Spielen und Streichen der vier wunderlichen und wunderbaren Gefährten des Flusses, des Ufers, des Waldes. An dieser Freude haben - da doch der "Wind in den Weiden" für alle Altersgruppen da und vernehmbar ist - auch wir großen Leute teil, die wir danach greifen, getrieben von einer Sehnsucht, die nicht unbestimmt und dunkel ist, sondern erhellt vom Glanz einer Phantasie, die uns hoffen läßt, es gäbe etwas Besseres in der Welt.

Alan Alexander Milne
1882 - 1956

Er hat eins der heitersten Bücher der Weltliteratur geschrieben - vielleicht das heiterste überhaupt. Er ist damit sehr beliebt und berühmt geworden, auch sehr reich, und konnte ein Leben führen, wie es ihm gefiel. Dennoch war er am Ende nicht glücklich.

A.A. Milne wurde am 18. Januar 1882 geboren. Sein Vater leitete eine kleine Privatschule, die er selbst gegründet hatte, Henley House in London. Unter den nicht sehr zahlreichen Schülern befand sich der spätere Lord Northcliffe, und zu den wenigen Lehrern gehörte zeitweilig der junge H.G. Wells, der dann weltbekannte SF-Romane wie die "Zeitmaschine" und den "Krieg der Welten" verfasste.

Diese etwas ungewöhnliche Schule wurde von der Persönlichkeit ihres Leiters geprägt, von dem sein Sohn sagte, er sei der beste Mann gewesen, den er je gekannt habe. Es herrschte ein Geist der Aufgeschlossenheit und des freundlichen Verständnisses. Prügel waren verpönt.

Milne hatte zwei ältere Brüder, Barry und Ken. Es gibt ein Foto, das gemacht wurde, als er vier Jahre alt war. In der Mitte sitzt John V. Milne, der Vater, ein wenig versonnen, ein wenig stolz. Er hält Barrys rechte Hand und legt den linken Arm liebevoll um Ken. Davor hockt auf einem Kissen Alan Alexander. Die Brüder sehen sämtlich aus wie der kleine Lord Fauntleroy: Blonde Locken, piekfeine Anzüge, große Spitzenkragen. Alle scheinen eher Unbehagen zu empfinden: Ernsthaft und zweifelnd blicken sie in die Kamera. Doch der Eindruck täuscht. Im Haushalt der Milnes ging es entspannt und fröhlich zu. Den Jungen wurden viele Freiheiten gewährt. Als Ken 8 und Alan 6 war, durften sie unbeaufsichtigt durchs städtische Gelände streifen. Kaum hatten sie Rad fahren gelernt, erkundeten sie auch die City auf eigene Faust. Alan schloss sich eng an den 16 Monate älteren Ken an, der ihm zum besten Freund wurde - sein früher Tod, 1929, war ein schwerer Schicksalsschlag. Barry hingegen scherte aus dem Familienverband aus. Er war so etwas wie das Schwarze Schaf, anders im Verhalten als die - von den Eltern zweifellos bevorzugten - Brüder; nichts von Belang ist von ihm übermittelt.

Seinen hochbegabten Jüngsten förderte der Vater aufs Kräftigste. Alan, der stets das zu lernen pflegte, was gerade zu Kens Pensum gehörte, konnte schon mit fünf Jahren lesen und schreiben. Er nahm zunächst am Unterricht des Vaters teil, von dem er auch sagte, er habe sich in der Vorstellung seiner Kinder von Gott hauptsächlich dadurch unterschieden, dass er "funny" (nicht komisch, sondern spaßhaft) war: "which one knew God was not."

Sein Vater wiederum nannte ihn einen "vergnügten Wildfang, der Spiele aller Art liebte und jede Minute seines Daseins genoss." Dabei war Alan ein aufmerksamer und auch kritischer Schüler. H.G. Wells erschien ihm als "zu klug und zu ungeduldig, um ein guter Lehrer zu sein", was zweifellos zutraf. Gleichwohl - oder eben darum - war er sehr beeindruckt von ihm. Die beiden wurden später Freunde.

1892 - Alan war 10 - beschrieb ihn ein Klassenkamerad im Schulmagazin: "Kann 556 Wörter in der Minute sprechen und in drei Minuten mehr schreiben, als ein Lehrer in dreißig lesen kann."

Er machte so schnelle Fortschritte, dass seine Mutter Angst bekam: Man müsse etwas tun, um ihn zu bremsen, solche übertalentierten Kinder würden sich bald verausgaben und als "dull men" (etwa: stumpfsinnige Kerle) enden. Woraufhin sein Vater ihm längere Ruhepausen verordnete, was aber nicht viel half. Alan widersetzte sich höchst verdrießlich der erzwungenen Muße, er begann sogar zu kränkeln - bis er wieder an allen Lektionen teilnehmen durfte.

1893 wechselte er in die hoch angesehene Westminster School über, und 1900 trat er in das nicht minder berühmte Trinity College in Cambridge ein, um Mathematik zu studieren. Sein eigentlicher Ehrgeiz indessen war es, Herausgeber des beliebten Uni-Magazins "Granta" zu werden, was ihm zwei Jahre später auch gelang. Zusammen mit Ken, der ein erfolgreiches Jurastudium betrieb und Anwalt wurde, hatte er schon seit einigen Jahren heitere Verse und leichte Prosa geschrieben. Jetzt tat er das in größerem Maße, ebenso begeistert, wie er sich in der Theatergruppe des Colleges betätigte, zusammen mit Leonard Woolf, dem späteren Gatten Virginia Woolfs, und Thoby Stephen, deren jüngerem Bruder. Auch im universitären Fußballteam spielte er als Linksaußen.

All das war jedoch seiner akademischen Karriere nicht eben förderlich. Er verließ Cambridge ohne Diplom - als freier Journalist kehrte er nach London zurück, unterstützt vom (leise enttäuschten) Vater und hilfreich begleitet von H.G. Wells.

1904 erschien sein erster Beitrag im "Punch", und schon 1906 wurde er Mitherausgeber dieser glanzvollen satirischen Wochenzeitschrift, die, 1841 gegründet, fast 150 Jahre lang erschien. Damit hatte er ein gesichertes Einkommen - und eine zunehmend begeisterte Leserschaft. "Ich war sehr jung, sehr unbeschwert, voller Vertrauen in mich und die Zukunft. Ich liebte meine Arbeit und ich liebte auch das Nichtstun. Und besonders liebte ich es, zu hören, dass irgendein großer Mann, gewichtig und erfolgreich, meinen jüngsten Artikel sehr geschätzt hatte..."

Es ging rasch aufwärts. 1908 wurde Milne Mitglied des kleinen Kreises, der die politischen Leitlinien des "Punch" festlegte und darüber befand, welche Karikaturen aufgenommen werden sollten. Die Bücher, in denen er seine Artikel, Glossen und Skizzen sammelte, erreichten hohe Auflagen. Niemand könne es mit Mr. Milne an Verspieltheit, Witz und Eleganz des Ausdrucks aufnehmen, schrieb ein prominenter Kritiker.

Es kam die Zeit, in der er die ersten Kontakte mit Kindern hatte, nämlich mit denen seines Bruders Ken, der 1905 geheiratet hatte. Er schrieb die ersten einschlägigen Dialoge, zum Beispiel den eines jungen Onkels mit der dreijährigen Nichte, die er zu Bett bringen soll. Zu diesem Zweck erfindet der Ratlose eine Gute-Nacht-Geschichte, die am besten im Original zu lesen ist:

"Once upon a time there was a man called Bingle, and he married a lady called Pringle. And his brother married a lady called Jingle. And his older brother married a Miss Wingle. And his cousin remained single...That's all." Die kleine Zuhörerin bleibt, wen wundert's, unbeeindruckt. Soviel Personal und gar kein Geschehen! Aber eine junge Frau, die Milnes Erzählungen als Kind gelauscht hatte, erinnerte sich noch nach Jahren: "Er wusste genau, wie man mit einem Kind sprechen konnte, ohne herablassend zu sein."

Kaum 30 Jahre alt, war Milne ein bekanntes Mitglied der Londoner Gesellschaft. Er sah gut aus - Zeitgenossen beschreiben ihn als "groß, schlank und sportlich", mit tadellosen Manieren, dazu als geschätzten, weil glänzendem Unterhalter. Und sein Einkommen war beträchtlich.

Die Patentochter des "Punch"-Herausgebers, Dorothy de Selincourt, die sich Daphne nannte, zögerte darum auch nicht, den Antrag anzunehmen, den Milne ihr 1913 machte, während eines Aufenthalts in der Schweiz, "mitten in einem Schneesturm." Er selbst betonte später, was er an ihr besonders anziehend gefunden hatte: "Sie lachte über meine Witze."

Tatsächlich entwickelte sie für alles, was er zu Papier brachte, eine derart verständnisvolle Neigung, dass er von ihr bald als von "meiner Mitarbeiterin" sprach. Die folgende, durch keinerlei Affären getrübte Ehe beruhte wahrscheinlich auch mehr auf Partnerschaft als auf Leidenschaft. Von Anfang an gab es getrennte Schlafzimmer. Und Daphne ("kühl, selbstbewusst, versnobt") ging des öfteren eigene Wege, leistete sich beispielsweise längere und kostspielige Aufenthalte in New York.

Es war der von Milne sehr bewunderte Autor des "Peter Pan", der ihn ermunterte, Bühnenstücke zu schreiben. Sie waren erfolgreich wie alles, was er seinem Publikum bot. Eine Komödie wie "Mr. Pim Passes By" brachte ihm pro Aufführungswoche zwischen 200 und 500 Pfund ein, was mehr war, als viele Briten im Jahr verdienten. Milne sah seine theatralischen Hervorbringungen darum auch als den wesentlichen und wichtigsten Teil seines Schaffens an. Er ahnte noch nicht, dass ein eher unscheinbarer Bär all diese Stücke vergessen machen würde - jener Bär, dessen Urbild bereits 1913 im "Punch" auftauchte, gezeichnet von Ernest Howard Shepard der auch den "Wind in den Weiden" illustriert hatte. Das Modell zu diesem Ur-Bären gehörte Shepards kleinem Sohn Graham, hieß Growler und war ein Steiff-Tier.

1914 begann der Erste Weltkrieg. Im folgenden Jahr trat Milne in die Armee ein und wurde als Nachrichten - Offizier an der Somme-Front eingesetzt, wo er nach einigen Wochen an Grabenfieber erkrankte, so dass er nach England zurückgeschickt werden musste.

Die unmittelbare Erfahrung des Krieges hatte ihn in der pazifistischen Überzeugung bestärkt, zu der er sich bis zum Kriegsausbruch bekannt hatte und an der er fortan festhielt. In seiner Autobiographie schrieb er, er gäbe etwas darum, wenn er den Krieg vergessen könne, diesen "Alptraum geistiger und moralischer Erniedrigung."

1917 erschien sein erstes Kinderbuch "Once On a Time", von dem die New York Times meinte, es sei eine "unterhaltsame Verspottung des Krieges."

Im August 1920 wurde der Sohn Christopher Robin geboren. Daphne Milne erlebte die Geburt als "absolut traumatisierenden Schock" und bekundete ihre Entschlossenheit, diese Erfahrung auf keinen Fall zu wiederholen. Milne selbst hätte lieber eine kleine Rosemary gehabt. Ungeachtet seiner klangvollen Vornamen wurde der Junge "Billy " gerufen, und er selbst nannte sich "Moon" - in Verballhornung seines Nachnamens, der "Miln" ausgesprochen wird. Über viele Jahre hinweg blieb er "Moon" für alle möglichen Freunde und Bekannten der Familie, und es kam die Zeit, wo ihm das missfiel.

"Billy" bekam zum ersten Geburtstag einen Teddybären, den er "Pooh" nannte. Sieben Jahre zuvor hatte ein junger Armeeoffizier, der in Winnipeg/ Kanada lebte, einem Pelztierjäger ein schwarzes Bärenbaby abgekauft, das er "Winnie" taufte. Es wurde zum Maskottchen der 2. Kanadischen Infanterie-Brigade. Als sie nach Frankreich verlegt wurde, landete Winnie im Londoner Zoo. Dort wurde das drollige Kerlchen alsbald zum Liebling der kindlichen Besucher – lange, bevor der kleine Milne zur Welt kam..

Daphne Milne nahm sogleich eine Nanny in ihre Dienste, ein Kindermädchen, das in jeder Hinsicht für den Jungen zu sorgen hatte und an dem er mit großer Hingabe hing: "My total loyalty was with her", schrieb er später und setzte, gnadenlos eindeutig, hinzu: "Wenn meine Mutter verschwunden wäre, würde ich sie nicht vermisst haben - und ganz gewiss nicht meinen Vater. Ich hätte, aufs äußerste verzweifelt, nur nach meiner Nanny gesucht."

Das klingt sehr hart und ist wohl nur aus der Verbitterung zu erklären, die den erwachsenen Sohn auch sagen ließ: "Während seines ganzen Lebens blieb das Herz meines Vaters zugeknöpft." Gleichzeitig berichtete er jedoch auch, wie er abends oft mit dem Vater zusammensaß, wie sie sich unterhielten, gemeinsam Kreuzworträtsel und mathematische Gleichungen lösten.

Von A.A. Milne stammen freilich auch Sätze wie dieser, der das harsche Urteil des Sohnes zu belegen scheint: "Ich mache mir eigentlich nicht viel aus Kindern, habe nie sentimentale Gefühle für sie entwickelt, höchstens solche, die man bisweilen auch für ein Hündchen oder ein Kätzchen hat."

Dennoch darf angenommen werden, dass er dem niedlichen, ein wenig puppenhaften Jungen in seiner Weise sehr zugetan war. Er beobachtete ihn genau, sah in den eigenständigen Regungen des Kleinen wohl auch Reflexe der eigenen kindlichen Erfahrungen. Und er begann, ihn und die Welt dieser frühen Jahre in den Mittelpunkt seines Schreibens zu rücken. (Christopher Milne: "Weil er NICHT fähig war, mit seinem kleinen Sohn zu spielen, suchte und fand sein Verlangen auf andere Weise Befriedigung. Er schrieb über ihn.")

So entstand 1922 das Gedicht "Vespers", das in der ganzen englischsprachigen Welt berühmt werden sollte - und das der Sohn, der es "that wretched poem" nannte, wobei man das Beiwort sowohl mit "erbärmlich" als auch mit "niederträchtig" übersetzen kann, von Herzen verabscheute. Die am meisten zitierten Verse darin lauten: "Hush, hush, whisper who dares / Christopher Robin is saying his prayers." (Etwa: "Still, still, keiner sage ein Wort / Christopher Robin spricht seine Gebete.") Milne schenkte das Werklein seiner Frau, die es an die Zeitschrift "Vanity Fair" veräußerte. Es wurde viel Geld damit gemacht. Mit der anrührenden Rückansicht des betenden Söhnchens versehen, hing es bald gerahmt in Hunderttausenden von Kinderzimmern. Für den Portraitierten war das mehr als unerfreulich. Als der Zehnjährige ins Internat kam, wurde er mit Hohn und Spott empfangen: "Hullo, Christopher Robin! Still saying your prayers?" Wer weiß, welch ätzender Bosheit Halbwüchsige (auch) fähig sind, ahnt, was der sensible Junge durchzumachen hatte, und vermag zudem zu begreifen, warum der Heranwachsende sich mehr und mehr seinen Eltern entfremdete. Sie hatten ihn zum Gegenstand einer selbstgefälligen Stilisierung gemacht, die ihrer Eitelkeit schmeichelte. Jedenfalls sah er das so. Den Namen "Robin" legte er ab. Er wollte um keinen Preis mehr die Rolle spielen, die man ihm da aufgedrängt hatte.

Milne sah das alles wohl anders. Er hatte sich im Umgang mit seinem einzigen Kind einer Thematik erschlossen, die fortan, selbst als er das gar nicht mehr wollte, sein Schreiben bestimmte - und die er meisterhaft zur Sprache brachte. Anders als Carroll, den er verehrte, und Barrie, dem er freundschaftlich verbunden war, musste er weder seine Empfindungen noch seine Erkenntnisse auf den Nachwuchs anderer Leute projizieren. Er hatte ungehinderten Zugang zu der kleinen Welt des eigenen Sohnes, kannte dessen Spiele, Sprache, Einfälle, Ängste und Freuden, in die er sich auf wunderbare Weise einzufühlen verstand. Er konnte, schrieb eine Biografin, den kindlichen Kosmos aus dem Blickwinkel eines Erwachsenen sehen, der selbst ein Kind geblieben war - verhaftet den Erinnerungen an die glückhafte Geborgenheit der frühen Jugend, die ihm zuteil geworden war.

Und der Ton, den er anschlug, ging ins Ohr und zu Herzen, auch und gerade bei der erwachsenen Leserschaft. In nur elf Tagen schrieb er die Gedichte, die 1924 in dem Sammelband "When We Were Very Young" erschienen und zu dessen Veröffentlichung er den zögernden Verleger erst überreden musste. Shepard bebilderte das Buch, von dem sechs Wochen später bereits 40000 Exemplare verkauft waren. (In den folgenden zehn Jahren erreichte es eine Auflage von 500000.) In den USA und den Ländern des ehemaligen britischen Empire wurde Milne der erfolgreichste Kinderbuchautor der Zeit.

Von "When We Were Very Young" gab es Luxusausgaben und Vertonungen, und es gab auch, sicherstes Zeichen eines glänzenden Erfolges, Parodien. "When We Were Rather Older" hieß eine, die schon 1926 erschien und ihrerseits eine begeisterte Leserschaft fand. Milne war jetzt, diesseits und jenseits des Atlantiks, eine Institution wie Lewis Carroll.

Als Kostprobe sei hier die erste Strophe des noch immer höchst beliebten Gedichts von der Haselmaus und dem Doktor im Original zitiert:

There once was a Dormouse who lived in his bed
Of delphiniums (blue) and geraniums (red).

And all the day long he'd a wonderful view
Of geraniums (red) and delphiniums (blue).

Das gleitet lustig und lieblich ganz unmittelbar ins Gemüt und stimmt es auf zauberhafte Weise heiter. Schlicht wie ein Kinderlied ist es und zugleich doch klüglich ausgedacht. Wie Milne selbst sagte, ist es - wie das ganze Buch - die Arbeit eins "Schreibers leichter Verse, der seinen Job sehr ernst nimmt, auch wenn alles nur fürs Kinderzimmer bestimmt ist."

"In Demut gewidmet" war der Band
„Christopher Robin Milne
oder, wie er es vorzieht, sich selbst zu nennen,
Billy Moon,
dem dieses Buch so viel verdankt."

Ursprünglich sollte es nur heißen:
„Dem kleinen Jungen,
der sich
Billy Moon nennt."

Aufgrund der neuen Fassung war nunmehr klar, wer derjenige war, um den viele der Gedichte kreisten - nächst "Vespers" war das der zweite Schlag, den Milne, durchaus unbeabsichtigt, seinem Sohn zufügte. Der es übrigens in jenen Tagen durchaus genoss, berühmt zu sein. Der Vierjährige signierte sogar mit wackligen Großbuchstaben einige Bände: BILLY MOON.

Im Dezember 1925 bat die viel gelesene "Evening News" Milne um eine Weihnachtsgeschichte. Er schickte ihr eine, die er Christopher Robin erzählt hatte. Sie erschien auf der ersten Seite der Weihnachtsnummer und wurde von allen Radio-Stationen am Festtag gesendet. Aus ihr entwickelte sich das erste Pooh-Kapitel.

Im selben Jahr hatte Milne das Cotchford Farmhouse am Rand des Ashdown Forest in Sussex gekauft, wo die Familie die Wochenenden und die Ferien verbrachte. Das war die Landschaft, in der Pooh und seine Freunde ihre wunderbaren Abenteuer erleben sollten. Die Schauplätze hat Christopher Milne selbst in seinen "Verzauberten Orten" namhaft gemacht - der "Hundert-Morgen-Wald", beispielsweise, ist Ashdown Forest.

Der erste der beiden Pooh-Bände erschien 1926, der zweite ("The House at Pooh Corner") 1928. Dazwischen kam eine weitere Sammlung von Kinderversen heraus, "Now We Are Six" (1927).

Der Teddybär Pooh war das liebste Spielzeug "Billys". ("Nur ein Jahr jünger als ich und mein unzertrennlicher Gefährte.") Zum Beinamen Winnie kam er, als der Junge im Londoner Zoo eben den schwarzen Bären besucht hatte, von dem schon die Rede war. Milne erzählte Enid Blyton davon, die ihn übrigens als "groß, gutaussehend, mit freundlichen Augen und einem schalkhaften Mund, der oft lächelt" beschrieb. Billy "war entzückt, als er den Bären sah", und der Wärter ließ ihn - erstaunlicherweise! - ins Gehege eintreten.

"Der Bär umarmte Christopher Robin, und sie hatten eine gloriose Zeit zusammen, rollten herum, zogen sich an den Ohren - und all so was." Seitdem nannte der Junge den eigenen Bären zärtlich "Winnie-the-Pooh."

Dieser Bär ist Haupt- und Titelfigur der beiden Bände. Vier seiner Gefährten kommen ebenfalls aus "Billys" Spielzimmer; Piglet und Eeyore, das Ferkel und der Esel, und Kanga und Roo, die Känguruhmutter und ihr Kind.

Nur Rabbit, das Kaninchen, und Owl, die Eule, hat Milne erfunden; später dann wurde ihnen dann noch Tigger, der friedfertige Tiger beigestellt. Der einzige Mensch, der in diesem stillen, Wunderland agiert - aber nicht regiert! - ist zum anderen Mal Christopher Robin, dessen "leerer Ruhm" ("empty fame"), wie er das zornig nannte, damit endgültig begründet wurde.

Pooh eroberte die Welt. Die Bücher wurden in 40 Sprachen übersetzt und erschienen in Millionen von Exemplaren.

In Deutschland brachte sie der beste Kinderbuchverlag jener Jahre heraus, Williams & Co in Berlin, mitgegründet und -geleitet von Edith Jacobssohn, der Frau des Herausgebers der "Weltbühne." (Dort erschienen neben anderen auch Loftings Dolittle-Bücher, Erich Kästners große Erfolge und - noch 1935! - Janus Korczaks "Bankrott des kleinen Jack.")

Nach den beiden Pooh-Bänden schrieb Milne keine Kinderbücher mehr. Neuen Ruhm erwarb er sich indessen noch mit seiner Theaterfassung vom "Wind in den Weiden", 1929. "Ich liebe seine (Grahames) Bücher so sehr, dass ich den Gedanken nicht ertragen kann, jemand anders würde sich daran vergreifen", merkte er dazu an. "Ich habe, hoffe ich, eine Art Unterhaltung geliefert, in der genug von Kenneth Grahame ist, um seine Bewunderer zu befriedigen, und genug von mir, um meinen Namen auf dem Titelblatt zu rechtfertigen."

Zusammen mit Grahame sah er dann das Stück in London, und beiden gefiel es sehr. "Toad of Toad Hall" wurde ein Klassiker des englischen Kindertheaters.

Milne, schreibt Jackie Wullweber, war ein typischer Humorist der 20er, ironisch und sentimental zugleich, dabei auch ein ganz klein wenig zynisch: "an escapist who knows he is escaping", also einer, der aus der Wirklichkeit flüchtet und sich dieser Flucht durchaus bewusst ist. Milne selbst stellte gegen Ende seines Lebens fest: "Ich wollte Pooh entkommen, so wie ich "Punch" entkommen wollte - wie ich überhaupt immer entkommen wollte."

Die Menge seiner Bewunderer war unübersehbar. Doch das Lob, das ihm allenthalben gespendet wurde, bezog sich wieder und wieder auf seine Kinderbücher - und nicht auf die Stücke, auf die er stolz war und die nach wie vor auf den Bühnen der Hauptstadt inszeniert wurden, vor einem Publikum allerdings, dessen Teilnahme nachzulassen begann, erst unmerklich, dann immer deutlicher. Mit wachsender Erbitterung nahm Milne wahr, wie alles, was er schrieb - darunter auch zwei Romane - im Schatten des Großen Bären verkümmerte. Seine letzte Komödie - 1938 - war sogar ein eindeutiger Fehlschlag.

Für diese Erfahrung entschädigten ihn auch nicht die vielen schmeichelhaften Ehrungen, die ihm zuteil wurden. Um nur ein Beispiel zu nennen: 1928 besuchten der Herzog und die Herzogin von York, George und Mary, das spätere Königspaar, die Milnes, von denen sie nach langer und freundlicher Unterhaltung ein Kinder-Teeservice für ihre kleine Tochter Elizabeth, die heutige Queen, geschenkt bekamen.

Milne zog sich mehr und mehr in den engen Kreis seiner Freunde zurück. Christopher Milne schreibt sogar von der "Isolation", in die sein Vater geraten sei.

Auch beider Beziehung blieb verhärtet. Nicht zuletzt im Hinblick auf Poohs doch so liebenswürdigen menschlichen Begleiter verzieh der junge Milne nicht, dass ihm die fiktive Figur einen Teil seines Eigenlebens entzogen und zu einem Gegenstand öffentlichen Missverständnisses gemacht hatte. Später unterschied er zwischen den Jahren, in denen er sich mit jenem Christopher Robin identifizieren konnte, und denen, in welchen er ihm zu entkommen suchte.

Der Groll des Sohnes schien dem Vater unverständlich. "Wer war dieser Christopher Robin?" fragte er sich und gab auch gleich die Antwort: "Für mich ist und bleibt er das Kind meiner Einbildungskraft. Aus diesem Grund bin ich nicht befangen gewesen, als ich über ihn schrieb, auch nicht schuldbewusst bei dem Gedanken, dass ich meine eigene Familie der öffentlichen Neugier ausgesetzt haben könnte..."

Eben darauf bezog sich jedoch der anhaltende Vorwurf Christopher Milnes. Noch 1956, als Milne gestorben war, schrieb die "Times", alles, was der Junge als Kind gesagt, getan und erlebt hätte, sei vom Vater literarisch verarbeitet worden.

1939 veröffentlichte Milne seine Autobiographie unter dem melancholischen Titel "It's Too Late Now." Mehr als die Hälfte des Buches ist gefüllt mit Erinnerungen an die eigene Kindheit, an Schulzeit und Studium. Von 250 Seiten sind ganze sieben dem fabulösen Pooh gewidmet.

Der Zweite Weltkrieg brach aus. Christopher, der in Cambridge Mathematik und Literaturwissenschaft studierte, trat erst in die Home Guard ein und dann in die Armee. Er war fünf Jahre lang Soldat, vornehmlich in Italien. Zur gleichen Zeit waren sein anderes Ich und dessen häriger Partner schier noch beliebter als zuvor. Die Nachfrage nach Pooh und den Seinen war so groß, dass der Verlag Methuen nicht mehr genügend Papier für die Neuauflagen auftreiben konnte. Wohingegen 1950 mehr als 200000 Exemplare der Milneschen Romane, die ein amerikanischer Verleger neu herausgebracht hatte, mangels Interesse des Publikums verramscht werden mussten.

Immerhin verbesserte sich während des Krieges die Beziehung zwischen Vater und Sohn. Über die trennende Entfernung hinweg wurden teilnahms- und auch liebevolle Briefe ausgetauscht. Das änderte sich freilich wieder, als Christopher nach England zurückgekehrt war. 1948 heiratete er seine Kusine Lesley de Selincourt, die Tochter von Daphnes Bruder Aubrey, mit dem die Milnes während der vergangenen 25 Jahre kein Wort gewechselt hatten. Das führte zum endgültigen Bruch.

Nach mehreren vergeblichen Anläufen in anderen Berufen nahm Milnes Sohn 1951 seine Tätigkeit als Buchhändler auf, mit kargen Eigenmitteln, auf die elterliche Hilfe verzichtend. Christina Foyle, deren Buchhandlung in der Londoner Charing Cross Road weltweiten Ruf genoss, half ihm als Sponsorin und bewirkte, dass er in die britische Buchhändlervereinigung aufgenommen wurde. (Was er nicht wusste: Sein Vater hatte sie brieflich um Unterstützung gebeten. Was seine Mutter betraf, so nannte sie seine Berufswahl "a very odd decision.")

"Es gab zwei Dinge, die mein Leben überschatteten und denen ich entkommen musste: Meines Vaters Ruhm und "Christopher Robin." Fortan lebte er weit weg von London, in Dartmouth im fernen Devon, zusammen mit Lesley und der seit ihrer Geburt durch Gehirnlähmung behinderten Tochter Clara. Aber auch dort erschienen immer wieder Mütter in seinem Buchladen, die ihrem Nachwuchs den berühmten Jungen aus dem Hundert-Morgen-Wald vorstellen wollten.

1952 erlitt A.A. Milne einen Schlaganfall. (Neuere Berichte sprechen von der Feststellung eines Hirntumors.) Er wurde operiert und hatte noch rund drei Jahre zu leben, konnte aber nicht mehr laufen und litt quälende Schmerzen. Christopher kam nur noch zweimal zu Besuch. Schlimmer: Er gab einem Journalisten ein unbedachtes Interview, woraufhin ein Bericht erschien, der Milne über die Maßen kränkte und den er nie vergab. "Hast du Moons Artikel gelesen, der in der Sunday Dispatch gedruckt wurde, als man annahm, ich läge im Sterben? Er hätte dich angeekelt. Es ist halt so: Ich habe ihn schon vor Jahren verloren, aber ich habe wenigstens noch Daff (Daphne.)"

Milne starb am am 31. Januar 1956. Bei der Trauerfeier wurde Poohs Lied "How sweet to be a cloud" vorgetragen, auch wurde "Vespers" mit Orgelbegleitung rezitiert. "Was Christopher Robin dabei fühlte, stellt man sich besser nicht vor", schreibt Ann Thwaite. Allein in den USA waren bis dahin zweieinhalb Millionen Pooh-Bücher verkauft worden.

Die Rechte hatte Milne zu gleichen Teilen seiner Familie, seiner ehemaligen Schule (Westminster), seinem Londoner Club und dem Royal Literary Fund vermacht. Christopher Milne nahm erst nach Claras Geburt Geld aus dem Erbe an. Mit der Mutter hatte er in den 15 Jahren, die sie ihren Mann überlebte, keinen Kontakt mehr. Er selbst starb 1996 im Alter von 75 Jahren.

PS. Vor Harry Potter hat keine Figur der kindlichen Wunderwelt ihrem Schöpfer und dessen Vertragspartnern soviel Geld eingebracht wie Pooh. Im Jahr 2003 schrieb die "Times" über die Produktion des Disney Konzerns, Pooh habe ihm mehr Geld eingespielt als Micky Maus, Donald Duck und alle anderen hauseigenen Figuren zusammen. 2001, erläuterte sie, habe Disney mit Pooh und den einschlägigen Nebeneinkünften geschätzte 6 Milliarden Dollar verdient.

1930 zahlte Milnes amerikanischer Agent Slesinger dem Autor eintausend Dollar für die Rechte an der kommerziellen Auswertung der Pooh-Geschichten.

1932 ging es dann um Poohs Auftreten in Medien jeglicher Art - Film, Radio, "or any other mechanical instrument", worunter später auch das Fernsehen zu verstehen war. Slesinger betätigte sich als Vermittler. Milne sollte zwei Drittel der Einnahmen erhalten, die sich aus dem Verkauf der Rechte ergeben würden.

Er musste sie sich allerdings mit Shepard teilen. Slesinger bekam den stattlichen Rest.

Milne und Slesinger waren beide tot, als die Disney Corporation 1961 mit der Witwe des Agenten einen Vertrag abschloss, der dem Konzern nicht nur die alleinigen Filmrechte sicherte, sondern auch den Gewinn aus der weltweiten Vermarktung, die neben den Spielzeugtieren und den Schallplatten beispielsweise auch Piglet-Tapeten und sogar Pooh-Honig umfaßte. Mrs. Slesinger standen 4 Prozent davon zu, Daphne Milne nur 2,5 Prozent.

In rascher Folge brachte Disney dann drei Pooh-Filme heraus, die sämtlich große Erfolge wurden - trotz des amerikanischen Akzents der Sprecher, der das britische Kinopublikum schaudern ließ. Insgesamt hat Disney sechs Kino- und drei Fernsehfilme hergestellt, dazu 23 Video-Filme und eine TV-Serie.

Mrs. Slesinger und ihre Tochter Pati sahen den gewaltigen Profit, der da gemacht wurde, und wollten ihren, wie sie es sahen, allzu bescheidenen Anteil daran ein wenig vergrößern. Erst wurden sie abgewiesen, dann gab es immerhin eine Art Abfindung in Höhe von 1,1 Millionen Dollar. Das genügte ihnen jedoch nicht, weshalb Anfang 2003 ein umfänglicher Prozess begann, in den auch die geschäftsunfähige Clara Milne miteinbezogen wurde - ihre Anwälte traten gemeinsam mit denen des Disney-Konzerns gegen die Slesingers und deren Forderungen an. Der Ausgang des Streites ist derzeit (2005) nicht abzusehen.

Pooh jedoch bringt nach wie vor Millionen ein.

Verzauberter Ort der Erinnerung. Die Welt von Winnie the Pooh

Vorangestellt hat der Autor eine Widmung: To Her - für sie, nämlich seine Frau Daphne, von der es heißt, dass sie es war, die die Tiere zum Sprechen brachte, sei es im Spiel mit dem kleinen Sohn, sei es im heiteren Wortwechsel mit ihrem Mann. Hand in Hand kämen sie, sagt Milne, Christopher Robin und er, um ihr das Buch in den Schoß zu legen: "Because it's yours / Because we love you."

Sodann bekommt man in einer Einleitung erklärt, warum der Bär, von dem da die Rede sein wird, sowohl Winnie als auch Pooh heißt. Die etwas verzwickte Erläuterung wird allerdings unterbrochen, von Piglet, dem winzigen Ferkel, das recht eifersüchtig ist auf Pooh, weil er hier so wichtig genommen wird, und es nicht, obwohl es sich doch einiges zugute hält, auf seine besonderen Talente, die der Autor ihm auch umgehend bestätigt. Man merkt, dass er mit seinen oder vielmehr Christopher Robins Tieren vertrauten Umgang pflegt, gewissermaßen von Du zu Du mit ihnen verkehrt. Weshalb er sich auch alsbald zurückzieht und sie zu Wort kommen lässt, indem er das Buch beginnt.

Der Bär tritt sofort auf, im allerersten Satz. ("Here is Edward Bear.") Das heißt, im strengen Wortsinn tritt er nicht auf, sondern fällt hinein ins Geschehen, kopfabwärts, auf jeder Stufe der Treppe landend, die Christopher Robin herunterkommt, denn der zieht ihn hinter sich her.

Und Christopher Robin ist es, der den Vater bittet, er möge dem Bären eine Geschichte erzählen, und zwar eine, in der dieser selbst vorkommt, denn er gehöre zu der Sorte von Bären, die das gern hätten. Er wolle es versuchen, sagt der Vater, und man kann förmlich sehen, wie er alles, was jetzt kommt, erfindet, denn ein Drittel der Seite bleibt leer, nur vier Punkte stehen da in einer Reihe - man muss eben abwarten, bis sie fertig ist, die Geschichte. (Das ist genauso wie in Sternes "Tristram Shandy", wo Onkel Toby vor seiner Haustür steht und die Hebamme beobachtet, die sich langsam nähert, wobei er seinen Lieblingsschlager pfeift, den Lila Bolero.

Zwei Kapitel fallen da augenfällig aus, werden durch leere Seiten ersetzt - danach erst hat Onkel Toby zu Ende gepfiffen, und die Hebamme steht vor ihm.)

Es hat sich gelohnt zu warten, denn die Geschichte ist sehr schön. Pooh, stets erpicht auf Honig, macht einen Baum aus, der von Bienen umsummt wird, weswegen er es unternimmt, hinaufzusteigen, was gar nicht so leicht ist. Auch das sehen wir im Druckbild:

Er
stieg
und
er
stieg
und
er
stieg......

Schließlich ist der arme Kerl so erschöpft, dass er nicht mehr lustig singt wie zuvor, sondern ein Klagelied anstimmt und - Crack! - fällt er auch schon herunter.

Woraufhin er Christopher Robin zu Hilfe holt, keineswegs zum letzten Mal. Einen blauen Luftballon bittet er sich von ihm aus, den der Junge kräftig aufblasen muss, während Pooh sich in einer Dreckpfütze wälzt, da er doch die Bienen täuschen möchte: Als schwarzes Wölkchen will er, an den Ballon geklammert, zu ihnen emporschweben und ihren Honig ergattern.

Der Plan gelingt nicht ganz. Zwar hängt Pooh schon scheinbar schwerelos in den Lüften, aber als er zu Christopher Robin hinabruft, wie er denn aussähe, kann der nur wahrheitsgemäß antworten: Wie ein Bär, der sich an einem Ballon festhält. Dies wirkt ernüchternd.

Zwar lässt Pooh seinen Freund noch einen Schirm holen und aufspannen und dabei sagen: "Ts, ts, ...sieht nach Regen aus!", auf dass die Bienen denken sollen, da hänge wirklich eine Regenwolke. Aber dann setzt sich eine Biene auf seine Nase, und überhaupt ist ihm nicht ganz wohl, so hoch dort oben, obwohl er gerade ein sehr schönes Lied verfasst und gesungen hat, darüber, wie köstlich es doch sei, als Wolke im Himmelblau dahinzugleiten.

Jetzt will er nur noch nach unten, möglichst unbeschädigt, weshalb Christopher Robin ein Loch in den Ballon schießt, damit Pooh halbwegs gemächlich landen kann. Damit endet diese schöne Geschichte, in die der wirkliche Christopher Robin einmal hineinfragt, "mit ehrfürchtiger Stimme" , ob er das sei, dieser Freund und Helfer Poohs, und als der Erzähler das bejaht, werden seine Augen immer größer und sein Gesicht beginnt sich zu röten.

Eine wundersame Verfremdung? Eher das Gegenteil. Der echte Christopher Robin ist beglückt zu hören, dass er und der Junge in der Geschichte ein und derselbe sind. Indem er so empfindet (und das auch zeigt), hebt er die Wirklichkeit des Geschehens nicht auf, sondern bekräftigt sie. Denn wenn er da doch selbst mittut, muss es stimmen. Er trifft auch eine bemerkenswerte Unterscheidung, als er wünscht, der Vater solle Pooh mehr von dessen Abenteuern erzählen, weil der Bär sonst alles vergesse. "Then it's a real story and not just a remembering". "Remembering", Erinnerung, für Milne ein sehr wichtiges Wort, hat mit Vergangenheit zu tun, und Vergangenheit zählt für Kinder nicht; sie verblasst im Nu. (Bei Erwachsenen ist das anders, wie wir am Ende sehen werden.) Dagegen "a real story", eine wirkliche Geschichte - das ist eben eine Geschichte, in der Wirklichkeit ist, und Wirklichkeit ist Gegenwart, und diese Gegenwart ist unübersehbar da, sie allein zählt, sie ist wahr.

So erkennen wir (und gewiss auch die kindlichen Leser) zwar den Abstand zwischen dem erfundenen und dem wirklichen Geschehen, aber wir wollen unseren Augen nicht trauen, sondern lieber dem Autor, der beides eins werden lässt, mit der Kunstfertigkeit eines lächelnden Taschenspielers, der mit der Sprache ebenso meisterhaft umgeht wie mit seinen Figuren - sie ist ebenso naiv wie genau. Die Genauigkeit beglaubigt die Naivität, und die Naivität fügt der Genauigkeit ein sanftes ironisches Aroma hinzu. Es ergibt sich ein Tonfall, der unwiderstehlich ist und Erwachsene womöglich noch mehr bewegt als Kinder. In dieser Sprache möchten sie sich ihre eigene Kindheit zurückdenken - was zweifellos auch auf Milne selbst zutrifft. Die Sehnsucht nach der wohligen Geborgenheit, die er erfahren hatte, ist ganz unverkennbar eine Triebfeder seines Schreibens. Was freilich nicht heißen soll, dass Milne in erster Linie an nostalgische erwachsene Leser gedacht habe. Es sind die Kinder, die er in sein Wunderland einlädt, damit sie hineingehen, es von innen besehen und sich darin aufgehoben fühlen. Die Erwachsenen dürfen von draußen zugucken, auf wehmütige Weise erfreut.

Alle, die sich zu Milne äußerten, haben einmütig festgestellt, dass es ihm gelungen sei, die kindliche Sicht - und Denkweise vollkommen zu übernehmen und sie in den Grenzen kindlicher - nicht kindischer - Sprache wiederzugeben.

Im folgenden Kapitel summt Pooh ein Liedchen, das er sich bei seiner Morgengymnastik ausgedacht hat. In bester Laune wandert er in den Tag hinein und fragt sich erstens, was wohl all die anderen machen, die er kennt, und zweitens wie es wohl sei, jemand anders zu sein. Dann besucht er Rabbit, das Kaninchen, aber bevor er hineindarf ins Kaninchenloch, haben die beiden einen Dialog von geradezu Beckettscher Prägung:
"Hallo, Rabbit, bist du das ?"
"Nein", sagte Rabbit mit verstellter Stimme.
"Aber ist das nicht Rabbits Stimme ?"
"Glaub nicht", sagte Rabbit, "jedenfalls soll sie's nicht sein."
- und so fort, prachtvoller Nonsense, und doch auch wieder nicht unsinnig, denn Rabbit weiß nie, wer vor der Tür steht und muss sich mit sinnreichen Tricks schützen!

Rabbit setzt Pooh allerlei gute Dinge vor, Honig natürlich und Dosensahne, und der mampft sich so voll, dass er, als er endlich aufbrechen will, in der Tür stecken bleibt - was seiner Meinung nach daran liegt, dass solche Türen eben zu eng sind. Wieder ist es Christopher Robin, der Rat weiß. Pooh muss in seiner misslichen Lage bleiben, eine Woche lang, bis er wieder etwas schlanker ist; Christopher Robin liest ihm derweil ein passendes Buch vor, und das praktische Kaninchen hängt in dieser Zeit seine Wäsche an den Hinterbeinen des Eingeklemmten auf.

Dann geht Pooh auf die Jagd: Zumindest erzählt er das Piglet, dem Ferkel, das auch gleich mitmachen will, obwohl Pooh nicht sagen kann, wen oder was er denn eigentlich jagen will. Als sie plötzlich Spuren im Schnee sehen, faselt er etwas von Woozles und Wizzles. Mit gemischten Gefühlen stapfen die beiden weiter. Immer mehr Spuren werden sichtbar, und Piglet hält es nun doch für besser, das Weite zu suchen, aber dann erklärt Christopher Robin, der in einem Baum sitzt und die Lage völlig übersieht, dass das Duo im Kreis und hinter der eigenen Spur hergelaufen ist. Pooh schämt sich. "I'm a Bear of No Brain at All" - ein Bär ohne jeden Verstand. Doch Christopher Robin beruhigt ihn. "You 're the Best Bear in All the World."

All das mit großen, also höchst gewichtigen Anfangsbuchstaben. Und wieder einmal ist die kleine Welt in Ordnung.

Ein neuer Mitspieler tritt auf, der Esel Eeyore - zu Deutsch I-Ah. Niedergeschlagen lässt er Pooh wissen, dass er seines Schwanzes verlustig gegangen sei, und Pooh sucht umgehend die weise Eule auf, von der er sicher ist, dass sie helfen kann.

Was folgt, ist eine der hübschesten und hintersinnigsten Episoden des Buches. Schon die beiden von Christopher Robin ein wenig fehlerhaft beschriebenen Schilder an Eules Tür lassen einiges erwarten:

BITE LÄUTN WEN NTWORT ERWATET WIRD

und

BITE KLOPFN WEN KEINE NTWORT ERWATET WIRD

Die Eule, von Pooh ins Bild gesetzt, schlägt zur Lösung des Problems das "gewöhnliche Verfahren " vor, "the customary procedure", woraus Pooh sofort etwas zu essen heraushört: "customary Proseedcake."

Eine Belohnung müsse man aussetzen, "issue a reward", erläutert die Eule, und weil das klingt, als ob sie niese, wünscht Pooh ihr Gesundheit. Hin und her geht es, die Eule gebraucht immer längere Wörter, und am Ende stellt sich heraus, dass der Glockenstrang, an dem man ziehen soll, wenn man eine Antwort erwartet eben der verlorene Schwanz des Esels ist. Christopher Robin nagelt ihn wieder an.

Man soll nicht zu hoch greifen, darf aber vielleicht doch an gewisse Leute denken, die gern und ausführlich rätseln und raten, während der Gegenstand ihrer weisen Überlegungen sich in greifbarer Nähe augenfällig darbietet.

Anschließend wollen Pooh und Piglet ein Heffalump fangen, ein sehr geheimnisvolles Tier, das Christopher Robin gesehen haben will. ("Es hat nur so herumgelumpt.") Piglet gräbt eine tiefe Grube, und Pooh stellt als Köder einen Topf mit Honig hinein, wehen Herzens, denn Honig ist nun einmal seine Leibspeise, weshalb er den Topf auch bis auf den Boden ausgeleckt hat.

Nachts kann er nicht schlafen. Er muss an das Heffalump denken und vor allem an den Rest Honig, und so macht er sich auf zur Grube und hopst hinein und steckt seinen Kopf in den Topf und tut sich gütlich - aber dann bekommt er den Kopf nicht mehr heraus aus dem Topf und rumort und verrenkt sich, und als dann das Ferkel aufkreuzt, erblickt es in der Grube ein unheimliches Wesen mit einem riesigen Kopf und läuft schreiend (" A Horrible Heffalump! A Hellible Horralump! A Hoffable Hellerump!") zu Christopher Robin, der wieder einmal zu Hilfe eilt. Inzwischen hat Pooh sich aber schon selbst geholfen. Der Topf ist entzwei, der Kopf ist frei, und Pooh begibt sich mit seinem Freund zum Frühstück.

"Oh, Bear!" said Christopher Robin. "How I do love you!" "So do I", said Pooh.

Was ja sehr schön doppeldeutig ist. Kann heißen, er liebt Christopher Robin. Kann aber auch heißen, er liebt sich selbst. Vermutlich trifft beides zu.

- Eeyore, der Esel, hat Geburtstag. Eigentlich ist er, ein standhafter Hypochonder, kein Typ zum Feiern. "Gloomy", ist das Wort, das ihm immer wieder beigegeben wird, "schwermütig", "verdrießlich", "düster." Er wohnt auch am "Gloomy Place", irgendwo in der Düsternis. Und obendrein ist er ein bißchen sarkastisch.

(Mit an Sicherheit grenzender Wahrscheinlichkeit ist Orwells Esel Benjamin in der "Animal Farm" ein später Nachkomme Eeyores.)

Nicht ohne bittere Ironie beklagt Eeyore sich bei Pooh darüber, dass niemand seines Freudentags gedenke. Woraufhin Pooh beschließt, ihm etwas zu schenken - das kleinste Glas Honig, das er hat. Das ist nicht nur reine Bärenfreundlichkeit. Bei einem Geburtstag, überlegt er, muss es doch auch Kuchen geben!

Als er mit seinem Präsent auf dem Weg zu Eeyore ist, wird er jedoch sehr hungrig und - man weiß schon. Immerhin, überlegt er, ist das leere Glas ja auch ganz nützlich. Weil man etwas hineintun kann.

Von der Eule lässt er sich einen Geburtstagsgruß aufschreiben, den man gesehen haben muss. Kinder, von den Freuden der Rechtschreibung geplagt, werden mächtigen Spaß daran haben.

Das Ferkel seinerseits will Eeyore mit einem schönen dicken Ballon beglücken, rennt aber zu hastig und fällt hin. Der Ballon platzt. So kann es dem Esel nur die leere Hülle bringen, die dieser freilich in Poohs Glas tun kann, was ihn in der Tat, soweit das überhaupt möglich ist, ziemlich glücklich macht. Die beiden Geber ziehen zufrieden von dannen.

Am Ende dieser Geschichte fragt der wirkliche Christopher Robin: "Und ich habe ihm nichts geschenkt?" Er wird beruhigt: Buntstifte hat er Eeyore überreicht, und eine Party hat er für ihn arrangiert, mit Kaffee und Kuchen.

So endet alles im schönsten Einklang von dieser und jener Welt.

Wie denn überhaupt alles gut ausgeht, im Wunderland des Hundert-Morgen-Waldes. Wenn Pooh auf dem besten Weg ist, in irgendein mittleres Unheil zu stolpern, wird er stets von einem gütigen Geschick beschützt, das ihn mit frischen Kräften entkommen lässt. Des öfteren heißt, wie wir gesehen haben, dieses Geschick Christopher Robin - aber nicht immer. Vertrackterweise ist es gerade Poohs Ahnungslosigkeit, seine nur unschuldig zu nennende Art, die Dinge zu sehen, die ihn lauernde Gefahren gar nicht wahrnehmen und folglich auch nicht fürchten lässt - womit sie dann auch nicht mehr gefährlich sind.

Piglet, das Ferkel, stellt einmal ganz richtig fest: "Pooh hasn't much Brain, but he never comes to any harm. He does silly things and they turn right." (Pooh hat nicht viel Verstand, aber nie stößt ihm was Schlimmes zu. Er tut dumme Dinge, und sie gehen immer gut aus.)

Ganz folgerichtig beklagt er sich auch nie, sondern stellt, entwaffnend treuherzig, nur immer wieder fest, er sei halt ein Bär von geringem Verstand. Was ja stimmt. Und weswegen er auch geliebt wird, nicht nur von Christopher Robin.

Unmöglich, hier alles wiederzugeben, was ihn umtreibt. Manchmal sind es die anderen, die seine harmlosen Grundbedürfnisse stören, nämlich diejenigen nach gutem Essen und, damit verbunden, ungetrübtem Wohlbehagen. So lässt er sich gelegentlich verleiten, ein klein wenig fragwürdige Dinge zu tun. Dabei bewegt ihn freilich auch die Geltungssucht, von der er nicht ganz frei ist. Er hält sich schon für etwas Besonderes, was er im Grunde ja auch ist, denn - aber wo führt das hin.

Als Rabbit, das Kaninchen, das überhaupt nicht ganz ohne ist, einen Plan ausheckt, wonach der Mutter Känga ihr geliebtes kleines Ruh entführt und gegen das (darob keineswegs begeisterte) Ferkel ausgetauscht werden soll, ist Pooh gleich mit von der Partie. Känga jedoch durchschaut dieses Komplott von Anfang an, und als man ihr Piglet in den Beutel praktiziert hat, springt sie mit dem armen Ding im wahren Sinn des Wortes ganz fürchterlich um, tut so, als wäre das bedauernswerte kleine Wesen wirklich Ruh, schrubbt es ab....Christopher Robin greift erneut rettend ein. Und Pooh bekümmert dies alles schon nicht mehr. Er möchte jetzt ausnahmsweise selbst ein Känguru sein und übt eifrig Sprünge im Wald.

Als er von Christopher Robin hört, dass der eine Expedition zum Nordpol plane und auch hinlänglich Proviant mitnehmen werde, ist er gleich zum Aufbruch bereit und lädt zudem alle anderen Tiere zum Mitkommen ein, die auch sämtlich erscheinen, einschließlich der schier endlosen Reihe von Rabbits Verwandten und Bekannten. Pooh stimmt, wie bei jeder passenden Gelegenheit, ein Liedchen an, Wort und Weise von ihm selbst, und es geht voran, bis Ruh unterwegs in ein Gewässer aus Bach und Teich fällt, was alle in einige Erregung versetzt, ausgenommen Eeyore, der seinen Schwanz ins Wasser hängt, damit Ruh sich daran festhalten kann.

Pooh wiederum schleppt einen dicken Pfahl herbei, mittels dessen Ruh an Land gezogen wird, womit das Ziel der Expedition auch schon erreicht ist, denn "pole" heißt im Englischen sowohl "Pfahl" als auch "Pol." Christopher Robin befestigt dann auch gleich ein Schild an dem Pfahl, auf dem in doppelter Ausfertigung zu lesen ist, dass Pooh es war, der ihn gefunden hat. Pooh geht sehr stolz nach Hause, wo er eine Kleinigkeit zu sich nimmt, um nach so großer Leistung wieder zu Kräften zu kommen.

- Ein schlimmes Hochwasser bedroht die Bewohner des Hundert-Morgen-Waldes. Das arme Ferkel, ernstlich gefährdet, sendet einen Flaschenpost-Hilferuf aus: "HELP! PIGLET

(ME)". Zur Sicherheit setzt es noch hinzu: "IT'S ME PIGLET; HELP HELP!"

Pooh, der sich mit allen seinen Honigtöpfen auf einen sicheren Ast gerettet hat - wo er sie nach und nach leert ohne sich irgendwelche trüben Gedanken zu machen - fischt Ferkels Flasche aus der Strömung, reitet auf dem größten seiner Pötte, den er "The Floating Bear" tauft, zu Christopher Robin, und in einer höchst konzertierten Aktion wird Piglet gerettet.

Denn dies ist ein besonders schöner Zug der Tiere: Sie wissen, was wahre Freundschaft ist, und sie halten allemal zusammen.

Als die Gefahr gebannt ist, veranstaltet Christopher Robin eine Party zu Ehren Poohs, der ja schließlich auch das kleine Ruh aus den Fluten gezogen hat. Als Pooh davon hört, verfertigt er sofort ein weiteres Lied, in dem von ihm zum ersten Mal als von einem "Bären von enormen Verstand" die Rede ist. Und Eeyore will erst gar nicht glauben, dass auch er zu den Gästen zählt. Als dann jedoch Christopher Robin ein großes Lob ausspricht, auf jemand, der etwas sehr Gutes getan hat, glaubt Eeyore, dass er gemeint ist, denn schließlich hat Ruh sich an seinem Schwanz festgehalten, was so angenehm nicht war, und er beginnt, sich zu bedanken, nach allen Seiten hin, ebenso umständlich wie bescheiden. Eine wirklich peinliche Situation, die indessen niemand wahrnimmt, weil alle sich dem geehrten Pooh zuwenden, und Eeyore kann nur, wieder einmal, melancholisch vor sich hinbrummeln. Dennoch gehört er dazu, wenn er auch nicht viel mehr bewegt als unser Mitgefühl - was ja schon sehr viel ist.

Alle haben sie menschliche Vorzüge und Schwächen, diese Stofftiere, aber alle behalten zugleich ihre verspielten Eigenarten. Bei keinem von ihnen wird, wie bei Grahame, ein Verhaltensmuster sichtbar, das Züge leiser Sozialkritik erkennen lässt. Sie existieren an und für sich, sind alters- und schicksalslos - und damit auf eine durchaus beiläufige Weise frei.

Eben das wird Kindern sehr gefallen, die eins vor allem sein möchten, ungebunden und befreit von Zwängen. Solche gibt es in Poohs Welt tatsächlich nicht. Er und seinesgleichen bewegen sich wahrhaftig zwanglos.

Es gibt keine Erwachsenen, schon gar keine Autoritäten, der Hundert-Morgen-Wald kennt keine Vorschriften und erst recht kein striktes Gesetz. Es ist wirklich nicht nötig, man versteht sich auch so.

Der Alltag eines kleinen Lesers sieht da, ungeachtet seiner Wünsche und Sehnsüchte, schon ein wenig anders aus. Eben darum kommen ihm Milnes Tiere gerade recht. Mit ihnen kann er ausleben, was seine Phantasie bewegt: Ein Dasein, das wunderbar ist, weil es den Tieren und damit, zumindest während der Lektüre, auch ihm allein gehört. Ein derartiges Dasein kann er (und natürlich auch eine kleine Leserin) schließlich auch in der gesicherten Welt des eigenen Bereichsleins in Szene setzen: Mit den Spielfiguren, die ihm / ihr gehören und deren Wille immer der seine / der ihre ist, weshalb eine herrliche Harmonie entsteht, die recht erst die Lust des Spiels ausmacht. Von dieser Lust aber - und damit rundet sich der Kreis - ist unendlich viel enthalten in Milnes Buch.

Auch dem zweiten Band, "The House at Pooh's Corner" (deutsch: "Pu baut ein Haus") ist eine Widmung vorangestellt, die Milnes Frau gilt. "Es wäre mein Geschenk für dich, meine Süße / Wenn es nicht schon dein Geschenk an mich wäre" - da er ihr doch manche der Eingebungen verdankt, an denen sich seine Leserschaft erfreuen darf.

Die Einleitung, die folgt, ist freilich mehr eine Art Ausleitung, denn schon im ersten Satz wird mitgeteilt, Pooh und seine Freunde würden sich jetzt verabschieden. "Aber den Wald wird es immer geben... und jeder, der mit Bären befreundet ist, wird ihn finden.

Neu hinzugekommen ist Tigger, der Tiger, dessen Stoffvorbild die Eltern Christopher Robin geschenkt hatten - "sorgfältig ausgewählt, nicht ob des Entzückens, das sie" - gemeint sind auch Känga und Ruh -" ihrem neuen Besitzer gewähren würden, sondern wegen der Möglichkeit ihrer literarischen Auswertung." (!)

Zunächst jedoch erscheint Eeyore auf der Bildfläche. Er will von Christopher Robin wissen, ob der nicht zufällig ein Haus gesehen habe. "Was für ein Haus?" fragt Christopher Robin. "Nur so'n Haus." "Wer wohnt darin?" "Ich. Zumindest habe ich das gedacht. Aber vermutlich wohne ich gar nicht darin. Schließlich können wir nicht alle Häuser haben."

Dabei fallen dichte Flocken wie auf alten Weihnachtsbildern, und Shepard hat den armen Esel auch ganz vollgeschneit gezeichnet. Doch sein Problem wird bereits gelöst. Pooh und Piglet tun ein gutes Werk und bauen Eeyore ein schützendes Haus. Allerdings haben sie, um an passendes Baumaterial zu gelangen, erst einmal sein altes Haus abgerissen, das er deshalb ja auch vermisst.

So gibt es am Ende ebenso viel Verwunderung wie Heiterkeit, wegen des Hauses an Pooh's Corner.

- Tigger macht Pooh einen Besuch, der ihn vergeblich für Honig zu begeistern sucht. Tigger mag auch die Eicheln nicht, die Piglet ihm vorsetzt, und schon gar nicht Eeyores Disteln. Was er wirklich mag, ist Ruhs Stärkungsmedizin, nämlich Malzextrakt, den er sich fortan begeistert zu Gemüte führt. (Man wundert sich, wieso Milne nicht auf Lebertran gekommen ist. Aber das wäre ihm wohl zu pädagogisch gewesen.)

Im nächsten Kapitel besucht das Kaninchen einen aus seiner weitläufigen Bekanntschaft, der eigentlich "Sehr kleiner Käfer" heißt, aus praktischen Gründen jedoch nur "Klein" genannt wird. Pooh, bestrebt, bei der Suche zu helfen, fällt dabei in eine Kiesgrube, in der schon das unselige Ferkel sitzt. Beide sind überzeugt, einem Heffalump in die Falle gegangen zu sein! Wieder hilft Christopher Robin, und "Klein" wird auch gefunden - auf Poohs Rücken.

Derweil kümmert Tigger sich um Ruh. Er ist ein guter Kerl, wenn auch ein wenig beschränkt und mit einem leisen Hang zur Angeberei. (Wie die Tiere im Hundert-Morgen-Wald überhaupt gewisse Neigungen haben, die die kindlichen Leser an ihren Altersgenossen und wohl auch an sich selbst erkennen können.)

Deshalb muss Tigger dann auch unbedingt einen Baum besteigen, mit Ruh auf dem Rücken, dem er allerhand von seinen tollen Talenten vorgeschwindelt hat. Herunter schafft er es allerdings nicht mehr. Auch Pooh und Piglet, dringlich um Hilfe angegangen, wissen keinen Rat. Immerhin isst Pooh erst einmal Ruhs Sandwiches. Wer erscheint als Retter? Christopher Robin und Eeyore, der, nachdem alle zusammen auf den Boden gepurzelt sind, selbstverständlich ganz unten liegt.

Eeyore erlebt noch so manches. Als er mit Christopher Robins Hilfe in drei Stöcken, die beieinander liegen, ein A erkannt hat, hält er sich mächtig viel darauf zugute, Doch dann hoppelt das Kaninchen vorbei, wirft einen flüchtigen Blick auf die Sache und ruft: "Ein A, aber kein gutes!", und Eeyore ist so enttäuscht wie ein ABC-Schütze, der gerade etwas Besonderes gelernt hat und erfahren muss, dass andere schon viel mehr wissen.

Ein andermal kreiselt Eeyore im Wasser des Flusses, in das Tigger ihn hineingeschubst oder - gehustet hat, so ganz klar wird das nicht. Er bewahrt dabei seine Würde, Eeyore, und als Pooh, um seine Bergung besorgt, sagt: "Ich habe da eine Idee, aber ich nehme nicht an, dass es eine sehr gute ist", entgegnet er gleichmütig: "Das nehme ich auch nicht an."

Nachdem alles wieder in Ordnung ist, stellt Pooh fest, dass sie doch sämtlich feine Kerle sind, schränkt aber in einem ungewöhnlichen Anflug von Selbstkritik ein: "Ich glaube nicht, dass ich Recht habe." "Natürlich hast du Recht", sagt Christopher Robin.

Allerdings war es nicht sehr fein von Tigger, Eeyore in den Fluss zu befördern. Das stets etwas besserwisserische Kaninchen legt deshalb den anderen nahe, man müsse ihn ein bisschen erziehen: "If we can make Tigger feel small and sad for just five minutes, we shall have done a good deed." Piglet zögert, Pooh stimmt zu - aber schließlich kommt alles ganz anders, sie irren im Nebel herum, und am Ende ist es das Kaninchen, das sich klein und jämmerlich bedankt, als Tigger ihm aus der Patsche hilft - der Freundliche Tigger, der Großartige Tigger, der Große und Hilfreiche Tigger! (Wie leicht man sich doch in anderen irren kann, und wie schnell die eigene Großartigkeit zu Fall kommt!)

- Piglet und Pooh machen gerade der Eule ihre Aufwartung, als ein starker Wind den Baum umweht, in dem sie ihr Haus hat. Chaos und Durcheinander! Und ganz gegen seinen Willen wird das kleine Ferkel zum großen Helden, indem es hilft, die beiden anderen zu retten, was auch sein Zutrauen zu sich selbst erheblich steigert.

Dieses Rettungsmotiv zieht sich durch beide Bände. In welches Malheur Pooh und sein Anhang auch tapsen - immer ist Hoffnung und immer ist Hilfe, und immer gibt es welche, auf die man sich verlassen kann. Der Hundert-Morgen-Wald ist ein

Ort fortdauernder Zuversicht. Für wirkliche Bedrohungen ist da kein Platz.

So bekommt die Eule auch ein neues Haus. Dass es eigentlich Piglets Haus ist, bekümmert niemand, außer dem Ferkel natürlich, das jedoch ganz erfüllt ist von Poohs neuem Lied, in dem seine, Piglets, edle Taten verherrlicht werden. Überdies bedeutet ihm Pooh, es könne zu ihm ziehen.

Das ist der letzte schöne solidarische Akt, von dem wir lesen. Denn nun spricht sich bei allen, selbst bei dem Sehr Kleinen Käfer, der einst auf Poohs Rücken saß, herum, dass Christopher Robin weggehen wird.

Alle Tiere kommen noch einmal zusammen. Und während bisher alle Gedichte von Pooh geschrieben wurden, hat Eeyore jetzt eins verfasst, eine elegische Bekundung immer währender Zuneigung für den Scheidenden, die von allen unterschrieben wird. In der Zeit, in der Christopher Robin das Gedicht liest, machen sich die Tiere nach und nach davon - ein Abgang, so melancholisch wie symbolisch. Nur Pooh bleibt zurück, und mit ihm hält Christopher Robin eine letzte Zwiesprache. Das heißt, viel geredet wird gar nicht mehr. Mitten im Wald lassen sich die beiden nieder, an einer Stelle, die der Verzauberte Platz heißt und von der aus sie einen Blick auf die ganze Welt haben. Nachdenklich fragt Pooh, ob es eine große Sache ist, ein "Afternoon" zu sein, wobei er eigentlich meint, ein "Knight"....ein letztes Wortspiel, das Christopher Robin auf den Gedanke bringt, Pooh zum Ritter zu schlagen. "Rise, Sir Pooh de Bear, most faithful of my Knights." Und er bittet Pooh, ihn nie zu vergessen und alles zu verstehen, was möglicherweise geschehen werde.

"Understand what ?"

"Oh, nothing." He laughed and jumped to his feet.

"Come on."

"Where ?" said Pooh.

"Anywhere", said Christopher Robin.

Und so, erzählt Milne, gingen sie zusammen fort. "Aber wohin sie auch immer gehen und was auch immer ihnen auf dem Weg dorthin geschehen mag: An jenem verzauberten Platz in der Mitte des Waldes werden immer ein kleiner Junge und sein Bär sein, und sie werden spielen."

Den magischen Ort schafft die Erinnerung, und wohl all denen, die ihn zu finden wissen. Wie am Anfang der ganzen Geschichte gleiten noch einmal wirkliche und erdachte, besser: empfundene Welt ineinander.

Die Kindheit ist vorbei, das Vertraute schwindet dahin, Unbekanntes steht bevor. Christopher Robin lässt Pooh wissen, dass er am liebsten gar nichts tue, aber eben das werde er nicht mehr tun können: "They don't let you". Und diese noch umrisslosen "they" werden von jetzt an das Sagen haben. Nichtsdestoweniger wird der selbe Christopher Robin für alle Zeit einen Platz haben, der unzerstörbar ist und an den er zurückkehren kann, nicht wirklich, aber kraft jener Phantasie, zu der die Tiere, allen voran Pooh, ihm verholfen haben,.

Was sich hier ereignet, ist eine wunderbare Aufhebung der Gegensätze. Nicht nur Welt und Gegenwelt werden für einen bewegenden Moment eins, auch Heiterkeit und Traurigkeit durchdringen einander. Da schon vom dem Ritter die Rede ist, zu dem Christopher Robin Pooh schlägt: Man darf an den Abschied denken, den Alice vom Weißen Ritter nimmt, jenem sanften, törichten, liebenswerten und so unzulänglichen Begleiter. Auch das geschieht in einem unwirklichen Wald; ähnlich wie Pooh hat der Davonreitende ein Lied auf den Lippen, und einen Bienenkorb hat er auch bei sich. Und von all den seltsamen Dingen und Wesen, die Alice begegnet sind, behält sie diesen Ritter von der traurigen Gestalt, der doch von so guter Art ist, am stärksten in Erinnerung.

Da ist es wieder: Erinnerung, das magische Wort, ein Sesam-öffne-dich zu jedem entschwundenen Wunderland. Und dieses Wunderland nimmt Gestalt an, sobald Erinnerung eintritt.

Da ist, jenseits all des herrlich-verspielten Geschehens, Milnes Botschaft. Wenn er denn eine hat, was ich nicht genau weiß, obwohl ich denke, dass ich es weiß - um in Poohs Manier zu sprechen.

Bleibt nur zu berichten, dass Poohs Wesen und Taten weit über Milnes Werk hinaus weiter wirkten und wirken.

Eine ganze Reihe ebenso eigenartiger wie unterhaltsamer Bücher ist, erschienen, in den 70ern beispielsweise "The Te of Piglet" von Benjamin Hoff (deutsch: "Pu der Bär, Ferkel und die Tugend des Nichtstuns. Der weise Bär auf den Spuren des

Laotse") oder von John Tyerman Williams "Pooh and the Ancient Mysteries" (deutsch: "Die Prophezeiungen des Pudradamus . Der esoterische Bär und die Weltmysterien.") Unbedingt erwähnt werden muss noch "a Latinist's delight" ("Times"), Alexander Lenards Übertragung in die Sprache Caesars "Winnie ille Pu" betitelt und beginnend mit dem Satz: "Ecce Eduardus Ursus scalis nunc tump-tump-tump occipite gradus pulsante post Christophorum Robinum descendens."

Ecce Pooh. Heute wissen wir es endgültig :

Er ist ein Klassiker.

Edith Nesbit
1858 - 1924

Im Jahrzehnt vor dem Ersten Weltkrieg war sie eine der erfolgreichsten Frauen Englands. Ihre Bücher erreichten hohe Auflageziffern – höhere als beispielsweise die Virginia Woolfs. Sie war selbstbewusst, auffällig im Gebaren und fortschrittlich im Denken. Zu ihren Freunden und guten Bekannten zählten viele Berühmtheiten der Zeit, unter anderen G.B. Shaw, H.G. Wells, E.M. Forster, Noel Coward. Später geriet sie zeitweilig fast in Vergessenheit. Heute findet sie wieder begeisterte Leser, nicht nur unter den Jungen, sondern auch und gerade unter den Älteren, die sich, ohne wohlfeiler Nostalgie zu frönen, gern in vergangene Zeiten zurückversetzen lassen und dabei den kritischen Scharfblick der Autorin bewundern, denn sie unternahm es als erste, die so gesichert scheinende Welt ihres jungen Publikums deutlich und mit Gründen in Frage zu stellen.

Edith Nesbit, in ihrer Familie stets Daisy genannt, wurde am 15.8.1858 in London geboren. Es gab zwei ältere Brüder und zwei ältere Schwestern. Der Vater, der eine kleine landwirtschaftliche Schule leitete, starb bereits 1862. Das Kind konnte seinen frühen Tod - er war erst 43 - lange nicht verwinden.

1866 erkrankte die um sieben Jahre ältere Schwester Mary an Schwindsucht. Edith wurde in verschiedene Pensionate geschickt, wo sie durchaus nicht glücklich war: "Night after night I cried myself to sleep."

Ein Jahr später ging sie mit der Mutter und den beiden Schwestern nach Frankreich, wo ein unstetes Wanderleben begann, das bis in die Pyrenäen führte. Mrs. Nesbit, die ihren Haushalt aus dem Zinsertrag einiger Wertpapiere bestritt, fand schließlich ein hübsches Haus in der Bretagne, zu dem ein großer Obstgarten gehörte. Dahinter lagen Wiesen, Weiden, Heckenwege, die zu erforschen waren. Es gab Kartoffelfeuer und Indianerspiele, es gab die Tiere der benachbarten Farmen,
die man streicheln und verwöhnen durfte - die Nesbit- Kinder hatten sogar ein eigenes zärtlich geliebtes Pony.

"That summer was an ideally happy one."

Dann besuchte Edith französische Privatschulen, wurde abermals von Heimweh geplagt, von dunklen Gedanken. Sie war ein phantasievolles Kind, fürchtete sich sehr in der Finsternis, litt unter Alpträumen. Der Anblick der Mumien in der Kirche St. Michel in Bordeaux jagte ihr Entsetzen ein: "Sie waren die Krönung des Horrors, der meine Kindheit verdunkelte... ich verdanke ihnen lange Jahre der Angst und des Schreckens Niemals vergesse ich diesen Schock. Noch als erwachsene Frau fürchtete ich mich in der Dunkelheit." Die Angst vor dem Tod verließ sie ihr Leben lang nicht.

Einigermaßen wohl fühlte sie sich nur in einem Internat der Ursulinen. "Die Nonnen sind sehr nett zu mir", schrieb sie nach Hause, "obwohl ich unartig gewesen bin." Schon damals wollte sie, die mittlerweile ein flüssiges Französisch sprach, katholisch werden. Als sie in einer Schule in der Nähe von Düsseldorf Deutsch lernen sollte, war sie unglücklicher denn je. Sie sprang sogar aus dem Fenster, um zu fliehen, was indessen misslang. Seitdem mochte sie die Deutschen nicht mehr so sehr.

1871 starb Mary. 20 Jahre alt war sie geworden. Die Suche nach einem günstigen Klima, die die Mutter und ihre Töchter vor allem in den Süden Frankreichs geführt hatte, war beendet. Man kehrte ins heimatliche Kent zurück, wo ein ansehnliches Landhaus gemietet wurde, Halstead Hall, in dem Edith sich sogleich geborgen fühlte. Ihr Leben dort pries sie als "uneventful (!), peaceful, pleasant."

Begeistert war sie von der Eisenbahnlinie, die unfern des Hauses verlief. Vom gleichen Platz aus bekam sie immer Neues zu sehen, und dieses Gesehene konnte in allerlei Geschichten umgedacht werden. Die 14jährige Edith brauchte nicht mehr zur Schule zu gehen und genoss diese Freiheit nach Kräften. Sie las, was ihr in die Finger kam - über die betulichen Mädchenbücher der Zeit machte sie sich später gern lustig. Dagegen liebte sie besonders die Romane von Dickens und zwar ihr Leben lang. Noch in ihren letzten Jahren konnte sie ganze Passagen daraus zitieren.

In Halstead Hall erlebte sie die Jahre des Übergangs von der Kindheit zum Erwachsenensein. 1878, sie war 18, wurden ihre ersten Verse gedruckt. Als Verfasserin war D (= Daisy) Nesbit angegeben.

Mrs. Nesbit freilich konnte den bisherigen Lebensstil nicht aufrecht erhalten. Das schmale Einkommen schwand zusehends dahin. Edith bemühte sich, den Niedergang der Familie geheim zu halten, weshalb die Jahre von 1875 bis 1880 nur spärlich belegt sind: Wenige Briefe, kaum andere Aufzeichnungen.

1877 begegnete die junge Frau zum ersten Mal Hubert Bland. Er war 22, knapp dreieinhalb Jahre älter als sie. Ein Mann von stattlicher Größe, mit kantigem Schädel und imposantem Schnurrbart. In seinen späteren Jahren trug er ein Monokel und sah damit aus wie jene kauzigen Lords, die zum festen Personal deutscher, jedoch in England spielender Kriminalkomödien gehör(t)en. Trotz seiner dünnen, bei Erregung fistelnden Stimme gefiel er nicht wenigen Frauen - und wusste das auch. Er wirkte wie ein Gentleman nobler Herkunft, war jedoch ein echter Cockney, nahe bei den Londoner Docks geboren und aufgewachsen. Laut EN, wie ich sie hier der Einfachheit halber nennen will, konnte er reden wie ein Buch ("talk like a book"), hatte, was ihr besonders gefiel, einen ausgeprägten Sinn für Humor und war hochintellektuell. Schon früh war er in Kontakt mit sozialistischen und kommunistischen Gruppen geraten. Zu seinen engeren Bekannten zählte Karl Marx' Tochter Eleanor.

Edith verliebte sich aufs heftigste in Bland. Dass er sie verführte, gilt als gewiss. Ihre Mutter konnte ihn nicht leiden, er war ihr zu windig. Tatsächlich war er bereits mit einem anderen Mädchen verlobt, mit Maggie Doran, der er noch weitere 10 Jahre in Liebe zugetan blieb. Als er und Edith am 22.4. 1880 heirateten, war sie bereits im 7. Monat schwanger und so aufgeregt, dass sie sich nicht an den Taufnamen ihres Vaters erinnerte. Acht Wochen später wurde der Sohn Paul Cyril geboren.

Bei einer Volkszählung im Frühjahr 1881 gab EN als Beruf "Autorin" an. Ihr Mann, der Bankclerk gewesen war, als sie ihn kennen lernte, bezeichnete sich als Bürstenfabrikant - er hatte ein entsprechendes kleines Unternehmen gegründet. Als Familienstand gab er "ledig" an. Damals lebte er immer wieder bei seiner Mutter.

Im Dezember 1881 wurde die Tochter Iris geboren. Zur selben Zeit fand EN heraus, dass ihr Mann weiterhin eine enge Beziehung zu Maggie Doran unterhielt und diese ihm einen Sohn geboren hatte. Sie überwand den Schock, besuchte Mary, und beide wurden Freundinnen, da sie doch die Liebe zum selben Mann verband.

Es war und blieb in der Tat eine höchst ungewöhnliche Ehe, die sie da eingegangen war - "an unconventional married life", wie ihre Biographin Julia Briggs mit leisem Understatement schreibt.

Blands Partner in der Bürstenfabrik ging mit dem kleinen Betriebskapital auf und davon. Bland stand ohne Einkommen da. EN hatte für den Unterhalt der Familie zu sorgen. Verse und Prosa von ihr erschienen in Magazinen und Journalen. Zusätzlich verkaufte sie handgemalte Glückwunschkarten. Ihr Mann half ihr bei der literarischen Serienproduktion, die ihr allmählich lästig wurde. Beispielsweise verfassten beide zusammen zwei Romane.

Im Januar 1885 kam als drittes Kind der Sohn Fabian zur Welt, genannt nach der Fabian Society, der beide Eltern angehörten. Sie war ein Jahr zuvor gegründet worden. Ihr Namenspatron war der römische Feldherr Fabius Cunctator, der berühmt dafür geworden war, dass er wichtige Entscheidungen so lange hinauszögerte, bis der richtige Moment gekommen war, dann aber hart zuschlug - "straight from the shoulder", wie EN sagte.

Bei den Fabians, deren Ziel die Veränderung der britische Gesellschaft ohne die Anwendung revolutionärer Mittel war, entdeckte EN eine neue Rolle für sich. Die linken Denkweisen begeisterten sie. Als äußeres Zeichen ihres neuen Bewusstseins ließ sie sich die Haare kürzen, begann zu rauchen und kleidete sich nicht mehr dekorativ, sondern zweckmäßig. Sie lernte andere kluge Frauen kennen, die sie in ihren Ansichten über den Klassencharakter des englischen Gemeinwesens bestärkten - unter ihnen wiederum Eleanor Marx-Aveling, die später Selbstmord beging. Dass sie daneben auch die Bekanntschaft einer ganzen Reihe aufgeweckter junger Männer machte, die sich in Wort und Tat für den sozialen Fortschritt einsetzten, gefiel ihr sehr. Mit der Zeit mehrten sich die Einkünfte des Paares . "Die sozialistischen Prinzipien der Blands und ihr Mitgefühl für die Unterdrückten", schreibt Julia Briggs, "hielten sie nie davon ab, einen ausgesprochen bürgerlichen Wohlstand zu genießen." Sie zogen in ansehnlichere Häuser, die Zahl ihrer Dienstboten stieg.

Im Mai 1884 trat G.B. Shaw der Fabian Society bei. In seinem Tagebuch vermerkte er etwa zur gleichen Zeit: "Sobald ich es mir leisten konnte, mich anständig zu kleiden, wurde es mir zur Gewohnheit, dass Frauen sich in mich verliebten. Ich war nicht hinter den Frauen her, sie waren hinter mir her."

Das traf auch auf EN zu. Als sie ihm begegnet war, wurde aus dem ersten Geplänkel, zumindest auf ihrer Seite, heftige Zuneigung. "Sie war sehr attraktiv", stellte Shaw später fest. "Ich war sehr angetan von ihr und widmete ihr jede Aufmerksamkeit, die in meinen Kräften stand" - was immer das heißen mag. Immerhin suchte sie ihn mehrmals in seiner Wohnung auf. Sie zeigte ihm die Gedichte, in denen sie beider Beziehung zur Sprache brachte, und ließ zumindest eins davon drucken, was ihn eher erheiterte. Über ihren "Garden of Verses" äußerte er sich: "Wenn Charlotte Brontës Genius mit dem von Mrs. Browning vermischt und das Ganze mit etwas Essig verdünnt würde, könnte E. Nesbit dabei herauskommen."

Das teilte er freilich nur ihr mit - was sie nicht sonderlich beglückte. In der Öffentlichkeit spendete er ihr hohes Lob, woraufhin sie ihm sogar anbot, Hubert - der ein ausgewiesener Womanizer und Fremdgänger war - zu verlassen und fortan mit ihm zusammenzuleben. (Diesen Vorschlag machte sie in der Folge noch zwei weiteren Liebhabern. Seine denkbare Tragweite darf nicht unterschätzt werden. Sie hätte ihre Kinder verloren und wäre gesellschaftlicher Ächtung verfallen.)

Shaw lockte solche Aussicht nicht. Er zog sich von ihr zurück, zuerst mit Ausflüchten, dann wies er sie regelrecht ab. In ihrem Roman "Daphne in Fitzroy Street", verarbeitete EN die Erfahrungen, die sie mit Shaw gemacht hatte. "Only within her fiction could Edith write a happy ending to her hopeless love."

Shaw heiratete eine andere. Doch er blieb den Blands freundschaftlich verbunden. Als Hubert zwei Jahrzehnte später starb, bezahlte er dem Sohn John das Studium in Cambridge.

Vorerst war Hubert aber noch sehr lebendig. Er begann mit Ediths bester Freundin, Alice Hoatson, ein Verhältnis, das bis zu seinem Tod währte. Die beiden Kinder, die aus dieser Beziehung hervorgingen, übernahm EN als ihre eigenen. Sie war ihnen eine gute Mutter. Und was Alice betraf, so wohnte sie alsbald mit den Blands zusammen, als Ediths Gefährtin und

Haushälterin. Für sie war das eine gute Lösung. Da Edith die Babys adoptierte, entging sie selbst öffentlicher Demütigung und blieb ihren Kindern doch nahe. (Die Tochter Rosamund war später höchst aufgebracht, als sie erfuhr, dass EN nur ihre Adoptivmutter war.)

Ediths Haltung gegenüber dem ehebrecherischen Hubert läßt sich in ihrem Gedicht "The Wife of All Ages" erkennen:

"Nay, after all I am your slave and bondmaid
And all my world is in my slavery.
So, as before, I welcome any part,
Which you may choose to give me of your heart."

Sklavin und Leibeigene will diese Frau ihrem Mann sein und sich mit dem Stücklein seines Herzens, das er ihr großmütig zubilligt, zufrieden geben. Was kaum in Einklang zu bringen ist mit dem sonstigen, selbstbewussten und immerhin emanzipiert zu nennenden Verhalten dieser zu jeder Auflehnung bereiten Individualistin, die freilich auch noch andere Widersprüche in sich austrug.

Hubert seinerseits sah den Lebenszweck der Frauen schlicht darin, das Wohlgefallen der Männer zu erregen. "Sie sind zufrieden damit, einfach schön zu sein ...und das entspricht meinem erhabenen Ideal." Vielleicht nicht völlig ernst gemeint, aber doch recht aufschlussreich.

Mittlerweile fand EN's Poesie auch Bewunderer unter den literarischen Größen der Zeit. Wilde schrieb ihr, er sei fasziniert von ihren Sonetten, Swinburne spendete ähnliches Lob.

Sie konnte indessen auch anders. 1888 wurde "The Star" gegründet, ein radikales Abendblatt. EN forderte ihre sämtlichen Bekannten auf, zu sozialistischen Themen Stellung zu nehmen und lieferte selbst bekennerhafte Beiträge.

Sie stand jetzt im Mittelpunkt öffentlicher Aufmerksamkeit, von vielen bewundert, von wenigen abgelehnt. Auf die Meinung der Konservativen gab sie ohnehin nichts, und die "Philistines" und "Bores", die Spießer und Flachköpfe, verachtete sie.

Die Gastfreundlichkeit der Blands war weithin bekannt - manchmal, wenn das Geld knapp war, gab's nur Heringe, Käse und Bier, aber das hinderte jene Leute nicht am Kommen, deren

Ansichten allein für die Gastgeberin zählten: Die Linksdenker, die Querlieger, die Pazifisten.

Die Blands veranstalteten auch Weihnachtsfeiern für arme Kinder, schenkten Kleidung, Spielzeug, Süßigkeiten. EN bestand darauf, dass zwischen "braven" und "ungezogenen" Kindern kein Unterschied gemacht wurde.

Der jüngste Sohn, Fabian, stibitzte einmal einige der süßen Gaben und leugnete obendrein die Tat. Er wurde auf die Hände geschlagen und eingesperrt, und als seine Mutter ihn am Abend schlafend fand, spürte sie heftige Gewissensbisse, die nach dem frühen Tod des Jungen zum lebenslangen Trauma gerieten.

Vom Oktober 1896 bis zum September 1897 erschienen in "The Girl's Own Paper" EN's Kindheitserinnerungen "My School-Days." Die Niederschrift besprach sie mit einem guten Freund, Oscar Barron, der eigene Erlebnisse zum Besten gab und ihr dringend riet, von jetzt an auch Bücher für jugendliche Leser zu schreiben. Als erstes kamen die begeistert aufgenommenen "Treasure Seekers" heraus (1899), die Barron gewidmet waren, und später die nicht minder beliebten "Railway Children" (1905).

Damit begann EN's eigentliche Karriere - nämlich die einer Jugendbuchautorin mit beispiellosem Erfolg. Anders als ihre Vorgänger schilderte sie die Welt des Alltags, und zwar ganz so, wie Kinder sie oft erlebten: beengt und beengend, undurchschaubar, voll zwiespältiger Gegebenheiten. Aber sie stieß auch Türen auf, ließ erkennen, dass es Wege gab, die hinausführten, hin zu Veränderung oder gar Befreiung. Der gute Wille allein, das machte sie deutlich, gewährt noch kein Fortkommen, ganz zu schweigen von braver Beflissenheit und Duckmäuserei. Phantasie und Einbildungskraft sind ungleich mehr wert, zumal immer neue Strategien entwickelt werden müssen, um der scheinbaren Allmacht der Erwachsenen und ihrer Verhältnisse ein Schnippchen zu schlagen. Ebenso wichtig, wenn nicht noch wichtiger: Die Einmütigkeit der jungen Hauptfiguren, ihre wechselseitige Solidarität, die ebenso gefordert ist wie ihre Fähigkeit zur richtigen Einsicht im richtigen Augenblick (die sie den Erwachsenen bisweilen voraushaben.)

Idealisiert werden die Kinder ebenso wenig wie die Welt, in der sie leben. Dies wiederum macht es dem jungen Publikum leicht, in dem, was vor sich geht, sich selbst wiederzufinden - die eigenen Probleme wahrzunehmen und zugleich den Mut, mit ihnen umzugehen. Daher der überwältigende Erfolg der Bücher, der im übrigen auch damit zu tun hat, dass die Autorin sich nahezu vollkommen in ihre kindlichen Leser hinein zu versetzen verstand. Der Fähigkeit, sich der Erfahrung der eigenen frühen Jahre zu erinnern und ihr Gestalt zu geben, schrieb sie selbst einen Großteil des Triumphs zu, den sie allenthalben erlebte.

Die eigenen Kinder wuchsen heran. Paul, eher farblos und nicht übermäßig begabt, arbeitete bereits an der Börse. Iris machte eine Ausbildung als Kunstgewerblerin. Die beiden Teenager, Rosamund und Fabian, besuchten noch die Schule. John, 1899 als Sohn von Hubert und Alice geboren, war "the Lamb", das verzogene Nesthäkchen. In diesem Jahr hätte EN's Leben schön sein können, hätte sie nicht eine Totgeburt erlitten, die sie seelisch sehr belastete. Sie wohnte wieder in Kent, wo sie ein großes Haus aus dem 16. Jahrhundert gekauft hatte, Well Hall, an das sich ein weiträumiger Garten anschloss.

Ein Jahr später traf sie der schwerste Schicksalsschlag ihres Lebens. Weil Fabian unter heftigen Erkältungen zu leiden hatte hatte, sollte der Fünfzehnjährige von den ihn plagenden Polypen befreit werden. Der Eingriff galt als so geringfügig, dass er im Haus der Blands vorgenommen wurde. Als der Chirurg und sein Anästhesist eintrafen, vergnügte sich der Junge noch im Garten; seine Mutter schickte ihn erst einmal ins Bad. Die Ärzte befanden sich schon wieder auf dem Heimweg, als Hubert mit vor Schmerz entstelltem Gesicht in die Bibliothek stürzte und wie von Sinnen brüllte: "Mouse, they 've killed him!" Mouse, das war Alice, die Edith die Nachricht bringen musste, dass Fabian aus der Narkose nicht aufgewacht war. (Vermutlich war er am eigenen Erbrochenen erstickt.) EN war außer sich. Die dreizehnjährige Rosamund, die bis dahin nicht gewusst hatte, dass Edith nicht ihre leibliche Mutter war, vernahm entsetzt, wie diese den Vater anschrie: "Warum hat es nicht Rosamund sein können ?" Zugleich mit dem Sohn verlor die Gebrochene für immer das Vertrauen ihrer Ziehtochter.

Schmerz und Schuldgefühle blieben EN für den Rest ihres Lebens. "Mein Sohn, mein kleiner Sohn", schrieb sie in einer

Kurzgeschichte. "Das Haus ist unendlich still, weil all die anderen Kinder erwachsen sind, schon seit langer Zeit. Sie sind in die Welt hinausgegangen.... Draußen lässt die Winterdämmerung die Schatten im Garten wachsen, wo du, als die Sonne noch schien, lachtest und spieltest. Erinnerst du dich, verstehst du, vergibst du ?'

In ihren schönsten Büchern erscheint Fabian unter vielen Namen, doch stets in liebenswerter Gestalt. Den Freunden und Nachbarn galten die Blands als gute Eltern. Die Halbschwestern Rosamund und Iris sahen das anders: "Mutter war immer zu beschäftigt, um sich viel um uns zu kümmern." EN ihrerseits liess eine Freundin wissen: "The affection you get back from children is sixpence as change for a sovereign". Kinder zahlen die Liebe, die sie empfangen haben, nur in sehr kleiner Münze zurück.

1891 war der "Strand" gegründet worden, ein unterhaltsames Magazin, das vor allem wegen der Qualität der erzählenden Beiträge rasch beliebt wurde. Dort erschienen Conan Doyles Sherlock-Holmes Geschichten ebenso wie Stories von Kipling und Wells. EN, die sich jetzt einen Namen gemacht hatte, wurde zur Mitarbeit eingeladen. Das war ein mächtiger Schritt nach vorn, auch finanziell. 30 Pfund bekam sie für eine Erzählung - ein kleines Vermögen. Dabei bevorzugte sie phantastische Themen und Szenarien.

1902 schrieb sie als Auftragsarbeit für den "Strand" die Serie "The Psammead", aus der dann eins ihrer besten und berühmtesten Bücher wurde: "Five Children and It". Die auftretenden Kinder sind eindeutig den Mitgliedern ihrer Familie nachgebildet. Robert, beispielsweise, verkörpert Fabian, und " the Lamb" ist natürlich "the Lamb." Das Psammead, ein zwergenhaftes Sandmonster, das den Kindern widerwillig zu Diensten ist, hat seinen Namen aus dem Griechischen, wo "psammos" Sand heißt.

Knapp zwei Jahre nach Fabians Tod, 1902, trat EN, dem Beispiel ihres Mannes folgend, zum Katholizismus über. Die neue Konfession brachte neue Freunde, darunter Cecil Chesterton, den recht unkonventionellen jüngeren Bruder des "Father Brown" - Autors, ohne die alten zu vertreiben.

1905 wurden die "Railway Children" ein weiterer großer Erfolg. Während EN diese Fortsetzungsgeschichte für das "London Magazine" schrieb, brachte sie die letzte Episode des "Psammead" für den "Strand" zu Papier.

Jetzt war sie eine sehr gefragte, bestens bezahlte Autorin auf der Höhe ihres Ruhms. Sie verfasste noch immer Erzählungen für Erwachsene, doch ihr großes Ansehen hatte sie sich mit ihren Jugendbüchern erworben.

Die Bibliographie der Jahre von 1898 bis 1911 weist mehr als 30 einschlägige Titel auf, darunter die folgenden die sämtlich hohe Auflagen erreichten: "The Story of the Treasure Seekers" (1898), "Five Children and It" (1902), "The New Treasure Seekers" (1904), "The Railway Children" (1906), "The Enchanted Castle" (1907), "The House of Arden" (1908), "Harding's Luck" (1908), "The Magic City" (1909), "The Magic Garden" (1911).

EN war eine Institution geworden. Ihre Botschaften, die auf zauberhafte Weise Alltägliches und Wunderbares miteinander verwoben, erreichten eine riesige junge Leserschaft: Seid euch eurer Fähigkeiten bewusst, es sind nicht wenige, macht etwas draus, vielleicht eine bessere Welt. Steht einander nicht im Weg, handelt gemeinsam, dann erreicht ihr mehr. Folgt nicht falschen Wünschen, seht die Wirklichkeit, wie sie ist, mitsamt ihren dunklen Seiten, aber wisst, dass es auch Besseres gibt und richtet euch danach.

Derart aufklärerische Parolen, die EN unter der Hand ins scheinbar verspielte Geschehen ihrer Bücher einfließen ließ, waren neu. Sie standen am Anfang einer Entwicklung, die bis in unsere Tage reicht. Das Jugendbuch als sozialkritisches Instrument. (Über solche Formel hätte EN gelächelt. Sie handhabte dieses Instrument mit beiläufiger Leichtigkeit, niemals ohne Humor oder gar dogmatisch.)

1907, in dem Jahr, da die Tochter Iris heiratete, entstand eine neue Freundschaft, nämlich die mit H.G. Wells und seiner zweiten Frau. An Wells gefiel Edith, dass er die gleichen Dinge liebte wie sie: Lange Spaziergänge, kenntnisreiche Diskussionen, ausgefallene Ideen, ausgelassene Gesellschaften, komische Partyspiele. Wells, der Edith "Ernest" nannte, weil er zunächst geglaubt hatte, hinter dem "E." verberge sich ein Mann, verbrachte viele Tage im Haus der Blands.

Dann kam es zur Entfremdung. EN verwarf seine Kritik an den Fabians, die er, nach eigenem Bekunden, "total umkrempeln und dann auf den Müll werfen wollte." Außerdem betrachtete Wells die freie Liebe als ideale Basis für die Entwicklung des Sozialismus. Unter diesem Vorzeichen hatte er eine Affäre mit Rosamund und, schlimmer noch, er gab einiges von den Gesprächen preis, die er mit ihr geführt hatte: "Rosamund talked of love, and how her father's attention to her were becoming unfatherly."

Hubert Bland, solcherart inzestuöser Neigungen geziehen, schlug wütend zurück, woraufhin Wells in "The New Machiavelli" wieder die Blands verhöhnte, in Gestalt der Bowles, eines aufdringlichen und widerwärtigen Ehepaars, das üble Gerüchte in Umlauf bringt. Wells war besonders aufgebracht über Huberts sexuelle Heuchelei und Ediths komplizenhafte Duldung der Eskapaden ihres Mannes. Mrs. Bowles erscheint bei ihm als "Person von einigem literarischen Ehrgeiz" und einer penetranten Neigung zum eitlen Posieren. Immerhin ist sie klüger als ihr nichtswürdiger Mann, der vergeblich versucht, mit ihr gleichzuziehen. "And damn the Blands!" schrieb Wells an Shaw.

1909 heiratete Rosamund. Die Ehe wurde unglücklich.

Im November 1910 wurde Hubert ernsthaft krank. Schwere Herzattacken zwangen ihn zu absoluter Ruhe. Außerdem ließ sein Sehvermögen nach. Alice Hoatson, die "Maus", kümmerte sich hingebungsvoll um ihn, schrieb nach seinen Diktaten, las ihm vor. Edith sah das nicht gern, aber sie vermied jeden Streit - schon um den Kranken nicht aufzuregen.

All diese Querelen und Bedrückungen und die anhaltende Trauer um den toten Sohn lösten Unlust und bisweilen tiefe Niedergeschlagenheit aus. EN's letztes Kinderbuch, "Wet Magic" von 1912/13, zeigt, dass ihre erzählerischen Fähigkeiten deutlich nachgelassen hatten. Die Unterwasserwelt wirkt künstlich, die vier handelnden Kinder gewinnen kaum Konturen, die Seitenhiebe auf andere literarische Charaktere bleiben schwunglos und wirken heute eher fade.

"Things are pretty black for me", schrieb Edith an ihren Bruder Harry, der nach Australien ausgewandert war. Und an eine Freundin: "Manchmal spüre ich, daß ich niemals wieder etwas schreiben werde, was wert ist, gelesen oder geschrieben zu werden."

1914 war Hubert völlig erblindet. Mit Hilfe von Alice Hoatson verfasste er noch immer seine wöchentliche Kolumne für den "Sunday Chronicle", wo er eine Fan-Gemeinde von mehr als einer Million Lesern hatte.

Am 14. April dieses Jahres erlag er, als er gerade den letzten Artikel diktierte, einem Herzschlag. Edith war verreist und musste telegraphisch herbeigerufen werden. Sie wollte nicht glauben, dass Hubert tot sei - der Arzt musste eine Ader öffnen, um sie zu überzeugen - und benahm sich wie eine Verrückte, nicht zuletzt aus rasender Eifersucht auf Alice, in deren Armen Hubert seinen letzten Seufzer getan hatte. Danach wurde sie zusehends schwieriger, worunter vor allem ihre Familie zu leiden hatte. Sie wurde ständig von Magenschmerzen geplagt und fühlte sich unfähig zu irgendeinem sinnvollen Tun. "Ich kann nicht schreiben. Die Spannkraft ist dahin." (Anschaulicher im Original: "The spring seems broken.")

Am Ende erwies sich eine (riskante) Magenoperation als unumgänglich. Die Ärzte gaben sie bereits auf, aber sie missachtete deren Anweisungen, ließ sich von Iris mit schmackhaftem Essen versorgen - und kam durch. Die Wunde freilich heilte nur langsam. Schmerzen und Depressionen suchten sie heim.

Außerdem veränderte der Krieg ihre Lebensumstände. Die meisten der jungen Männer, die ihr Haus bevölkert hatten, taten Dienst auf dem Kontinent. Ihre antideutschen Gefühle ließ sie so heftig heraus, dass E.M. Forster sich ungehalten von ihr abwandte. Andererseits bewahrte sie einen alten deutschen Freund vor der Internierung und tadelte Alice, als diese beim Anblick eines lichterloh brennenden deutschen Zeppelins Beifall klatschte, sehr heftig: "Begreifst du nicht, dass da Menschen lebendig in Flammen aufgehen?"

Der Umsatz ihrer Bücher ging, auch kriegsbedingt, auffällig zurück. "Publishers tell me that children don't want my sort of books any more" notierte sie erbittert und verstört. Sie hielt sich über Wasser, indem sie Blumen, Gemüse und Obst aus dem Garten von Well Hall verkaufte. Zusätzlich nahm sie zahlende Gäste auf.

"Ohne Hubert ist alles bedeutungslos", schrieb sie an Harry. Es sei so, als ob man am Strand etwas errichte, wohl wissend, dass die nächste Flut alles zunichte machen werde. Und sie fühle sich wie in arktische Nacht versetzt.

Aus staatlichen Mitteln erhielt sie dann eine Art Ehrenpension, 60 Pfund im Jahr, auf die sie allerdings Einkommensteuer zahlen mußte, was sie sehr verärgerte. Hubert war während der Endphase seiner Krankheit oft von einem Marineingenieur, Thomas Terry Tucker, genannt "The Skipper", besucht worden. Der war ein eifriger Sozialist, Ende 50, klein, dick und EN von Anfang an herzlich zugetan. Nach dem Tod seiner Frau (1916) warb er eindringlich um sie. Sie zögerte ein wenig, heiratete ihn dann im Februar 1917 - und war glücklich.

"Nach dem kalten Elend der letzten drei Jahre ist es mir so, als sei jemand gekommen und habe mir einen wärmenden Pelzmantel umgehängt." Und: "Er lacht so gern und mag dieselbe Art von Witzen wie ich."

Die Familie teilte ihr Wohlgefallen nicht. "While the Skipper was unquestionably kind and well-meaning, the moment he opened his mouth it was immediately evident that he was not a gentleman." Die Art und Weise, in der Tucker sich gab, stieß außer Rosamund alle ab. Anders Edith. Sie genoss ihre geistige Überlegenheit ihm gegenüber ebenso wie seine fürsorgliche Zuneigung, die sich so wohltuend von Huberts Egozentrik abhob. "Die glücklichsten Jahre meines Lebens!" vertraute sie einer Freundin an.

Aber ihre Gesundheit war dahin. Das ewige Rauchen hatte ihre Lunge beschädigt; jede Woche wurde sie von Bronchitis und Asthma geplagt. Schmerzen setzten ein, die sie so sehr quälten, dass ihnen nur mit Morphium beizukommen war. Während ihrer beiden letzten Lebens - Jahre war sie fast durchweg krank, aß wenig oder nichts und war oft zu schwach, um zu sprechen oder gar einen Bleistift zu halten.

Am 4. Mai 1924 starb sie in den Armen der Tochter Iris. Sohn Paul und der Skipper saßen gerade beim Essen, Iris rief sie nicht, denn Edith erkannte ohnehin niemanden mehr.

Anfechtungen des Alltags und merkwürdige Magie. Fünf Romane der Edith Nesbit

Eine der beiden Schwestern in "The Wonderful Garden", die aufgeweckte Caroline, bekommt zu ihrem Geburtstag ein Buch geschenkt, von dem es heißt, dass es "sehr lehrreich sein sollte, wenn auch nicht ganz verständlich für eine Zwölfjährige." Dies nun gilt für keinen der zahlreichen Romane, die Edith Nesbit für ihr jugendliches Publikum geschrieben hat - allein schon deshalb, weil alles, was darin geschieht, durch die Augen eben der Kinder gesehen wird, die dieses Geschehen in Gang halten.

Die zuvor erwähnten Autoren, von Carroll bis Milne, beschauen, bei allem Verständnis für die Eigenarten ihrer kleinen Hauptfiguren, deren Denken und Trachten doch immer von außen, vom Standpunkt des einsichtigen Erwachsenen aus, der erfolgreich bemüht ist, den Kindern, die er da ihr Wesen treiben lässt, gerecht zu werden. Edith Nesbit, die erste Frau in England, die bedeutende Bücher für junge Leser schreibt, ist ganz anders.

Bei ihr haben stets die Kinder das Sagen, und sie steht (im zweifachen Wortsinn) hinter ihnen und schreibt auf, was sie zu hören bekommt. Eben darum klingt auch ein Jahrhundert später fast alles, was da zur Sprache kommt, so frisch und geradeheraus und unterhaltsam.

Die kleinen Heldinnen und Helden in den Nesbit-Büchern haben eigene Qualitäten. Sie sind nicht angepasst, doch auch nicht ungezogen. Sie kommen, mit wenigen Ausnahmen, aus einer strikt geordneten Welt, der bürgerlichen nämlich, aber sie sind, obgleich adrett gekleidet und so gut wie nie wirklich aufsässig, keine Minibürger. Denn zwei Eigenschaften zeichnen sie vor allem aus: Selbstbewusstsein und Einbildungskraft. Phantasie bestimmen ihr Wesen, doch sie beherrschen es nicht. Wenn es um Selbsterhaltung geht – und es geht oft darum – dann ist vor allem Common Sense gefragt, gesunder Menschenverstand, und über den verfügen sie reichlich. Er lässt sie nie im

Stich, auch dann nicht, wenn ihre Wege in wunderliche Welten führen. Im Übrigen sind sie allzeit bereit, Dinge, die aus den Fugen geraten sind, wieder ins Lot zu bringen, wenn es sein muss, auch gegen angeblich eherne Verhaltensweisen.

Manche Nesbit-Geschichten sind ganz und gar der Wirklichkeit verpflichtet. Wunderbares kommt in ihnen nicht vor, vielmehr geht alles vom gekannten Alltag aus, einem Alltag freilich, der ganz unerwartet ins Bedrückende, ja Bedrohliche entartet. Für die handelnden Kinder, die bislang in einer gesicherten Umwelt gelebt und deren Annehmlichkeiten genossen haben, bedeutet das Umstellung und Verwirrung. Von einem Tag zum anderen sehen sie sich gehalten, neue Wege zu erkunden und zu gehen, die sie zu einer anderen Lebensform, damit zugleich aber auch zu sich selbst führen, zu Fähigkeiten, deren sie sich vorher nicht bewusst waren und die durchaus lebenswichtig sind. (Kinder, kommt zu euch! - so könnte, in einem besonderen Sinn, Edith Nesbits Leitsatz lauten.)

Ein meisterhaftes Beispiel hierfür sind die schon klassisch gewordenen "Railway Children" von 1906. (dt. "Die Eisenbahnkinder .")

Die Geschwister Roberta ("Bobbie"), Peter und Phyllis ("Phil") müssen erleben, dass ihr Vater, ein hoher Regierungsbeamter, aus unerfindlichen Gründen verhaftet und fortgebracht wird, ausgerechnet an Peters zehntem Geburtstag. Sogleich verändert sich ihr Leben. Bis dahin hatten sie alles, was sie wollten: "Hübsche Kleider, wärmende Kamine, ein reizendes Kinderzimmer mit Bergen von Spielsachen..."Jetzt jedoch müssen sie heraus aus der prächtigen Londoner Vorortvilla und mit einem ärmlichen Häuschen auf dem Land vorlieb nehmen. Die Mutter schreibt Kinderbücher, um das schmale Einkommen aufzubessern, und die Kinder entdecken ein aufregendes Spiel: Sie beginnen, die Züge zu beobachten, die unfern des Hauses vorbeifahren.

Noch wissen sie nicht, "wie sehr sie die Eisenbahn lieben würden, wie bald sie das Zentrum ihres neuen Lebens werden und welche wunderbaren Veränderungen sie ihnen bescheren würde." Sie nehmen auch die kleine Bahnstation in Augenschein - und Peter klaut dort Kohle, damit sie es zu Hause ein wenig wärmer haben. Das geht um ein Haar schief, er wird erwischt, doch die Schwestern stehen zu ihm und der Vorsteher lässt fünf gerade sein.

Vieles geschieht. Die Kinder verhindern einen verheerenden Bahnunfall, und sie lernen einen alten Gentleman kennen, der immer im 9 Uhr 15 - Zug vorbeifährt, im "Grünen Drachen". Erst winken sie ihm nur zu, dann winkt er zurück, und als ihre Mutter erkrankt, bitten sie ihn um Hilfe, in einem treuherzigen Brieflein, das Phyllis ihm ins Abteil reicht.

Der alte Herr hilft tatsächlich, denn "he was a very nice-looking old gentleman, and he looked as if he were nice, too, which is not at all the same thing." Und als Roberta wenig später bei der Lektüre alter Zeitungen herausfindet, warum ihr Vater ins Gefängnis gesperrt worden ist - er steht im Verdacht, Staatsgeheimnisse verraten zu haben - trägt der alte Herr dazu bei, dass der wirkliche Verräter entlarvt und der Vater, vollauf gerechtfertigt, wieder mit der Familie vereint wird.

Moderne Kritiker fanden an dem Buch auszusetzen, es sei stellenweise zu gefühlvoll und die mehrfachen Zufälle seien auch nicht unbedingt glaubwürdig. Wohl wahr. Dennoch: Empfindsamkeit ist nicht die übelste Tugend. Bedauernswert die Kinder, die ihrer ermangeln müssen oder sie per Computerspiel regulieren. Eine kleine Überdosis schadet also nichts. Und was die Einführung des Eisenbahnmotivs angeht, so war das ein besonders glücklicher Einfall. Denn die Eisenbahn war in jenen Tagen nicht nur Verkehrsmittel, sie beförderte auch Wünsche, Träume, Phantasien, überquerte, zumindest in der eigenen Vorstellung, die engen Grenzen täglicher Erfahrung. Sie war ein rollender Ort für Zufälle jeglicher Art, für das ganz und gar Unerwartete - was, beiläufig bemerkt, auch von Agatha Christie und Georges Simenon so gesehen wurde, von der Menge anderer bekannter Krimi-Autoren gar nicht zu reden.

Ein Buch, in dessen Titel die Eisenbahn erschien, konnte junge Leser also neugierig machen und in eine vorauseilende Spannung versetzen. Sie wurden nicht enttäuscht. Die derzeit bemängelten Zufälle ergaben sich aus dem Eisenbahnmotiv, das die Verfasserin zugleich in die Lage versetzte, sie einleuchtend zu begründen. Wo viel Bewegung ist, da ist auch viel Geschehen und ganz besonders solches, mit dem nicht zu rechnen ist.

Es ist eine Eigenart aller, nennen wir sie einmal so, Nesbit-Kinder, dass sie wie Bobbie, Peter und Phil, für alles Unerwartete offen sind. Das Einerlei ist ihre Sache nicht. Viel Neugier treibt sie, viel Wissenwollen, mehr oder minder unentwegt sind sie auf Klärung aus, auf Lösung selbst verfahrenster Probleme - und solchem Drängen, so lautet die Botschaft, wird die Welt sich nicht verschließen. Sie lässt sich - und das ist doch sehr britisch gedacht - in Besitz nehmen und damit auch ein Stückchen weiterbringen, zum Besseren hin. Sämtliche Bücher Edith Nesbits weisen auf dieses Bessere hin, ohne dass an irgendeiner Stelle Moral gepredigt wird. Sie ergibt sich ganz von selbst, diese Moral, die man wohl besser eine Nutzanwendung nennt, und zwar aus dem Verhalten der vielen Nesbit-Helden, die alle so sind wie die Eisenbahnkinder, nämlich von praktischer Vernunft geleitet und aufrichtiger Gefühle fähig, dazu durch Dick und Dünn zusammenhaltend und füreinander einstehend. Wer sich so verhält, der muss vor den Drohungen des Daseins nicht zurückweichen.

Damit ist nicht gesagt, dass diese Roberta, Phyllis, Peter und wie die anderen alle heißen, rundum tugendhafte Wesen seien. Des öfteren schießen sie im Übereifer übers Ziel hinaus und müssen sich dann zu Erkenntnissen bequemen, die recht schmerzlich sind. Und sie scheuen allesamt nicht jene Scharmützel, die sich gerade unter Geschwistern einer sonderbarer Beliebtheit erfreuen - Rechthabereien, Eifersüchteleien, Sticheleien. Umso schätzenswerter (und auch glaubhafter) erscheint der gemeinsame Wille, der sie in schwierigen Lagen handeln und letztlich triumphieren lässt.

Im Übrigen sind auch die Eltern durchweg vernünftige und liebenswerte Leute; rabenhafte Exemplare gibt es unter ihnen nicht. Allerdings glänzen sie oft durch Abwesenheit, besonders die Väter, die irgendwo in der Außenwelt durch Beruf, Arbeit oder gar zweifelhafte Mächte festgehalten werden. Nicht selten sind die Kinder in Ferien, in der Obhut einer nicht sehr durchsetzungsfähigen Nanny oder eines gleichmütigen Verwandten. Mehr oder weniger frei und auf sich gestellt, können sie dann all die Fähigkeiten und Neigungen entwickeln, die der normale Alltag sonst nicht zu derartiger Entfaltung gelangen lässt.

Das gilt auch für "The Wonderful Garden" von 1910. (dt. "Der Wundergarten") Die Geschwister Caroline, Charlotte und Charlie, deren Eltern in Indien leben, verbringen ihre Ferien bei dem Großonkel Charles, der obwohl "an eine unzulänglich belichtete und mäßig entwickelte Fotographie erinnernd“ sogleich ihre Sympathie gewinnt, als er mit ihnen über Magie und Zauberei redet, denn er schreibt an einem gelehrten Buch über einschlägige Rituale bei den Naturvölkern. Während des Gesprächs verweist er auf ein Bild, das über dem Kamin hängt und eine blonde Dame mit dunklen Augen und vornehmer Halskrause darstellt: "Eine Vorfahrin von uns ... Sie wurde als Hexe verbrannt." Die Porträtierte hält zwei Bücher in der Hand, die der Onkel bei seiner Arbeit gut gebrauchen könnte, aber in seinem weiträumigen Haus sind sie einfach nicht aufzufinden.

Damit haben die drei C, wie die beiden Schwestern und ihr kleiner Bruder genannt werden, eine Aufgabe, die sie begeistert: Sie werden diese Bücher aufstöbern, koste es, was es wolle. Und natürlich ist ihre Suche erfolgreich. Die zweite Aufgabe: Sie kümmern sich um einen Jungen namens Rupert, den sie auf der Reise zum Onkel kennen gelernt haben. Auch seine Eltern sind weit weg, und er lebt unter der Fuchtel eines Hauslehrers, der die drei C an den schlimmen Mr. Murdstone im "David Copperfield" erinnert. Rupert entkommt diesem Tyrannen und findet Zuflucht bei den Geschwistern, die ihn in ihren "Geheimen Rosenbund" aufnehmen. Dessen Name ist nicht willkürlich gewählt, denn die drei C wissen sehr viel über Blumen und glauben an deren wunderbare Kraft. Mit der Hilfe eines freundlichen alten Bediensteten (welcher Typus zum festen Personal Edith Nesbits gehört) entdecken sie einen Garten, eben den wundervollen Garten des Titels. Wie sich später herausstellt, heißt dieser zauberhafte Ort "Garten des Friedens", und im Bogen seines Tores findet sich eine Inschrift, die besagt, dass hier ein Platz für Träume sei.

Die drei C sind entzückt und sehen es als ihre dritte Aufgabe an, den Garten zu hegen und zu pflegen, wobei ihnen jene beiden Bücher sehr dienlich sind, in denen vieles über die Sprache, die Heilkraft und nicht zuletzt den Zauber der Blumen zu lesen ist.

Vor allem aber gehen sie ans magische Werk, das ihre Lektüre ihnen empfiehlt, das heißt, sie hantieren mit gekauten Farnblättern, geheimnisvollen Kräutern, Zaubersamen und Wunderblumen, die man essen kann und die "teils wie Ananas und teils wie Artischocken schmecken", teils aber auch "wie Früchte, die man im Traum verzehrt" und die bewirken sollen, dass sich ein Herzenswunsch erfüllt.

Was am Ende auch wirklich geschieht, während schon im Verlauf der Handlung all diese pflanzlichen Mixturen, Tränklein, Mittelchen die wundervollsten Wirkungen zu zeitigen scheinen: Verborgene Dinge werden plötzlich sichtbar, eine arme Frau darf ihr Häuschen behalten, die. hochverehrte Ahnfrau tritt aus dem Bild heraus und schreitet durch den Raum. Die drei C jubilieren , aber leider erweist Rupert, obwohl den anderen zugetan und dankbar , sich als ungemein störrischer Skeptiker. Er will einfach nicht glauben, dass bei all diesen Vorgängen Zauberei im Spiel ist und, schlimmer noch, er findet für jeden einzelnen eine ebenso natürliche wie handfeste Erklärung! Die drei C sind im Stillen empört über soviel selbstbewussten Zweifel. Als sie daran gehen, dem bösen Hauslehrer mit einem Voodoo-Wachsfiguren-Zauber zuleibe zu gehen, rückt Rupert mit der Wahrheit heraus: Der Mann ist mitnichten der prügelnde Unterdrücker, als den er ihn beschrieben hat, sondern allenfalls ein bisschen pedantisch, dabei jedoch durchaus wohlmeinend - und er, Rupert, hat ihm mit seiner Flucht viel Kummer bereitet.

Dies offene, nicht leicht abzulegende Geständnis beeindruckt die Geschwister und stimmt sie versöhnlich - kann sein, ihr Freund hat doch Recht mit seinen so nüchternen Deutungen.

Dass die Autorin - die alles gut ausgehen lässt - auf seiner Seite ist, ist unschwer zu erkennen. Die Welt und ihre Probleme sind zu meistern, und zwar ohne fragwürdige Beschwörungen und Pflanzenhokuspokus - das macht sie unmissverständlich klar. Nichtsdestoweniger bleibt am Ende ein wenn nicht wunderbares, so doch wohltuendes Gefühl, bezogen auf solche Geschenke des Lebens, die zu genießen nicht nur statthaft, sondern geradezu geboten ist: Das Leben und Weben der Natur, insbesondere das der Blumen, die uns auf vielfältige Weise erfreuen können - und die nicht zu unterschätzende Fähigkeit zu hoffen und zu träumen, die nicht ausufern, doch auch nicht verkümmern sollte.

So bringt die Autorin beides ins Gleichgewicht: Verstand und Gefühl, Erkenntnis und Empfindung. Die Wunderwelt ist nicht versperrt, doch sie birgt auch Gefahren, verloren - und untergehen kann man in ihr. Deshalb ist es doch ganz gut, wenn man sie rechtzeitig wieder verlässt und in eine Wirklichkeit zurückkehrt, die schon darum mehr zu bieten hat, weil sie veränderbar ist. Nämlich zum Guten hin, das ganz besonders dann gedeiht, wenn man es tut.

In "House of Arden" von 1908 (dt. "Die Kinder von Arden") durchdringen Tag- und Traumwelt in wirkungsvollster Weise einander. Die Kinder Edred und Elfrida leben bei ihrer Tante Edith, die "in einer kleinen, winddurchwehten Stadt am Meer" ein Gästehaus unterhält. Der Vater der beiden (deren Mutter tot ist) und Onkel Jim, der Verlobte der Tante, sind in Südamerika verschollen. Man bezweifelt, dass sie noch leben.

Als die Tante in London weilt, besuchen die Kinder das nahegelegene Herrenhaus der Ardens, dessen Besitzer gerade gestorben ist. Mr. Beale, ein alter Mann, der im Garten arbeitet, erzählt ihnen eine Sage, wonach ein Abkömmling der Ardens, der noch nicht zehn Jahre alt ist, deren ganzen Besitz bekommen soll - und einen geheimen Schatz dazu.

Edred wird einen Tag später zehn - und so beschließen die Geschwister, sich umgehend auf die Suche nach dem verborgenen Reichtum zu machen. Das liegt um so näher, als Tante Edith aus London zurückkommt und sie wissen lässt, dass der dahingeschiedene Lord ihr Großonkel war und ihnen seinen ganzen, freilich ziemlich abgewirtschafteten Besitz hinterlassen hat.

Man zieht zu dritt in das Herrenhaus, in dessen Bibliothek die Kinder die Familiengeschichte der Ardens entdecken, worin ein Zauberspruch enthalten ist, von dem sie annehmen, dass er sie auf die Spur des Schatzes führen wird. Mit großem Nachdruck sagen sie ihn auf, und es erscheint das leibhaftige Wappentier der Ardens, ein weißer Maulwurf, der jedoch nicht einfach "Mole" genannt wird, sondern "Mouldiwarp" - das "Muddeltier" wie es in Sybill Gräfin Schönfeldts vortrefflicher Übersetzung heißt. Es ist in keiner Weise freundlich, sondern eher muffig und boshaft; von der Schatzsuche will es nichts wissen: "Zuerst muss ich euch beherzt und klug machen, das ist wahrlich Arbeit genug!"

Immerhin tut es den Geschwistern kund, dass es bereit sei, immer dann zu erscheinen, wenn sie, erstens ein selbstverfertigtes Gedicht aufsagen, und zweitens, sich einen ganzen Tag lang nicht gezankt haben.

Keine ganz leicht zu erfüllende Auflage, wie sich schnell herausstellt. Etwas Eignes sollen sie schaffen, ganz auf sich allein gestellt, und in verständnisvoller Zweisamkeit sollen sie leben - das Muddeltier hat einen unverkennbar pädagogischen Zug. Und es kennt die lieben Kleinen.

Mit seiner Hilfe unternehmen die Kinder dann eine Reihe von Zeitreisen, quer durch die Jahrhunderte, getragen von zauberhaften Schwänen - und von der Hoffnung, den Schatz zu finden. Geschichtliche Szenen ziehen vorüber, bekannte Figuren treten in Erscheinung: Heinrich VIII, Ann Boleyn, Sir Walter Raleigh. Mehrmals geraten Edred und Elfrida in bedrohlichste Lagen, in denen es um Kopf und Kragen geht. Erst im letzten Augenblick erscheint dann das Muddeltier und befördert sie zurück in die gefahrlose Gegenwart. Das ist natürlich sehr aufregend. Vor allem Edred genießt dieses Wechselspiel: "'Aha', dachte er, 'ich lebe ein Doppelleben. So ist das also...' Er hatte diesen Ausdruck in einem Buch entdeckt, und der Gedanke, dass er auf ihn zutraf, entzückte ihn über alle Maßen."

Im frühen 17. Jahrhundert lernen die Geschwister auch ihren Vetter Richard kennen, mit dem sie sich sogleich anfreunden. "Dick", der wie sie durch die Zeit reisen kann, erklärt ihnen, es sei doch sehr dumm von ihnen, hinter dem Schatz herzujagen, statt den Versuch zu unternehmen, ihren Vater und Onkel Jim wiederzufinden. Kleinlaut stimmen sie ihm zu.

Das Muddeltier ist ein letztes Mal zur Hilfe bereit. Edred und Elfrida werden in weiße Katzen verwandelt, das Muddeltier plustert sich zum Eisbären auf und Richard wird zum Bärenführer. Dergestalt getarnt, gelangen sie über einen hohen Felswall in ein unberührtes Indio-Land, wo sie die Vermissten tatsächlich finden, die halb Gäste und halb Gefangene eines Stammes sind, in dessen Gewalt sie gerieten, als sie nach Gold suchten, also sich ihrerseits einem Schatz auf der Spur glaubten. Die Männer werden "befreit", obwohl sie lieber bleiben möchten:

"Sie halten uns fest, denn sie sind entschlossen, keine Kunde vom Vorhandensein dieser Hochfläche in die Welt dringen zu lassen ... Die Kultur hier ist älter als die der Inkas, und man führt das schönste Leben, das man sich vorstellen kann ... Es fehlt uns an nichts. Nahrung, Kleidung, Freundlichkeit, Gerechtigkeit und Zuneigung werden uns in reichem Maß geboten."

Da klingen erhabene Begriffe wie Freiheit, Gleichheit, Brüderlichkeit an, versetzt in eine vorzivilisatorische Zeit, die frei von den schonungslosen Zwängen der sich ausbreitenden Industriegesellschaft ist. Lord Arden stellt fest, er müsse zwar um seiner Kinder willen fliehen, doch es komme ihm so vor, als müsse er "das Paradies mit einem rußgeschwärzten Industriegelände vertauschen" , und sein künftiger Schwager stimmt ihm nachdrücklich zu.

Der Sprung aus dem kleinen Utopia in die britische Gegenwart gelingt. Edred und Elfrida, zurück im gewohnten Alltag, können sich nicht zu ihren Abenteuern bekennen und vernehmen schweigend den Jubel der Tante: " 'Sie waren in Südamerika gefangen und ein englischer Junge mit einem Tanzbären hat ihnen zur Flucht verholfen!' Kein Wort von Katzen! Die Kinder fühlten sich schmerzlich verletzt.“

Gleichwohl durchströmt sie ein mächtiges Glücksgefühl: Sie haben kraft eigenen Wagemuts, den geliebten Vater wieder, und das zählt mehr als alle Schätze der Welt! (Zumal Lord Arden und Onkel Jim immerhin ein kleines Vermögen auf der Bank von Lima liegen haben.)

Die Geschwister laden Vetter Dick ein, doch bei ihnen in der Gegenwart zu bleiben. Der lehnt mit ungewohnter Heftigkeit ab: "Ich hasse eure Zeit...eine widerliche grausame Zeit .... Sie lassen die Menschen viele Stunden am Tag schuften, für so wenig Geld, dass es kaum zum Leben reicht, und Zeit zum Schlafen und zum Glücklichsein haben die Leute auch nicht. Keiner denkt daran, den Armen Essen und Kleider zu geben ...aber sie werden ins Gefängnis geworfen, wenn sie sich nehmen, was sie brauchen...ich würde mir keinen Tag Ruhe gönnen und nichts tun, was mir Spaß macht, bis all diese Missstände behoben sind. Aber in eurer Zeit kümmert sich niemand darum."

Ganz neue und durchaus schockierende Töne. Edith Nesbit wusste, für wen sie schrieb: Für die wohl behüteten Söhne und Töchter der Oberklasse und der gehobenen Mittelschicht: Die waren - wie Edred und Elfrida - gewiss der Meinung, dass man es doch herrlich weit gebracht habe, vor allem im Hinblick auf vergangene dunkle Zeiten. Der große Widerspruch, der Dick in den Mund gelegt wird, ist die erste eindeutig sozialkritische Verlautbarung der britischen Jugendliteratur, die um so eindrucksvoller ist, als sie Tatsachen anführt, die nicht zu leugnen sind.

Die "Kinder von Arden" sind reich an Gegebenheiten, die wichtigen Zielsetzungen folgen. Die jungen Leserinnen und Leser erfahren eine Menge über die britische Vergangenheit, über die Denk- und Lebensweisen der Menschen früherer Gesellschaftsformen. Sie lernen, dass wichtig ist, Hilfe zu leisten, wann immer sie nötig ist, und zwar auch dann, wenn jene, die sie brauchen, einem gänzlich unvertraut sind. Um so zu handeln, bedarf es eines Selbstbewusstseins, das, ohne überheblich zu werden, in eben dem Maße wächst, in dem man die Bedürfnisse anderer wahrnimmt und ihnen gerecht zu werden versucht. Dabei ist es- unter anderem - von Nutzen, Vergangenes und Gegenwärtiges im Für und Wider zu vergleichen und entsprechende Folgerungen zu ziehen.

Die Kinder finden den Schatz nicht, entwickeln aber eine Reihe sozialer Qualitäten. Nicht Geld und Güter zählen, sondern ganz andere Werte: Aufgeschlossenheit, Hilfsbereitschaft, Zuwendung, Solidarität.

Da spielt es dann auch keine Rolle mehr, dass Elfrida sich am Ende fragt, ob nicht alles vielleicht doch nur ein großer Traum gewesen ist. Ein bedeutungsreicher Gedanke, denn manches im Geschehen trägt wirklich traumhaft-utopische Züge. Aber die Wirklichkeit, die soziale zumal, gerät nie aus dem Blickfeld. Wie in vielen ihrer Bücher gelingt es der Autorin, zwei Welten dergestalt zu vereinigen, dass innere Zusammenhänge sichtbar werden, deren Deutung wertvolle Erkenntnisse liefert. Dennoch ist nicht die Belehrung vorrangig, sondern stets die Unterhaltung: aber jene ergibt sich aus dieser. An - und Einsichten wirkungsvoll zu inszenieren - das versteht diese Autorin, deren erzählerische Kraft noch kleinsten Episoden Schwung und Spannung gibt.

1909 erschien "Harding's Luck" (dt."Der Traum von Arden"), ein Ergänzungsbuch zum "House of Arden." Hauptperson ist der halbwüchsige Dickie Harding, der in einem schäbigen Vorort von London sein Dasein fristet, von einer Nenntante mehr verprügelt als versorgt. Als er noch klein war, hat sie ihn einmal hinfallen lassen und seitdem lahmt er und bewegt sich mit einer selbstgebastelten Krücke mühsam durch eine feindselige Welt. Der erste Mensch, der freundlich zu ihm ist, gehört auch nicht gerade der besseren Gesellschaft an. Es ist Mr. Beale, ein Landstreicher, der ihn zum Betteln anhält, denn die Leute werden etwas freigiebiger, wenn sie den behinderten kleinen Kerl sehen. Zugleich mit Dickie erfahren wir jedoch, dass ein Außenseiter wie dieser offensichtliche Tunichtgut Beale (dessen Namen wir aus dem "House of Arden" kennen) nicht unbedingt ein schlechter Mensch sein muss. Gängige Vorurteile - von denen Edith Nesbit gar nichts hielt - widerlegt er augenfällig. Er ist nämlich einer, der das Herz auf dem rechten Fleck hat und Gutes an dem Jungen tut, den er mehr und mehr lieb gewinnt - was ihn freilich nicht davon abhält, Dickie zu einem Einbruch mitzunehmen. Aber da spielt der Zwang der Verhältnisse mit und ein finsterer Geselle, der Beale unter erheblichen Druck setzt. Dickie wird, in ein herrschaftliches Haus hineingeschubst, von dessen Bewohnern sogleich ergriffen.

Die Besitzer, Lord und Lady Talbot, erweisen sich als freundliche Leute. Besonders die Lady nimmt sich in mütterlicher Weise des verschüchterten Jungen an, vor dem sich eine bessere Zukunft aufzutun scheint. Aber Dickie muss weiter ...Womit wir, gewiss nicht ganz zufällig, an Oliver Twist erinnert werden. Von dem, wie sich nun herausstellt, der kleine Harding sich jedoch durch eine wunderbare Eigenschaft unterscheidet: Er kann Zeitreisen machen, wie Edred und Elfrida, und in der Tat begegnet er ihnen - er ist jener Vetter Richard, von dem wir im "House of Arden" gelesen haben.

Im 17. Jahrhundert erwacht er aus schwerem Fieber, um zu erkennen, dass er in Wahrheit ein junger Lord Arden ist, rank, schlank und völlig gesund, geliebt von seinen Eltern und der

Zuneigung aller Dienstboten teilhaftig. Er ist glücklich wie nie zuvor - und dennoch zieht ihn "sein von Liebe zu seiner neuen und wirklichen Familie erfülltes Herz zu Beale zurück, dem einfachen Mann, der sich um ihn gekümmert hatte, als er von allen verlassen war, dem Landstreicher und Einbrecher, der sich seiner angenommen hatte, als niemand sonst dazu bereit war."

Es ist diese Empfindung, die ihn wiederum in sein gegenwärtiges Dasein bringt, in dem es, so trist es ist, immerhin diesen Beale gibt und außerdem Edred und Elfrida. Zuvor erklärt ihm seine Amme, wie dieses Pendeln zwischen den Zeiten vor sich geht:

"Zuweilen - es geschieht nicht oft, aber hin und wieder eben doch - werden Kinder geboren, die nicht wie gewöhnliche Sterbliche an die Zeit gefesselt sind. Und wenn diesen Kindern zur rechten Stunde der rechte Zauber in die Hände gerät, sind sie imstande, in der Zeit hin und her, vorwärts und rückwärts zu gehen wie andere Kinder von einem Zimmer ins andere..."

Alles geht gut. Dickie hilft Edred und Elfrida, sogar noch den Schatz zu finden, den sie im ersten Buch verpasst haben. Als sich dann herausstellt, dass er und nicht der Vater der Geschwister der rechtmäßige Besitzer von Schloss Arden ist, verzichtet er auf alle Ansprüche und kehrt leichten Herzens ins 17. Jahrhundert zurück, wo er, als junger Nachkomme des alten Hauses Arden, sein Leben genießen kann, in verantwortungsvoller Weise, wie wir annehmen dürfen.

Anders als im "House of Arden" bestimmen hier die Widersprüche des Daseins das Leben einer einzigen Person, Dickies eben, der von Anfang an für sich einnimmt, Mitleid ebenso erregt wie freundschaftliche Zustimmung. Eine mustergültige Identifikationsfigur, die alles zu vermitteln vermag, was der Verfasserin am Herzen liegt: Soziale Verantwortung und Vorurteilslosigkeit und, das große Wort sei erlaubt, existentielle Tapferkeit. Dickie/ Richard ist der (nur bedingt märchenhafte) Entwurf zu jener Art von Menschen, die Edith Nesbit sich für die von ihr gewollte neue Gesellschaft wünscht.

Das wohl heiterste, um nicht zu sagen anmutigste Buch Edith Nesbits ist "Five Children and It" von 1902. (dt. "Psammy sorgt für Abenteuer").

Vier der fünf Geschwister, die da auftreten, gehen schon zur Schule: Cyril, Anthea, Robert und Jane. Nummer Fünf ist ihr kleines Brüderchen, das Baby, durchweg "Das Lamm" genannt. Alle zusammen verbringen die Sommerferien in einer nicht eben lieblichen Gegend, in der es vor allem Steinbrüche und Kiesgruben gibt. Aber Phantasie und Spiellust helfen über vieles hinweg. Das Ferienhaus, in dem ein gutmütig polterndes Kindermädchen namens Martha sie betreut, kommt ihnen vor wie ein Feenpalast in einer verzauberten Welt. Denn London, wo sie sonst mit ihren Eltern leben, ist, wie die Erzählerin sagt, ein Gefängnis für Kinder. (Und sie fügt hinzu, eben deshalb seien dort so viele Kinder so außerordentlich unartig.) Gleichzeitig versichert sie ihrer jungen Leserschaft, sie werde bestimmt kein Buch schreiben, das wohlmeinende Tanten mit Randbemerkungen wie "Sehr wahr!" oder "Wie lebensecht!" versehen könnten.

"I will only tell you the really astonishing things that happened" - dieses "that happened" muss man sich auf der Zunge zergehen lassen; es gibt dem Buch seine eigene Dimension. ("Wirklich erstaunliche Dinge, die tatsächlich geschahen!")

Und sie setzt noch einen drauf. Erwachsene, sagt sie, tun sich sehr schwer damit, an wirklich wundervolle Dinge zu glauben, es sei denn, sie würden ihnen bewiesen. Aber Kinder glauben fast alles, und das wissen die Erwachsenen. "Und darum erzählen sie euch, dass die Erde rund wie eine Orange ist, obwohl ihr mühelos erkennen könnt, dass sie flach und unförmig ist..."

Diese herrliche Mischung aus Verspieltheit und listiger Verlockung, aus Ironie und Hintersinn durchzieht das ganze Buch. Sie gewährt ein reines Lesevergnügen und gibt den Kindern auf heiterste Weise das Gefühl, ernst genommen zu werden. Augenzwinkernd sitzt ihnen die Autorin gegenüber: Nicht wahr, ihr und ich, wir verstehen uns...

Dabei drängt sie sich aber nicht auf. "I fear I am getting too instructive", sagt sie einmal.

Zurück zu den Geschwistern. Als sie in einer Kiesgrube werkeln und einen Tunnel nach Australien graben wollen, befördern sie ein höchst sonderbares Wesen ans Tageslicht - das "It" des Titels, ein so genanntes Psammead. Ein Sandmonsterchen, braun und haarig, mit Fledermausohren und Schneckenaugen, also durchaus nicht schön. Es ist jedoch sehr von sich eingenommen und ein paar tausend Jahre alt, kommt aus der Zeit der Saurier und Riesenfaultiere - und kann Wünsche erfüllen, wie alle anderen seiner Art, die nur leider mittlerweile ausgestorben sind.

Dabei ist es so ungnädig wie das Muddeltier: "Ich habe die Nase voll von euch!" Nur sehr widerstrebend wird es in den folgenden Tagen je einen Wunsch der Kinder erfüllen, wobei, was man sich merken muss, der Zauber nur vom Morgen bis zum Abend anhält. Anthea äußert als erste ein Begehren: "Ich will, dass wir alle so bildschön werden wie der helle Tag."

Das Psammead bläst sich ungeheuer auf, bevor es wieder im Erdboden verschwindet, und jedes der Kinder findet sich in der Gesellschaft dreier wildfremder Personen wieder. Cyril sieht jetzt aus wie ein engelhafter Chorknabe und Robert wie ein italienischer Drehorgelmann. Die Mädchen gleichen - so Robert - "silly Christmas cards." Nur am Baby hat sich nichts geändert, da es ja noch nicht an Wunder glaubt. Deshalb erkennt es auch die Geschwister nicht wieder, ebenso wenig wie Martha, die ihnen jedes Essen verweigert und droht, die Polizei zu holen, wenn sie nicht sofort machen, dass sie wegkommen. Als Robert sich daraufhin heimlich ins Haus schleichen will, gießt sie ihm einen Waschtrog kalten Wassers über den Kopf und schreit, er solle sich bloß trollen:
"You nasty little Eyetalian monkey!"

Was bleibt, sind Hunger, Angst, Ärger und Ermüdung. Die Vier schlafen ein - "with their, beautiful eyes shut and their beautiful mouths open."

Als sie erwachen, sind sie wieder die Alten. Anthea bricht in Freudentränen aus: "Ach Cyril", ruft sie, "wie nett und hässlich du aussiehst!" "Und ihr auch", fügt sie hinzu, damit die anderen sich nicht zurückgesetzt fühlen. Und Martha erzählt ihnen, dass fremde Kinder da gewesen seien , "sehr gut aussehend und sehr unverschämt!"

Dies also ging daneben. Was die Kinder jedoch nicht davon abhält, den nächsten Wunsch zu äußern. Unermesslich reich wollen sie sein. Das Psammead füllt missmutig die Kiesgrube mit Goldstücken, und die Geschwister erleben verblüfft die Umkehrung dessen, was die Erwachsenen zu behaupten pflegen, nämlich, dass Geld schwer zu bekommen und leicht auszugeben sei. Wo immer sie mit ihren Dukaten und Dublonen zahlen wollen, stoßen sie auf Misstrauen und Abweisung, und am Ende verhaftet sie sogar der Ortspolizist wegen "unrechtmäßigen Besitzes." Nur das Eingreifen der treuen Martha bewahrt sie vor dem Schlimmsten - und die Tatsache, dass das ganze Gold am Abend wieder verschwindet.

Jetzt sind die Kinder doch ein bisschen verstört. "Ihre Wangen", schreibt die Erzählerin, "wären bleich geworden, wenn sie Kinder in einem Buch gewesen wären. Aber sie waren wirkliche Kinder."

Kein Kommentar.

Die Vier haben sich bisher einiges von dem gewünscht, was irdisches Glück verheißt, Schönheit und Reichtum, jetzt fassen sie Schlichteres ins Auge. "Das Lamm", das sie auf fast allen ihren Wegen mitschleppen müssen, geht ihnen wieder einmal auf die Nerven:

Es schmeißt mit Sand und vergießt kostbares Ingwerbier. Unwirsch tadelt Martha sie wegen ihrer angeblich lieblosen Haltung dem Baby gegenüber: "Jeder sonst mag es!" - und eben das wünschen sie sich nun: Jeder sonst möge das Baby lieben - auf dass sie ein wenig entlastet würden.

Auch dieser Wunsch wird erfüllt. Eine Lady entführt den Kleinen, ihre Bediensteten streiten sich um ihn, ein Zigeuner macht mit eigentümlicher Begründung sein Recht geltend: "Hat es ein erdbeerfarbenes Mal am linken Ohr? Nein? Dann ist es mein verlorenes Baby!" Angstvoll erwarten die unbesonnenen Vier den Sonnenuntergang. Er gibt der Autorin Gelegenheit, das zu tun, woran ihr sehr gelegen ist, nämlich gewisse Vorurteile abzubauen. Amelia, eine Frau aus der Landfahrersippe, nimmt herzlichen Abschied von den Geschwistern und deren Brüderchen: "Wir Zigeuner stehlen keine Babys, was auch immer man euch erzählen mag.... haben genug mit unseren eigenen zu tun."
Noch ein zweites Mal richtet sich der Wunsch der Geschwister auf das Lamm. Es möge endlich erwachsen werden, stöhnen sie, erschöpft von seinen Einfällen. Folglich verwandelt sich der Kleine vor ihren Augen in einen smarten jungen Mann mit Oberlippenbärtchen, Strohhut und Flanellanzug. Ziemlich fassungslos reden sie ihn mit "Oh Lamm!" an, doch das verbittet er

sich sehr ungehalten: Man solle ihn gefälligst Hilary oder St. Maur oder Devereux nennen, denn das seien schließlich seine Taufnamen! Und so geht das in anstrengendster Weise weiter, bis zum Abend, da alle unendlich erleichtert sind, als er wieder zum Baby wird, das "Me loves Panty - wants to come to own Panty" kräht. Denn Anthea wird im Anklang an ihren Namen auch "Panther" genannt.

Sie ist es, die klagt: "Alles, was wir uns gewünscht haben, hat sich als ziemlicher Horror herausgestellt," und das Psammead um Rat bittet, der jedoch verweigert wird. Reichlich verunsichert kommen sie auf die Idee, sich Flügel zu wünschen. Die bekommen sie und haben, hoch in den Lüften, zunächst einmal auch einiges Vergnügen. Aber dann landen sie ermattet auf einem Kirchturmdach, wo sie sofort einschlafen. Als sie wieder aufwachen, sind sie flügellos und wissen nicht, wie sie jemals wieder auf festen Boden gelangen sollen. Es folgt die komischste Episode im ganzen Buch, in deren Verlauf die Kinder sogar den künftigen Verlobten Marthas aufgabeln - "but that is another story, as dear Mr. Kipling says." (Selbst wenn die Verfasserin Kipling zitiert, tut sie das in graziöser Manier.)

Die Ereignisse werden immer vertrackter. Als die Vier sich in ein Schloss haben versetzen lassen, stellt sich heraus, dass dieses von grimmen Feinden belagert wird. Sie reden in einer geschraubt altertümlichen Weise, die nachzuahmen Robert sich befleißigt. Denn er muss, sehr gegen seinen Willen, den Anführer der Belagerten spielen.

"Du bist überhaupt nicht wirklich", tröstet er sich. "Du bist nur hier, weil die anderen idiotisch genug waren, sich ein Schloss zu wünschen. Wenn die Sonne untergeht, wirst du sowieso verschwinden."

Wieder einmal das Motiv der Zeitreise. In diesem Fall führt sie irgendwohin zwischen Mittelalter und Cromwell Ära. Phantastisch daran ist, dass, wenn auch nur schemenhaft die Umrisse der Gegenwart sichtbar bleiben. (Wie denn auch Martha, die alle Verwandlungen nicht wahrnehmen kann, zuvor den ausgewachsenen Hilary alias St. Maur alias Devereux auf den Armen geschaukelt hat.)

Ein Wunder, dass die rührige Disney-Produktion sich dieses Buches, in dem derart surrealistische Tricks in großer Zahl vorgegeben sind, noch nicht angenommen hat. Im Kino wäre des Staunens kein Ende.

Wenn's ums Kämpfen geht, sind sich übrigens die sonst durchaus auch streitfreudigen Geschwister stets einig. Das gilt auch, als sie durch unbedachtes Wollen unter recht feindselige Rothäute geraten. ("Ich frage mich, ob Skalpieren wirklich so wehtut", brummelt Robert beklommen.) Auf dem Höhepunkt der Gefahr unterläuft gottlob dem Psammead ein Irrtum - es erfüllt den Indianern den Wunsch nach Rückkehr in ihre Heimat und zaubert sie weg.

Auch Cyril stellt, wie Anthea, fest, sie hätten absolut nichts Gescheites für ihre Wünsche bekommen. Doch da widerspricht Robert: "Immerhin ist eine Menge passiert. Das ist doch etwas." Seine Meinung ändert sich allerdings, als ihm mit einem Mal eine Größe von 11 Fuß (= 3,35 Meter) zuteil wird. Denn ohne die Folgen zu bedenken, hat er darum gebeten, dem rabiaten Bäckerjungen körperlich überlegen zu sein - tatsächlich kann er den verdutzten Widersacher mühelos auf einen Heuschober setzen. Woraufhin die anderen Drei beschließen, ihn auf dem Jahrmarkt gegen Geld zu zeigen

In die allergrößte Verlegenheit geraten die Vier am Ende, als Jane leichthin bemerkt, wie großartig es wäre, wenn die einer benachbarten Lady gestohlenen Schmucksachen ihrer Mutter gehörten. Nur mit zusätzlicher Hilfe des Psammeads gelingt es ihnen, sich aus der geradezu höllisch verzwickten Lage herauszuwinden, in die sie daraufhin geraten. Als Gegenleistung sprechen sie anstelle des Psammeads, das für sich selbst nichts erbitten kann, dessen Herzenswunsch aus, der darauf abzielt, dass kein Erwachsener je von seiner Existenz erfahren solle. "Sie würden mich festhalten, und sie würden nicht dumme Dinge wünschen wie ihr, sondern ganz und gar ernste.Die Welt würde Kopf stehen!"

Danach verschwindet das Psammead endgültig – aus DIESER Geschichte, wie die Autorin verheißungsvoll anmerkt. Vorher äußern jedoch die Mädchen ihren allerletzten Wunsch: Sie möchten es eines Tages wiedersehen.

"They did see it again, of course."

In zwei Fortsetzungsbänden. Aber das sind andere Geschichten.

Edith Nesbit liebt vor allem das Ineinander von Traum und Wirklichkeit, von Fiktion und glaubhaft gestalteter Alltagswelt. Das belegen, wie wir gesehen haben, viele ihrer Bücher. Und in "Five Children and It" setzt sie diesen Wechselbezug der beiden Wahrnehmungsebenen auf vollendete Weise ins Werk. Die kindlichen Leser, die eingeladen sind, nicht nur mitzulesen, sondern mitzuspielen - "Cyril und Robert waren in vieler Hinsicht genauso wie ihr" - werden von der unbeschwerten Manier, in der die Autorin mit der so genannten Wahrheit umgeht, entzückt sein. Eben dann, wenn alles ins Unwahrscheinlichste gerät, beruft sie sich auf ihre Wahrheitsliebe: "Ich bin wie George Washington - ich kann einfach nicht lügen", versichert sie treuherzig, als sie ein Handgemenge zwischen dem Bäckerjungen und dem noch in Normalgröße befindlichen Robert beschreibt. Andere Autoren, sagt sie, hätten sicher Robert gewinnen lassen, als Ansporn für die lesenden und vielleicht eher schüchternen Jungen, aber ihre Sache sei das nicht.

Ihre Sache hingegen ist es zu zeigen, dass zwischen Wunsch und Erfüllung das Unwägbare liegt, das Undenkbare sogar, das, sich plötzlich ereignend, die schöne Illusion in ihr Gegenteil verkehrt: Was alle Sinne lockte, erweist sich als erschreckendes Blendwerk. Ungleich vielversprechender ist die wohl überlegte, vernünftige Überlegung die man am besten zusammen mit anderen anstellt, denn dann kann das eigen Wollen nicht übers Ziel hinausschießen. Solche Gemeinschaft wiederum beruht auf jenen Eigenschaften, die man ruhig Tugenden nennen darf, auf der Fähigkeit zum Miteinander, zum wechselseitigen Verständnis, zum Verzicht auf Eigennutz.

Bei alledem ist Edith Nesbit aber keine zeigefingerhebende Tugendpredigerin. Jedes spätviktorianische Gouvernantengebaren ist ihr fremd. Sie führt ihre junge Leserschaft ebenso listig wie behutsam zu Folgerungen, die ihr helfen, sich selbst zu finden - in den Täuschungen der handelnden Kinder ebenso wie in deren Erkenntnissen und neu durchdachten Entschlüssen. Das gelingt ihr umso mehr, als sie den Jungen und Mädchen verdeutlicht, dass diese Welt ihre eigene ist, die sie, was ihr gutes Recht ist, mit eigenen Augen sehen und entsprechend gestalten können. Sie haben, darauf wird immer wieder verwiesen, die Gabe, Dinge zu sehen, die den Erwachsenen entgehen.

An diese Gabe glaubt Edith Nesbit ebenso wie an die Aussichten, die sie eröffnet. Sie sucht ihrer Leserschaft das Selbstbewusstsein zu vermitteln, das sie braucht, um in einer Welt, die teils erstarrt und festgefahren erscheint, teils aber auch von Trugbildern und Täuschung beherrscht wird, von dieser Gabe einen Gebrauch zu machen, der sinnvoll und wirksam ist. Die erzählerischen Mittel, deren sie dazu bedarf, besitzt sie in reichem Maß und, was am wichtigsten ist, sie kennt diejenigen, für die sie schreibt, und kommt ihnen entgegen: Mit Verständnis, Witz und Phantasie - und ohne sich auch nur einmal anzubiedern. Deshalb verdient ihr Werk, trotz der zarten Patina, die es angesetzt hat und die ihm im übrigen einen eigenen Charme verleiht, nach wie vor weiteste Verbreitung.

Ein treffendes Fazit haben Carpenter/Prichard in ihrem "Oxford Companion to Children's Literature" gezogen:
"She created a form of children's books which served as a model for many later writers."

Frances Hodgson Burnett
1849-1924

In Amerika war sie ebenso zu Hause wie in England. Diesseits wie jenseits des Ozeans erfreute sie sich einer ganz außergewöhnlichen Beliebtheit. Ihren Namen kannte man auch in der nicht-englischsprachigen Welt. Heute liest kaum jemand ihre Romane, und ihre ehedem so erfolgreichen Theaterstücke werden nicht mehr aufgeführt. Aber mit zweien ihrer Jugendbücher hat sie sich ins Bewusstsein ganzer Generationen hineingeschrieben. Sie erreichen auch in unseren Tagen eine weltweite Leserschaft, in der fast alle Altersgruppen vertreten sind.

Francis Hodgson wurde am 24. November 1849 in Manchester geboren; sie hatte zwei ältere Brüder und zwei jüngere Schwestern. Die Familie gehörte zum gehobenen Mittelstand. Der Vater, Metallwarenhändler und Silberschmied, beliefert das Bürgertum der Stadt mit jenem Zierrat, mit dem es seine Häuser und Wohnungen zu schmücken pflegte.

Manchester war eine hässliche Stadt, geprägt von der sich rasch ausbreitenden Industrie. Friedrich Engels, der damals dort lebte, hat die Elendsquartiere der Armen beschrieben, die Berge von Schutt und Abfall, die verrußte Luft.

Die Hodgsons wohnten indessen in Chatham Hill, einer angenehmen Gegend mit hübschen Häusern und reinlicher Atmosphäre. Unmittelbar dahinter wurde es schon ländlich, Wiesen gab es, Blumen und Bäume und in einiger Entfernung auch Seen.

Die kleine Frances war ein eher unauffälliges, rundliches Kind. Einer ihrer Brüder scherzte, wenn sie zu Boden falle, hüpfe sie wie ein Gummiball. (Viel später nannte sie ein Journalist „firm, full and well-chiselled“, fest, kräftig, wohlgeformt.)

Mrs. Hodgson erzog ihre Kinder durchaus liebevoll, ohne jedoch von den gängigen Spielregeln abzuweichen. Für die Kleinen gab es so gesittete Sprüchlein wie dieses:

Speak when you are spoken to,
Come when you are called.
Shut the door after you
And do as you're told.

Frances' Mutter ergänzte diese Weisungen: "Sei freundlich, Kind, sei freundlich ...Erweise auch den Armen Respekt. Sei niemals unartig oder gewöhnlich. Denke stets daran, dass du eine kleine Lady bist." Eine Mahnung, die Frances sich ein Leben lang zu Herzen nahm.

Im September 1853 erlag ihr Vater einem Schlaganfall. Die noch nicht Vierjährige wurde ans Totenlager geführt. "Papa ist in den Himmel gekommen", sagte jemand, und das Kind betrachtete die Leiche aufmerksam und ohne Furcht.

Erst nach dem Tod des Vaters kam die jüngste Tochter zur Welt. Zwischen ihren Brüdern und Schwestern war Frances das Kind in der Mitte und oft sich selbst überlassen. Die Großmutter schenkte ihr ein ABC-Buch, und Lesen wurde ihre große Leidenschaft. Geschichten, die ihr besonders gefielen, spielte sie mit ihren Puppen nach. Einmal beobachtete Mrs. Hodgson entsetzt, wie Frances mit der Spielzeugpeitsche ihres Bruders auf ein dunkles Püppchen einschlug, das an einen Lampenständer gefesselt war. Es stellte sich heraus, dass da ein dramatischer Vorgang aus "Onkel Toms Hütte" in Szene gesetzt wurde.

Frances Hodgson hat ein schönes Buch über ihre Kindheit geschrieben: "The One I knew the Best of All." Man kann da nachlesen, wie sehr sie allem zugetan war, was ihre kleine Welt ausmachte, nicht zuletzt den Blumen, Büschen und Bäumen.

Mrs. Hodgson, eine tüchtige und tatkräftige Frau, versuchte das Geschäft ihres Mannes weiterzuführen. Aber schon 1855 hatte sich das Einkommen der Familie so verringert, dass man in ein billigeres Viertel umziehen musste. Neun Jahre lang lebten die Hodgsons am Islington Square, in einer Gegend, die einstmals als vornehm gegolten hatte, mittlerweile jedoch arg heruntergekommen war. Gleich hinter den eisernen Gittern, die sie begrenzten, begannen die Slums, von denen Engels sagte, sie spotteten jeder Beschreibung. Vom Kinderzimmer aus hatte Frances sie und ihre Bewohner ständig vor Augen. Auf anschaulichste Weise bekam sie gezeigt, was nackte Armut bedeutete. Der Eindruck blieb haften. Sie besuchte eine kleine Privatschule in der Nachbarschaft. Jahre danach schrieb ihre Lehrerin: "Ihr Talent als Geschichtenerzählerin war schon früh entwickelt, und die anderen Kinder standen gebannt um sie herum, während sie sich immer neue Abenteuer und Wunder einfallen ließ. " Was ihr selbst gefiel, brachte sie in alten Küchenkalendern zu Papier - auch schon erste Gedichte.

Der amerikanische Bürgerkrieg ließ den britischen Überseehandel ins Stocken geraten. Das hatte böse Auswirkungen. Allein in Manchester wurden 1200 Firmen zahlungsunfähig. Mrs. Hodgson verkaufte ihr Geschäft gerade noch rechtzeitig. Mit ihrer Familie - Frances war fünfzehn-einhalb - überquerte sie 1865 den Atlantik und zog zu ihrem Bruder William, der in Knoxville (Tennessee) einen Kolonialwarenhandel betrieb.

Es war das Ende von Frances' Kindheit. Ihr Charakter war bereits geformt. Sie war "neugierig, romantisch, unbekümmert, mitfühlend, großzügig, ruhelos", lesen wir bei Ann Thwaite, "and not very wise."

Zwei Wochen lang fuhren die Hodgsons mit dem Zug durch Kanada und die Staaten. Frances war entzückt von den weiten Wäldern, die draußen vorbeiglitten. Die Neue Welt gefiel ihr von Anfang an.

Dabei waren die Verhältnisse alles andere als ersprießlich. Im Staat Tennessee hatten allein 275000 Sklaven die Freiheit erlangt. In der Folge verarmte der größte Teil der weißen Bevölkerung. Auch Onkel William hielt sich nur mühsam über Wasser. Immerhin fanden sich Jobs für die Brüder Herbert und John George.

Mrs. Hodgson und ihre Töchter bezogen ein Blockhaus in New Market, 25 Meilen von Knoxville entfernt. "A simple building in a simple place." Rundum waren Hügel und Waldungen und der blaue Horizont. Nur einmal am Tag kam ein Zug vorbei.

Ihr nächster Nachbar war Dr. Burnett, der einzige Arzt weit und breit, ein freundlicher Mann, Vater von vier Kindern. Sein Sohn Swan war 18, und Frances freundete sich alsbald mit ihm an, vor allem darum, weil er gleich ihr viel las - seit einem Unfall war er unbeweglicher geworden, lahmte auf einem Bein. Frances unterrichtete acht Farmerkinder; als Entgelt erhielt sie Naturalien. Und sie fuhr fort zu schreiben. Zwei ihrer Geschichten schickte sie an ein Frauen - Magazin, dessen Herausgeberin gar nicht glauben mochte, dass ein Mädchen aus Tennessee die Autorin war. Sie sei "so distinctly English!" Aber sie überwies

35 Dollar Honorar - viel Geld damals, die Familie war glücklich darüber.

1870 starb die Mutter, erst 55jährig. Es war nun an Frances, sich um die Schwestern zu kümmern. Man lebte wieder in Knoxville, wo es ihr nicht mehr gefiel. "Dieses unergiebige, langweilige, schäbige Leben", beklagte sie sich bei Swan. Sie könne nichts schreiben, was wert sei, gelesen zu werden, da sie nichts erlebe, was wert sei, aufgeschrieben zu werden.

Nichtsdestoweniger verfasste sie eine Menge Gedichte, die unter dem Autorennamen Fannie Hodgson sämtlich gedruckt wurden. Das anspruchsvollste Periodikum der Staaten, "Scribner's Monthly", dessen Herausgeber Dr. J.G. Holland war, sandte eine Geschichte zurück und nahm eine andere an. Der Brief, den Frances im Februar 1873 bekam, ist es wert, im Original zitiert zu werden:

"Meine liebe Miss Hodgson,
Dr. Holland, Dr. Hollands Tochter (Miss Annie) und Dr. Hollands rechte Hand (ich selber!) haben über "Surly Tim" alle bitterlich geweint. In der Hoffnung, dass wir über weitere Manuskripte von Ihnen weinen können -
Ihr ergebener und tränenvoller Watson Gilder."

Das war der Beginn einer langen, freundschaftlichen Zusammenarbeit mit Gilder, der sie anregte, förderte, bewunderte. Mehr und mehr Geld kam herein, zumal auch "Harper's Weekly", das zweite hochrangige Magazin jener Jahre, ihre Arbeiten druckte.

So konnte Frances sich einen lange gehegten Wunsch erfüllen. Sie kehrte zum ersten Mal wieder nach England zurück, wo sie Mitglieder der Familie Hodgson besuchte. Mit Swan, der wie sein Vater Mediziner wurde, wechselte sie zärtliche Briefe. Aus der Ferne erschien er als der romantische Liebhaber, der er in der Nähe nicht war. Nach ihrer Rückkehr heiratete sie ihn, im September 1872.

Im September 1874 wurde ihr erster Sohn geboren, Lionel. Sie liebte ihn innig. "Let it be happy, oh God!" hatte sie für das noch ungeborene Baby gebetet. "It does not matter what you do to me, but let it be happy!"

In die Augen- und Ohrenarztpraxis Swans kamen nur wenige Patienten. Die Stadt war einfach zu klein. Das Ehepaar fasste den mutigen Entschluss, mit Sack und Pack und schwarzer Amme nach Paris überzusiedeln. In der Nähe der Champs Elysées wurde eine Fünfzimmerwohnung gefunden. Die Miete sowie fast alle anderen Haushaltskosten hatte Frances zu bestreiten. Wenn sie nicht schrieb, flickte und nähte sie. Für neue Kleidung war kein Geld da. Paris war sehr teuer.

Im April 1876 kam der zweite Sohn zur Welt, Vivian. Eigentlich hätte es eine Vivien werden sollen. Frances hatte sich eine Tochter gewünscht und Lionel ein Schwesterchen. Der gemütvolle Knabe machte den Vorschlag, das Brüderchen ins Feuer zu werfen.

Die Einkünfte reichten weder vorn noch hinten. Es blieb nur ein Ausweg, nämlich der zurück in die Staaten. Dort erschien 1877 Frances' erster Roman ("That Lass o' Lowrie's“), der auf beiden Seiten des Atlantik ein so großer Erfolg wurde, dass bald darauf eine viel gespielte Bühnenfassung entstand. Der Kritiker des New York Herald schrieb, er zögere nicht zu sagen, dass es keinen lebenden Autor - "Mann oder Frau" - gebe, der über Mrs. Burnetts gestalterische Kräfte verfüge. Ähnlich klang es in der New York Times und in anderen maßgeblichen Blättern. Frances wurde noch über die allenthalben verehrte George Eliot (eigentlich Mary Ann Evans) gestellt. Sie wurde hofiert; in der feinen Gesellschaft bemühte man sich um sie.

Als Oscar Wilde sie während seiner Amerika-Tour besuchte, entführte Frances ihn den anderen, durchaus angesehenen Gästen und unterhielt sich stundenlang mit ihm. Ihre Produktivität steigerte sich. In vier Jahren schrieb sie vier Romane, zwei Theaterstücke und zahlreiche Geschichten. Dabei betrieb sie ihren Haushalt und widmete sich fürsorglich den beiden Söhnen. Mit anderen Worten: Sie trieb Raubbau mit ihren Kräften. Und sie musste wahrnehmen, dass ihrem Mann der Erfolg ihrer Bücher mehr bedeutete als ihre Zuneigung. Ihm selbst gelang der Sprung nach vorn. Er eröffnete in Washington die erste Augenklinik des Landes, deren guter Ruf zahlreiche Patienten anzog, und wurde 1883 zum Professor ernannt.

Die beiden lebten sich auseinander. Es kam zur Trennung.

Im Oktober 1881 wurde Frances' Stück "Esmeralda" auf einer der besten US-Bühnen, dem New Yorker Madison Square Theater, uraufgeführt. Das handverlesene Publikum spendete begeistert Beifall. Weniger begeistert war Henry James, den wiederum Frances verehrte: "A poor play well acted." Das Stück, meinte er, bestehe aus Elementen rührseliger Einfalt, die freilich in genialer Manier zusammengefügt worden seien. Diese Technik, so seine Empfehlung, werde ungleich mehr Wirkung erzielen, wenn Mrs. Burnett sich ihrer bediente, um moralische Gedichte für ein junges Publikum zu verfassen.

Lionel war jetzt sieben, Vivian fünf. "The one perfect thing in my life was the childhood of my boys", pflegte Frances zu sagen. Beide waren in der Tat liebenswürdige Jungen, Lionel eher scheu und empfindsam, Vivian einfallsreich und charmant - er verstand es sogar, die Depressionen zu verscheuchen, die von Zeit zu Zeit seine Mutter heimsuchten.

"Wenn Vivian nicht gewesen wäre, hätte es keinen Lord Fauntleroy gegeben", erklärte sie immer wieder. Der Kleine hatte sich Gedanken darüber gemacht, was Herzöge wohl für Leute seien und wie sie mit ihm, dem zukünftigen Bürger der Vereinigten Staaten, umgehen würden. Frances spann den Gedanken weiter. Ihr berühmtestes Buch entstand, " Little Lord Fauntleroy" (dt. "Der kleine Lord"), das zunächst als Fortsetzungsroman erschien und dann bei Scribner's herauskam, 1886.

Die Story ist eher simpel, aber es war wohl diese Einfachheit, die den Erfolg des Buches gewaltig befördert hat. Der alte Earl of Dorincourt hat vor Jahren seinen Sohn verstoßen, weil der unterm Stand heiratete - und eine Amerikanerin obendrein!

Diese ihrerseits ist jetzt Witwe und hat einen siebenjährigen Sohn namens Cedric. Er - der Titelheld wächst in New York auf. Ein Schuhputzer und ein Grünwarenhändler sind seine besten Freunde und machen ohne tiefere Absicht das Bübchen zu einem guten Demokraten. Der alte Earl muss indessen feststellen, dass er keinen Erben mehr hat, weshalb er Cedric und seine Mutter nach England kommen lässt. Der Junge wohnt im Schloss und, Abstand muss sein !, die junge Witwe im Dorf. Wie Cedric kraft seiner natürlichen Herzlichkeit die ganze Liebe des Großvaters gewinnt und ihn zugleich von seinen Vorurteilen befreit, das ist so bezaubernd erzählt und so geschickt mit wenn auch sanften sozialkritischen Ansichten versetzt, dass man eine gewisse Gefühligkeit ebenso in Kauf nimmt wie die Lockenpracht und den mit Spitzen gezierten Anzug des munteren Kleinen. Während der Niederschrift fand Frances im Modellknaben Vivian einen aufmerksamen Zuhörer, der noch dieses und jenes zum Handlungsablauf beitrug.

(1937 meldete die britische Presse unter Überschriften wie "ORIGINAL 'FAUNTLEROY' DIES IN BOAT AFTER HELPING RESCUE 4 IN SOUND" Vivians Tod. Der 61-jährige hatte während einer Rettungsaktion für Schiffbrüchige einen tödlichen Herzschlag erlitten. Sein Leben lang hatte er sich, ähnlich wie Christopher Milne, gewisser hämischer Anspielungen erwehren müssen, die auf die Rolle abzielten, in die seine Mutter ihn hineingeschrieben hatte.)

Die Kritik feierte den "Kleinen Lord". 43 000 Exemplare wurden im ersten Jahr verkauft Seine Verfasserin verdiente rund 100 000 Dollar daran. 1950 lag die englischsprachige Ausgabe bei einer Million. Es gab mehrere Verfilmungen, in der vorerst letzten spielte der außerordentliche Alec Guiness den alten Earl sichtlich genussvoll.

1887 folgte "Sara Crewe", ab 1905 "A Little Princess" betitelt. Die kleine Sara besucht ein vornehmes Mädchenpensionat und wird dort gemocht und geschätzt, bis unversehens ihr Vater stirbt und niemand mehr da ist, um die Schulkosten zu bezahlen. Da wird sie zum schikanierten Aschenputtel, aber ihr klarer Verstand, ihr reines Herz und nicht zuletzt ihre tröstliche Phantasie lassen sie diese Prüfung bestehen und alles kommt zum guten Ende, das zahllosen Leserinnen und Lesern über die Zeiten hinweg gefallen hat. Ein Kind überwindet das Unrecht, das ihm widerfährt, und dieses Kind ist so liebenswürdig, dass man sich getrost auf seine Seite schlagen kann. Nicht die Umstände zählen, lautet die dauerhafte Botschaft der Verfasserin, sondern die Menschen, die sich in ihnen bewahren und bewähren. Nicht die schlechteste Maxime.

Im gleichen Jahr, in dem "Sara Crewe" erschien, ging Frances mit ihren Söhnen nach London, wo man gerade das 50jährige Regierungsjubiläum Königin Victorias feierte. Frances war begeistert von all dem festlichen Prunk, die Jungen, gleich dem kleinen Lord erfüllt von republikanischen Ideen, blieben eher gelassen. Später hielt sich die Familie, Frances' angeschlagener Gesundheit wegen, in Italien auf, wo ihr berühmtester Bewunderer, der britische Premier Gladstone, sie in seine Villa in Castagnolo einlud. An der Tafel saß sie neben ihm. "Ich finde, Premierminister stehen mir gut", schrieb sie an eine Freundin. "Er ist ein faszinierender alter Herr und sagt die reizendsten Dinge. Fauntleroy hat ihn bezaubert...."

Es folgten unruhige Jahre mit wechselnden Wohnsitzen in den USA und Europa: New York, Washington, Manchester, Riviera, Rom, Paris und immer wieder London, wo Frances als Ehrengast an einem Bankett teilnahm, bei dem viele berühmte Romanciers zugegen waren, unter anderen Wilkie Collins, Jerome K. Jerome, Rider Haggard. Für ihre Bemühungen um ein internationales Copyright wurde sie mit einem kostbaren Armband beschenkt: "To Frances Hodgson Burnett with the gratitude of British Authors."

Sie schrieb unermüdlich weiter, auch in der Absicht, aus dem allzu blendenden Licht herauszutreten, das der "Kleine Lord" verbreitete. Das gelang ihr nicht. Die Theaterfassung lief gleichzeitig in New York und London und brachte ihr jede Woche 1500 Dollar ein. Mit anderen Stücken hatte sie weniger Glück, obwohl sie weitere neun zu Papier und auf die Bühne brachte.

In dieser Zeit lernte sie Stephen Townesend kennen, 29, Sohn eines Londoner Klerikers, der vom Studium der Medizin aufs Theater übergewechselt war - ein Möchtegern-Schauspieler, bei Licht besehen. Als sie mit ihrer Kutsche einen Unfall erlitten hatte, kümmerte er sich liebevoll um sie. Sie war dankbar für diese Zuwendung, brauchte sie dann um so mehr, als ein schwerer Schicksalsschlag sie traf: Lionel, gerade 15, erkrankte an Schwindsucht. Heftige Schuldgefühle plagten sie - seit einem Jahr hatte sie ihn nicht mehr gesehen.

Die Fachärzte, zu denen sie ihn brachte, bemühten sich vergeblich. Er starb im Dezember 1890 in Paris, wo er auf dem Friedhof St. Germain beigesetzt wurde. Sein Grabstein trägt die Worte: "Lionel, whom the gods loved."

Der Tod des Sohnes brachte die getrennt lebenden Eltern einander nicht näher. Frances suchte Trost in der Vorstellung, dass der Tote nicht im Nichts verschwunden, sondern immerfort gegenwärtig sei. Mit großem Nachdruck unterstützte sie - zu seinem Gedenken - Londoner Organisationen, die sich für kranke und verelendete Kinder einsetzten, ohne damit den verzweifelten Gedanken zu entkommen, die ihr den Lebensnerv zu rauben drohten.

Aber da war eben auch Stephen, der Freund und Begleiter dessen Karriere es zu fördern galt. Sie gab ihm eine Rolle in ihrem neuen Stück, und er wurde zudem so etwas wie ihr Manager.

1898 betrieb Frances ihre Scheidung von Swan Burnett - "on the grounds of desertion and failure to support", also wegen böswilligen Verlassens und der Verweigerung des Lebensunterhalts. Ihre Anwälte mögen bei der Abfassung des Schriftstücks gelächelt haben. Sie verdiente allein mit ihren Theaterstücken mehr als ihr Noch-Ehemann, ganz zu schweigen vom "Kleinen Lord", der mittlerweile auch in Deutschland, Frankreich, Italien, Polen und Schweden hohe Auflagen erzielte. (Noch während des Zweiten Weltkriegs druckte ihn die "Frankfurter Illustrierte" als Fortsetzungsroman nach.)

Die Scheidung machte Schlagzeilen - einmal, weil derlei damals noch höchst ungewöhnlich war, und zweitens, weil Frances so berühmt und der Sympathie unzähliger Frauen sicher war.

In der Grafschaft Kent, wo sie einen prächtigen Landsitz erworben hatte, Maytham Hall, suchte sie ihre angegriffenen Nerven zu beruhigen. Der Rosengarten von Maytham wurde ein Arbeitsplatz besonderer Art. Bei schönem Wetter schrieb Frances dort im Freien - die Gärtner wussten, dass sie nicht gestört werden wollte. Im Schatten eines japanischen Sonnenschirms sitzend, sah sie um sich herum wilde Rosen, die sich an Gartenmauern und Bäumen empor rankten, und immer wieder fiel ihr Blick auf den niedrigen, bogenförmigen Eingang, der von einer hölzernen Pforte verschlossen wurde. Hier war es, wo ihr die ersten Einfälle zum "Secret Garden" kamen. Als ein Rotkehlchen so zutraulich wurde, dass es Brotkrumen aus ihrer Hand pickte, war sie überwältigt. Sie fühlte sich auf eine schier magische Weise aufgehoben.

Vivian, jetzt 22, schloss sein Harvard-Studium erfolgreich ab und wurde Mitarbeiter des Denver Republican. Mutter und

Sohn trafen sich in Washington und Frances ließ Vivian wissen, wie stolz sie auf ihn war. Gleichzeitig sagte sie ihm, dass sie beabsichtige, Stephen Townesend zu heiraten. Vivian war nicht erfreut.

Und wieder gab es Schlagzeilen. "LOVE' S AFTERNOON IN THE LIFE OF LITTLE LORD FAUNTLEROY'S MAMMA."

Dazu wurde angemerkt, der neue Gatte sei jung genug, um ihr Sohn zu sein. (Sie war 50, Stephen 40.)

Ann Thwaite meint, auf Seiten des Mannes sei die Liebe nicht sehr groß gewesen. "Frances war nie eine Schönheit, und jetzt war sie beleibt, kräftig geschminkt und kränkelnd. Vermutlich trug sie auch eine Perücke." Aber Stephen brauchte sie, sein Vorankommen hing von ihr ab. Er war in hohem Maße unselbständig, was er durch leerläufige Betriebsamkeit zu überspielen suchte.

In der neuen Zweisamkeit entdeckte Frances sehr bald seine Schwächen. Schon acht Wochen nach der Trauung schrieb sie an ihre Schwester Edith, zu der sie ein besonders enges Verhältnis hatte: "Er ist wie ein boshaftes, hysterisches Weib. Er liebt es, mir Szenen zu machen. Er mischt sich in alles ein." Und: "Er redet von meinen 'Pflichten als Ehefrau', als ob ich ihn aus eigenem Antrieb geheiratet hätte und nicht gezwungen und geschmäht und erpresst worden wäre." Gezwungen? Erpresst? Man kann nur mutmaßen, was sie da meint. Vielleicht wollte er ihr früheres, möglicherweise intimes Verhältnis öffentlich machen und damit ihren Ruf zerstören?

Auf jeden Fall wollte er nicht mehr ihr Untergebener sein. Als Ehemann konnte er sich auf das in England geltende Recht berufen, das ihm den Zugriff auf ihr Vermögen sicherte. "Es ist" (erg.: in seinen Augen) "meine Pflicht, ihm meinen Besitz zu übertragen", erregte Frances sich gegenüber Edith. Im Roman einer angloamerikanischen Ehe "The Shuttles" (1907) verarbeitete sie die tristen Erfahrungen, die sich, nach ihren Worten, zum Albtraum auswuchsen und sie krank machten. Aber krank durfte sie nicht sein. Sie musste schreiben, damit weiterhin Geld hereinkam, viel Geld - Stephen erschien regelmäßig in Maytham, um seinen Anteil zu kassieren und dann sofort wieder nach London zu verschwinden.

Nach einer schweren Herzattacke schrieb Frances an Vivian, er sei ihr ein und alles. "Der Rest ist keinen Pfifferling wert. Du bist mein Kind. Einen richtigen Ehemann habe ich, weiß Gott, niemals gehabt." Und sie spricht von den "wogenden Wellen eines entsetzlichen Hasses" ("the surging waves of awful hate"), die sie ganz gegen ihren Willen empfinde. Gegen wen, braucht nicht eigens gesagt zu werden.

Ihr Befinden besserte sich, als sie den Winter zusammen mit Edith in London verbrachte. Selbst Stephen änderte sein Benehmen, war gelegentlich sogar "perfectly nice." Aber die Verletzungen, die er ihr zugefügt hatte, saßen zu tief, und sie machte ihm klar, dass sie nicht mehr mit ihm zusammenleben könne. Kann sein, dass sie sich regelrecht freikaufte. Wie es scheint, überließ sie ihm alle Tantiemen, die in England eingenommen wurden - eine mehr als stattliche Summe.

Es gab keine zweite Scheidung, aber eine dauerhafte Trennung. Frances ging es abermals nicht gut. Während vieler Wochen lebte sie nur von Buttermilch und Toast; einmal fuhr sie nach Frankfurt zu einem Dr. Lampe, der ihr "elektrische Bäder" verordnete. Gleichwohl entstanden zwischen 1902 und 1909 vier neue Theaterstücke, darunter die Bühnenfassung der "Little Princess", und ein paar leichtgewichtige Kinderbücher. Wieder und wieder überquerte sie den Atlantik - insgesamt dreiunddreißigmal. Wie anders wäre ihr Leben verlaufen, schreibt Ann Thwaite, hätte sie eine Neigung zur Seekrankheit gehabt!

1908 erwarb sie ein großes Grundstück auf Long Island. Während dort nach ihren Entwürfen ein großer Garten angelegt wurde, Plandome Park, begann sie das Buch, das ihr zweiter riesiger Erfolg werden sollte: "The Secret Garden", bis heute zur Lieblingslektüre ganzer Generationen gehörend. Möglicherweise hatte sie den Plan dazu über 50 Jahre hinweg gehegt - seit der Zeit, als sie den Garten in Manchester sah und liebte und "Jane Eyre" las. Tatsächlich fallen Parallelen zu Charlotte Brontës großem Roman auf. Doch davon später.

Sie war jetzt eine Berühmtheit ersten Ranges. Scharen von Journalisten kamen, um sie auszufragen. Nicht selten wurden ihre Antworten in entstellter Form wiedergegeben, was sie mächtig ärgerte.

"ES GIBT KEINEN GOTT, BEHAUPTET FRANCES HODGSON BURNETT", verkündete die Kansas City Post in fetten Lettern.

Vom Sommer 1913 bis zum Frühjahr 1914 hielt Frances sich ein letztes Mal auf dem europäischen Kontinent auf. Ausgerechnet in Berchtesgaden verschlug es sie in ein Kino. ("Bauernmädchen und -burschen in Trachten tranken Bier an kleinen Tischen, während die Filme liefen".) Sie sah Szenen aus Amerika, erlebte die naive Begeisterung des ländlichen Publikums und war selbst ungemein beeindruckt. Von da an hielt sie die Kinematographie für eine der größten Errungenschaften der Menschheit. Sie verkaufte die Rechte an sechs ihrer Bücher (darunter "Fauntleroy" und "Little Princess") an die amerikanische Firma Kinemacolor. In zweien der Filme wirkte die berühmte Mary Pickford mit.

Im Mai 1914 starb Stephen Townesend, erst 54jährig, an Lungenentzündung. Was Frances dachte, als sie die Nachricht erhielt, ist nicht bekannt. Im November des gleichen Jahres heiratete Vivian, was sie mit großer Freude erfüllte. Sie schickte das Paar auf eine viermonatige Hochzeitsreise rund um die Welt. An Geld fehlte es ihr nun nicht mehr.

Ihr letzter Kinderbucherfolg war "The Lost Prince" (1915), die Geschichte des Jungen Marco, der nicht weiß, dass er königlichen Geblüts ist und einiges zu bestehen hat, bis er - der es nie an noblem Gebaren fehlen lässt - seine wahre Identität erkennt und bekräftigt. Das Buch, in der Thematik der "Little Princess" recht nahe, wurde freundlich aufgenommen, auch von der Kritik.

Die wahre Teilnahme der Öffentlichkeit galt indessen einem Prozess in den Frances auf ungute Weise verwickelt wurde. Sie hatte an Annie, die Schwiegertochter der geliebten Edith, in sehr barschen Worten geschrieben, was sie von ihr hielt - nämlich nichts, denn Annie hatte sich gegenüber ihrer Schwiegermutter ziemlich bösartig verhalten. Jetzt jedoch nahm sie den Brief und ging vor Gericht und verlangte 50 000 Dollar Sühne für die darin enthaltenen Beleidigungen.

Der Versuch, die reiche Erbtante schon vor deren Ableben um ein hübsches Sümmchen zu erleichtern, schlug zwar fehl, doch der Prozess ging durch mehrere Instanzen und durch die gesamte Presse der USA und verursachte Frances viel Ungemach.

Tröstlich war nur, dass Vivian und seine Frau Constance sie mit zwei niedlichen Enkelinnen zur Großmutter machten - eine Rolle, die sie in vollen Zügen genoss.

Als sie ihr letztes Werk, einen zweibändigen Roman, veröffentlichte, war der Erste Weltkrieg vorüber - und damit auch, so schien es, ihre Zeit. Eine neue, von bislang unerhörten Erfahrungen geprägte Generation gab jetzt den Ton an. In Frances' Ohren klang er nicht gut.

"Die Apotheose der Gefühlsduselei (slush) à la Burnett", spottete ein bekannter Rezensent. Und der Kritiker des Times Literary Supplement verdichtete seine Einwände in einem einzigen Wort: "Sirup." Frances beruhigte sich damit, dass sie nichtsdestoweniger begeisterte Leser in aller Welt hatte. "That is the most that life has given me."

Aber sie war müde. Die Kräfte, auch ihre erzählerischen, schwanden dahin und sie wurde von Schmerzen geplagt. Was blieb, war die Freude an den Enkelkindern und dem prachtvollen Garten auf Long Island. ("When you have a garden, you have a future.") Noch während ihrer tödlichen Krankheit schrieb sie, aufrecht im Bett sitzend und die Blumenherrlichkeit vor ihrem Fenster bewundernd, am letzten Manuskript, das "In the Garden" betitelt war.

Vier Wochen vor ihrem 75sten Geburtstag, am 29. Oktober 1924, starb sie in Plandome. Auf Long Island liegt sie begraben.

Die reine Freude am Sein.
Die Welt des "Geheimen Gartens"

Im allerersten Satz bereits stellt die Autorin ihre Heldin vor, und es ist keine angenehme Bekanntschaft, die wir da machen. Die elfjährige Mary Lennox, so heißt es, sei wohl das unliebenswürdigste Kind gewesen, das man je gesehen habe, immerzu mürrisch und obendrein auch unansehnlich. Schon mit sechs Jahren sei sie unausstehlich gewesen, eine "Missie Sahib", die ihre Ayah, die indische Kinderfrau, aufs Boshafteste peinigte. Denn Mary ist auf dem Subkontinent geboren worden, als Tochter eines Regierungsbeamten und seiner wunderschönen Frau, der sie durchaus nicht ähnlich sieht.

Es ist oft - und zutreffend - betont worden, dass ein derart reizloses und selbstsüchtiges Kind in der damaligen Zeit ein literarischer Charakter ganz ungewohnten Zuschnitts war. Zwar hatte schon Charlotte Brontë mit ihrer Jane Eyre ("Plain Jane") bewusst eine Gegenfigur zu all den niedlichen häuslichen Engeln geschaffen, die der viktorianischen Leserschaft ein Wohlgefallen waren. Jane ist geradezu demonstrativ unhübsch. Aber eben deshalb treten ihre anderen Eigenschaften: Besonnenheit, Lebensklugheit, stilles Selbstbewusstsein und die Fähigkeit, vorbehaltlos zu lieben, um so deutlicher hervor. Sie ist durchaus Sympathieträgerin.

Mary Lennox ist das nicht - anders auch als Alice, Wendy, Nesbits Elfrida und die ganze Reihe der kleinen Heldinnen und Helden, die wir kennen gelernt haben. Aber der Autorin ist an einer raschen und problemlosen Identifikation der jungen Lesenden mit ihrer Hauptperson auch gar nichts gelegen. Deren allmähliche Wandlung und allem die Gründe, die diese Wandlung bewirken, sind ihr wichtiger. Aus ihnen gewinnt das ganze Geschehen Spannung, Überzeugungskraft und Leben.

Zudem lässt sie diese Mary nicht unverteidigt. Man hat dem Mädchen seine Kindheit gestohlen. Es hat, ein unerhörter Mangel, nie mütterliche Zuwendung erfahren. Die Eltern waren egoistisch und unerreichbar, wohingegen die Ayah und die einheimischen Dienstboten sich den Launen des Kindes zu fügen hatten. Das Leben in der kolonialen Welt hat Mary entstellt, nicht nur körperlich - ihr quittengelbes Gesicht! - sondern eben auch seelisch.

In einer Choleraepidemie gehen beide Eltern zugrunde. (Die Mutter versäumt es, sich rechtzeitig in Sicherheit zu bringen, weil sie unbedingt zu einer Dinnerparty will.) Auch die Ayah stirbt. Mary versteckt sich im Kinderzimmer, wo britische Offiziere sie später entdecken, erstaunt darüber, noch ein Lebewesen vorzufinden, in solchem Totenhaus - "in a place like this", wie sie sagen. Mary empört diese Formulierung. Ihres Vaters Haus verdient eine anspruchsvollere Benennung!

Mary vermisst ihre Eltern mitnichten - sie hat sie ja kaum gekannt. Man bringt sie ins Haus eines Geistlichen, der mit seiner vielköpfigen Familie in ärmlichen Verhältnissen lebt. Mary hasst die schäbige Umgebung und verabscheut die lärmenden Bälger. Sie hält sich abseits und tut, was sie immer schon gern getan hat: Sie legt einen winzigen Garten an. Einer der Jungen erregt ihren Zorn, als er ihr einen Spitznamen anhängt: "Mistress Mary, quite contrary" - etwa: Madam Mary, die ewig querliegt.

Dann wird sie auf die weite Reise nach England geschickt, zu ihrem Onkel, keinem leiblichen Verwandten; er war mit der Schwester ihrer Mutter verheiratet und ist Witwer.

In London wird sie von des Onkels Haushälterin abgeholt, von Mrs. Medlock, die ihr sofort unsympathisch ist.

"Da sie so gut wie nie jemanden mochte, war das nicht weiter bemerkenswert." Umgekehrt ist auch Mrs. Medlock keineswegs erbaut von ihrem Schützling, den sie bei sich "a plain little piece of goods" nennt, ein ganz schönes Stückchen Malheur!

Immerhin erzählt sie Mary einiges über Archibald Craven, den Vormund, der ein Sonderling ist, menschenscheu und meist auf Reisen, und über seinen Besitz, Misslethwaite Manor, wo Mary Unterkunft finden wird. "A queer place" sei das, ein fragwürdiger, ja widriger Ort.

Tatsächlich liegt dieses Herrenhaus am Rande eines Moors, meilenweit umgeben von Heideland, über das der Wind pfeift. Es ist die gleiche abgeschiedene Yorkshire - Landschaft, die auch Emily Brontë beschrieben hat, ein Schauplatz für möglicherweise ungute und beklemmende Ereignisse.

In der halbdunklen Eingangshalle des riesigen Hauses fühlt Mary sich dann auch ganz einsam und verloren, und als man ihr die beiden Zimmer zuweist, in denen sie sich fortan aufhalten soll, spürt sie ein Widerstreben, das stärker ist als je zuvor.

Am nächsten Tag erscheint Martha, das Hausmädchen, das ihr zu Diensten sein soll, ein schlichtes und freundliches, jedoch durchaus nicht unterwürfiges Wesen. Als Mary die Missie Sahib hervorzukehren sucht, löst sie statt Respekt heftige Heiterkeit aus, und als sie sich weigert, ihren Porridge zu essen, sagt Martha ihr gehörig Bescheid: Es täte ihr ganz gut, wenn sie einmal fühle, wie es sei, Hunger zu haben!

Erstaunlicherweise widerspricht Mary nicht. Sie ist beeindruckt von Marthas unverstellter Offenheit und hört aufmerksam zu, als das Mädchen von einem Garten erzählt, den seit zehn Jahren kein Mensch mehr betreten hat - dem Garten der Mrs. Craven, der nach ihrem Tod verschlossen worden ist.

Mary macht sich auf, diesen Garten zu finden. Ein Rotkehlchen weist ihr den Weg. Es singt ein freundliches Liedchen, das ihr wohl tut. "Sogar ein unsympathisches kleines Mädchen kann einsam sein ...wenn sie ein gefühlvolles an Liebe gewöhntes Kind gewesen wäre, es hätte ihr das Herz gebrochen."

Ein alter Gärtner erscheint, eine knorrige Type. Ben Weatherstaff heißt er, und er ist einsilbig und abweisend, bis Mary das Rotkehlchen erwähnt, das er mit zärtlichen Pfeiftönen anlockt. Es sei einsam, sagt er, die Eltern seien auf und davon, und Mary sagt: "Ich bin auch einsam."

Das sei er auch, meint Ben, und er fährt fort, sie hätten einiges gemeinsam, Mary und er. Beide seien sie unschön und mürrisch und unfreundlich. Das hört Mary zum ersten Mal, und sie hört es gar nicht gern. Weshalb sie sich an Robin, das Rotkehlchen, wendet, und es fragt, ob es ihr Freund sein wolle.

Der alte Weatherstaff zeigt eine Spur von Zuneigung. Jetzt habe sie fast wie Dickon geredet, erklärt er - und Dickon ist Marthas Bruder, der mit allen Tieren und Pflanzen aufs innigste vertraut ist und sogar ihre Sprache versteht.

Außer Martha, die weiterhin die Mahlzeiten bringt, kümmert sich niemand um Mary, die schließlich denkt, das sei eben die englische Art, Kinder zu behandeln. Auf eigene Faust erkundet sie das Haus, wandert durch lange Flure, besieht sich alte Gemälde, Gobelins, kostbare Möbel. Dabei wird sie von Mrs. Medlock überrascht, die sie barsch in ihr Zimmer zurückscheucht.

Dann kommt der Frühling. Der Himmel wird blau, das Moor blüht auf. "Der Sonnenschein schien alles verwandelt zu haben."

Auch in Mary regen sich neue Gefühle. Sie liebt von Herzen das Rotkehlchen ("eine wirkliche Persönlichkeit, nur viel netter als jede andere Person in der ganzen Welt“) und sie ist Martha zugetan - und auch Marthas Mutter und Dickon, obwohl sie beide nur aus den Erzählungen des Mädchens kennt.

Mithilfe des Rotkehlchens findet sie einen alten Schlüssel, und der kleine Vogel geleitet sie auch zu einer Pforte, die unter Efeu versteckt ist. Mary gebraucht den Schlüssel, die Pforte öffnet sich und sie betritt den Garten, von dem Martha gesprochen hat. Ein dichtes Geflecht von Zweigen und Ranken hat sich darin ausgebreitet. Es bedeckt die Bäume und den Boden, und da die Rosen, die es tragen wird, noch nicht erblüht sind, gleicht es einem nebelhaften Gewebe. Eine unwirkliche Welt, in der es zudem ganz still ist. Mary fühlt sich meilenweit von allen Menschen entfernt und gerade darum auf wundersame Weise geborgen. Sie beginnt im Garten zu arbeiten, entfernt Unkraut, legt Triebe frei, schafft Platz für neues Leben - und ist sehr glücklich. Im geheimen Garten - sie selbst nennt ihn so - kommt sie sich vor wie in einem Zauberreich. Und das, so wünscht sie, soll ihr allein gehören.

Dann begegnet sie zum ersten Mal Dickon. Er bläst, ein junger bäuerlicher Pan, auf seiner Flöte, zwei Kaninchen lauschen ihm, ein Eichhörnchen, ein Fasan. Er begrüßt sie, als seien sie längst miteinander bekannt. Und er hat Gartengeräte und Sämereien für sie besorgt.

Sie vertraut ihm ihr Geheimnis an. Der Garten gehöre zwar nicht ihr, aber sie werde ihn nicht wieder herausgeben, denn außer ihr kümmere sich niemand um ihn. Dabei bricht sie, was sie bislang nie getan hat, in Tränen aus. Dickon, verwundert und voller Sympathie, folgt ihr in den Garten. "Es ist ein Traum!" ruft er aus und verspricht, ihr zu helfen. Allerdings will er den Garten so belassen, wie er ist. Mary stimmt ihm eifrig zu, und dann tut sie etwas, was sie noch nie getan hat. Sie fragt Dickon, ob er sie mag, und als er das überzeugt bejaht, strahlt sie und fürchtet nur eins: Dass er ein unwirkliches Wesen sei, das ebenso plötzlich verschwinden könne, wie es gekommen ist.

Mr. Craven kommt für ein paar Tage ins Herrenhaus zurück. Mary ist nicht sehr erfreut darüber, denn sie fürchtet, er werde ihr den Garten wegnehmen. Doch er empfängt sie nicht unfreundlich, sagt sogar, sie dürfe tun, was immer sie wolle. "Ich bin dein Beschützer," setzt der unglücklich und leidend aussehende Mann hinzu, "wenn auch kein guter. Ich bin zu krank."

Aber er erlaubt ihr, sich nach Belieben ein Stück Garten auszusuchen, das sie bepflanzen kann, und trägt Mrs. Medlock auf, ihr jede sinnvolle Freiheit zu gewähren. Dann reist er wieder ab.

In einer stürmischen Regennacht vernimmt Mary sonderbare Laute, dumpfes Stöhnen, erbittertes Schreien. Beim trüben Licht einer Kerze wandert sie furchtlos durch die endlosen dunklen Korridore. Und in einem der vielen Räume entdeckt sie einen Jungen, der etwa so alt ist wie sie und jammernd in einem pompösen Himmelbett liegt. Sein aufgebrachtes Weinen klingt allerdings mehr nach Ärger und Ermattung als nach körperlicher Pein.

"Who are you?" he said at last in a half-frightened whisper. "Are you a ghost ?"

"No, I am not", Mary answered, her own whisper sounding half-frightened. "Are you ?"

Diesem hübschen Auftakt folgt ein langes Gespräch, in dessen Verlauf Mary erfährt, dass Colin, der Junge, der ihr Vetter ist, sich für sehr krank hält, weil (fast) alle anderen das sagen. Er wird, behauptet er, entweder bald sterben oder einen Buckel kriegen wie sein Vater, der jedoch, das wissen wir bereits, gar keinen hat.

Beides wäre gleich schlimm und beides scheint ihm nicht viel auszumachen. Es sieht sogar so aus, als genieße er seine merkwürdige Krankheit: "Jeder muss hier tun, was ich sage." (Ein kleiner Sahib eigener Art, ein Rayah gar...)

Als Mary ihm vom Garten erzählt, wird er lebhaft: Den möchte er sehen! Was wiederum Mary in Verlegenheit setzt, da sie doch das Geheimnis des Gartens wahren möchte. Schließlich kommen sie überein, sich dieses Geheimnis zu teilen. Colin scheint einen Anflug von Freude zu empfinden, und Mary singt das wehleidig - trotzige Herrlein in den Schlaf, mit einem Lied, das sie oft von ihrer Ayah gehört hat.

Das klingt, als sei die ganze Szene reichlich sentimental. Ist sie aber nicht. Dem steht schon Marys Haltung entgegen,

Der Junge tut ihr irgendwie Leid, gewiss, doch sie will auch ganz sachlich wissen, was nun eigentlich mit ihm los ist. Bei allen Gemeinsamkeiten in beider unkindlichem Dasein ist Mary doch schon ein paar Schritte weiter als ihr Vetter. Colins Neigung zum Selbstmitleid ist ihr, die durchweg vernünftig, selbstbewusst und auch schon ein wenig selbstkritisch handelt, völlig fremd. In diesem Sinn wird sie auf den Jungen einwirken, Zug um Zug, und wenn es sein muss, unnachgiebig.

Der Anfang dazu ist gemacht, in diesem ersten Dialog, in dem auf höchst gelungene Weise auch Unausgesprochenes mit anklingt: Colins Verlorenheit und Marys Bestreben, die Verwirrung zu meistern, in die sie diese neue Erfahrung versetzt: Sie hat einen gefunden, der mehr oder weniger ihresgleichen ist!

Der Rollentausch, der da vollzogen wird, wirft alle Klischées der Zeit über den Haufen. Die Tatkraft liegt beim Mädchen, der Junge ist (noch) passiv und ohne eigenen Willen. Und er nimmt dieses Mädchen ernst.

Mary zieht Martha ins Vertrauen. Die zitiert erschrocken ihre Mutter: "Soviel Unvernunft und Wahnsinn in einem Haus würden jedes Kind krank machen." Und obwohl sie ihre Stellung aufs Spiel setzt, ist sie bereit, die Mittlerin zwischen Colin und Mary abzugeben Als Mary Colin von Dickon und seiner in ärmlichsten Verhältnissen lebenden Familie erzählt hat, berichtet er von dem Doktor, der einmal aus London kam und sagte: "Der Junge könnte leben, wenn er nur wollte. Bringt ihn nur in die richtige Stimmung!"

Eben das will der Hausarzt, ein Vetter von Colins Vater, offenbar nicht. Denn wenn Colin stirbt, erbt er Misselthwaite Manor. Auch Mrs. Medlock scheint nicht allzu viel an Colins Genesung gelegen zu sein. Jedenfalls sind die beiden nicht gerade erfreut, als sie Colin und Mary im lebhaften Gespräch miteinander finden.

Aber sie können den Gang der Dinge nicht mehr aufhalten. Der Dritte im Bunde, Dickon, weiß genau, was für Colin gut ist. "Der sollte nicht da rumliegen und an sone Sachen denken! ...Er soll mit uns gucken, wie der Garten wächst. Das ist besser für ihn als der ganze Doktorkram." Zunächst einmal zieht Mary es jedoch vor, mit Dickon und seinen Tieren allein im Garten zu bleiben. Colin ist außer sich, doch sie nimmt das gelassen." Sie kümmerte sich nicht mehr um andere Leute, als Colin das tat, und sie sah nicht ein, warum ein missgelaunter Junge sich in Dinge einmischen sollte, die ihr so sehr gefielen."

Mary ist eben kein wohlmeinendes Helferlein, keine "aufopferungsvolle kleine Person." Womit sie, erstens, ihre Herkunft aus der Herrenschicht ebenso wenig verleugnet wie, zweitens, ihre Verwandtschaft mit Colin, der sich in gleicher Manier verhält. Die Vorschriften der gängigen Moral sind ihr herzlich gleichgültig. ("'Ich will nicht', sagte Mary" ist das 16. Kapitel überschrieben.) Sie folgt allein den Impulsen, die aus der Natur kommen, aus der vegetativen des Gartens und aus ihrer eigenen, sehr eigenwillig verfassten.

Das macht sie, durchaus nach Absicht der Autorin, zu einem schwierigen, in kein Muster passendes Kind und lässt sie nie zur Kunstfigur erstarren. Die Schwierigkeit behaupten die anderen. Sie selbst gerät in dem Maß, in dem sie, dem Garten gleich, wächst und gedeiht, mehr und mehr in eine Übereinstimmung mit sich selbst, die am Ende auch eine Harmonie mit der Umwelt hervorbringt.

Im Übrigen stellt sich heraus, dass der Streit, den sie mit Colin austrägt, diesem besser bekommt als die Verzärtelung, der er bis dahin ausgesetzt gewesen ist. Als er einmal tobend seine ganze Wut herauslässt, denkt sie gar nicht daran, ihn zu besänftigen. "Wenn du weiter so brüllst, bist du in einer Minute tot, und ich wünschte, es wäre so!" Und ein halb Dutzend Mal wendet sie, mit dem Fuß aufstampfend, das Wort "hysterisch" auf ihn an - weil es ihr so gut gefällt und offenbar auch ganz wirkungsvoll ist, schocktherapeutisch, sozusagen.

Colin fehlen die Worte (um nicht zu sagen: die Schreie), und auch man selbst ist einen Atemzug lang sprachlos. Das nutzt die Autorin zu einer Erklärung: "Ein wohlerzogenes, mitfühlendes Mädchen hätte solche Dinge weder gesagt noch gedacht" - aber, setzt sie hinzu, es war gerade diese Art der Behandlung, die den Jungen in die Wirklichkeit rief, der er glaubte, nicht standhalten zu können.

Mary hilft ihm, vielleicht wider Willen, auf jeden Fall, ohne sich selbst zu verleugnen. Damit schafft sie ein Klima von Wahrheit, in dem allein seine Gesundung möglich ist. Als Colin den Rest seines verwöhnten Rayah-Gehabes aufgibt, spricht sie zu ihm mit all der Zärtlichkeit, deren sie fähig ist, nachdem der Zauber des Gartens gewirkt hat.

Colin gewinnt zusehends an Lebenskraft. Er setzt sich gegen jenen Dr. Craven durch, der zwar kein starker Charakter, aber auch nicht skrupellos ist und außerdem eine hohe Meinung von Dickon hat, der nun endlich auch im Herrenhaus erscheint, mit seinem Fuchs ("Käpt'n"), seiner Krähe ("Ruß") und den beiden Eichhörnchen "Nuss" und "Schale." Auch bringt er ein mutterloses Lämmchen mit, das er mit der Flasche aufzieht.

Die drei Kinder bilden zusammen mit den Tieren ein Bild paradiesischer Eintracht. Dickon, den Colin einmal einen "animal charmer" nennt, was man vielfach deuten mag - einer, der mit Tieren bezaubert...einer, der die Tiere bezaubert...einer, der mit einer Natürlichkeit bezaubert, die sonst nur den Tieren eigen ist - Dickon also sitzt im Zentrum dieses Bildes, das durch ihn erst Aussagekraft gewinnt. Er ist die lebensspendende Gegenfigur zu jener Welt, in der Mary und Colin ganz nahe daran waren, leblos zu werden. Die Kraft, die von ihm ausgeht, gleicht der des Gartens. Alles an ihm ist vital, unmittelbar, ohne Fehl. Sein Charme ist im Grund schon Charisma.

(In der Rahmenhandlung einer neuzeitlichen Verfilmung begegnen Colin und Mary sich an Dickons Grab. Er sei, heißt es, im Ersten Weltkrieg gefallen. Ein dunkler, doch nicht abwegiger Einfall.)

Dickon ist so geradeheraus wie die Sprache, die die Autorin ihm in den Mund legt. Der kräftige und deftige Yorkshire-Dialekt ist so urtümlich wie sein ganzes, auf Harmonie und Versöhnung zielendes Wesen. Und nicht vergessen werden darf, dass er der Sohn einer Frau ist, die urmütterliche Züge trägt und mit ihrer großen Kinderschar der fruchtbaren Natur zugehörig ist, in der sie sich bewegt.

Es ist Dickon, der den schwachen Colin, der noch im Rollstuhl sitzt, ins Freie fährt. Den Blicken der Erwachsenen entkommen, dringen die Drei in den geheimen Garten ein. Dort verändert Colins Aussehen sich. "Ich werde gesund werden!" ruft er. "Ich werde für immer und immer leben!" (Dazu vergleiche man den Auftakt zum Kapitel 21, der zum Schönsten gehört, was Frances Hodgson Burnett geschrieben hat.)

Am Ende seines ersten Nachmittags im Garten sagt Colin, er habe jetzt den Frühling gesehen und er freue sich auf den Sommer. "Ich werde sehen, wie alles hier wächst. Und ich werde selbst hier wachsen."

Als Ben Weatherstaff auftaucht und Mary ausschimpft, weil sie sich und den Jungen Zutritt zum Garten verschafft hat, weist Colin ihn scharf zurecht. Der Alte staunt, weil der "arme Krüppel" ihm plötzlich Befehle erteilt. "Wenn mein Vater weg ist", bekommt er zu hören, "bin ich der Herr. Du hast mir zu gehorchen. Das ist mein Garten. Untersteh dich nicht, darüber zu reden!"

Übers Gesicht des alten Weatherstaff, der, wie wir später lesen, sich zehn Jahre lang in aller Stille um den Garten gekümmert hat, laufen Tränen. "Ja, mein Junge", flüstert er gerührt. "Jawohl, Sir."

Da kommt Unbehagen auf. Marys Entschlusskraft, Dickons Charme, die Magie des Gartens - all dies hat sichtlich nur zusammengewirkt, um einem kleinen Master und künftigen Großherren auf die Beine zu helfen. Jedenfalls lässt er keinen Zweifel daran, wer hier den Ton angibt und angeben wird.

Gesellschaftskritik ist nicht die Sache der Autorin. Verhaltensweisen will sie verbessern, geltende Regelsysteme stellt sie nicht in Frage. Bereitwillig fügt der alte Gärtner sich in dieses System ein. Colins Mutter hat ihm einst aufgetragen, für den Garten zu sorgen, und das hat er auch nach ihrem Tod treu und redlich getan. Jetzt hat sie, das wird angedeutet, ihren Sohn in diesen Garten und damit ins Leben zurückgerufen. Folglich wird er auch für ihn tun, was er kann. So einfach ist das.

Mary freilich hat eine andere Sicht der Dinge. Für sie ist Colin "a rude little brute", ein brutaler kleiner Grobian. Gleichwohl hält sie eine Entschuldigung bereit: "Er hatte sein junges Leben auf einer Art einsamer Insel verbracht, wo er der Alleinherrscher war." Bei ihr war das so ähnlich. Daher das Verständnis.

Aber sie ist eben doch schon weiter als er, weshalb sie ihm das Versprechen abverlangt, er werde sich dieses Benehmens enthalten. Auf seine Weise tut er das auch.

Bei einer erneuten Begegnung mit dem Gärtner schaut er zwar immer noch höchst großartig (= grand) drein, "but also very beautifully smiling." Ein Lächeln, so scheint es, macht alles wieder gut.

Alsdann hält der so selbstbewusst gewordene Elfjährige seinen Zuhörern einen etwas krausen Vortrag, in dem von Wissenschaft ebenso die Rede ist wie von Magie: "Alles ist durch Zauberei entstanden, Blätter und Bäume, Blumen und Vögel, Dachse und Füchse, Eichhörnchen und Leute." Solche Zauberei, sagt er, höre niemals auf zu wirken, sie lasse aus nichts alles entstehen. Mit der christlichen Schöpfungsgeschichte hat das freilich nichts zu tun. "Magic" ist die Überschrift des Kapitels, Naturmagie der kleine Mythos, den die Autorin ihren Helden - bemerkenswerterweise nicht ihre Heldin - verkünden lässt. Die Natur als große Erzeugerin, die sich aus sich selbst heraus gebiert. Der geheime Garten: Ein Garten Eden vor dem Sündenfall, in dem zwei Kinder zweifelhafter Prägung ihre Unschuld und den Sinn ihres Daseins zurückgewinnen. Der Dritte im Bund, Dickon, ist unbewusst heidnisch wie ein Göttlein der Antike, schafft sich seine eigene Welt, in einem Spielraum, der jenseits von Gut und Böse liegt. Nicht umsonst bringt er ein Lamm mit sich, das Symbol vollkommener Reinheit. Erst durch die Freundschaft mit ihm können die beiden anderen in diesen Spielraum gelangen. Die Welt, in der nicht gespielt wird, wo jedes Tun in Gefahr ist, schuldhaft zu werden, bleibt draußen.

Der Garten verändert Colin, wie er Mary verändert hat. Die endgültige Wandlung vollzieht sich, als der Junge mit den beiden anderen Unkraut jätet. "The Magic works but when you work yourself." (Wie eine heidnische Variante zu "Hilf dir selbst, dann hilft dir Gott.")

Als Colin jubelnd verkündet, er sei jetzt ganz gesund, meint Ben Weatherstaff, er solle "the Doxology" singen, eine Hymne zur Lobpreisung Gottes. Eigentlich ein überraschender Vorschlag.

Colin, der nie in der Kirche gewesen ist, bittet Dickon, das Lied anzustimmen und der tut das auch; "Praise God from whom all blessings flow." Schön sei das, sagt Colin. Womöglich drücke es das aus, was er meine, wenn er sage, er sei all diesem Zauber dankbar! Dann singen alle zusammen; auch Ben

Weatherstaff lässt, durchaus gerührt, sein mächtiges Organ erklingen.

Ein ziemlicher Salto Mortale, vom hingebungsvoll gefeierten Naturkult zum, wenn auch nur zitierten, kirchlichen Ritual. Beides scheint einander nicht auszuschließen, zumindest nach Meinung der Autorin. Listig legt sie das fromme Bekenntnis erst einmal Dickon in den Mund, dem reinen Naturkind und großen Versöhner.

Eine Frau kommt in den Garten. Es ist Susan Sowerby, Dickons und Marthas Mutter. Sie bekräftigt die wundersame Veränderung, die mit Colin vor sich gegangen ist, und stellt fest, dass Mary beginnt, ihrer schönen Mutter ähnlich zu werden.

Das Kapitel ("It's mother") ist ganz diesem Auftritt gewidmet. Die beiden ehedem verlorenen Kinder finden sich endlich geborgen - ganz so wie die jungen Rotkehlchen in dem von ihrer Mutter gehüteten Nest. Der mütterlichen Liebe, die Mary und Colin vorenthalten blieb - weshalb sie erst einmal so wurden, wie sie waren - entspricht der Segen, den die Natur spendet. Mrs. Sowerbys Erscheinen beglaubigt das. Sie ist es auch, die Colin versichert, seine Mutter weile im geheimen Garten. "Sie kann gar nicht weg von hier."

"Do you believe in Magic?" fragt Colin sie, nachdem er sich zuvor voll Bewunderung über indische Fakire ausgelassen hat. (Was in Friedel Hömkes Übersetzung fehlt, obgleich es doch darauf verweist, dass der Junge, "the Doxology" hin und her, noch sehr unchristlichen Denkformen anhängt.)

Dickons Mutter bejaht, umgeht dabei freilich eine unmittelbare Antwort. "Was besagt schon der Name?"

Sie spricht von "The Big Good Thing", das nie aufhöre, neue Welten zu schaffen. "Welten wie uns. Hör du nur nie auf, an dies Große Gute Etwas zu glauben, und vergiss nie, dass die Welt voll davon ist - und nenn's, wie du willst."

Auch dieses kaum christlich zu nennende Credo ist in der erwähnten deutschen Ausgabe nur sehr verkürzt wiedergegeben. Und dabei handelt es sich doch unverkennbar um die sehr persönliche Seins-Deutung der Verfasserin, um die Substanz ihres Buches, die alles Geschehen bestimmt und durchdringt.

Mit Nachdruck empfiehlt sie, man möge seine Sinne all den Empfindungen öffnen, die die Wunder der Natur erzeugten.

Dann bleibe kein Raum mehr für üble und krankmachende Gedanken.

Selbst der melancholische Archibald Craven macht am Ende diese Erfahrung. Als er durch eine liebliche Tiroler Landschaft wandert, verspürt er auf einmal die Einsamkeit, der er seinen Sohn überlassen hat, und in der folgenden Nacht vernimmt er im Traum die Stimme seiner Frau.

"Wo bist du?" ruft er, und sie antwortet: "Im Garten ", damit die Überzeugung der Mrs. Sowerby bestätigend, dass alle liebende und seinssetzende Kraft im Garten bewahrt sei. Tatsächlich erhält er auch von Dickons Mutter einen dringlichen Brief: "Ich glaube, Ihre Gattin würde Sie bitten zu kommen, wenn sie noch hier wäre."

Er bricht umgehend auf. Nach zehn Jahren treibt ihn zum ersten Mal das Verlangen, seinen Sohn zu sehen. Er findet Colin im Garten, an dem Ort, den er selbst so lange gemieden hat, weil er ihn ans Sterben der geliebten Frau erinnerte. Als er den großen, vor Lebensfreude glühenden Jungen sieht, kann er nur stammeln: "Im Garten! Im Garten!" Umgeben werden beide von einer herbstlich flammenden Farbenpracht. Sonnenschein vergoldet die Bäume, das dichte Geflecht der Zweige vermittelt die Illusion, in einem goldenen Tempel zu weilen.

Colin erzählt seine Geschichte, die den Vater zum Lachen bringt - und auch zum Weinen. Dann schreiten die beiden einträchtig ins Haus. Von einer ist dabei nicht mehr die Rede - von Mary.

Man hat zum "Geheimen Garten" kritisch vermerkt, die Autorin habe auf ein nicht ganz unbekanntes erzählerisches Inventar zurückgegriffen. Das stimmt in gewisser Weise. Schon der Garten zählt zu jenen herkömmlichen Symbolen, die höchst positiv besetzt sind: fruchtbar, idyllisch, in sich ruhend, friedvoll. Wer, wie das biblische Paar, daraus verstoßen wird, gerät in Ödnis und Bedrohung. Wem es jedoch gelingt, die Pforte zu finden und einzutreten, der kann ins gesicherte Innere des eigenen Ichs gelangen - so eine ernstzunehmende Traumdeutung.

Auch der Gegenpol des geheimen Gartens, der düstere Herrensitz im Moor, mit seinen labyrinthischen Gängen und den unheimlichen Schreien, die ein eingesperrter Kranker nächtens ausstößt, erinnert unweigerlich an ein romanhaftes Vorbild, an Emily Brontës "Wuthering Heights."

Wohingegen Colins Heilung durch die zum Naturkind gewordene Mary auffällig der Art und Weise ähnelt, in der die gelähmte Clara Sesemann wieder gehen lernt, als sie von Heidi (und Peter) neuen Mut eingeflößt bekommt. (Johanna Spyris Buch erschien 30 Jahre vor dem "Geheimen Garten"). Und Mrs.Medlock ist der gestrengen Gouvernante Claras, Fräulein Rottenmaier, nicht ganz unverwandt. Ähnliche weibliche Charaktere gibt es zudem bei Dickens. Bei ihm findet sich auch der Urtyp des verlassenen und verstoßenen Kindes, Oliver Twist, der elternlose Außenseiter.

Aber gerade zwischen ihm und Colin gibt es einen in die Augen springenden Unterschied, der erkennen lässt, dass Mrs. Burnett doch ganz eigene Wege gegangen ist. Oliver durchwandert die finsteren Szenarien, in die ihn sein Autor versetzt, nicht unbedroht, doch unangefochten. Was um ihn herum an Schlimmem vor sich geht, berührt ihn letztlich nicht. Er behält seine kindliche Reinheit, ist ein guter kleiner Kerl, ungebrochen in der naiven Zuversicht, die ihn immer wieder rettet.

Colin ist anders. Er ist, wie Walter Pape treffend feststellt, ein Kind ohne Hoffnung, das sich selbst aufgegeben hat. Bevor Mary zu ihm kommt, ist sein ganzes, leidend-untätiges Dasein eine einzige Verneinung des Lebens, das doch noch vor ihm liegt. Eine schreckliche Paradoxie - die denkbar schrecklichste überhaupt. Mary hat immerhin den Willen und die Kraft, sich durchzusetzen, auch dann, wenn das nicht eben sinnvoll ist. Beide gleichen sich indessen in dem eigensüchtigen Trotz, der ihr Wesen auszumachen scheint.

Anders als Dickens' liebenswerter Waisenknabe brauchen sich die beiden auch keinerlei Sorgen um die äußeren Umstände ihres Daseins zu machen. Sie leben geradezu im Luxus, sind mit allem versehen, was sie brauchen und wünschen. Mary wird obendrein jede persönliche Freiheit zugesichert.

Aber, um noch einmal Pape zu zitieren, die beiden Kinder "und die stickige dumpfe Atmosphäre der ersten zehn Jahre ihres Lebens sind sicher auch Symbol für das Zeitalter der Dekadenz, für die künstliche Treibhausatmosphäre des Jahrhunderts." Es ist nicht soziale Ungerechtigkeit, die Mary und Colin bedrückt und zu verbiegen droht. Es ist die Entfremdung von der natürlichen Ordnung eines Alls, das wer auch immer geschaffen hat, zugunsten einer kleinen und kleinlichen Welt, deren fragwürdige, doch verbindlich wirkende Normen den Weg ins Freie versperren.

Frances Hodgson Burnett unternimmt es, diesen Weg zu zeigen - indem sie darstellt, was Mary tut und was Dickon ist. Marys Charme - was ja nur ein anderes Wort für "Zauber" ist - ergibt sich aus der erfrischenden Mischung von kindlicher Tatkraft, Vernunft und Gefühl, die mehr und mehr ihr Handeln bestimmt. Dickon, der sie recht eigentlich in die Wunder der Natur einweiht, ist ganz und gar Empfindung - in einem völlig unsentimentalen Sinn. Der handfeste Yorkshire-Bub steht mit beiden Beinen im Leben, das er vorbehaltlos liebt, obwohl es ihm, gesellschaftlich gesehen, wahrlich keine großen Chancen bietet. Diese Liebe lernt Mary zu verstehen und zu teilen, weshalb es ihr auch gelingt, Colin auf ihre und Dickons Seite zu ziehen - die richtige Seite, würde die Autorin sagen. Das alles bleibt im Rahmen einer nicht einmal geschönten, sondern nur aus ungewöhnlichem Blickwinkel gesehenen Wirklichkeit. Die reale Welt wird nie verlassen. Dafür sorgen schon Figuren wie die resolute Mrs. Sowerby, ihre fröhliche Tochter Martha und der ebenso prächtige wie prosaische Ben Weatherstaff. Zweifellos war es der Autorin klar, dass es ihr nicht gelingen würde, das starre Gefüge der zeitgenössischen Gesellschaft in Frage zu stellen. Nicht ohne Grund bringt sie es an keiner Stelle unmittelbar zur Sprache. Andererseits ist sie sich ihres Standpunkts im Außerhalb so sicher, dass sie mit allem Nachdruck auf etwas verweist, das im materialistischen Wertesystem der Spätviktorianer nicht vorgesehen war. Wofür sie wirbt, das ist die reine Freude am Dasein, die zugleich dessen Sinngebung ist.

Die Botschaft ist zeitlos. Man mag ihr widersprechen, mit Gründen, dann bleibt sie immer noch eine Provokation und eine verheißungsvolle dazu. Deshalb hat auch das Buch die Zeiten überdauert. Es wird immer wieder Scharen von jungen Leserinnen und Lesern geben, die von dem Versprechen, das es enthält, begeistert sind und es einlösen möchten. Und das ist gut so.

Hugh Lofting
1886 - 1947

Zunächst ergriff er einen, wie man damals sagte, bürgerlichen Beruf. Als der Erste Weltkrieg sein Leben gründlich veränderte, war er schon 30. Es empörte und erschütterte ihn, dass im mörderischen Treiben der Menschen auch Tiere sonder Zahl zugrunde gingen, schuld - und wehrlos, wie sie waren.

Bis dahin hatte er nur wenig geschrieben, kleine Texte und Artikel, die gelegentlich in Zeitungen erschienen. Jetzt sah er sein großes Thema. Es musste doch möglich sein, den Tieren eine Stimme zu geben, sie selbst sagen zu lassen, was sie fühlten, in Geschichten, die für Kinder bestimmt waren - zunächst einmal für seine eigenen. Also machte er sich ans Werk, ohne im Entferntesten zu ahnen, welchen Widerhall er damit in aller Welt auslösen würde.

Hugh John Lofting wurde am 14. Januar 1886 in Maidenhead, Berkshire, geboren. Seine Vorfahren waren katholische Iren, gehörten also in einer Zeit, da die anglikanische Staatskirche England regelrecht beherrschte, zu einer benachteiligten Minderheit. Es gab fünf Geschwister, denen der junge Hugh gern Geschichten eigener Machart erzählte.

Die Bücher Carrolls, Stevensons und Ballantynes hatte er längst verschlungen und war überzeugt, dass auch er die Fähigkeit habe, auf ähnliche Weise wie jene sein Geld zu verdienen.

Sein praktisch veranlagter Vater hatte jedoch mit solchen Ideen wenig im Sinn. Als der Sohn die Schule hinter sich hatte, drängte er ihn, ein Ingenieursstudium aufzunehmen. Hugh gehorchte.

Eine andere Neigung ließ er sich indessen nicht ausreden. Tiere liebte er bereits in frühen Jahren. Er hielt Meerschweinchen, Kaninchen, Mäuse, und es ist bekannt, dass er den Wäscheschrank seiner Mutter zweckentfremdete, indem er darin eine kleine Menagerie unterbrachte - nicht eben zur Freude der guten Frau. (Denn gut muss sie gewesen sein, sonst hätte sie das gar nicht erst geduldet.)

Schon mit acht Jahren wurde er aus dem Haus geschickt, in ein Jesuiteninternat in Chesterfield, Derbyshire. Dort blieb er bis 1904. Er lernte Latein und Griechisch und erhielt eine ausgeprägt katholische Erziehung, über die er sich nie weiter geäußert hat. Offenbar empfand er sie weder so bedrückend wie Joyce noch so anregend wie Burgess. Immerhin gab es auch Spiele und Konzerte. Aber jede Verbindung zu der als feindselig empfundenen Außenwelt wurde von den Patres sorgfältig überwacht und nach Möglichkeit unterbunden. In solche Lage pflegen phantasiebegabte Kinder sich meist eigene Bilder von der Welt und ihren Möglichkeiten zu machen.

Nach Abschluss der Schule begann Lofting das bereits erwähnte Studium, nicht gerade begeistert, aber auch nicht widerstrebend. Er erhoffte sich vom künftigen Beruf die Möglichkeit, der bisherigen Enge zu entkommen und viel von der Welt zu sehen - eine Erwartung, die nicht enttäuscht wurde.

Bereits die ersten Semester führten ihn nach Übersee, ins Institute of Technology in Massachussetts, wo er die Architektur zum Kerngegenstand seiner Studien machte, die er 1907 am Londoner Polytechnikum abschloss. Für ein Jahr ging er nach Kanada, wo er in einer Mine, in der nach Bodenschätzen geschürft wurde, eine einträgliche Stellung erhielt. Zwischen 1908 und 1912 war er beim Bau von Eisenbahnen in Westafrika und Kuba tätig, wo er nicht schlecht verdiente, aber immer deutlicher fühlte, dass dies doch nicht der richtige Beruf für ihn war. "I hated every minute of it", sagte er später.

1912 landete er in New York. Er war jetzt 26, hatte eine Menge Erfahrungen gesammelt, stand auf eigenen Beinen und fühlte sich nicht mehr den Wünschen seines Vaters verpflichtet. Er begann mit journalistischen Arbeiten und verfasste groteske Komödien. Das brachte zuerst nicht viel ein. Es ging langsam voran, aber immerhin, es ging und wurde immer besser, so dass die Einkünfte schließlich für zwei reichten. Lofting heiratete die junge Amerikanerin Flora Small. Wenn die Dinge sich weiterhin so entwickelt hätten, wie sie es jetzt taten, wäre er zumindest ein guter und gut bezahlter Journalist geworden.

1913 kam die Tochter Elizabeth zur Welt. Ein Jahr später brach der erste Weltkrieg aus - "another war to end all wars", wie Lofting mit bitterem Spott vermerkte. 1916, ein Jahr nach der Geburt des Sohnes Colin, trat er, der seine britische Staatsbürgerschaft behalten hatte, in die Armee ein. Als Captain bei den Irish Guards erlebte, genauer: überlebte er die beiden nächsten Jahre in Flandern und Frankreich. Die Front, das war der zähe, gnadenlose, Menschen vernichtende und natürlich aberwitzige Grabenkrieg, dessen Schrecken Lofting mit allen Sinnen wahrzunehmen und auszuhalten hatte, wie alle die gehetzten Kreaturen um ihn herum, die Männer und auch die Tiere, die ihnen dienen mussten. Das waren vor allem die Pferde, und ihr Leid griff an sein Herz. Die Männer, die da getötet und verstümmelt wurden, mochten gleich ihm ihr Schicksal mitbestimmt haben, indem sie das Inferno des Krieges nicht verhindert oder doch wenigstens vermieden hatten. Die Pferde , die er oft auf grausige Weise verenden sah, trugen keinerlei Schuld. Und die verwundeten Soldaten wurden immerhin ärztlich versorgt. Die verletzte Pferde ließ man krepieren, gab ihnen oft nicht einmal den Gnadenschuss.

Inmitten dieser nicht enden wollenden Schrecken kam Lofting die Idee zu dem Buch, das ihn weltberühmt machen sollte. Er hat sie später erläutert:

"Wenn wir die Tiere den gleichen Gefahren aussetzten wie uns selbst, warum gaben wir ihnen dann nicht die gleiche Zuwendung, wenn sie verwundet waren? Aber die Einrichtung eines Pferdelazaretts, die derjenigen unserer Verbandsplätze glich, hatte wohl ohne Kenntnis der Pferdesprache keinen Sinn. Das war der Keim zu folgendem Einfall: Ein exzentrischer Landarzt, mit einer Neigung zur Naturgeschichte und einer großen Liebe zu Tieren jeder Art, entschließt sich, seine Menschenpraxis aufzugeben und sich der schwierigen, aufrichtigeren und für ihn viel reizvolleren Heiltätigkeit im Tierreich zu widmen. Dabei lockt ihn die Herausforderung, die dieses Vorhaben in sich birgt - denn um ein guter Tierarzt zu werden (der als erstes alle tierischen Sprachen und Wesenheiten begreifen muss) bedarf es eines ungleich beweglicheren Geistes als dessen, der nötig ist, wenn man sich um menschliche Hypochonder kümmert."

"Dies", sagt Lofting abschließend, "war das neue Handlungsgerüst (plot) für die Erzählbriefe an meine Kinder. Es entzückte sie."

Denn Colin und Elizabeth hatten ihn gebeten, ihnen Geschichten aufzuschreiben, was er bereitwillig tat, nicht zuletzt der eigenen Ablenkung wegen.

Im letzten Kriegsjahr traf ein Granatsplitter Loftings Hüfte. Das Ding war nicht zu entfernen, es verursachte ihm noch lange Zeit Beschwerden. Im Herbst 1919 kehrte er mit seiner Familie in die Staaten zurück. Auf der Überfahrt lernte er Cecil Roberts kennen, einen Literaten und Herausgeber, dem die Dolittle-Geschichten so gefielen, dass er Lofting ermunterte, sie bei einem großen New Yorker Verlag einzureichen. Flora, die von dem Tierdoktor und seinen Taten ebenso entzückt war wie ihre Kinder - Colin nannte sich jetzt mit Vorliebe "Dolittle" - schloss sich seinem Drängen an. Zusammen mit Roberts überzeugte sie ihren Mann, der zunächst noch zögerte, ohne Grund, wie sich alsbald herausstellte.

Der Erfolg von "The Story of Doctor Dolittle", die 1920 erschien, war überwältigend. Hugh Walpole, ein britischer Romancier von hohem Ansehen, nannte sie das "Werk eines Genies." Die Rezensentin der "Nation" schrieb, Alice, die ein halbes Jahrhundert im Wunderland regiert habe, müsse nun ihren Thron räumen, was sie für den genialen Freund der Tiere gewiss gern tue - "einen Mann nach ihrem Herzen mit seinem bemerkenswerten Anhang." Ähnliches Lob kam von fast allen anderen Kritikern. "The Story of Doctor Dolittle must rank at least among the dozen best children's books" - wenn man sich der großartigen Kinderbücher erinnert, die bereits erschienen waren, "Heidi" und "Pinocchio" und "Nils Holgersson" inbegriffen, war das eine beachtliche Klassifizierung

Sie war nicht ungerechtfertigt. Die Begeisterung der jungen Leser in aller Welt war so groß, dass Lofting dem ersten Buch zehn weitere Bände folgen ließ, von unterschiedlicher, aber in keinem Fall mäßiger Qualität.

Während die Familie häufig die Wohnungen wechselte und sich schließlich in der kleinen Stadt Madison in Connecticut niederließ, schrieb er in rascher Folge "The Voyages of Doctor Dolittle" (1922), wofür er die Newbery Medal erhielt, die älteste Auszeichnung für Verdienste um die Kinderliteratur, "Doctor Dolittle's Post Office" (1923), "Doctor Dolittle's Circus" (1924, "Doctor Dolittle's Zoo" (1925), "Dr. Dolittle's Caravan (1926), "Doctor Dolittle's Garden" (1927) und, man staune, "Doctor Dolittle in the Moon" (1928).

Bei uns wurden diese Bände zunächst von E.L. Schiffer übersetzt, hinter welchem Namen sich Edith Jacobsohn verbarg, die Frau des "Weltbühne" - Herausgebers.* Sie erschienen in dem Verlag, der zur Hälfte ihr gehörte, Williams & Co, Berlin. Für die Gestaltung der Bücher hatte sich der Hersteller etwas besonders Hübsches ausgedacht. Sie steckten in bunten Schubern, in die die Hauptfiguren dergestalt eingestanzt waren, dass die Kinder sie herausnehmen und aufstellen konnten. Bis 1933 erreichte der erste Band eine Auflage von 33000, was viel ist, wenn man sich der großen Krise erinnert, die am Ende der 20er Jahre auch über Deutschland hereinbrach.

Die neuen Geschichten erzählte Lofting nicht mehr seinen Kindern. Er brachte sie mit der Hand zu Papier, wobei ihm noch während der Niederschrift eine Flut von Einfällen zuströmte. Seine reiche Produktion ist um so erstaunlicher, als er zur selben Zeit immer wieder Kindergärten, Schulen und Jugendclubs aufsuchte und mit dem jungen Publikum, das ihn liebte und verehrte, ausgiebige Gespräche führte, die dann wieder neue Anregungen brachten.

1927, im gleichen Jahr, in dem ein erstes Dolittle-Stück auf einer Londoner Bühne aufgeführt wurde, und noch bevor die Erzählung von des Doktors Abenteuern auf dem Mond gedruckt wurde, erlag Flora einer schlimmen Krankheit. Bereits 1928 heiratete Lofting zum zweiten Mal, Katherine Harrower, die nur wenige Monate nach der Hochzeit einer Grippeepidemie zum Opfer fiel.

Dem Tod der ersten Frau hatte Lofting keine lange Trauerzeit folgen lassen; auch schien seine Schaffenskraft ungebrochen. Der jähe Verlust Katherines hingegen war ein Schicksalsschlag, den er kaum verwinden konnte.

Erst 1935 heiratete Lofting ein drittes Mal, Josephine Fricker aus Toronto, mit der er nach Kalifornien zog.

Auch das nächste Buch, "Doctor Dolittle's Return", erschien erst fünf Jahre später, das übernächste, "Doctor Dolittle's Secret Lake", postum 1948. Christopher Lofting, der Sohn aus der

*)Eine vortreffliche neuere Übersetzung liegt von Gisbert Haefs vor.

dritten Ehe, mutmaßte,der Vater sei seines Helden müde geworden und habe ihn deshalb erst einmal auf den Mond verbannt. (Man erinnert sich, auch Arthur Conan Doyle wollte den von ihm durchaus nicht geliebten Sherlock Holmes loswerden, indem er ihn nach zwei Dutzend Stories umbringen ließ. Der Meisterdetektiv hatte indes ein zähes Leben. Die geharnischtes Proteste des Publikums bewirkten seine glorreiche Auferstehung.)

"Doktor Dolittle auf dem Mond" ist allerdings so angelegt, dass das Geschehen förmlich nach einer Fortsetzung schreit, nach einer Rückkehr des Doktors auf die Erde. Die fand dann - siehe oben - ja auch statt, nicht zuletzt wegen der drängenden Nachfrage der Leserschaft (und des Verlags.)

Als Lofting mit 62 Jahren "Doctor Dolittle and the Secret Lake" schrieb, betrachtete er das Buch als eine Art Kompromiss, eher für Erwachsene gedacht, aber doch noch von den vertrauten Figuren belebt. Die Tonart ist insgesamt ernsthafter, und nach Christopher Loftings Meinung stellte das ganze Buch den Versuch seines Vaters dar, nun endlich doch der Kinderliteratur zu entkommen.

1932 war noch "Gub-Gub's Book" entstanden, eine Art Beiprodukt zu den Dolittle-Bänden, ein sehr originelles allerdings. Der Untertitel verspricht "Eine Enzyklopädie des Essens in 20 Bänden", worauf jedoch der Zusatz folgt: "aufgrund der gestiegenen Lebenskosten verschiebt sich das Erscheinen der anderen 19 Bände dieses GROSSEN WERKS bis auf weiteres."

Gub-Gub, das Schwein (in der deutschen Fassung Göb-Göb genannt), ist die komische Figur in Dolittles Tierschar, nicht eben mit Klugheit beschenkt, doch sehr von sich eingenommen, tapsig, bequem und stets auf gute Bissen erpicht. Hier nun legt es den, wie gesagt, ersten und einzigen Band seiner, wie es meint, ernsthaften Forschungen vor, die in Wirklichkeit nichts sind als herrlicher Nonsense.

Der Doktor selbst tritt nicht in Erscheinung, wohl aber das tierische Ensemble, dem Gub-Gub an zehn Abenden solche Geschichten vorträgt wie die vom Kampf der gelben und der roten Tomaten, der in einem trostlosen Ketchup-Gematsche endet. (Unüberhörbar klingen pazifistische Töne an - wie denn überhaupt das vordergründig Alberne gelegentlich ernsthaft grundiert oder ironisch gebrochen wird.)

Schon 1924 hatte Lofting in der "Nation" einen Artikel veröffentlicht, in dem er die Abschaffung aller krieg - und gewaltverherrlichenden Bücher verlangte. Die britische Parole "Recht oder Unrecht - mein Vaterland" nannte er "eine fürchterliche Phrase."

Er verdammte jegliche Kriegsrüstung und forderte statt dessen Friedensbereitschaft (peace preparedness).

In Deutschland, wo die Dolittle-Serie sich seit Mitte der 20er Jahre einer stetig steigenden Beliebtheit erfreute - es gab alsbald kurze Trickfilm-Versionen fürs Heimkino - wurde diese Stimme Loftings nicht gehört. Tucholsky, der den ersten Band gelesen hatte und liebte ("seine fast biblische Einfachheit und Herzlichkeit"), begegnete Lofting einmal in Paris und schrieb darüber in der Vossischen Zeitung. Einen leisen und freundlichen Mann nannte er ihn und hob die Menschenliebe hervor, die jener an der Front entwickelt habe. ("Da, wo geschlachtet wurde.")

Im Unterschied zum ersten Band, der den, man kann schon sagen, Mythos von Doktor Dolittle festschreibt, nahm Lofting bereits im zweiten eine nachdrückliche Veränderung vor. Er trat seine Rolle als allwissender Erzähler an den neunjährigen (und eben nicht allwissenden Tommy Stubbins ab, den Sohn des Schusters von Puddleby-on-the - March. "Stubbins", schreibt Gary D. Smith, "ist Loftings glänzendste und aufs Subtilste entworfene Schöpfung, einer seiner wenigen Charaktere, die eine erkennbare Entwicklung und Veränderung durchmachen, und außerdem der wesentliche Vermittler der Bedeutung und Ausdeutung des zweiten Romans.")

Schon richtig. Aber wenn Smith den Wechsel der Erzählperspektive, der durch Tommys Auftreten bewirkt wird, einen meisterlichen Einfall (masterstroke) nennt, mag man zögern, ihm zuzustimmen. Denn er selbst stellt fest, dass der unverwechselbare Tonfall des ersten Bandes für immer dahin ist. Der Erzähler dort strahlt eine ruhige und darum wohltuende Gewissheit aus. Gelassen bringt er Wunderbares und auch Wunderliches zur Sprache, die so tut, als sage sie, was wirklich ist - wobei sie diese Wirklichkeit auch noch genießt, in Wendungen von augenzwinkernder Komik. Bei dem, der da erzählt, fühlt man sich geborgen - Edward Blishen sagt, jener sei wie ein guter Onkel, der eine Schar von Kindern unterhält, freundlich und schalkhaft, wohingegen in den Folgebänden nichts mehr da sei von der "jokelike quality" des ersten. Da wolle alles, obgleich immer noch phantastisch , ziemlich ernst genommen werden. Das Urbild des selbstlosen und gut gelaunten, hilfreichen und zugleich ein wenig grillenhaften Doktors, wird hier zum bedeutungsvollen, gewichtig konturierten Abbild, das Tommy sich von ihm macht, womit die Distanz zwischen Leitfigur und Leserschaft sich vergrößert - einmal abgesehen davon, dass Lofting den Neunjährigen bisweilen mit Ein- und Ansichten versieht, die man dem kindlichen Erzähler so nicht abnehmen mag.

Gleichwohl machen auch die Folgebände Leselust. Sie ergibt sich vor allem aus der Fülle kostbarer Einfälle, mit denen Lofting die durchweg ungewöhnlichen Handlungen bestückte. Er war der Meinung, dass kurze Geschichten die kindliche Leserschaft mehr ansprächen als lange epische Handlungen - und so fügte er eine Vielzahl von Episoden zu Geschehnissen, die stets für Überraschungen gut waren. So kann man etwa erleben, dass Dolittle, nachdem er vor Gericht auf verblüffende Weise nachgewiesen hat, dass er der Hundesprache mächtig ist, eine Bulldogge in den Zeugenstand führt, die den beklagten Lucas vorm Todesurteil rettet. Ein anderes Mal vernimmt man die unglaubliche Geschichte von den Goldhähern, die Kolumbus halfen, Amerika zu entdecken. Wieder ein anderes Mal eröffnet Dolittle für alle seine Tiere Geldkonten, über die sie frei verfügen können. Woraufhin Gub-Gub sich täglich vom Schuhputzer die Hufe polieren lässt und den Ehrgeiz entwickelt, das bestangezogene Schwein der Stadt zu sein.

Die Zeit, in der dies alles entstand und begeistert gelesen wurde, war, wir wissen es, durchaus nicht lustig. Am l. September 1939 begann der Zweite Weltkrieg. Am 17. Juni 1940 streckten die französischen Armeen die Waffen. Einen Tag später hielt der britische Premier Churchill seine inhaltsschwerste Rede, in der er darauf verwies, dass Großbritannien nun der deutschen Heeresmacht allein gegenüberstehe. Seine Landsleute, verlangte er, müssten sich jetzt so verhalten, dass man noch in tausend Jahren sagen werde: "This was their finest hour."

Knapp zwei Jahre danach, 1942, mitten im Krieg, erschien Loftings einziges Werk für erwachsene Leser: "Sieg für die Erschlagenen" ("Victory for the Slain"). Eine Art Lehrgedicht, dem nur ein Gedanke zugrunde lag: Krieg ist blanker Wahnsinn. Und ein Verbrechen dazu. Denn nur ein Verbrecher könne dazu gebracht werden, jemanden, der ihm nichts getan habe, zu meucheln: "None but the criminal can be made/ to plunge into a heart he was not taught to hate/ A bayonet's cold unthinking blade". "Muss denn", fragt Lofting, "die Menschheit für alle Zeiten töten, durchkreuzen den menschlichen Willen, der Anstand gebietet? Schon wieder Krieg! - Wo wir doch wissen, dass im Krieg zuletzt nur die Erschlagenen siegen."

Loftings totale Ablehnung des Krieges ist auch den Lesern der Dolittle-Bände nicht ganz unvertraut. Während sie dort jedoch nur mittelbar und bildhaft verkleidet zur Sprache kommt, wird sie hier mit beschwörendem Nachdruck kundgetan. Auf dem Höhepunkt eines Kampfes, den die angelsächsische Welt als Kreuzzug gegen das schlechthin Böse verstand, fand diese Botschaft so gut wie kein Gehör. Natürlich wusste Lofting das. Gleichwohl hoffte er, es werde doch der Gedanke, dass die Erschlagenen dieses bisher schrecklichsten aller Kriege der Menschheit zumindest zur Vision einer besseren Zukunft verhelfen könnten, sich den Lesern mitteilen.

Am Ende des Gedichts setzt er diese Hoffnung ins Bild. Von einer halb zerstörten Kathedrale ist eine kleine Tür erhalten, die immer noch denen offensteht, die eintreten wollen.

"Gewiß ist das keine große literarische Leistung", schreibt Schmidt, "aber sie verdeutlicht Loftings Kampf gegen die eigene Verzweiflung."

Die unbeirrte Freude am Dasein, mit der Lofting seinen guten Doktor ausstattet, war ihm selbst eher fremd. Auch andere Größen der Jugendliteratur von Barrie bis Burnett hatten wie er schwere persönliche Schicksalsschläge erlitten. Aber bei ihm kamen neue, noch bedrückendere Erfahrungen hinzu: Die Greuel des Grabenkriegs, die wachsende Erkenntnis einer weiteren, unaufhaltsam heraufziehenden Menschheitsdämmerung. Lofting war, das bestätigt auch der "Sieg für die Erschlagenen", ein im Grund gläubiger Mensch. Dennoch schreibt er immer wieder gegen die eigene Verstörung an. Mit Kenneth Grahame hat er gemein, dass er eine Gegenwelt entwirft, in der - abgesehen vom unheldischen Titelhelden - nicht die Menschen den Lauf der Dinge bestimmen, sondern die Tiere. Aber anders als die Flussidylle im "Wind in den Weiden", die zwar von mancherlei Turbulenzen heimgesucht wird, indessen letztlich, Stichwort "Großer Pan", doch ihren Sinn in sich trägt, ist Loftings Wunderland nicht ungefährdet. Die Bedrohung, die von außen, heißt: von den Menschen kommt, ist unausgesprochen immer wieder gegenwärtig. Es ist, schreibt einer der Biographen, ein Wunderland nach der ersten, fast schon totalen Menschheitskatastrophe des 20. Jahrhunderts.

Am 27. September 1947 starb Lofting im kalifornischen Santa Monica. Nach seinem Tod erschienen noch zwei Dolittle-Geschichten "Doctor Dolittle's Secret Lake" (1948) und "Doctor Dolittle and the Green Canary" (1950), ein Fragment, das von Olga Michael Fricker vervollständigt wurde.

1988 brachte die Dell Publishing Company überarbeitete Fassungen von acht Dolittle-Romanen heraus. Überarbeitet vor allem deswegen, weil zuvor Kritik an Loftings angeblichem Rassismus laut geworden war. Tatsächlich gibt es in den ursprünglichen Texten einige wenige Stellen, die, dem Geist der Entstehungszeit entsprechend, so etwas wie ein weißes Überlegenheitsgefühl gegenüber den auftretenden Afrikanern erkennen lassen. Sie überzubewerten heißt jedoch, dem Autor Unrecht zu tun. Denn was letztlich zählt, ist die unerschütterliche Hilfsbereitschaft Dolittles gegenüber allem, was da lebt und webt.

Sie beeindruckt bis in unsere Tage hinein. Alle Medien haben sich des guten Doktors angenommen, Comic, Radio, Fernsehen, das Kino. In einer Musicalversion von 1967 war Rex Harrison, obzwar dem Vorbild denkbar unähnlich, ein liebenswürdiger Dolittle. Eddie Murphy erschien in der gleichen Rolle in der Neuverfilmung etwas gewöhnungsbedürftig, lockte jedoch Millionen von Besuchern ins Kino, so dass eine Fortsetzung gedreht wurde. Jim Henson, der Muppets-Erfinder, entwarf die täuschend echten Tierpuppen.

Im Übrigen gibt es längst Standardwerke über die Sprache der Tiere (zum Beispiel von Eugene S. Morton/ Jake Page und von Stephen Hart) und namhafte Verhaltensforscher kamen unlängst in Chicago zu einer sogenannten Dolittle-Konferenz zusammen.

Kann sein, dass Loftings Wunderland um ein Weniges näher gerückt ist, insofern, als das Verständnis, das er für die Tiere forderte, insgesamt gewachsen ist. Auf jeden Fall hat Doktor Dolittle seinen Schöpfer in höchst erfreulicher Weise überlebt.

Doktor Dolittle und seine Tiere
oder
Wie man die Welt ein wenig besser macht

"Once upon a time", beginnt das, "many years ago", ganz im vertrauten, raunenden Märchenton also, zu dem die sich anschließende Zeitangabe nicht so recht passen will: "when our grandfathers were little children." Als die ganz und gar Erwachsenen, heißt das, noch Kinder waren, wie ihr, meine Leser, und die Welt mit anderen Augen sahen, mit euren nämlich.

Wann taten sie das? Vor einem Jahrhundert, vor zweien, irgendwann? Genau genommen spielt die Zeit doch keine Rolle. Es wird ja nicht gesagt, dass sie vorbei ist. Weit genug weg, das wohl, um Unerhörtes zu enthalten, doch auch nahe genug, um dies bisher nicht Gekannte, von dem der Autor gleich erzählen wird, als etwas Wunderbares, um nicht zu sagen: Wunderschönes zu beglaubigen.

Der Doktor der Medizin John Dolittle, der dann vorgestellt wird, hat eigentlich nichts Märchenhaftes an sich. Er wird, und zwar von den Tieren, die ihn umgeben, immer wieder ein "guter Mann" genannt, einmal auch ein "alter Mann". Jung wirkt er auf den Bildern, die Lofting gezeichnet hat, in der Tat nicht. Untersetzt, beleibt, mit vom Zylinder meist verdeckter Stirnglatze, so steht er da, nicht unähnlich Dickens' famosem Mr. Pickwick, mit dem er auch dies gemein hat, dass sein Verstand verlässlich arbeitet und ihm nur selten der Geduldsfaden reißt. Er lebt in einer kleinen Stadt, die Puddleby-on-the-Marsh heißt, was britische Kinder erheitern mag. "Puddle" bedeutet Pfuhl, Lache, Pfütze, im übertragenen Sinn auch Mischmasch, und "Marsh" ist nicht nur die Marsch, sondern auch der Morast, der Sumpf.

Aber es wohnen freundliche Leute da. Sie kennen den Doktor und mögen ihn, sagen: "Das ist ein kluger Mann", wozu sogar die Krähen auf dem Kirchturm nickend ihre Zustimmung geben. Wenn er durch die Stadt geht, laufen die Hunde und bemerkenswerterweise auch die Kinder hinter ihm her.

Und er liebt Tiere. Sein Haus und sein Garten sind voll davon. Selbst in der Speisekammer hausen Kaninchen, und weiße Mäuse bevölkern das Piano, wohingegen sich im Wäscheschrank Eichhörnchen tummeln - ein hübsches Bildchen, entnommen aus Loftings Erinnerung an die eigene Kindheit.

Des Doktors Lieblingstiere, die ihn bei allen seinen Abenteuern begleiten werden, sind Dab-Dab, die Ente, Jip, der Hund, Polynesia, die Papageiendame, die Eule Too-Too und Gub-Gub,"the baby pig." Dies Schweinchen, deutsch heißt es Göb-Göb, ist der Liebling der lesenden Kinder geworden, hauptsächlich deshalb, weil es alle die Untugenden hat, deren sie sich ein bisschen genieren. Naschhaft ist es und Anstrengungen meidet es, tapfer kann man es auch nicht nennen, dafür ist es zu sehr um das eigene Wohlbefinden besorgt - und dennoch und trotz alledem ist es liebenswert in seiner quietschenden Tapsigkeit. Kinder mögen eben die, die aus dem Goldrahmen der guten Sitte fallen, siehe Peter Pan, siehe Pinocchio, siehe Max und Moritz.

Leider missfällt den menschlichen Patienten das tierische Gewimmel in Dolittles Haus. Einmal rennt eine ältere Lady empört von dannen, nachdem sie sich auf einen Igel gesetzt hat, der im Kanapée nistet. Und nach und nach bleiben auch die anderen Leute weg.

Da verarmt der gute Doktor, und all die lieben Bürger um ihn herum (einschließlich seiner Schwester Sarah) stellen naserümpfend fest, dass er nicht nur kein Geld, sondern obendrein auch Löcher in den Strümpfen hat. Der soziale Abstieg droht nicht nur, er ist im vollen Gange.

Da ist es der Cat's-meat-Man, der Mann also, der Dolittle mit Katzenfutter versorgt, der ihm nun rät, doch Tierarzt zu werden - schließlich habe er ein so schönes Buch über Katzen geschrieben, mit so viel Verständnis für diese eigenwilligen Wesen: "You might have been a cat yourself. You know the way they think."

Das weiß Dolittle in der Tat. Aber er weiß nicht, wie sie sprechen. Es ist Polynesia, die Papageiin, die ihm das beibringt. Gleichzeitig lässt sie ihn wissen, was sie von den Menschen hält. Nicht viel! "People make me sick. They think they're so wonderful." Die Welt bestehe jetzt schon seit vielen tausend Jahren, fährt sie fort, und alles, was die Menschen über die Tiersprache gelernt hätten, sei, dass ein Hund, der mit dem Schwanz wedle, ausdrücken wolle, wie wohl er sich fühle. "Du bist der allererste Mensch, der spricht wie wir. Manchmal könnte ich mich über die Menschen schwarz ärgern. Wie wichtig sie sich nehmen, wenn sie von den stummen Tieren reden. Stumm! Ha! Ich habe einen Makao gekannt, der konnte auf sieben verschiedene Weisen "Guten Morgen!" sagen, ohne auch nur den Schnabel aufzutun. Er konnte jede Sprache sprechen - sogar Griechisch. Ein alter graubärtiger Professor kaufte ihn. Aber bei dem blieb er nicht. Er sagte, der Alte spreche kein richtiges Griechisch, und er könne es nicht aushalten, zuhören zu müssen, wenn jener die Sprache verkorkse."

Und Polynesia schließt: "Die Menschen - ach du meine Güte! Wenn sie jemals fliegen lernen sollten wie jedes gewöhnliche Graukehlchen, dann werden sie vermutlich niemals aufhören, sich damit groß zu tun!"

Polynesia hebt keinen Zeigefinger - was ihr ja auch schwer fiele. Nichtsdestoweniger erteilt sie, gestützt auf ihre, was eigens betont wird, 180jährige Erfahrung, den lesenden Kindern eine kleine, feine Lektion. Was wissen wir schon von unseren, wie der unvergessene Grzimek sie nannte, "Brüdern mit den Krallen?“ Selbst die berufsmäßigen Tierkenner und -heiler verstehen sie nicht immer!

Das zeigt aufs anschaulichste der Fall des Ackergauls aus Puddleby, der auf einem Auge erblindet und dringend eine Brille braucht. Der zuständige Veterinär hat ihn auf Spat behandelt und mit Pillen vollgestopft.

"Das Problem ist", sagt das Pferd höchst aufgebracht, "dass buchstäblich jeder denkt, er könne Tiere verarzten, bloß weil sie nicht imstande sind, sich zu beklagen." Man kann das steigern: "...dass viele denken, sie könnten mit den Tieren machen, was sie wollen, bloß weil die sich nicht beklagen können."

Die Kinder wissen, dass das wahr ist. Nach Beispielen brauchen sie nicht lange zu suchen, weshalb hier auch keine aufgezählt werden müssen. Die Kinder begreifen zudem, dass die angeblich stummen Tiere sich sehr wohl beklagen und auch jene anklagen können, die ihnen, milde gesagt, so übel mitspielen - eine überall aufzufindende Sorte von Menschen nämlich.

Das klingt vielleicht pathetisch. Wer jedoch, wie wir alle, einmal vom Leid geschundener Kreaturen auch nur gehört hat, der wird zugeben, dass es zutrifft. Und Lofting hatte nicht nur davon gehört. Er hatte es miterlebt. Fast beiläufig, in eher drolligen Szenen, bringt er dieses Erlebnis zur Sprache, mit dem Wunsch, die junge Leserschaft möge Anteil daran nehmen und daraus lernen. Denn das ist die zweite Botschaft dieses wichtigen, weil die Voraussetzungen zu allem folgenden Geschehen in sich bergenden Kapitels: Achtet auf die Zeichen, die die Tiere euch geben. Hört auf ihre Klagen. Erleichtert ihr Dasein. Stört und zerstört es nicht.

Von Manfred Kyber, dem ehedem viel Gelesenen, heute fast Vergessenen, gibt es einen bewegenden Text: "Stumme Bitten." Den hätte Lofting Wort für Wort unterschrieben. Kyber gibt da die Empfindungen eines Hammels auf dem Weg ins Schlachthaus wieder und endet mit den Worten: "Groß und fragend schauen die Augen des Gautama Buddha auf die europäische Kultur."

- Das halbblinde Pferd also. Der Doktor verhilft ihm zu der gewünschten Brille, die sogar gefärbte Gläser hat, damit es ohne zu blinzeln in die Sonne sehen kann. Und er befreit auch den Affen Chee-Chee aus der Botmäßigkeit eines groben Drehorgelspielers, der den armen Kerl an kurzer Kette hält und nicht herausgeben will. Als der Mann wütend wird und aufbegehrt, zeigt Dolittle, dass er auch anders kann: "He told him that if he didn't go away he would punch him on the nose." Wobei der Autor versichert: "John Dolittle was a strong man, though he wasn't very tall." Folglich sucht der Drehorgelmann schleunigst das Weite, "wobei er schlimme Dinge sagte."

Merke: Angesichts bösartiger Grausamkeit hilflosen Wesen gegenüber hat jede Friedfertigkeit ein Ende. Ähnlich entschlossen erlöst Dolittle auch ein von Zahnweh geplagtes Krokodil aus den Zwängen eines verhassten Zirkusdaseins. Fortan haust es in seinem Gartenteich, nachdem es versprochen hat, keine Fische zu fressen.

Der gute Mensch von Puddleby bringt, im keineswegs engen Rahmen seiner Möglichkeiten, die Welt wieder in Ordnung, die der Tiere und nebenher auch die der Leute, denen er Rücksicht und Anstand abverlangt.

Eben dazu bedarf es halt auch der Courage. Ein Duckmäuser ist der friedliche Dolittle nicht. Eine Weile später bietet er sogar einem gefürchteten Seeräuber namens "Der Drache der Barbarei" furchtlos die Stirn. Das liest man gern, denn es macht den Doktor nicht nur sympathisch, sondern auch glaubhaft. Wer so mannhaft sein Dasein und das seiner tierischen Freunde verteidigt, dem nimmt man auch die Selbstverständlichkeit ab, mit der er ansonsten seine schönen Ziele verfolgt.

Lofting ist überhaupt darauf bedacht, seinen Helden als einen zu zeigen, der mit beiden Beinen fest auf dem Boden der Wirklichkeit steht, einer sehr alltäglichen Wirklichkeit auch, die immer wieder ins Geschehen eindringt: Die Geldsorgen, die verärgerten Patienten, die nicht minder vergnatzte Schwester, die Probleme bei der Beschaffung und Lenkung des Schiffes... Jenseits dieser realen Gegebenheiten entwickelt sich auf wundersame Weise eigentlich nur des Doktors Gabe, mit den Tieren zu reden - und selbst die kommt uns im Zeitalter der Verhaltensforschung nicht mehr ganz so entlegen vor wie den Lesern damals, als Lofting seine Geschichten schrieb. Dass er er die Talente der Tiere ein wenig übertrieben hat - Jips Geruchssinn beispielsweise reicht über ganze Länder und Meere hinweg - verdichtet nur den heiteren Charme des Ganzen. In der leicht grotesken Vergrößerung erscheinen die natürlichen Fähigkeiten der Vierbeiner und ihrer fliegenden und schwimmenden Verwandtschaft eben noch eindrucksvoller.

Was Dolittles Ruhm angeht, so ist nah und fern davon die Rede. Dafür sorgen schon die Zugvögel. Eines Tages kommt eine Schwalbe aus Afrika zurück und übermittelt eine Botschaft der Affen, die in arge Not geraten sind. Eine Krankheit sucht sie heim, der schon viele von ihnen zum Opfer gefallen sind, und sie bitten den Doktor gar sehr, doch umgehend zu ihnen zu kommen und rasche Abhilfe zu schaffen.

Da ist gute Tat teuer, denn Dolittle hat kein Reisegeld. Einerseits, weil die zahlungskräftigen Besitzer seiner tierischen Patienten - vor allem die alten Ladies mit ihren Möpsen - sein Haus jetzt meiden, aus Furcht vor dem besagten Krokodil. Sogar seine Schwester räumt das Feld und heiratet lieber, als noch länger mit der vermeintlich grässlichen Amphibie zusammen zu hausen. Andererseits macht er sich nichts aus Geld. "Wir wären alle besser dran, wenn es niemals erfunden worden wäre. Was kümmert uns Geld, so lange wir glücklich sind?" Indessen stellt sich heraus, was jedermann weiß. Ohne Geld geht es nicht. Die

Tiere tun alles, um ihrem in diesem Punkt etwas weltfremden Beschützer zu helfen. Sie richten sogar einen Obst- und Gemüsestand ein und verkaufen Rosen und Radieschen an die Leute, die vorbeikommen. Womit sich auch inmitten der wunderlichen und wunderbaren Dinge, die der Doktor verrichtet, ein gesunder Sinn fürs Praktische bewährt.

Schließlich borgt Dolittle sich ein Schiff von einem Seemann, dessen Baby er einmal gesund gemacht hat. Dann geht es auf große Fahrt. Mit an Bord sind Jip, Dab-Dab, Gub-Gub, Too-Too und Chee-Chee der Affe, außerdem die viel gereiste und guten Rat erteilende Polynesia und natürlich auch das Krokodil, das sich unbändig auf seine afrikanische Heimat freut.

Es ist gut, dass sie den Doktor begleiten, die Tiere. Denn nur sie können ihm kraft ihrer besonderen Fähigkeiten immer wieder aus mancherlei Verlegenheiten helfen, abgesehen freilich von Gub-Gub, das wie üblich genug mit sich selbst zu tun hat.

Die Tiere sind die Kameraden des Doktors, ebenso verlässlich wie gleichberechtigt. Immerhin: Sie sind ihm zugeordnet. Ohne ihn wären sie zwar nicht verloren, blieben aber unbeachtet. Er ist es, der ihnen letztlich ihre Wesenheit gibt. Der Mensch steht im Mittelpunkt, und eben darum trägt er, so Loftings Botschaft, auch die Hauptverantwortung.

Das ist, grob gesagt, die Sicht von 1920. Ein halbes Jahrhundert später nahmen sich die Dinge anders aus. In Richard Adams' berühmtem Roman "Watership Down" (1972, dt. "Unten am Fluß") muss ein Volk wilder Kaninchen sein Schicksal in die - sozusagen- eigene Hand nehmen. Die Hazel, Fiver, Bigwig und wie sie alle heißen, müssen, um ihr Überleben zu sichern, vor Menschen fliehen, die sich längst der erwähnten Verantwortung entledigt haben. Sie zerstören planvoll die letzten Biotope, und das vertriebene Hasenvolk, dem die Fabel doch Feigheit und Fluchtbereitschaft nachsagt, wächst über sich hinaus, zeigt Zähigkeit, Mut, Gemeinschaftssinn. Die Frage, warum der Autor diese Tugenden unter Tieren gedeihen und die Menschen mit ihrem Tun und Treiben beiseite lässt, beantwortet sich (leider) fast von selbst.

- Dolittle segelt mit seiner Crew nach Afrika. Mit leisem Befremden liest man, dass Dab-Dab Heringe zu fangen pflegt, die dienstags und freitags an Bord gegessen werden: " to make the beef last longer."

Man sollte doch meinen, der Doktor und seine Gefährten seien Vegetarier...

Vor der Küste des schwarzen Erdteils zerschlägt ein schwerer Sturm das Schiff. Gleichwohl kommen alle Reisenden sicher an Land, wo sie von einem recht unfreundlichen Eingeborenen sofort zu dem König von Jolliginki gebracht werden. Der lässt sie allesamt ins Gefängnis werfen, freilich nicht, ohne zuvor erklärt zu haben, warum er das tut. Vor vielen Jahren ist ein weißer Mann in sein Land gekommen, hat des Elfenbeins wegen alle Elefanten getötet, unberechtigt nach Gold gegraben – und sich dann davongemacht. "Nie wieder soll ein weißer Mann durch das Land Jolliginki reisen!" Beachtlich. Auf eine schlichte Formel gebracht: Colonialism at its worst. Kipling hätte einen schwarzen Mann - der mit Nachdruck einen weißen Mann anklagt! - solche Worte nicht sprechen lassen. Hier indessen wird, ansatzweise, Kritik vorgetragen.

Ansatzweise. Denn wenige Seiten später schüchtert die schlaue Polynesia den alsbald erbärmlich zitternden König ein und bringt ihn dazu, die Eingesperrten freizulassen. In der Dunkelheit ahmt sie Dolittles Stimme nach und prahlt mit den Zauberkräften, über die jener verfüge: "Ich kann Menschen krank machen - ich brauche nur meinen kleinen Finger hochzuheben.“ So könnte der Distriktskommissar reden, den der von antirassistischen Skrupeln nicht geplagte Edgar Wallace ins Zentrum seiner Afrika-Romane gerückt hat, Sanders vom Strom, der den aufsässigen Schwarzen die Überlegenheit des weißen Mannes nicht nur einbläut, sondern auch vorführt, indem er sie in Ketten legen oder aufhängen lässt.

Bemerkenswert immerhin, dass Lofting solchen faulen Zauber nicht Dolittle in den Mund, sondern Polynesia in den Schnabel legt. Nichtsdestoweniger versteht man das Unbehagen, das manchen beschleicht, der im Hintergrund des komisch gemeinten Geschehens die klischierten Umrisse des blöden und ungehobelten Bimbos zu erkennen glaubt.

Als Dolittle und die Seinen von den wütenden Schwarzen verfolgt werden, kommen ihnen die Affen, von denen sie sehnsüchtig erwartet werden, zu Hilfe. Über einen steilen Abgrund hinweg bilden sie eine lebende Hängebrücke, indem sie sich bei Händen und Füßen fassen - ein prächtiges Bild, von dem es später heißt, Dolittle sei der erste, der es gesehen habe: "Da fühlte er sich sehr geehrt."

Die auf solche Weise Geretteten gelangen ins Affenland. Dolittle macht sich sogleich ans Werk, impft die Gesunden, baut für die Kranken ein Hospital und fordert alle anderen Tiere auf, ihm bei seinem wohltätigen Tun behilflich zu sein. Der Löwe weigert sich. Was gehen ihn, den Wüstenkönig, die Affen an! Die würde er ja nicht einmal als Zwischenmahlzeit fressen! Und überhaupt: "The lions are never in trouble - they only MAKE trouble." Eine hübsche soziale Parabel, ganz am Rande.

Die Löwenmutter, die sich gerade um ein krankes Kind sorgt, bringt ihren großmäuligen Mann aber schnell zur Vernunft - und zum Mitmachen. Und "alle Tiere der Wälder, der Berge und der Ebenen kamen in Scharen, um ihm bei seiner Arbeit zu helfen." Nahezu biblische Töne. Fast paradiesische Zustände. Einsicht regiert - und Solidarität. Im Urwald, der zum kleinen Garten Eden wird. Im Wunderland, das Dolittles unbeirrtes Helfenwollen schafft, sind alle Gegensätze aufgehoben. Nicht Kiplings Gesetz des Dschungels herrscht, sondern das Grundgebot aller Menschlichkeit: Mitleid.

Eine umgekehrte - nicht etwa verkehrte - Welt, eine sanfte, wohltuende, anregende (und kindgemäße) Utopie. Chee-Chee verweist auf das Gegenbild dazu, als er den Artgenossen berichtet, wie schmählich er als Drehorgelaffe gedemütigt worden ist. "Darauf drehte sich der Schimpansen-Chef zum ältesten Gorilla um und sagte: 'Vetter, diese Menschen sind abartige Wesen! Wer würde in so einem Land leben wollen ? Du meine Güte - wie erbärmlich ist das!"

Als die Affen hören, dass Dolittle nach den Maßstäben seines Landes ein armer Mann ist, beschließen sie, ihm etwas zu schenken, womit er reich werden kann - das seltenste Tier des Urwalds nämlich, das Stoßmich-Ziehdich (pushmi-pullyu), das zwei Köpfe hat, mit je einem Horn daran, weshalb es kein Jäger fangen kann. Dolittle soll es für Geld zeigen. Er will erst nicht und das Stoßmich-Ziehdich eigentlich auch nicht. Aber Dab-Dab erinnert den Doktor an seine Schulden, wobei wir zu unserer neuerlichen Verwunderung vernehmen, dass in Puddleby beim Metzger noch eine Rechnung offen ist - wie denn das? Bei einem Tiertöter? Das wird nicht erläutert.

Dolittle gibt nach. Und das Stoßmich-Ziehdich ist von ihm so angetan, dass es schließlich zum Mitkommen bereit ist, unter der Bedingung, dass es jederzeit nach Hause darf, wenn ihm die ganze Sache nicht mehr gefällt.

Man nimmt Abschied. Chee-Chee, der wahrhaftig ein herrenlos ankerndes Schiff ausgemacht hat, Polynesia und das Krokodil bleiben zurück, denn Afrika ist nun einmal ihre Heimat. Schwärme von Schwalben weisen den Heimkehrenden ihren Weg. "Schließlich waren es so viele, dass der Mond einen Augenblick lang völlig verdeckt war" - eins der magischen Bilder, mit denen der sonst eher nüchterne Autor seine Leser bisweilen beschenkt.

Das Ziel des großen Unternehmens ist damit erreicht, die Haupthandlung im Grund abgeschlossen. Von jetzt an geht es nicht mehr um die Sendung des Doktor Dolittle, sondern um drastische Abenteuer, die er und seine Getreuen noch zu bestehen haben. Auf der Heimfahrt kommen ihm Tiere zu Hilfe, die durchaus keine menschlichen Sympathie genießen: Haie und Ratten. Die Ratten warnen ihn: Sein Schiff sei leck und werde bald versinken. In einer spannungsreichen Episode halten die Haie den verruchten Piratenhäuptling und seine Kumpane so lange in Schach, bis sie alle dem Doktor sehr kleinlaut versprechen, fortan als friedliche Vogelfutterfarmer ihr Dasein zu fristen.

Dolittle übernimmt das mit Schätzen beladene Seeräuberschiff, befreit einen achtjährigen Jungen, den die bösen Kerle da eingesperrt haben und macht auch dessen verschleppten Onkel ausfindig, wobei ihm Jips fabelhafter Geruchssinn zustatten kommt.

Afrika, Urwald, Verfolgungsjagd, jetzt gar noch schlimme Piraten - was für eine Szenerie, was für Figuren! Die jugendlichen Zeitgenossen kannten sie aus vielen anderen Büchern, waren begeistert von dem Draufgängertum der Helden, die da alle Gefahren meisterten: Peter Pan und die Jungen vom "Coral Island", Jim Hawkins' große Freunde und Alan Quartermain, um nur ein paar zu nennen. Im Vergleich mit diesen ist Dolittle ein Antiheld, wie er im Buch steht. Angriffslust ist nicht seine

Sache. Wohl aber ein schönes und unentwegt optimistisches Selbstbewusstsein, das durch Loftings geruhsame Art zu erzählen bestätigt wird. Der Mann kann ja gar nicht anders sein, scheint Lofting immer wieder zu sagen, denn er ist doch nun einmal im Recht! Und dieses Recht ist es, das dem kleinen, dicklichen, furchtlosen Dolittle die Ruhe verleiht, die ihn so liebenswert macht. Er verliert sie nie und besteht so alle Gefahren.

"Wir wollen erst einmal Tee trinken und dazu Brot mit Erdbeermarmelade essen", schlägt er vor, als die Rettung des verschleppten Onkels so ausgeschlossen scheint, dass alle den Mut sinken lassen.

Mit solchem Verhalten gehört er in die lange Reihe britischer Gemütsmenschen von Mr. Pickwick bis Miss Marple, die sich in aller Welt berechtigter Sympathien erfreuen, bei erwachsenen Lesern. Hier sind es die Kinder, die den stets Zuversicht und Zufriedenheit stiftenden und sich selbst dabei überhaupt nicht wichtig nehmenden Doktor lieben werden, von dem immer etwas ausgeht, was Oskar Loerke einen "kameradschaftlichen guten Humor " genannt hat, in einem schönen Essay, in dem er auch dem Autor bestätigt, er habe es nicht nötig, "sich leutselig zu den Kindern herabzulassen oder in seelenvoll angestrengter Selbstverkleinerung zu ihnen hinaufzuschauen. " Was doch nichts anderes heißt, als dass er sie bei aller Munterkeit des Vortrags, ernst nimmt - als kleine Bundesgenossen, die sich, zusammen mit ihm, die Welt besser denken mögen, als sie ist. Womit ein erster Schritt getan wäre, nicht in ein fernes Wunderland, sondern in die Zukunft, die Lofting seinen eigenen Kindern und allen ihresgleichen wünscht.

Als Dolittle die beiden Geretteten, den Neffen und den Onkel heil zu Hause abliefert, wird er mit recht strapaziöser Herzlichkeit empfangen. Die Schwester des Mannes küsst ihn ab, "dass er kicherte und errötete wie ein Schuljunge."

"It's a silly business, the kissing!", he said. "I don't believe in kissing, Let her go and kiss Gub-Gub - if she MUST kiss something."

Zurück in England reist er im Sommer von Ort zu Ort und zeigt, für einen halben Shilling pro Kopf, das Stoßmich-

Ziehdich. Dab-Dab sitzt dabei und paßt auf, "denn wenn sie nicht hinsah, ließ er Kinder am liebsten umsonst herein."

Im Winter freuen sich dann alle über das viele Geld. ("Geld ist eine schreckliche Plage. Aber es ist nett, wenn es einem keine Sorgen macht.") Und man sitzt, während die Schneeflocken gegen das Küchenfenster wirbeln, behaglich um den großen Kamin, und John Dolittle liest aus seinen Büchern vor.

Auch die Affen im fernen Afrika können jetzt lesen, denn der umsichtige Doktor hat ihnen Bücher in ihrer Sprache geschrieben. Sie fragen sich unaufhörlich, wo er jetzt wohl sein möge und ob er denn einmal zurückkehre "And the crocodile would grunt up at them from the black mud of the river:' I'm SURE he will - go to sleep."

Die Worte des Krokodils - die letzten des Buches - könnten in jedem Kinderzimmer gesprochen werden, und jedes Kind würde darin das Versprechen vernehmen - das Lofting in den vielen Folgebänden eingelöst hat, die eine Menge wunderbarer Szenen enthalten und doch kaum die magische Dichte des ersten Bandes erreichen. Der schon mehrfach zitierte Schmidt weist darauf hin, dass dort jeder Vorgang der Einbildungskraft eines Kindes entspreche, ja aus ihr hervorgegangen sein könne. Er zieht in diesem Zusammenhang eine einleuchtende Parallele zu "Winnie-the-Pooh". Wobei es zu Milnes Buch freilich einen bedeutsamen Unterschied gibt. Dort sind die Tiere beseeltes Spielzeug. Hier sind sie selbstbewusste Gefährten.

Dolittle selbst vereinigt in sich erwachsenes Wissen und kindlichen Sinn. Er glaubt, dass die Welt sich verbessern lässt. Über diesen Glauben redet er nicht, er handelt einfach danach, ohne sich beirren oder auch nur aufhalten zu lassen. Immerzu findet er mitsamt einem tierischen Anhang Mittel und Wege, um in all den Wirrnissen und Wagnissen - auch und gerade in denen, die sich ans Geschehen des ersten Bandes anschließen - ans Ziel zu gelangen. Sein Autor macht es ihm keineswegs leicht, schickt ihn in wilde Gegenden, auf eine schwimmende Insel und sogar auf den Mond und lässt ihn gegen garstige Widersacher - darunter einen Sklavenhändler antreten. Dolittle jedoch, ein wahrhaft Unschuldiger auf Reisen, kommt immer dort an, wohin er will, in einer Welt eben, die besser wird, weil er Gutes darin tut, im

Verein mit denjenigen ihrer Geschöpfe, die so jenseits von allem Bösen sind wie er - den Tieren.

Pamela Lyndon Travers
1906 (?) - 1996

Sie wurde - so die Nachrufe - 90 Jahre alt, vielleicht auch älter. Verheiratet war sie nicht. Von ihrem Privatleben gab sie so gut wie nichts preis. ("Information is scarce" heißt es in einem biographischen Text.) Auf das, was man gemeinhin "publicity" nennt, legte sie nur geringen Wert. Dabei hat sie eine der beliebtesten Figuren der britischen Jugendliteratur geschaffen, mit Witz und Charme und einer kaum anders als graziös zu nennenden Leichtigkeit.

Das Datum ihrer Geburt ist ungeklärt. Feststeht nur der Tag, der 9. August nämlich. Da kam sie in Queensland (Australien) zu Welt - die Älteste von drei Töchtern. Als Geburtsjahr gibt die Encyclopaedia Britannica 1899 an. Andere Quellen sagen 1900 und 1904. Das Lebensalter, in dem sich die Autorin im Verlauf ihrer Entwicklung jeweils befunden hat, lässt sich demnach nur ungenau bestimmen.

Sie wurde als Helen Lyndon Goff geboren. Der Nachname, den sie später wählte, war einer der Vornamen ihres Vaters, der Travers Robert Goff hieß. Wie sie auf "Pamela" kam, weiß man nicht. Sie zog ohnedies die Abkürzung PL vor.

Mr. Goff war ein irischer Auswanderer, der zunächst in Ceylon Tee angebaut und sich jetzt auf Zuckerrohr verlegt hatte. Seine Frau Margaret war in Australien geboren, unter ihren Vorfahren gab es Schotten und Iren.

Beide Eltern fühlten sich ihrer irischen Herkunft verpflichtet. Für die Kinder wurde nach und nach eine ganze Reihe irischer Kindermädchen in Dienst genommen. Irische Märchen und Mythen, Lieder und Geschichten waren an der Tagesordnung. Besonders der Vater, gefühlvoll veranlagt und gesanglich begabt, trug das Seine dazu bei. Wenn die kleinen Mädchen ein Anliegen hatten, kamen sie ohne Scheu zu ihm.

PL Travers hat 1976 in einem "Esquire"-Artikel unter der schönen Überschrift "Give the Kid a Bible, for Instance" ein Zwiegespräch aufgezeichnet, das sie als Siebenjährige mit ihm führte. Sie hatte sich der Bibel bemächtigt und darin gelesen, dass David und Salomon sich Hunderter von Konkubinen erfreuten. Jetzt wollte sie vom Vater wissen, was für Frauen das denn seien, Konkubinen. Der versuchte sich herauszuwinden: "David und Salomon führten große Häuser. Sie brauchten jemand, der sich um den Haushalt kümmerte, und das taten eben die Konkubinen."

Das Kind glaubte zu verstehen und bedauerte, dass sein Vater nur drei Konkubinen habe: Katie, Bella und Nelly, die Köchin, die Putzfrau und die Haushaltshilfe. Woraufhin der Vater die Zeitung nach ihr schleuderte und sehr laut versicherte, er habe überhaupt keine Konkubinen!

Die Tochter war enttäuscht: "The head of the house and no concubines! How low he must be on the social scale!"

Die kleine Szene ist bezeichnend für die Atmosphäre, in der die Goff-Geschwister aufwuchsen. Die Eltern gingen auf sie ein, ließen ihnen Frei - und Spielräume, ohne dabei auf die Einhaltung gewisser Benimm - und Verhaltensregeln zu verzichten. Als Helen Lyndons schauspielerische Begabung sich zeigte - sie wirkte schon früh in Schulaufführungen mit - wurde darum kein großes Aufhebens gemacht.

Später fand PL Travers das teilweise richtig. Ein billiges Lob, so ihr Urteil, hätte sie nicht angespornt und nur selbstzufrieden gemacht. Gleichzeitig äußerte sie jedoch auch Missbilligung: „Ich pflegte meine Eltern anzusehen und bei mir zu denken: Ihr erstaunt mich! Habt so viel gelernt, so viel erlebt, und dennoch beantwortet ihr mir meine Fragen nicht. Nie, niemals könnt ihr mir ein Licht anzünden!“

Die Mutter, bei alledem eine vernünftige und umgängliche Frau, befragte immer wieder das Buch, das in ferner Zukunft die bevorzugte Lektüre der einzigartigen Mary Poppins werden sollte: “Everthing a Lady Should Know“. Ihr zur Seite stand das Kindermädchen Katie, dessen Ansichten zu allen Fragen der Erziehung “so unverrückbar waren wie Fixsterne.“

Und dieser Katie waren die kleinen Schwestern sehr zugetan. Züge von ihr sind in PL Travers Progagonistin unschwer wiederzuerkennen. Wie denn überhaupt frühe Erfahrungen aller Art in die Poppins-Bücher eingegangen sind. Selbst für Marys Schirm mit dem Papageienkopf gabe es ein konkretes Vorbild.

Die junge Helen Lyndon liebte die Vielfalt der Natur, die sie im weiten Umfeld vorfand: Die reifenden Zuckerrohrfelder, die wogenden Gräser, die Bäume, in deren ausladendem Geäst man sich verstecken konnte. Gleichzeitig fraß sich das Mädchen, nach eigenen Bekunden, "wie ein Bücherwurm" durch die kleinen elterliche Bibliothek, in der es Scott, Dickens und Shakespeare gab, dazu Yeats und andere irische Autoren, Grimms Märchen und, wie schon erwähnt, die Bibel. Das drastische Schwarzweiß der Märchen, die vieldeutigen Geschichten des Alten Testaments bewegten seine lebhafte Phantasie. Deren Lektüre habe ihr geholfen, sich auf den eigenen Lebenskampf einzustellen, betonte PL Travers später. Aber sie las damals auch Beatrix Potters "Peter Rabbit" ("One of my best-loved friends"), "Alice in Wonderland" und einiges von Edith Nesbit. Zudem schmökerte sie heimlich in den Liebesromanen ihrer Mutter, die neben einem dem kindlichen Verstehen nicht immer zugänglichen, jedoch sehr aufregenden Konflikt auch den Reiz des Verbotenen zu bieten hatten.

Zu dieser Zeit begann sie bereits, sich selbst und anderen mancherlei zu erzählen, Wahres und vor allem Ausgedachtes. Vieles von dem, was sie später geschrieben habe, gehe auf diese frühen Einfälle zurück, bestätigte sie als längst erfolgreiche Autorin.

Sie war erst acht, als ihr Vater starb. Die Mutter zog mit den Kindern weit weg, nach New South Wales. Der neue Wohnort lag rund 32 Kilometer von Sydney entfernt. Dorthin wurde Helen Lyndon in ein Internat geschickt, als sie zehn war, wo sie dann bei einer Aufführung des "Sommernachtstraums" mitwirkte, die mit Berufsschauspielern besetzt war. In der Rolle einer der Elfen beeindruckte die kleine Komödiantin den Spielleiter so sehr, dass er anbot, sie für die Bühne auszubilden. "This was quite impossible in my kind of family at that time" - die Mutter ebenso wie die Großtante, bei der man wohnte, wiesen den Gedanken weit von sich. Statt dessen sollte das Mädchen möglichst bald zum Unterhalt der Familie beitragen. "Seit meines Vaters Tod", beklagte es sich einer Freundin gegenüber, "fragt mich alle Welt: 'Was wirst du, wenn du groß bist, tun, um deiner Mutter zu helfen' ?"

Bevor sie 1924 nach England reiste, hatte sie schon als Kassiererin für eine Gasgesellschaft und als Schneiderin gearbeitet.

Sie hatte aber auch für Zeitungen geschrieben und war als Tänzerin und, in Nebenrollen, als Schauspielerin aufgetreten, in einer wandernden Truppe.

In England, das stand für sie fest, wollte sie ihr Glück ausschließlich auf der Bühne versuchen. Das war nicht leicht. Anfängerinnen wurden karg bezahlt, und das Verhalten insbesondere der Kolleginnen war auch nicht immer von Wohlwollen bestimmt. Sie trat als Tänzerin und, meistens in Shakespeare-Stücken, als Darstellerin auf, zum ersten Mal unter dem Namen, unter dem sie Jahre danach alle Welt kannte: Pamela Lyndon Travers .

Als sie Verwandte in Irland besuchte, lernte sie George William Russell kennen, den Herausgeber des "Irish Statesman", der sich wie sie gründlich mit irischer Mythologie beschäftigte. Sie gefiel ihm, er druckte einige ihrer Gedichte und lud sie nach Dublin ein, wo sie dem berühmten William Butler Yeats (1865 - 1939) begegnete, den sie, man erinnert sich, von ihrer frühen Lektüre her kannte.

Sie hat darüber berichtet. Bis auf die Haut durchnässt und mit einem Bündel von Ebereschenzweigen in den Armen war sie von einem Tagesausflug zurückgekehrt und hatte sich schnurstracks zu Yeats' Haus begeben, wo sie "looking like a slightly crazed dryad" ("wie eine leicht bescheuerte Waldnymphe" - ihre Worte!) vom Besitzer freundlichst empfangen wurde. In seinem Arbeitszimmer stand eine Vase mit einem Ebereschenzweig darin. So war ein Anknüpfungspunkt gegeben. Ein herzliches Gespräch entspann sich und ein ebenso herzliches Einvernehmen.

Man kann sich die Frische und Unbefangenheit dieser jungen Frau vorstellen, deren Klugheit Männer wie Yeats und Russell in verständnisvolles Staunen versetzte. Russell, damals besser bekannt unter dem Kürzel AE, förderte sie, die er als "Tochter, Messdienerin, Lehrling oder als alle drei zusammen" ansah, nach Kräften. Er ermutigte sie auch, den Eindrücken ihrer Kindheit zu vertrauen und sie zur Sprache zu bringen. Seine spätere Deutung der Mary Poppins, die er "Popkins" nannte, wurde oft zitiert - verblüffenderweise stellte er eine Verbindung zur indischen Göttin Kali her, deren Walten höchst zwiespältig ist. Kenner seiner Arbeiten bestätigen ihm einen nicht unbeträchtlichen Einfluß auf PL Travers' Art zu schreiben.

Von 1925 bis 1930 verfasste sie zahlreiche Gedichte, Berichte und (bisweilen sehr kampflustige) Kritiken für den "Irish Statesman", ab 1933 dann auch für die "New English Weekly".

1928 starb die Mutter, der sie den ersten Band der Poppins-Serie widmete. Der erschien 1934. Zuvor war sie nach Russland gereist und hatte darüber geschrieben. ("Moscow Excursion", 1934). In jenen Jahren fuhren viele Autoren in die Sowjetunion, von Oskar Maria Graf bis André Gide, sämtlich auf der Suche nach dem, wie es später hieß, Gott, der keiner war. In solcher Gesellschaft sah PL Travers sich nicht. "It is difficult", bekannte sie, "to think and feel politically." Was staatlich bestallte Reiseführer vortrugen, Statistiken, Lobpreisungen, Propaganda, ließ sie ziemlich kalt. Russland, dieser "mechanised rather than humanised state", wurde von ihr bald "Gefängnis" genannt, "eine riesige Verneinung." Wirkliche Freude empfand sie nur beim Besuch einer "Hamlet"-Aufführung und eines glanzvollen Balletts.

Shakespeare galt über all die Jahre hinweg ihre große Zuneigung. Sie sah ihn keineswegs nur historisch. sondern rühmte beispielsweise eine 1939er Inszenierung, die "Julius Caesar" in moderner Umgebung vorstellte:

"Dies 300 Jahre alte Stück ist aktueller als die Tagespresse und die Nachrichten der BBC."

Noch vor ihrer Russlandreise und dann während einer ernsthaften, nicht näher zu bestimmenden Krankheit begann PL Travers zwei Kindern ihrer Bekanntschaft die ersten Mary Poppins-Begebenheiten zu erzählen. Zu dieser Zeit lebte sie in einem strohgedeckten Landhaus in Sussex - kann sein, dass sie in derart idyllischer Szenerie und angesichts ihrer jungen Zuhörer an die eigene Kindheit erinnert wurde, an die Tage, an denen sie die jüngeren Schwestern mit bunten Geschichten unterhielt. "I think that Mary Poppins just fell into me at a time when I was particularly open."

"Mary Poppins" wurde sofort ein großer Erfolg. Bebildert hatte das Buch Mary Shepard, die Tochter Ernest Shepards, der "Winnie the Pooh" illustriert hatte. Die Erlebnisse der sonderbaren Nanny und der ihr anvertrauten Kinder lösten überall Begeisterung aus - auch bei Erwachsenen. Was die Autorin betraf, so bestand sie darauf, sie habe die Poppins-Bücher keineswegs nur für Kinder geschrieben, sondern für alle Leserinnen und Leser - und in erster Linie für sich selbst.

Sie wurden in 25 Sprachen übersetzt. Mary Poppins wurde in aller Welt berühmt und beliebt. Man verlangte nach Fortsetzungen und bekam sie; "Mary Poppins Comes Back" (1935), "Mary Poppins Opens the Door" (1944), "Mary Poppins in the Park" (1952).

Die Zeiträume, die zwischen den einzelnen Bänden liegen, verdeutlichen, dass PL Travers keine Schnellschreiberein war. Sie ließ Einfälle kommen und gehen, wählte aus, setzte Schwerpunkte, griff auf Märchenmotive zurück, fügte zusammen, bündelte.

Eine strenge Handlungsführung war nicht ihre Sache. Die Geschehnisse reihen sich in loser Folge, einander zugeordnet nur durch die Hauptperson und ihren Anhang, vorab die Banks-Kinder. Gleichwohl bilden die genannten vier Bände eine Einheit, eine echte Tetralogie.

Es folgten Beiprodukte, Büchlein wie "Mary Poppins from A to Z" (1962), in denen in alphabetischer Anordnung und in stabreimenden Wortspielen die Charaktere, Schauplätze und Handlungszeiten der Poppins-Saga noch einmal veranschaulicht wurden. "Maria Poppina ab A ad Z" ist die entsprechende lateinische Version (1968). "A Mary Poppins Story for Coloring" (1969) hatte Bilder zum Ausmalen, und "Mary Poppins in the Kitchen" (1975) war eine Art Kochbuch, das neben heiteren Szenen alte englische Rezepte enthielt, unter anderen die für Welsh Rarebits und Lancaster Hot Pot. Es entstand in Zusammenarbeit mit einem ehemaligen Koch des Londoner Ritz, der eine eigene Kochschule in New York leitete.

Die beiden letzten Poppins-Titel kamen 1982 und 1988 heraus: "Mary Poppins in Cherry Tree Lane" und "Mary Poppins and the House Next Door", schmale Bändchen von kaum mehr als 80 Seiten, ohne Kapiteleinteilung, belebt von den bekannten Figuren.

Über 54 Jahre ihres Lebens hinweg hatte PL Travers sich mit ihrer eigenwilligen Heldin beschäftigt! Einmal deutete sie sogar an, "Mary Poppins" sei die Geschichte ihres Lebens. Wenn sie damit meinte, sie habe es verstanden, Magie und Wirklichkeit eng miteinander zu verknüpfen und sich zugleich jeder Inanspruchnahme zu entziehen, war sie nicht einmal im Unrecht. Die eine Fähigkeit belegen ihre Bücher, und was die andere angeht, so weiß man, dass sie drängenden Interviewern regelmäßig nur eine Auskunft gab: Sie könne Journalisten nicht ausstehen. Die rächten sich, indem sie wenig schmeichelhafte Vergleiche zwischen der Autorin und ihrer schnippischen und hochnäsigen Heldin anstellten.

Als PL Travers in den Jahren von 1965 bis 1970 an mehreren amerikanischen Colleges als "writer in residence" tätig war und sich über ihre Einstellung gegenüber dem eigenen Schreiben äußerte, ließ sie die Studenten wissen, sie habe "no idea where childhood ends and maturity begins" - für sie seien die Übergänge zwischen den Lebensaltern fließend.

Den Begriff "Kinderliteratur" lehnte sie nachdrücklich ab - er werde weder den Kindern noch der Literatur gerecht. Sie sei, sagte sie, stolz darauf, im Hinblick auf das, was man landläufig Erziehung nenne, eine Anarchistin zu sein ("an anarchist as regards education"). Erzogen zu werden bedeute nicht, Wissen anzuhäufen, sondern "zuhören und denken zu lernen." Ebenso anschaulich wie zugespitzt erklärte sie die Persönlichkeit des Autors: "ein notwendiger Narr" (necessary lunatic), der "aufmerksam und in stetiger Bereitschaft ist, ohne Überheblichkeit, unbekümmert, allzeit willens zu glauben - selbst wenn Frösche sich in Prinzen verwandeln und Kindermädchen entgegen allen Gesetzen der Schwerkraft die Treppengeländer hinaufrutschen." Kein Zweifel: Eine treffende Selbstbeschreibung.

Während des Zweiten Weltkriegs hielt PL Travers sich in Amerika auf. 1941 veröffentlichte sie das fiktive Tagebuch eines elfjährigen Mädchens namens Sabrina Lind, das mit seinem um zwei Jahre jüngeren Bruder James aus England nach den USA evakuiert wird. Begleitet werden die beiden von einer Schriftstellerin, die Pel genannt wird und ein Baby bei sich hat. Der Titel war einem alten Kirchenlied entnommen: "I go by sea, I go by land". (Geht weiter: "The Lord made me with his right hand/ If any danger come to me/ Sweet Jesus Christ deliver me.")

Erneut bewährte sich die Fähigkeit der Verfasserin, kindliche Denk-, Rede- und (in diesem Fall) Schreibweisen aufzugreifen und glaubhaft wiederzugeben. Gelegentlich stolpert die kleine Tagebuchschreiberin sogar über orthographische Tücken: "Love and Courrage" hat ihr der Vater angeraten (und sie handelt auch danach); "O dear darrling!" ruft sie schließlich aus.

Wie die beiden britischen Kinder sich in die für sie teilweise erstaunlichen amerikanischen Verhältnisse finden, ist heute noch vergnüglich zu lesen. Der transatlantische Abstand zwischen den Gewohnheiten, die Dinge zu sehen und mit ihnen umzugehen, wird ebenso erkennbar wie das heitere Verständnis, das PL Travers für alle und alles hat: für die Geschwister und ihren Umgang miteinander, für die Rolle der Gastgeber und für die Stimmungen und Verhältnisse überhaupt. Und natürlich hat sie auch hier manche Erinnerung an die eigene Kindheit einfließen lassen.

1945 kehrte sie nach England zurück, wo sie ihre Arbeit für die "New English Weekly" wieder aufnahm. 17 Jahre später entstand "The Fox at the Manger". Drei Kinder hören von der Krippe in Bethlehem, und eins fragt: "Warum war denn kein wildes Tier dabei?" Und so erscheint dann ein Fuchs zwischen Ochs und Esel und den Schafen - die das gar nicht gern haben - und beschenkt das göttliche Kind mit "his cunning", seiner List und Schläue. Es wird, nach seiner Meinung, beides brauchen können, in Zukunft, "alone against the world."

Eine anmutig erzählte Geschichte. Der erste Teil spielt im weihnachtlichen London, und im Klang der Festtagsglocken schwingen Worte wie Eintracht, Harmonie und Frieden mit. Der zweite - am biblischen Schauplatz - erinnert daran, dass die Schöpfung ein Ganzes ist, an dem auch einer wie der Fuchs teilhat, weshalb sich am Ende die Tiere des Stalles zusammen mit ihm niederlegen.

Nicht gerade die übliche Deutung der Weihnachtsbotschaft, aber doch eine, die auf der Zuversicht beruht, dass es im Großen und Ganzen eine Ordnung gibt, die es zu erhalten gilt, mit klarem Verstand und mitfühlender Empfindung. Ein unbefangener, nicht lehrhaft geprägter Glaube, auf den Erfahrungen der Kindheit beruhend, denen PL Travers so viel verdankt - ohne darum viele Worte zu machen. Auch das vorangegangene Buch ("I go by sea...") bekräftigt diese Einstellung, nicht zuletzt durch die beiläufige Geste, mit der der fromme Hymnus beschworen wird, der dem Ganzen den Titel - und den Sinn - gibt.

1963 verfilmten die Disney-Studios "Mary Poppins." Obgleich PL Travers bei der Abfassung des Drehbuchs beratend mitgewirkt hatte, missfiel ihr der fertige Film - verständlicherweise. Die Handlung war mit Zutaten versehen worden, die nicht zu ihr passten. Als Beispiel sei nur der Suffragetten-Song genannt, der gleich am Anfang geschmettert wird. Die auftretenden Kinder wirkten wie Kinder, die drollige Kinder spielten. Selbst die ansonsten glanzvolle Julie Andrews war hier eine Spur zu glamourös. Das alles war, wie des öfteren bei Disney, mehr Spektakel als Schauspiel. Oder, anders gesagt, mehr Disneyland als Wunderland.

1971 erschien der in drei Teile gegliederte Roman "Friend Monkey", der auf die Geschichte des Affengottes Hanuman zurückgeht, die das indische Epos Ramayana erzählt. "About the Sleeping Beauty" (1975) enthält sechs Versionen des Dornröschen-Motivs; eine davon stammt von PL Travers.

1977 wurde sie in Anerkennung ihrer Verdienste um die englische Literatur mit dem "Order of the British Empire" ausgezeichnet. Akademische Würdigungen folgten, darunter ein Ehrendoktorat des Chatham College in Pittsburgh, Pennsylvania.

In den beiden letzten Jahrzehnten vor ihrem Tod lieferte PL Travers der Zeitschrift "Parabola", deren Mitherausgeberin sie war, zahlreiche Beiträge. Die Hauptthemen der "Parabola" waren Mythos, Mythen, Märchen und Symbolik – Gegenstände, mit denen die Autorin, die auch zu mehreren einschlägigen Symposien eingeladen wurde, sich ihr Leben lang beschäftigt hatte. Noch im hohen Alter - 1989 – veröffentlichte sie eine Studie "What the Bee knows: Reflections on Myth, Symbol and Story."

1996 starb PL Travers in ihrem Londoner Heim. In einem der vielen Nachrufe wurde sie "a curmudgeonly grouch" genannt, eine griesgrämige Quenglerin, in anderen fanden sich schmückende Beiworte wie "short" und "fierce", die mit "kurz angebunden" und "harsch" noch recht freundlich übersetzt sind.

Mit Journalisten hatte sie es eben nicht gut gekonnt. Mit Kindern dafür um so mehr.

Ein Kindermädchen zwischen Alltag und Weltall: Mary Poppins

Wir befinden uns im ersten Jahrzehnt des letzten Jahrhunderts. Noch ist die Welt in Ordnung - zumindest die kleine Welt der Familie Banks, die ein schmuckes Häuschen in der Cherry Tree Lane bewohnt.

Die Cherry Tree Lane ist ein Sträßchen in London, wo die Leute noch nicht wissen, was demnächst alles auf sie zukommen wird: Die Zeppeline und der Blitz und all das.

Mr. Banks arbeitet, wo sonst, in einer Bank. Groß ist sein Einkommen nicht. Immerhin, es reicht für die Familie, für Mrs. Banks, eine freundliche und fürsorgliche, wenn auch nicht unbedingt willensstarke Frau, und für die vier Kinder. Jane ist die Älteste, ungefähr 12 Jahre alt, dann kommt ihr etwas jüngerer Bruder Michael. Die Zwillinge John und Barbara sitzen noch im Kinderwagen. (Das Nesthäkchen Annabel erscheint erst später.) Zum Haushalt gehören ferner Mrs. Brill, die Köchin, Ellen, das Dienstmädchen und Robertson Ay, ein meist schläfriges oder bereits in Tiefschlaf versunkenes Faktotum, von dem Mrs. Banks sagt: Er verplempert seine Zeit und mein Geld.

In der Nachbarschaft wohnen Admiral Boom, dessen Haus wie ein Schiff gebaut ist, und Miss Lark, eine sich sehr vornehm gebärende Dame, deren kleiner Hund Andy heißt, von ihr aber auch "Goldschatz" und "Zuckerklümpchen" genannt und schrecklich verwöhnt wird.

Dieser Andy setzt es später durch, dass seine zunächst mit Händen und Füßen protestierende Besitzerin ihm einen Gefährten beigibt - einen richtigen Straßenköter, halb Airedale und halb Retriever, der auf den Namen Willoughby hört, was Mary Poppins Miss Lark mitteilt, denn sie versteht neben vielem anderen auch die Sprache der Vierbeiner. So kommt Willoughby von der Straße weg, Andy braucht nicht länger ein einsames Hundeleben zu führen - und beide sind glücklich. Denn Mary Poppins kann, wenn sie will, auch richtig glücklich machen.

Zunächst ist sie jedoch noch nicht ins Geschehen eingetreten. Mrs. Banks sucht, gegen möglichst geringen Lohn, eine neue

Nanny für ihre Kinder, denn die vorige ist weg, was Jane und Michael mit Freude erfüllt, denn diese Katie war alt und fett gewesen und hatte nach Gerstenschleim gerochen.

Eines Abends, als die Dunkelheit hereinbricht, sitzen die beiden am Fenster und sehen, wie der Ostwind durch die kahlen Kronen der Kirschbäume fegt, die sich drehen und winden, als seien sie verhext. Und dann hebt eben dieser Ostwind eine Frau, die die Straße entlang kommt, vom Boden auf und wirbelt sie gegen die Vordertür!

Auftritt Mary Poppins. Denn sie ist es, die auf derart ungewöhnliche Weise ins Haus Nr. 17 befördert worden ist. Mary Shepard hat sie gezeichnet: Ein eher altjüngferliches Wesen, solid, doch nicht sehr reizvoll gekleidet, mit einem Gesicht, für das es ein treffendes englisches Wort gibt: plain, was zugleich schlicht und offen heißt. Die Autorin selbst spricht von pechschwarzen Haar und dem "hard bony body" ihrer Heldin und entsprechend sieht diese auch auf besagten Bildern der ersten Illustratorin aus. Die flotten Zeichnungen Horst Lemkes zur deutschen Ausgabe werden der heutigen Leserschaft besser gefallen. Sie zeigen ein rankes und schlankes Frauenzimmer mit Pferdeschwanz und, sehr wichtig, keckem Näschen.

Jane und Michael haben sich noch nicht von ihrem Erstaunen erholt, als sie beobachten, wie ihre Mutter die fremde Person empfängt. Ihre neue Nanny soll das sein! Und ihre Mutter sagt: "Sie werden sehen, dass es sehr nette Kinder sind!" Woraufhin Michael seiner Schwester einen kräftigen Puff in die Rippen versetzt.

Denn es sind echte Kinder, Michael und Jane. Weder niedlich noch schwierig. Was sie denken, sagen und tun, ist jedem , der Kinder kennt oder sich der eigenen Kindheit erinnert, ohne weiteres verständlich. Woraus sich nicht zuletzt die Frische und Unmittelbarkeit ergibt, die alle folgenden Begebnisse so unterhaltsam macht. Überflüssig zu sagen, dass junge Leser ihre besondere Freude daran haben werden.

Das Unglaubliche, das Wundersame, hier wird es nachvollziehbares Ereignis - weil es so wahr und lebensecht erscheint. Eine erste Probe ihres Könnens gibt Mary Poppins, als sie Mrs. Banks ins obere Stockwerk folgt. Sie rutscht nämlich, die Reisetasche in der Hand, das Treppengeländer hinauf. Das ist ebenso lustig wie wunderbar. (Eine Wertung, die sich auf die Mehrheit der kommenden Abenteuer übertragen lässt.)

In ihrem Zimmer angekommen packt die neue Nanny vor den gaffenden Kindern ihre scheinbar leere Tasche aus. Diese Episode ist berühmt geworden. Denn zahllose Dinge kommen zum Vorschein, darunter 11 Nachthemden, ein Klappstuhl und ein ganzes Feldbett samt Zubehör. Als sie eine Medizinflasche herausnimmt und Michael einen gefüllten Teelöffel unter die Nase hält, weicht der entsetzt zurück.

"But Mary Poppins' eyes were fixed upon him, and Michael suddenly discovered that you would not look at Mary Poppins and disobey her. There was something strange and extraordinary about her - something that was frightening and at the same time exciting."

Die Medizin schmeckt übrigens wunderbar – nach Erdbeereis und Fruchtsaft und anderen Köstlichkeiten. Festgehalten werden muss aber etwas anderes. In kurzen Worten wird gleich zu Anfang das Wesen dieser ganz und gar ungewöhnlichen Frau umrissen. Es geht ein unwiderstehlicher Einfluss von ihr aus. Nichts an ihr ist erklärbar, schon gar nicht die Widersprüchlichkeit ihres Verhaltens. Sie steht außerhalb jeder Erfahrung. Und eben das ist erschreckend und aufregend zugleich.

Wärme und Herzlichkeit - das sind keine Begriffe, mit denen sie zu fassen wäre. Die Autorin versieht sie mit eher gegensätzlichen Eigenschaften: "Prim", "curt", "censorious", "snappy"- also "steif" beziehungsweise "affektiert", "schnippisch" (wenn nicht gar "schneidend kalt"), "barsch" und "zum Tadel aufgelegt."

Mary Poppins ist nicht lieb.

Aber sie nimmt die Kinder auch nicht durch ihre Wesensart ein, sondern durch das, was sie zu zeigen und zu bieten hat - beispielsweise die erwähnte Medizin.

Es stellt sich heraus, dass in der Nachbarschaft jemand ist, der Mary Poppins kennt. Es ist der Streichholzmann, der bei schönem Wetter bunte Bilder aufs Pflaster malt. Er heißt Bert, und als Mary ihren ersten Ausgang hat, begrüßen die beiden einander sehr herzlich, wobei wir erfreut zur Kenntnis nehmen, dass die hochmütige Nanny auch lächeln kann, wenn sie will. Woher sie Bert und umgekehrt Bert sie kennt, bleibt freilich im Dunklen.

Indessen verfügt auch er über wundersame Fähigkeiten. Er lädt Mary ein, gemeinsam mit ihm das Landschaftsbild zu betreten, das er gerade verfertigt hat. Und was geschieht ?
"Pff! There they were, right inside it."

So sitzen sie dann, ganz plötzlich sehr vornehm gewandet, an einem Tischchen im Freien. Die Sonne scheint und sie trinken Tee und essen Himbeertörtchen, die ein freundlicher Kellner bringt. Anschließend reiten sie noch auf den Holzpferden eines Karussells, und als um sieben Uhr alles geschlossen wird - "Vorschrift!" bedauert der Kellner - kehren sie in die Wirklichkeit zurück, die dort draußen wartet, außerhalb des hübschen Bildes.

Mary Poppins kann die Grenzen überschreiten, die gewöhnlichen Sterblichen gesetzt sind - den Muggles, wie Miss Rowling wohl sagen würde. Aber uns fällt auch ein, dass Alice war, die mit ein paar beherzten Schritten durch den Spiegel hindurch in ein anderes und fremdes Land gelangte. Und von Maugham gibt es eine Geschichte, in der sich jemand in ein Bild begibt, auf dem ein Haus zu sehen ist, das seine Neugier lange beschäftigt hat. In diesem Haus verschwindet er und wird nie wieder gesehen.

Das ist ein ziemlicher Alptraum. Und auch Alicens Abenteuer sind eher beklemmend als beglückend.

Ganz anders bei PL Travers. Die andere Seite birgt - wenigstens für Mary Poppins - keinerlei Gefahren, im Gegenteil. Alles Schwere ist darin aufgehoben, in Licht, Wohlsein und fröhlicher Bewegung.

Mary Poppins hat Freude daran. Und Angst empfindet sie schon gar nicht.

Sie ist überhaupt furchtlos. Es gibt nichts, was sie einschüchtern oder bedrücken könnte. Wäre sie nicht so kurz angebunden und achtete sie nicht mit solchem Nachdruck auf das gute Betragen ihrer Schutzbefohlenen, könnte man sagen, sie verkörpere die Leichtigkeit des Seins - wobei man auch an die Schwerelosigkeit ihres ersten Auftritts denken darf.

Solcher Schwerelosigkeit wird man im Geschehen der Poppins-Bücher immer wieder begegnen. Sie tritt stets dann ein, wenn die Alltagsszenerie verlassen wird. Um genau zu sein: Zeitweilig verlassen und nicht etwa aufgehoben wird. Denn sie bleibt auch dann gegenwärtig, wenn sie gerade einmal nicht zu sehen ist.

Als Jane und Michael ihre Nanny fragen, wo sie gewesen ist, bekommen sie zur Antwort: "Im Märchenland." Begeistert wollen die beiden wissen, ob sie denn Cinderella gesehen habe oder Robinson Crusoe? Mary Poppins rümpft die Nase. "Cinderella! Robinson Crusoe! Sonst noch was?" "Das war bestimmt nicht unser Märchenland", sagen die Kinder enttäuscht.

Mary Poppins antwortet mit einem Satz, der vielleicht der wichtigste des ganzen Werks ist, es auf jeden Fall zu verstehen hilft. "Wißt ihr denn nicht", sagt sie mitleidig, "dass jeder sein eigenes Märchenland hat?"

E.Th.A. Hoffmann hat in seinem "Goldenen Topf" mit anderen Worten dasselbe gesagt. "Waren Sie soeben nicht selbst in Atlantis?" fragt dort der Archivarius Lindhorst, "und haben Sie denn nicht auch dort wenigstens einen artigen Meierhof als poetisches Besitztum Ihres inneren Seins ?"

Atlantis, das ist die andere Welt, die Sphäre, aus der Mary Poppins kommt und in der sie recht eigentlich zu Hause ist, das Land Phantasien, in dem jeder siedeln kann, der über jenen "inneren Sinn" verfügt - ein Gespür und ein Verlangen zugleich, beide auf Erfüllungen zielend, die das so genannte normale Dasein nicht gewährt und die dennoch vorstellbar sind: im Märchen, in der Poesie, in der eigenen Einbildungskraft. Diese ist es, an die Mary Poppins die Kinder erinnert und die zu entwickeln sie ihnen hilft. Jeder hat sein eigenes Märchenland, und Jane und Michael dürfen erleben, dass ihr rätselhaftes Kindermädchen ihnen viele, bisweilen auch verschlungene Wege dorthin zeigt.

Über dessen Herkunft erfahren wir leider kaum Greifbares. In "Mary Poppins Comes Back" taucht einmal ein komischer Kerl auf, gekleidet wie ein Hanswurst. Der ruft ihr ins Gedächtnis, dass sie einmal an einem Königshof tätig war, nicht eben in gehobener Stellung, die Krone hat sie geputzt, den Thron abgestaubt und dem König das Bett gemacht. Mary, nicht sonderlich begeistert von solcher Rückschau, die ihrer unbestreitbaren

Eitelkeit kaum schmeichelt, erzählt sogleich die Geschichte dieses Königs.

Ungeheuer reich ist er und entsetzlich dumm. Die Königin, die unter der Unbedarftheit ihres Gatten leidet, kommt auf die Idee, aus aller Welt Gelehrte herbeizuholen, die ihm das Wissen beibringen sollen, das ihm fehlt. Gelingt ihnen das nicht, wird ihnen der Kopf abgeschlagen. Und es gelingt keinem!

Bis eines Tages einer kommt, der ohne weiteres zugibt, dass er überhaupt nichts weiß - und dass ihm das nicht die Bohne ausmacht. Der König ist entzückt und stellt ihn als Hofnarren an. Die beiden tanzen ausgelassen durchs Schloss und singen Kinderlieder und solche, die sie sich selbst ausgedacht haben. Die Königin und die Höflinge sind entgeistert und holen den berühmtesten aller Professoren, der herausfinden soll, ob der König nun endgültig den Verstand verloren hat. Zu diesem Zweck stellt er Fragen wie "Was ist das Beste auf der Welt?" und erhält Antworten von der Art, wie sie unser Eulenspiegel den Gelehrten der Prager Hochschule erteilte - in diesem Fall: "Nichts tun."

Als der Professor hört, dass es der Narr war, der dem König solche Weisheiten beigebracht hat, ist er außer sich vor Bewunderung und Wonne. Vorm Palast kobolzt er im Gras und verlangt dazu Erdbeeren und Bier. Derweil laufen der König und der Narr einen prächtigen Regenbogen hinauf, auf dessen höchsten Punkt der König sich zur Ruhe legt, wohingegen der Narr wieder in die Welt hinabspaziert, um Hohe und Niedrige mit seinen Ratschlägen glücklich zu machen.

Und jetzt sitzt er Mary Poppins gegenüber und spricht mit ihr über beider Vergangenheit.

Der König und sein Narr. Ein Duo, bekannt aus vielen Mären und Anekdoten (und in Shakespeares "Lear" auf die tragische Ebene versetzt.) Der Narr lässt nichts gelten, insbesondere nicht die Macht der Menschen und den Zwang der Dinge. Für ihn zählt nur die eigene Wahrheit, die verblüffenderweise um so zwingender wird, je widersinniger sie zu sein scheint. Alles andere wird lachend beiseite geschoben. Spielregeln. Leitsätze, unanfechtbare Erkenntnisse gibt es nicht. Alles ist möglich. Die Welt ist offen wie das Gewölk, aus dem Mary Poppins gekommen ist.

In dieser offenen, gerade auch gegenüber einer Gegen- und Überwelt offenen Welt ereignen sich die Abenteuer, in die sie die Kinder geleitet.

(Und es ist aufs eindringlichste zu betonen, dass gerade sie es tut, die sich im alltäglichen Bereich so zugeknöpft und pedantisch gibt. Eine Doppelnatur ist sie, eine echt romantische!)

Das Baby Annabel, eben erst geboren und deshalb wie zuvor schon seine Geschwister John und Barbara (noch) einer kosmischen Sprache kundig, unterhält sich mit einem Sonnenstrahl, einem Lüftchen und auch mit einem Staren, dem es von seiner Herkunft erzählt. Es vereinige in sich die vier Elemente, sagt es, komme aus Dunkelheit und Helligkeit, sei durch Wildnis und Wasser gegangen... Eine lange Reise! stellt der Star fest, und: "Nach Ablauf einer Woche wirst du alles vergessen haben ...weil es alle tun. Jeder Mensch tut es, nur sie nicht, sie ist eine Ausnahme."

Mary Poppins nämlich. Ihr Wesen ist Ursprünglichkeit, und sie kennt ihren Ursprung. Sie kommt aus dem All und kann mit allen und allem umgehen.

Große Worte für eine, wie's scheint, doch wohl eher skurrile Figur? Ich denke, PL Travers würde ihnen zustimmen. Man muss nur zur Kenntnis nehmen, mit welchen Wesen (und Dingen!) sie ihre Heldin sprechen lässt.

Mit Babys, mit Tieren aller Art, mit Spielsachen und Skulpturen, mit Sternbildern, Sonne und Mond - und mit mythischen Figuren, wie sie selbst eine ist, auch wenn der Star sie mit einiger Berechtigung den Menschen zuordnet. Dass sie immer wieder ihre Verbindung zum Phantastischen abstreitet, ist eine Art Tarnung, die durch den Verlauf des Geschehens ständig widerlegt wird. Auch die penetrante Steifheit ihres Gebarens, die schnippische Hochnäsigkeit, ja Schroffheit, die sie – befremdlicherweise auch den Kindern gegenüber - an den Tag legt, gehört wohl in diesen Zusammenhang.

Christa Hunscha nennt in ihrem aufschlussreichen Buch "Struwwelpeter und Krümelmonster" Mary Poppins den "Inbegriff der egozentrischen Zicke, die keinem die Luft zum Atmen lassen will." Der vordere Teil der Aussage ist nicht ohne Wahrheit. Die rüde Manier, in der Mary des öfteren mit den Kindern umgeht - vor allem der Junge wird von ihr bisweilen geradezu niedergemacht, bezeichnenderweise? - wird manche und manchen abstoßen. Doch dieses Verhalten ist erstens einigermaßen komisch, also nicht ganz so ernst zu nehmen, und zweitens nicht recht glaubhaft. Vielleicht tut sie ja nur so? Weil sie nichts von ihrem Selbst - der zitierten Doppelnatur - preisgeben will noch kann? Mythen sind unergründlich.

Susanne Gaschke ("Hexen, Hobbies und Piraten") kommt in dieser Hinsicht zu einem ausgewogeneren Urteil: "Bei Tage mag Mary Poppins einen durchaus tyrannischen Charakter zeigen: bei Nacht nimmt sie die Kinder mit auf wundervolle Traumreisen." Und man darf "sich Mary Poppins nicht zu sicher sein - der Wind hat sie gebracht, der Wind kann sie wieder forttragen. Magie lässt sich nicht festhalten, lautet Travers' Botschaft - ebenso wenig wie die Kindheit."

Mary Poppins ist Mittlerin auch zwischen diesen beiden, Magie und Kindheit. Sie öffnet den Kindern Welten und Bereiche, die überwirklich und deshalb auch unbegreiflich sind. Aber es gehört zur Eigenschaft der Kinder, zur Unmittelbarkeit, die der große Vorzug ihres Verhaltens ist, dass es ihnen fast nie darum geht, die Dinge zu begreifen. Wenn sie bunt und schön und aufregend sind, die Dinge, dann werden sie erst einmal angenommen und genossen, dann gereichen sie zur Freude, und das Stück Leben, das sich in ihnen darstellt, tut das auch. Eine der herrlichsten Fähigkeiten der Kinder – aller Kinder, nicht nur die der Banks-Geschwister - ist es, dass sie lachen können, unbefangen, aus tiefster Seele und manchmal schier endlos. Ein das ganze Sein ergreifendes, ein existenzielles Lachen ist das, das auf dem Hintergrund wachsender Erfahrung leider nur zu schnell verlernt wird.

Das Kapitel, das von dem ersten gemeinsamen Unternehmen des Kindermädchens mit Jane und Michael handelt, ist mit "Laughing Gas" überschrieben, "Lachgas" also. Die Drei fahren zu MarysOnkel. Albert Wigg heißt er und haust in einem großen freundlichen Raum, in dessen Mitte ein mit allerlei Leckerbissen beladener Tisch steht. Der Onkel selbst, ein glatzköpfiger, dicker und gut gelaunter Mann, schwebt unter der Zimmerdecke. Den verblüfften Geschwistern erklärt er, wenn er etwas lustig finde, und das sei sehr oft der Fall, so müsse er ganz furchtbar lachen, und wenn er das an seinem Geburtstag tue -

und der sei heute - dann werde er so von Lachgas aufgetrieben, dass er sich einfach nicht am Boden halten könne. "Oh , Lordy, Lordy, don't make me laugh, I beg of you - " Und schon hopst und dotzt er an der Decke entlang, und bei diesem Anblick können auch Jane und Michael das Lachen nicht mehr halten. "Sie lachten, und wie sie lachten! ... they were rolling over and over on the floor, squealing and shrieking with laughter."

Mary Poppins ist höchst aufgebracht über derartiges Sichgehenlassen. Aber da hilft nichts. Atemlos vor Lachen steigen Jane und Michael zur Decke auf, gefolgt von dem Tisch mit den guten Sachen. Sehr unwillig (und ohne zu lachen!) macht sich auch Mary Poppins auf den Weg nach oben, wo sie, ohne eine Miene zu verziehen, es schafft, auch Onkel Alberts missgelaunte Haushälterin zum Schweben zu bringen.

Später, als die Geschwister mit ihr nach Hause fahren, glücklich und erschöpft, bestreitet sie freilich alles, was die beiden so hingerissen hat. Ihr Onkel Albert sei ein ernsthafter Mann und tue niemals solche Dinge! Doch die Kinder wissen es besser. Sie haben, lachend und unbewusst, eins der Geheimnisse der Mary Poppins gelüftet. Wir kennen es schon. "Schwerelosigkeit" heißt das Stichwort.

Es taucht geradezu leitmotivisch immer wieder auf. In "Mary Poppins Comes Back" wird Miss Euphemia Andrew, Mr. Banks' frühere Erzieherin, deren Namen ihn allein schon in traumatische Ängste versetzt, ganz gegen ihren Willen in die Luft expediert - verzwergt und in dem Käfig hockend, in den sie bislang ihre Lerche eingesperrt hat. Da sie nicht imstande ist zu lachen - und über sich selbst schon gar nicht - ist das für sie ein fürchterlicher Schrecken, und als sie begreift, dass Mary Poppins ihr das angetan hat, sucht sie mit gerafften Röcken das Weite. Mr. Banks darf erlöst aufatmen, denn er hat schon eine lebenslange Nachbarschaft mit diesem schlimmen Weib befürchtet.

Bösartige Menschen gehören nicht in lichte Höhen. Miss Andrew knallt am Ende unsanft auf den Boden, auf dem sie jahrelang ein so herrschsüchtiges und kinderfeindliches Regime geführt hat.

Ganz unter der Hand nehmen wir den Unterschied wahr zwischen diesem pädagogischen Monstrum und Mary Poppins. Der barsche Ton, den sie gegenüber Michael und Jane anschlägt - die kleinen Geschwister werden viel milder behandelt - ist in der Tat befremdlich. Aber eins tut sie gewiss nicht. Nie lässt sie eins der Kinder leiden. Im Gegenteil. In bedrohlichen Lagen kommt sie ihnen unfehlbar zu Hilfe, wenn auch manchmal missbilligend schnüffelnd. Und, was wichtiger ist, sie tut ihnen Gutes. Sie führt sie in den großen Zusammenhang von Welt und Wunderland ein.

Wie das geschieht? Schon im ersten Band erleben Jane und Michael einen Zoo von ganz besonderer Art. Darin ist, wie Jane verwundert ausruft, alles auf den Kopf gestellt ("Why, it's all upside down!") In den Käfigen und Gehegen sitzen Menschen jeder Art, und davor gehen alle möglichen Tiere spazieren und gucken sich an, was die Eingesperrten so treiben.

Verkehrte Welt. Das ist ein altes Motiv, in der Kunst wie in der Literatur. In einem anderen Kapitel, "Topsy Turvy" steht die ganze Welt Kopf, unter der Anleitung eines Mr. Turvy - auch er ein Vetter Marys - und die Kinder folgen nur zu gern seinem Geheiß.

Um auch ein deutsches Beispiel zu nennen: In Kästners "35. Mai" ist ein Kapitel mit "Die verkehrte Welt ist noch nicht die verkehrteste" überschrieben, und da hocken dann Erwachsene in Kinderkleidern auf Schulbänken und werden von Kindern in angemessenes Verhalten eingeübt.

Verkehrte Welt als lehrhaftes Beispiel. Die Umkehrung erbringt nicht den Trugschluss, sondern entlarvt ihn. Hier zum Beispiel den, dass Tiere sich als Zoogefangene wohlfühlen könnten.

Aber die Autorin geht noch weiter.

Eine Schlange - nicht irgendeine, sondern geradezu die Schlange aller Schlangen; der Braune Bär nennt sie "the lord of our world, the wisest and most terrible of us all" - richtet das Wort erst an Mary Poppins, die sie "Kusine" nennt und die ihr ungewohnt ehrfürchtig zuhört, und dann an die Kinder. Sie sagt, dass in dieser wundervollen Nacht - es ist Vollmond und überraschenderweise Mary Poppins' Geburtstag – alle gefährlichen Gegensätze zwischen den Tieren aufgehoben sind. Und sie spricht: "Wir sind alle aus dem gleichen Stoff, denk' dran, wir aus dem Dschungel und ihr aus der Stadt. Uns alle formt derselbe Stoff - den Baum über uns, den Stein unter uns, den Vogel, das Tier, den Stern - wir sind alle eins und bewegen uns auf dasselbe Ende zu. Erinnere dich daran, mein Kind, auch wenn du dich längst nicht mehr an mich erinnerst."

Hier wird jener große Zusammenhang hergestellt, von dem vorhin die Rede war. Ein Weltbild erscheint, das viel mit einem universalen Mythos zu tun hat, auch mit fernöstlichen Denkweisen, und nichts mit christlicher Lehre, die in der ganzen Poppins-Saga keine Rolle spielt. Nicht von ungefähr wird man ans "Dschungelbuch" und seine ebenfalls außerchristlichen Setzungen erinnert. (Von fern klingt auch Shakespeare an, den PL Travers so verehrte: "Wir sind vom gleichen Stoff, aus dem die Träume sind...")

Bedeutsam auch die Rolle des Mondes, des Lichts in der Dunkelheit, dessen stiller Glanz die verkehrte Welt erfüllt. Die Gestirne leuchten überhaupt immer wieder ins Geschehen hinein. Unfassbare Gebilde, unübersehbar gegenwärtig und doch nicht erreichbar, vielleicht nicht einmal mehr vorhanden, nurmehr ihr Licht spendend - wahrhaft magische Erscheinungen also, von denen selbst ein so handfester Mann wie Mr. Banks fasziniert ist.

Eine sprechende Sternschnuppe ist es, die Jane und Michael in schwindelnde Höhen entführt, von wo aus die Erde wie eine schimmernde Christbaumkugel aussieht. Über den Wolken gibt es einen Zirkus, in dem die Sternbilder auftreten, Saturn ist der Clown, Pegasus galoppiert herum, gefolgt von neun Kometen, der Große und der Kleine Bär drehen sich im Tanz, Orion ist eine Art Stallmeister und die Sonne ist die Direktorin.

Sie ist es, von der Mary Poppins begrüßt wird, zu deren Ehren die Sterne sich in ihrem dunkelblauen Zelt versammelt haben, dessen Boden statt mit Sägemehl mit Sternenstaub bedeckt ist. Und als der große Himmelsreigen beginnt, tanzt Mary mit der Sonne, und abermals lächelt sie, und ihre Stimme wird so sanft, wie die Kinder sie nie gehört haben. Zu ihnen aber spricht die Sonne die Worte:

"Was ist wirklich und was nicht? Kannst du mir das sagen oder ich dir? Vielleicht werden wir niemals mehr wissen als das: Dass etwas wahr wird, wenn wir es denken. ("To think a thing is to make it true.") Woraufhin Jane wissen will: "Ist es wahr, dass wir heute Nacht hier sind oder denken wir das nur?"

Die Sonne lächelt ein wenig traurig. "Kind", sagt sie "frag nicht weiter. Vom Anbeginn der Welt haben alle Menschen diese Frage gestellt. Und nicht einmal ich, die ich die Herrin des Himmels bin, kenne die Antwort..."

Hier wie auch bei der Rede der Schlange begreift man, warum PL Travers darauf bestand, dass sie nicht nur für Kinder schreibe.

Noch im späten Buch "Mary Poppins in Cherry Tree Lane" (1982; die Autorin war da Mitte 70, wenn nicht älter) greifen Sternbilder als Personen ins Geschehen ein. Wiederum Orion, wiederum Castor und Pollux, die schon im Himmelszirkus aufgetreten sind. Es ist Mittsommernacht- auch dies ein freundlicher Gruß an Shakespeare - und viel Unerhörtes spielt sich ab.

In der kleinen Welt des Stadtparks, die sich zur großen verhält wie der Mikrokosmos zum Makrokosmos, geben erst noch irdische Autoritäten den Ton an, vom Parkaufseher, der ständig schreit: "Gehorcht den Gesetzen! Beachtet die Vorschriften!" bis zum Lord Mayor und sogar dem Premierminister, die sich ungefähr so würdig bewegen wie Laurel und Hardy. Doch alsbald versteht der Parkwächter, dem hier mehr Aufmerksamkeit zuteil wird als den beiden verdrehten Obrigkeiten, die Welt nicht mehr. Er verirrt sich darin, keiner nimmt ihn mehr ernst, Tiere sprechen, Sternbilder singen, Mary Poppins gibt den Ton an. Alles ist verzaubert.

Der arme Mann, der übrigens zum ersten Mal seine Sehnsucht nach Zuneigung und Liebe entdeckt, weiß am Ende nicht mehr, wer er ist. Orion belehrt ihn, wir seien nicht nur wir selbst, sondern auch andere. Da wehrt er sich: "I'm not somebody else, not me !" Orion lacht. "Of course you are. Everyone's somebody else to someone." Was ja auf ganz einfache Weise richtig und zugleich doch höchst anzüglich ist - vorab im Hinblick auf die vielen Erscheinungsformen, in denen Mary Poppins sich darstellt und vorführt.

Sie ist, was Wandlungsfähigkeit angeht, eine Meisterin, launisch, einfallsreich und vielseitig wie das Schicksal. Wobei sie selbst, wie mythische Gestalten der gehobenen Sphäre, letztlich schicksalslos ist.

"Mary Poppins in Cherry Lane" ist keine übliche Geschichte, die mit dem Anfang beginnt und mit dem Ende abschließt. Es ist ein offenes Verwirrspiel, vorstellbar auf einer zwielichtigen Bühne und erfüllt von Elementen, die sich auch im Shakespeareschen "Sommernachtstraum" finden: Naturmagie und überirdischem Zauber, Rüpelkomik und sachter Anarchie. Im Zentrum steht, natürlich, Mary Poppins, die sich am Ende wieder einmal davonmacht. Michael und Jane, die zum ersten Mal ein wenig spöttisch aufmucken, beklagen diesen Abgang nicht. "Wherever she was, she would not be lost."

Die belebende Energie, die sie ausstrahlt, geht nicht verloren. Solange man daran glaubt und willens ist, sie an- und aufzunehmen.

Wunder tut sie eigentlich nicht. Sie ist, bemerkenswerterweise, nur zuverlässig zur Stelle, wenn Wunderbares sich begibt. Und sie nimmt die Kinder zu dieser Stelle mit. Zum Beispiel in den seltsamsten Laden, den Jane und Michael je gesehen haben. Hinterm Ladentisch stehen zwei riesengroße Frauen, die sich als Annie und Fannie vorstellen und einen Heidenrespekt vor ihrer Mutter haben, einer winzigen und uralten Person, die Mrs. Corry heißt und über umwerfende Fähigkeiten verfügt. Ganz unvermittelt bricht sie sich zwei Finger ab und steckt sie, die zu Zuckerstangen mutieren, John und Barbara in den Mund, die, in ihren Kinderwagen hockend, befriedigt daran nuckeln. Die Lücke an Mrs. Corrys Hand jedoch schließt sich sofort wieder.

Das ist aber noch nicht alles. Zu nächtlicher Stunde beobachten Jane und Michael, wie Mrs. Corry und Mary Poppins auf zwei langen Leitern, die unten von Annie und Fannie gehalten werden, zum Firmament emporsteigen und dort die Sterne putzen. Das ist Wunderland pur.

Etwas von Marys Kraft geht auch auf die Kinder über. Jane baut im verwilderten Winkel des Parks eine eigene kleinwinzige Welt. Ähnliches tun ja viele Kinder, und sie sind entzückt, wenn sie etwas vor sich gestellt (und nicht nur sich vorgestellt) haben, das ganz und gar ihrem Denken und ihrer Phantasie entspricht und folglich nur ihnen gehört.

Michael bewundert Janes aus Blättern, Blumen und Zweigen geschaffenes Werk. Da entdeckt er ein aus Knetmasse geformtes Männlein, das auf einem Bänkchen sitzt und eine klitzekleine Zeitung liest. Mr. Mo heißt da Gnömchen, und umgehend erscheint auch Mrs. Mo mit drei Kinderchen. Janes kleine Welt entwickelt also ein Eigenleben. Man könnte auch sagen, die Phantasie gewinnt die Oberhand. Natürlich kommt dann auch Mary Poppins, und siehe da! Mr. Mo ist ihr Vetter Sam...

Wir wissen es bereits: Sie hat eine ebenso ungewöhnliche wie weitläufige Verwandtschaft, am Himmel wie auf Erden (und im Zwischenreich der Träume.) Diese Verwandtschaft ist es, die den besagten Zusammenhang stets aufs Neue herstellt. (In einem der Nachrufe auf PL Travers hieß es, Mary beziehe ihre Kraft aus "der Harmonie des Universums." Gar nicht so falsch.)

Bedenklich, ja gefährlich wird es nur, wenn die Kinder auf eigene Faust den Ausbruch aus der Wirklichkeit wagen. Einmal entwendet der vorwitzige Michael Mary den Kompass, mit dem sie in Minutenschnelle um die ganze Welt reisen kann. Kaum dreht er das Ding in der Hand hin und her, dringt diese ganze Welt auf ihn ein: Ein ungeschlachter Eskimo, eine Afrikanerin, ein Chinese, eine Rothaut - alle sind sie voll Zorn und wollen ihm Böses, und nur Mary kann ihn retten. Ein andermal hat er, ähnlich wie Nesbits Geschwister in "Five Children and It" drei Wünsche frei, und es stellt sich heraus, dass die jeweilige Erfüllung ihn in immer bedrohlichere Lagen versetzt - auch hier kann nur Mary Poppins helfen. Denn dieser Aufgabe kommt sie, bei all ihrem Eigensinn, getreulich nach: Schutz und Schirm für die Kinder zu sein. Die Nesbit-Kinder brauchen das nicht, die kommen immer wieder von selbst zu sich. Weshalb auch die Meinung laut geworden ist, die Poppins-Bücher bedeuteten mit ihrer einigermaßen autoritären Hauptfigur einen Rückfall in überholte Erzählmuster.

Man sollte jedoch die Zeit nicht vergessen, in der die ersten Bände entstanden, die 30er Jahre nämlich. Es kriselte, es zog Unheil herauf - da war auch in Britannien das Verlangen nach Lenkung und Leitung groß. (Und, möchte man hinzusetzen, nach Wundern, die solche Gefahren bannen könnten.)

Außerdem sollte man beachten, wie kunstvoll gerade eine Episode wie die vom "Katzenschloss" erzählt wird, in der Michael in solche Bedrängnis gerät. "Ihre Stimme", heißt es von der Katze, die den Jungen mit in ihr Reich nimmt, "war kaum mehr als ein sanftes Miauen, doch es klang ein befehlender Ton mit."

Und so gleitet die Sprache insgesamt unmerklich vom heiteren Fabelton hinüber in ein unheimliches Stakkato: "Wind blies von allen Seiten, wirbelte ihn davon, Katzen rechts, Katzen links, Katzen über ihm, Katzen unter ihm..." Und wenn man von den verstörten Kindern liest, die für die Katzen fronen müssen, ist man nachgerade an Kafka erinnert. Soll heißen: Das ist wieder eher etwas für Erwachsene.

Auch Jane scheint einmal verloren, als sie eine Porzellanschale beschädigt hat, die mit einer reizenden, nun durch einen Sprung entstellten Kinderszene bemalt ist. Ganz gegen ihren Willen wird Jane in diese zersprungene kleine Welt hineingezogen. Ein Alptraum bahnt sich an. Doch wiederum greift Mary Poppins ein. Auf Träume versteht sie sich, aber Alpträume duldet sie in keinem Fall. Wenn sie zur Tat schreitet, wird die Welt heller, nicht dunkler.

Das gilt auch für eines der schönsten Kapitel des Werks. "Christmas Shopping" heißt es. Mary weilt mit den Kindern mitten in London, vor dem größten Kaufhaus der Welt, wo sie sich mit Geschenken versehen. Jane zum Beispiel erwirbt den "Robinson", mit dem sie ihre kleinen Geschwister erfreuen will, obwohl die noch nicht lesen können. "Bis sie alt genug sind, kann ich es ja lesen", sagt sie. "Ich bin sicher, sie leihen's mir gern."

Dann, als sie sich schon dem Ausgang nähern, trägt sich Unerwartetes zu. In der gläsernen Drehtür vergnügt sich ein Kind - nicht irgendein Kind, das zeigt schon sein Aussehen. Es ist nämlich nur mit einem leichten Überwurf aus blauem Stoff bekleidet, der aussieht, als sei er vom Himmel abgestreift worden. Nun denkt man, wenn von Weihnachten die Rede ist, natürlich an ein ganz bestimmtes Kind, das göttliche nämlich, das von seiner Krippe in Bethlehem aus Heil und Segen in alle Welt sendet - und sich auf keinen Fall im Einkaufstrubel der Oxford Street verlustiert.

Aber das Kind, das eben dieses tut, ist erstens ein Mädchen und heißt Maja. Und zweitens kommt es zwar vom Himmel, aber nicht aus göttlichen Gefilden, sondern, wer hätte anderes erwartet, aus der Welt der strahlenden Gestirne. Maja ist eine der Plejaden und will das Gleiche tun wie die Banks-Kinder: Weihnachtsgeschenke für ihre Schwestern besorgen. Weshalb sie und Mary und Jane und Michael sich allesamt in die Spielzeugabteilung begeben und gemeinsam schöne Dinge aussuchen.

Die Erwachsenen, die diesen unerhörten Auftritt wahrnehmen, geraten ziemlich außer Fassung. Ein solcher Glanz geht von dem kleinen, doch so spärlich bekleidete Wesen aus, dass selbst die Aufsichtspersonen sich vor ihm wie vor einer Königin verneigen und die Verkäufer ihm alles, was es möchte, kostenlos überlassen. Sie alle sind angerührt vom Zauber dieses Augenblicks. Ein magischer Moment, bewirkt durch die Unbefangenheit und Unschuld und Unbegreiflichkeit dieses Sternenkindes, dieser Maja, die aus weiter Ferne kommt und wieder in sie entschwindet. Höher und höher steigt sie, als wären "unsichtbare Stufen in den Himmel geschlagen."

Nicht die Kinder und selbst Mary Poppins schauen ihr sehnsüchtig nach, auch alle anderen tun das. Für eine kurze Spanne sind Welt und Weltall miteinander verbunden, und eine Ahnung mag aufkommen, dass es etwas Besseres gibt als die rastlose Betriebsamkeit, die so viele als Leben verstehen.

Mehr als diese Ahnung übermittelt PL Travers weder ihren Figuren noch ihrer Leserschaft. Von Erlösung kann nicht die Rede sein. Heilsbotschaften sind ihre Sache nicht. Aber auch solche Ahnung ist schon kostbar, bewegt und löst Bewegungen aus.

Da gibt es allerdings einen Polizisten, der möchte Maja, die sich, aller Vorschriften nicht achtend, von der Erde löst, zur Ordnung rufen. Selbstverständlich gelingt ihm das nicht. Wo Mary Poppins waltet, haben irdische Autoritäten nun einmal nichts zu sagen. "Well, I'm jiggered", ruft der Ordnungshüter schließlich ratlos, und das bedeutet soviel wie "Hol mich der Teufel!" "Das könnte sehr leicht geschehen", putzt Mary ihn herunter, und zwar derart ingrimmig, dass jeder drum herum glauben könnte, "that she was really cross with the Policeman."

Der im englischen Text groß geschrieben ist, wohl um ihm den Respekt zu erweisen, den Mary ihm verweigert. Schließlich hat sie dem Sternenkind ihre schönen Handschuhe geschenkt, damit es auf dem Heimweg nicht friert. Und da will sich dieses Nichts in Uniform einmischen!

All dies wird gelassen erzählt, mit feinstem ironischen understatement, leichtfüßig und schwerelos, eben ganz so , wie es dieser unbetulichen Heldin angemessen ist.

Mary Poppins. "A pillar of starch." (So Patricia Demers. Frei übersetzt: "Ein Inbild der Steifheit.") Gute Fee und selbstverliebte Außenseiterin. Wegweiserin und Zurechtweiserin, Wanderin und Mittlerin - zwischen den Welten. Zu Hause im Alltag wie im Wunderland, unberechenbar und dennoch zuverlässig, wenn es gilt, Gefahren zu bannen. Eine Doppelnatur eben, wie die Romantik sie liebte - aber, anders als Jekyll/ Hyde oder Hoffmanns Cardillac, völlig ungefährlich, sondern, in dem Licht betrachtet, in dem sie oft genug zugange ist, eher liebenswert.

"Absolut lebendig und strahlend vor Magie", sagte Walter de la Mare.

Wünsche lässt sie keine offen - außer dem einen, sie möchte doch endlich das Geheimnis ihres Wesens preisgeben. Nur zu gern würde man ihr mit dieser Bitte kommen. Doch man würde, kein Zweifel, ebenso barsch abgefertigt werden, wie die Kinder, die sie entsprechend bedrängen.

Wie heißt es da immer wieder?

"Hochmütig schnüffelnd schritt sie von dannen."

Joanne Kathleen Rowling
(* 1965)

Bis 1997 kannte sie außerhalb ihrer näheren Umgebung kein Mensch. Dann erschien ihr erstes Buch über jenen Zauberlehrling, der berühmter werden sollte als, beispielsweise, Oliver Twist und Huckleberry Finn. "Er wird eine Legende werden", lässt sie, locker fabulierend und zugleich sehr selbstbewusst, schon im ersten Kapitel eine der Hauptfiguren sagen. "Man wird Bücher über Harry schreiben. Jedes Kind in aller Welt wird seinen Namen kennen."

Prophetische Worte. Sie haben sich längst erfüllt, in nur sechs Jahren. Er ist ein richtiges Weltwunder geworden, dieser Harry. Und seine Autorin auch.

Joanne Kathleen Rowling wurde am 31. Juli 1965 im General Hospital in Chipping Sodbury, Gloustershire, geboren. Einige Jahre zuvor hatten ihre Eltern, wie sie erzählt, sich in einem Zug kennen gelernt, der vom Londoner Bahnhof King's Cross abgefahren war.

Peter Rowling war Manager bei Rolls-Royce. Seine künftige Frau Anne, halb französischer, halb schottischer Abstammung, arbeitete als Laborantin. Die beiden waren keine armen Leute, sondern gehörten der wohlhabenden Mittelschicht an. Im Haus gab es viele Bücher. "Meine Eltern lasen mir ständig etwas vor." Etwa den "Wind in den Weiden" oder C.S. Lewis' beliebte Fantasy-Serie über Narnia, ein erdichtetes Land, wo sich wichtige Begebenheiten der christlichen Geschichte auf anderer Ebene wiederholen. Die kindlichen Helden finden den Weg dorthin, indem sie durch einen Kleiderschrank hindurchgehen.

Joanne war erst sechs, als sie bereits der vierjährigen Schwester Di Geschichten eigener Erfindung über Traumländer und Abenteuer vortrug. Eine davon schrieb sie auf. Sie handelte von Rabbit, einem Kaninchen, das an Masern erkrankt und von Freunden besucht wird, zu denen auch eine große Biene namens Miss Bee gehört.

Die Neunjährige war eine begeisterte Leserin. Neben Lewis gehörte auch Edith Nesbit zu ihren Favoriten. "Die Bücher von Edith Nesbit habe ich vergöttert." Gleichzeitig verschlang sie den ersten James Bond und fand Zugang zu Jane Austen. ("Meine allerliebste Lieblingsautorin aller Zeiten.")

Die Familie wechselte mehrmals den Wohnort. In Winterbourne, wohin man 1971 umzog, fand Joanne gute Freunde, ein Geschwisterpaar namens Ian und Vicki Potter. "Am liebsten", erinnert sich Ian heute, "haben wir uns verkleidet und neun von zehn Malen sagte dann Joanne: 'Lasst uns Hexen und Zauberer spielen.' " Ihr wiederum gefiel der Name Potter ganz besonders.

1974 ließen sich die Rowlings im walisischen Tutshill nieder. Die neue Umgebung blieb Joanne ziemlich fremd, und die neue Schule war ihr sogar zuwider. Das lag vor allem daran, dass die Klassenlehrerin, eine Mrs. Morgan, mit der Kleinen recht rücksichtslos umging. "Sie hat mich einen Rechentest schreiben lassen, am allerersten Morgen ...Dabei ging es um Bruchrechnung, und ich hatte noch nie im Leben einen Bruch gesehen."

Worauf Mrs. Morgan sie in die sogenannte Idiotenreihe setzte. Joanne, verstört und empört, wollte zeigen, dass sie eine solche Behandlung nicht verdiene, und tat alles, um ihr Wissen und Können zur Geltung zu bringen.

Mit dem unerwünschten Erfolg, dass sie von den anderen prompt als Streberin angesehen wurde. Sie stieß auf Ablehnung, Abneigung gar, und es spricht für die stille Beharrlichkeit des Kindes, dass es ihm gelang, die so entstandene Feindseligkeit nicht nur aufzubrechen, sondern sie auch zu überwinden. Einige Mitschülerinnen fingen an, Joannes Eigenart zu begreifen, die Versonnenheit ihres Wesens, die Vielfalt ihrer Einfälle und Erfindungen. Ein kleiner Kreis bildete sich um sie, der zu ihr hielt und den sie unterhielt. Daneben las und schrieb sie weiter, unter anderem eine Geschichte über sieben verwunschene Diamanten.

Mit zehn Jahren wechselte sie in die Wyedean Comprehensive über, eine Gesamtschule, in der Jugendliche aus allen sozialen Schichten zusammenkamen. Dort wurde das neu errungene Selbstbewusstsein bald empfindlich beschädigt. Einerseits boten die neuen Lernformen nachdrückliche Anreize und hilfreiche Erkenntnisse. Andererseits entwickelten sich im völlig veränderten Umfeld Reibungen und Zusammenstöße, denen, wie die Autorin sich erinnert, das "stille, kurzsichtige Mädchen" kaum gewachsen war.

Abermals versuchte es die wachsende Unsicherheit durch betont eifriges Lernen auszugleichen, darin der späteren Hauptfigur Hermione Granger nicht unähnlich, von der JK Rowling sagt: "Die Figur Hermione entwickelte sich von selbst, vor allem, weil ich mich darin selbst beschrieb."

Als Joanne endlich Kontaktlinsen trug, wich die Angst, von irgendeinem Rüpel ins Gesicht geschlagen zu werden. Denn Bullys von der Art der Kumpane des üblen Draco Malfoy, die in den Potter-Büchern ihr Unwesen treiben, sorgten oft für Beklemmung und Unruhe.

Aber es gab auch neue Freundinnen, die ihr gern zuhörten, wenn sie ihr ganz besonderes Garn spann. "Ich habe ihnen lange Fortsetzungsromane erzählt", schreibt sie in einem Essay. "Meistens ging es darum, dass wir alle mutige Heldentaten vollbrachten, die wir im wirklichen Leben niemals gewagt hätten."

Die Pubertät ging vorbei, und aus dem eher unauffälligen, etwas pummeligen Kind wurde eine schlanke, mehr und mehr auf die eigenen Fähigkeiten vertrauende junge Frau, der ihr Außenseitertum Freude zu machen begann.

Einen Jungen, Sean Harris, mochte sie schon deshalb sehr, weil er gleich ihr nicht den typischen Akzent der Gegend sprach. Außerdem war er ein guter Freund mit jener unschätzbaren Eigenschaft, die sie später Ron Weasley verlieh'. "Immer zur Stelle, wenn man ihn braucht!" Der schlacksige Sean sah gut aus, und dumm war er auch nicht. Man konnte stundenlang mit ihm zusammensitzen und über Gott und die Welt reden. Im übrigen war er der erste aus der Klasse, der den Führerschein bekam. In einem alten Ford Anglia ging es übers Land, durch die Felder, durch die Wälder. Die Autorin bekennt, dass sie noch heute wehmütige Anwandlungen verspürt, wenn sie einen Wagen dieses Typs sieht. (Mit dem sie dann die Familie Weasley ausgestattet hat. Im zweiten Band, der eben diesem Sean Harris gewidmet ist, dem "getaway driver and foulweather friend", sausen Harry und Ron darin auf aberwitzige Weise nach Hogwarts, weil sie nämlich den Zug versäumt haben.)

Die heranwachsende Joanne las und schrieb mehr als je zuvor. Besonders begeisterten sie Biographien von Frauen, die ihren Weg nach oben gemacht hatten, und unter diesen war es Jessica

Mitford, die ihr vor allem gefiel *) Später gab sie ihrer Tochter den Vornamen der von ihr Bewunderten.

Die letzten Schuljahre waren erfolgreich. Sie wurde "Head Girl", eine Art Schulsprecherin, und bestand die Schlussprüfung mühelos.

1983 begann sie ihr Studium an der Universität von Exeter: Französisch und daneben auch Altphilologie, ein Fach, das ihre Kenntnisse antiker Mythen beträchtlich erweiterte. Zwischendurch ging sie für ein Jahr (1985) nach Paris, als Teaching Assistant, in der Funktion einer Hilfslehrerin also. Angeblich hatte sie in dieser Zeit ihre erste ernsthafte Beziehung. Auf jeden Fall war sie der Atmosphäre Exeters entkommen, die sie als übertrieben förmlich und beengend empfunden hatte.

1987 arbeitet sie kurzzeitig als Recherche-Assistentin für Amnesty International und lebte in einer Wohngemeinschaft in Clapham, South London. Einen Großteil ihrer Freizeit verbrachte sie wiederum mit Schreiben. Dabei dachte sie an erwachsene und noch keineswegs an jugendliche Leser. Mehrere Romanentwürfe blieben in einer Fülle von Notizen stecken.

Ein Jahr später ging sie nach Manchester, wo sie als Sekretärin tätig war, was ihr indessen überhaupt nicht lag. ("Ich war die schlechteste Sekretärin aller Zeiten.") Die Protokolle, die sie zu führen hatte, verzierte sie mit Stichworten zu den noch zu schreibenden Romanen.

Der Bürocomputer wurde zweckentfremdet - sie fütterte ihn mit Geschichten eigener Machart. Es war keine glückliche Zeit. Nichts ging so, wie sie es sich gedacht hatte.

Auf einer Fahrt von Manchester nach London (King's Cross Station!) geschah es dann. JK Rowling hat das oft erzählt. Der Zug hatte eine mehrstündige Verspätung, hielt immer wieder auf offener Strecke, und in dieser sozusagen stehen gebliebenen Zeit wechselte der kleine Held, der Millionen begeistern und

*) Jessica Mitford (1917 - 1996), unter anderem durch " Tod in Hollywood", eine treffsichere Darstellung amerikanischer Bestattungsrituale, bekannt geworden. Eine der berühmten Mitford-Schwestern, zu denen auch die Romanautorin Nancy und die Hitlerverehrerin Unity gehörten.

Millionen einbringen sollte, "buchstäblich aus dem Nichts" ins Bewusstsein seiner Autorin. "Ich hatte meinen mageren kleinen Harry ganz deutlich vor Augen ....Das erste Mal, dass eine Idee mich innerlich so aufgewühlt hat." Eine "rauschhafte Begeisterung" habe sie erfüllt, berichtete JK Rowling später.

Sie machte sich an die Arbeit. Das Eingangskapitel schrieb sie fünfzehnmal um. Daneben bedeckte sie zahllose Blätter und Zettel mit Stichworten, die Spannung und Komik versprachen. Umfängliche Namenslisten wurden angelegt, Charaktere skizziert, Handlungsbögen entworfen. Schließlich waren ganze Kladden und Kalender mit solchen Notizen gefüllt, zu denen sie übrigens auch Bilder anfertigte. Auf diesen einzigartigen, im Lauf der Zeit immer wieder ergänzten und erweiterten Bestand an Einfällen und Erfindungen hat JK Rowling regelmäßig zurückgegriffen, wenn es darum ging, dem jeweiligen Geschehen neue Triebfedern einzuziehen, es bunter, aufregender und auch geheimnisvoller zu gestalten. "Wie ein Bildhauer", sagt sie, "habe ich aus diesem Berg von Notizen ein Buch herausgemeißelt."

Aber noch lag das Erscheinen des ersten Bandes in einiger Ferne. Und die folgenden Jahre waren alles andere als wohltuend. Nur kurze Zeit, nachdem Harry die Erfindungskraft seiner künftigen Autorin in so lebhafte Bewegung versetzt hatte, starb ihre Mutter an multipler Sklerose, gegen die sie zehn Jahre lang gekämpft hatte. Sie war nur 45 Jahre alt geworden.

Wie nahe der Verlust JK Rowling gegangen ist, kann man nur ahnen. Die Potter-Bücher machen immer wieder deutlich, was es heißt, die Eltern zu verlieren. Und der Verlust der Mutterliebe, die eine unbesiegbare Lebenskraft verleiht, wird geradezu zum Leitmotiv.. (Harrys Mutter verteidigt mit dem Einsatz ihres eigenen Lebens das ihres Sohnes gegen den bösen Voldemort, dessen ebenbürtiger Widersacher der Junge wird.)

1991 ging sie nach Portugal, um an einer Schule in Oporto Englisch zu unterrichten. Die Schüler mochten sie und verliehen ihr den Spitznamen "Rolling Stone." Ihre Tätigkeit ließ ihr Freiräume zum Schreiben, und mit Genugtuung beobachtete sie, wie alles, was sie sich erdacht und ausgemalt hatte, Gestalt annahm und Leben - sogar Eigenleben - gewann.

1992 heiratete sie einen portugiesischen Fernsehjournalisten. Doch als im folgenden Jahr die Tochter Jessica geboren wurde, war diese Ehe bereits zerrüttet und wurde bald darauf geschieden. JK Rowling kehrte mit dem Kind nach Großbritannien zurück, das prächtig gediehene Potter-Manuskript im Gepäck.

Sie ließ sich in Edinburgh nieder, in vertrauter Umgebung, wo auch ihre Schwester Di lebte. Als Di von den Abenteuern des kleinen Zauberschülers hörte, war sie entzückt, und ihre Begeisterung gab der Autorin die schöne Gewissheit, dass sie auf dem richtigen Weg sei.

Anlaß zu größerer Hoffnung bot die Gegenwart allerdings nicht. Die junge Mutter hatte weder einen Job noch Geld. "Ich hatte damals nicht gerade das Gefühl, etwas im Leben erreicht zu haben. Ich war 28 und lebte von der Sozialhilfe - ungefähr 70 Pfund pro Woche."

JK Rowling versichert, sie sei zu keiner Zeit ein depressiver Mensch gewesen, und man darf ihr das wohl glauben. Aber die Ereignisse der unmittelbaren Vergangenheit wogen doch schwer und schufen Bedrückungen, gegen die sich nur mühsam angehen ließ. Der Verlust der Mutter, die Scheidung, die nervende Unbeständigkeit, die Dürftigkeit der Lebensumstände - das alles wollte ausgehalten werden. Neben der geliebten kleinen Tochter war es nur Harry, der Trost und Zuversicht vermittelte. Das Schreiben wurde zum Heilmittel. Die Schaffung einer phantastischen Welt ließ die Unbill des wirklichen Daseins besser ertragen, nicht so sehr im Sinne einer Ausflucht, sondern als Möglichkeit, sich fortwährend der eigenen Begabung zu vergewissern und ein neues Selbstvertrauen zu entwickeln, das um so stärker wurde, je mehr der magische Kosmos und seine Figuren an Glaubwürdigkeit gewannen.

In dieser Hinsicht kommt JK Rowlings wiederholter Beteuerung: "Ich habe das Buch für mich selbst geschrieben", eine besondere Bedeutung zu. Der schöpferische Akt habe ihr Freude gemacht, versichert sie. "Ich habe mindestens 95 Prozent der Zaubereien selbst erfunden", sagt sie nicht ohne Befriedigung. "Einzelheiten aus alten Mythen und Sagen habe ich für meine Geschichten zurechtgeschnitten, um ihnen eine besondere Würze zu geben. Diese Freiheit habe ich mir genommen." Und sie hat sie sinnvoll genutzt, darf man hinzusetzen.

Die beengten Verhältnisse, in denen der erste Band entstand, sind oft beschrieben und nicht selten übertrieben worden. Die Autorin hat das selbst zurecht gerückt. So arm war sie nicht, dass etwa ihre Wohnung ungeheizt blieb und sie die entstehenden Kapitel auf Papierservietten und Zeitungsränder kritzeln musste. Sie ging mit dem Kind spazieren, weil es im rollenden Kinderwagen besonders gut einschlief, und wenn es dann entschlummert war, suchte sie ein Cafe auf, um dort in aller Ruhe zu schreiben. Regelmäßig war es das Cafe Nicolson, zu dessen Eigentümern ihr Schwager gehörte. Sie saß stets am selben Tisch, von dem aus sie das Geschehen draußen auf der Straße übersehen konnte. Mit dem Blick auf diese alltägliche Welt machte sie sich daran, das Leben und Treiben in jener anderen Welt in Gang zu halten, über die sie - und nur sie allein - das Sagen hatte.

Das fertige Manuskript schickte sie an eine Reihe bekannter Verlage. Sie hatte sich fast fünf Jahre lang damit beschäftigt. Die Antworten, die sie erhielt, waren enttäuschend. Den einen war das Buch zu lang, die anderen hatten dies und das am Inhalt auszusetzen. "Es war politisch nicht korrekt", bemerkt Christopher Little, der Agent, mit dem JK Rowling dann doch ins Geschäft kam, "weil Harry sozusagen auf ein Internat ging" - also, bei trüberem Hinsehen, ein Sprössling der herrschenden Klasse war. Der Einwand ist von einigem Reiz, wenn man bedenkt, dass die Sympathien der Autorin eher der Linken gelten.

Little - "das Buch zurückzuweisen bedeutete soviel wie die Beatles abzulehnen" - bestellte sie zu sich. "Sie erzählte mir die gesamte Geschichte von Harry Potter, mit allen Fortsetzungen." Vor allem gefiel ihm der Titelheld. "Eine Figur, die sich im gleichen Tempo entwickelt wie ihre Altersgenossen - eine bemerkenswerte Idee!" Er setzte sich mit allem Nachdruck für das Buch ein und fand endlich auch den Verlag, der - nach einigem Zögern - bereit war, es zu veröffentlichen: Bloomsbury Publishing, London. Für beide Seiten war das eine vortreffliche Wahl. Dem Verlag wurde, nach den Worten seiner Leiterin Elizabeth Calder, ein goldenes Ei ins Nest gelegt. Und JK Rowling gelangte in die Gesellschaft derart angesehener Romanciers wie Margaret Atwood, Joanna Trollope und Michael Ondaatje ("Der englische Patient"). Im Jahr 2002 belief sich Bloomsbury-

Umsatz auf 68 Millionen Pfund, woran die Potter-Erfinderin einen beträchtlichen Anteil hatte, im doppelten Sinn des Wortes.

Beim Abschluss des ersten Vertrags zahlte Bloomsburys ganze 2500 Pfund - ein lächerliches Sümmlein, blickt man auf die nachfolgenden Einnahmen. Aber J.K. Rowling war glücklich, als sie im Juni 1997 "Harry Potter and the Philosopher's Stone" gedruckt vor sich sah. "Nach der Geburt meiner Tochter der zweitschönste Augenblick in meinem Leben." Schon ein Jahr danach erhielt sie vom Scottish Arts Council das höchstdotierte Stipendium für Kinderbuchautoren - 8000 Pfund. Unter anderem kaufte sie sich davon einen Computer, auf dem sie dann den zweiten Band schrieb, "Harry Potter and the Chamber of Secrets", der 1998 herauskam. Mittlerweile verkaufte sich der erste Band gut, erreichte zwar bei weitem nicht eine derart riesige Leserschaft wie heute, erregte jedoch immerhin soviel Aufsehen, dass die Rechte daran in New York versteigert wurden. Der US-Verleger Arthur D. Levine ("Scholastic Books") bekam den Zuschlag für stolze 105 000 Dollar.

Das war der Durchbruch. Der Erfolg, der sich zunächst nur langsam angekündigt hatte, war da. (Der deutsche Verlag, Carlsen, war erst einmal vorsichtig - die Startauflage des "Steins der Weisen" umfasste nur 8000 Exemplare. Freilich musste umgehend nachgedruckt werden.)

In den Staaten setzte Levine einen Werbefeldzug größten Ausmaßes in Gang. Interviews, Phototermine, Talkshows - JK Rowling geriet von einem Tag auf den anderen aufs Nachhaltigste in die Medien, noch bevor der erste Band der amerikanischen Ausgabe überhaupt erschienen war. Auf dessen Einband prangten dann erst einmal nur ihre Initialen. Der Verlag fürchtete nämlich, dass ein Frauenname Jungen von Kauf und Lektüre abschrecken könnte! Schon im ersten Monat wurden 150 000 Exemplare abgesetzt.

Die beispiellose Erfolgsgeschichte nahm ihren bekannten Verlauf. JK Rowling konnte fortan vom Schreiben leben ("Der schönste Beruf, den ich mir vorstellen kann") - und nicht nur das. "Harry Potter", schrieb die "Irish Times" im Mai 2003, "ist ein moderner Midas geworden. Alles, womit er in Berührung kommt, wird pures Gold."

Zu diesem Zeitpunkt waren von den ersten vier Titeln - Band 3 und 4 waren 1999 und 2000 erschienen - 192 Millionen Bände verkauft worden, davon rund 15 Millionen im deutschsprachigen Bereich. Die Erstauflage von Band 5, dem "Orden des Phönix", brach alle Rekorde: 12 Millionen Exemplare weltweit.

Genau genommen braucht Harry Potter gar keine Werbung mehr. Er ist zum Selbstläufer geworden, das Ereignis, das sein jeweiliges Erscheinen bedeutet, findet als unwiderstehlicher Reflex in den Köpfen seiner jubelnden Anhänger statt. Gleichwohl investierte Bloomsbury beim Herauskommen des fünften Bandes einen siebenstelligen Betrag in die Öffentlichkeitsarbeit, nach eigener Mitteilung die wohl größte Summe, die jemals für die Vermarktung eines einzigen Titels ausgegeben wurde. Zeitgleich lieferte Scholastic Books in den USA eine Rekordauflage von 8,5 Millionen Exemplaren aus. Wochenlang besetzten drei oder vier Potter-Bände einige der ersten zehn Positionen auf den wichtigsten Bestsellerlisten. Der zuletzt erschienene Band „Harry Potter und der Halbblutprinz" war 2005 das meistverkaufte Buch in den USA. Schon am ersten Tag wurden 4,1 Millionen Exemplare verkauft. 7,2 Millionen waren es insgesamt.

Die "Pottermania" beherrscht die Gemüter ganzer Heerscharen von Rowling-Fans. Was die alles treiben, wenn eine neue Fortsetzung ins Haus steht, ist bekannt. In Deutschland gibt's dann Mummenschanz von Flensburg bis zum Bodensee, die Hexen sind los und erst recht die Zauberer, mit Reitbesen, spitzen Hüten, Nickelbrillen und gezackten Malen auf der Stirn - die meisten, doch keineswegs alle im jugendlichen Alter. Allerorts feiern sie, bei giftfreien Tränklein und Muggelkuchen, Potter-Parties, in (oft überfüllten) Buchläden, wo sie zur Geisterstunde endlich die begehrten Bücher an sich reißen können, die zuvor, auf strikte Weisung des Verlags hin, nicht einmal die Buchhändler lesen durften. (Das Ladenschlussgesetz wird an solch magischen Tagen - lies: Auslieferungsterminen - mit einem Verschwindezauber belegt.)

Auch anderswo trägt sich Ähnliches zu. So in England, wo beim letzten Mal Waterstone's großes Geschäft in Londons Piccadilly die Jugendbuchabteilung tagelang in die Diagon Alley (= die Winkelgasse) umwandelte - und wo aus einem Bücherdepot in Manchester wenige Tage vor der Auslieferung des "Orders of the Phoenix" 8000 druckfrische Exemplare gestohlen wurden - vielleicht von solchen, die ihre Neugier auf den Fortgang der Ereignisse einfach nicht mehr zügeln konnten.

JK Rowling, neben der Queen die bekannteste und reichste Britin unserer Tage, ist gegenüber dem ziemlich grellen Trubel, den sie entfacht hat, durchaus gelassen geblieben.

Zweifellos hat er sie überrascht. Als sie 1997 zum allerersten Mal in einer Buchhandlung vor Publikum las, bestand dieses aus zwei Kunden, die nur zufällig zugegen waren und "es aus Höflichkeit nicht über sich brachten, wegzugehen." Die Angestellten wurden zusammengetrommelt, um die Autorin nicht zu blamieren. *) Nur drei Jahre später - "Harry Potter and the Goblet of Fire" war gerade erschienen, in Großbritannien und den USA - versammelten sich in Toronto 12 000 Zuhörer zur größten Lesung, die je vor einem Publikum stattgefunden hat. JK Rowling steckte sich Stöpsel in die Ohren, weil sie die lärmenden Reaktionen der riesigen Menge fürchtete. Im Juni 2003 stieg sie dann in der Royal Albert Hall aus dem Rücken einer gigantischen Ausgabe von "Harry Potter and the Order of the Phoenix", um vor 4000 Kindern zu lesen und Fragen - auch solche aus dem Internet - zu beantworten, wie etwa die nach der magischen Fähigkeit, die sie sich besonders wünsche. "Invisibility" sagte sie, Unsichtbarkeit. Was zu verstehen ist. Sie kann, erzählt sie, nicht einmal einen Supermarkt aufsuchen, ohne von Leibwächtern begleitet zu werden.

Auf Journalisten, die um jeden Preis die Innenwelt ihres Familienlebens erkunden wollen, ist sie überhaupt nicht gut zu sprechen, begreiflicherweise. Deshalb ist sie um strikte Abschottung bemüht, wenn auch nicht immer erfolgreich. Im Dezember 2003 meldete dpa, dass ihr Vater vier Potter-Bände mit liebevollen Widmungen in New York versteigert habe. Er bekam rund 73000 Euro dafür, 33000 weniger, als er erwartet hatte.

Die "Times" meldete dazu, Peter Rowling und seine Tochter stünden seit einem Streit auf Kriegsfuß miteinander. Er lebe in einer bescheidenen Eigentumswohnung und dementiere dass seine Tochter verärgert sei, weil er sich wieder verheiratet habe.

*) So die FAZ vom 28.6. 2003

JK Rowling hat ihrerseits Ende 2001 den Arzt Neil Murray geehelicht. Als sie im März 2003 ihr zweites Kind, einen Jungen, zur Welt brachte, entschied sie sich nicht für ihren Lieblingsnamen (nämlich Harry), sondern ließ den Sohn David Gordon taufen. Er solle, sagte sie, während seiner Schulzeit nicht albernen Fragen und Sticheleien ausgesetzt sein, wohl eingedenk des ziemlich niederträchtigen Spotts, den Christopher Robin Milne auszuhalten hatte.

Sehr zielbewusst und unterstützt von erstklassigen Rechtsanwälten wehrt sie auch jeden unbefugten Zugriff auf ihr magisches Territorium ab. Immer wieder gibt es nämlich welche, die es reizt, sich Harrys und der Seinen für eigene Zwecke zu bedienen und damit ein paar Tropfen von dem Goldregen abzubekommen, den er herbeigezaubert hat. Solche "copycats" sind bisher stets zurückgescheucht worden worden - ein chinesischer (!) Ableger "Harry Potter and the Leopold-Walk-Up-To-Dragon" ebenso wie eine russische Nachahmung, in der eine Tanja Grotter agiert, eine elternlose Internatsschülerin, die unentwegt zaubert.

Hingenommen werden musste allerdings ein frecher Schmäh "Barry Trotter and the Shameless Parody", für den ein gewisser Michael Gerber verantwortlich zeichnet. Barry, schon 22, besucht (als Geldbeschaffer) immer noch die Zauberschule von Hogwash, die vom Headmaster Alpo Bumblemore geleitet wird - seine Bibliothek ziert eine reichhaltige Auswahl von SM-Titeln. Natürlich hat Barry auch Freunde, Ermine Gringer und Lon Measly. Sein Pate heißt Serious Blech und obendrein taucht eine Person namens J.G. Rolling auf, zu der Ermine höchst unfreundlich sagt: "The first thing you can do is shut up."

Starker Tobak. Aber eine Parodie, und Parodien unterliegen nicht dem Urheberrecht, sondern gehören in die Abteilung Scherz, Satire, Ironie. Andererseits ist auch JK Rowling nicht gerade zimperlich, wenn sie den Eindruck hat, man wolle ihr in ihr Schreiben hineinreden. Dann kann sie richtig grob werden: "Quatsch", "Idioten." Selbst gegenüber jenen, die ihrem Werk getreulich dienen, hat sie nicht unbedingt ein offenes Ohr. Bei einem Treffen von Potter-Übersetzern aus aller Welt im Dezember 2003 beklagten die Versammelten, dass es keine Möglichkeit gebe, mit der Verfasserin über offene Fragen und Probleme ihrer Arbeit zu diskutieren. Und als mehrere Eltern wegen gewisser blutrünstiger Szenen ernsthafte Einwände vorbrachten, wurden sie mit dem Hinweis beschieden, sie sollten ihre Kinder dann eben andere Bücher lesen lassen. "Es ist nicht meine Aufgabe, den Kindern irgendwelcher Leute Geborgenheit zu vermitteln."

Indessen ist es nicht so, dass die Autorin überhaupt kein Verständnis für ihre kindliche Leserschaft aufbrächte.

Dafür ein Beispiel. Im Jahr 2000 schrieb Mrs. Peca aus Albany, New York, an JK Rowling, dass ihre krebskranke sechsjährige Tochter Catie derart begeistert von Harry Potter sei, dass sie nicht einmal auf dem Weg ins Hospital seine Kleidung mitsamt der großen Brille ablegen wolle. Catie hatte schon mehrere Operationen und Chemotherapien hinter sich und war von der schlimmen Krankheit gezeichnet, von der sie sich, das stand bereits fest, nicht mehr erholen würde. Ihre einzige Freude waren die Potter-Bücher, und die Mutter, die ihr die ersten drei Bände vorgelesen hatte, bat darum, ihr doch mitzuteilen, wann der vierte erscheinen werde - Catie freue sich so sehr darauf.

Bald darauf las Catie entzückt die persönliche Antwort der Autorin, die sie wissen ließ, sie arbeite zur Zeit sehr hart an Teilen des neuen Buches, die von Hagrid handelten und den vertrackten Geschöpfen, über die er wache und die aussähen wie kopflose Krebse. "This is all TOP SECRET, so you are allowed to tell some close friends and your mum, but no one else or you will he getting an owl from the Ministry of Magic ...It is clear to me that you are an extremely brave person and a true Gryffindor. With lots of love, J.K. Rowling. (Jo to anybody in Gryffindor)."

Ein reger Austausch von E-Mails entwickelte sich, und als Catie zu schwach wurde, um den Computer zu bedienen, begann die Autorin ihr durchs Telefon (und über den Atlantik hinweg) aus dem noch unvollendeten "Feuerkelch" vorzulesen - was sie dann regelmäßig tat, bis zum Tod des Kindes im Mai 2000, der sie heftig erschütterte. Als Caties Eltern einen Fonds für krebskranke Kinder gründeten, spendete sie 100000 Dollar.

Bei anderen Angehörigen des schreibenden Gewerbes würde man - mit einiger Berechtigung - wohl vermuten, dies sei ein besonders werbewirksamer Akt veröffentlicher Nächstenliebe gewesen. Im Fall JK Rowlings ist diese Unterstellung einigermaßen abwegig. Nicht nur, weil man ihr die persönliche Bewegtheit ohne weiteres glaubt, sondern weil sie diese Art von Publicity einfach nicht nötig hat. (Tatsächlich war es auch Mrs. Peca, die, im Zusammenhang mit der erwähnten Stiftung, die Presse unterrichtete.)

Über die Faszination, die von den Potter-Büchern ausgeht, bedarf es keiner Worte mehr. JK Rowling zu lesen, heißt für die übergroße Mehrheit ihrer Leserschaft, sie zu bewundern. Wer sich ihr mit mancherlei Bedenken nähert, hat mit gereizter Zurechtweisung zu rechnen. Das hat beispielsweise Antonia Byatt erfahren, selbst eine britische Autorin von Rang, als sie, in Bezug auf den fünften Band, gewisse Handlungselemente beanstandete, die ihr fragwürdig erschienen. Außerdem wies sie auf Kernmotive klassischer Kinder - und Jugendbücher hin, deren sich die Potter-Erfinderin recht freizügig bedient habe. Umgehend wurde ihr vorgehalten, sie sei ja nur neidisch und solle das alles erst einmal besser machen.

Ein ungutes Verfahren. Eine Autorin wie JK Rowling, die fraglos verdient, ernst genommen zu werden, hat auch Anspruch auf Kritik. Verherrlichung, die keine Widerrede duldet, entwertet sich selbst. Das unentwegte Lob klingt irgendwann monoton und schal.

Das wussten die Großen der literarischen Zunft, und das weiß auch JK Rowling. Dass ihr manche Kritik überhaupt nicht schmeckt, ist verständlich. Dass sie dagegen angeht, ist ihr gutes Recht - was nicht bedeutet, dass sie dann auch immer Recht hat.

Immerhin betrachtet sie selbst ihr Schreiben gelegentlich aus einigem Abstand. "Beim 'Feuerkelch'", sagte sie in einem Interview mit der Zeitschrift "Vivien", "stellte ich bei der Hälfte des Buches eine gähnende Leere fest. Ich musste den Abgabetermin um zwei Monate verschieben."

Der Wirbel - neudeutsch Hype - um sie und ihre Bücher wird fortdauern und er wird weiterhin Stellungnahmen zeitigen, die gegensätzlicher nicht zu denken sind. Ein Beleg aus der jüngsten Vergangenheit: In Deutschland äußerte der Präfekt der

Glaubenskongregation, Joseph Kardinal Ratzinger, der heutige Papst Benedikt XVI, tiefgreifende Bedenken. In den Potter-Büchern seien "subtile Verführungen" enthalten, "die unmerklich und gerade dadurch tief wirken und das Christentum in der Seele zersetzen." In den USA dagegen setzte der "Catholic News Sevice", der von amerikanischen Bischöfen herausgegeben wird, dieselben Bücher auf die Liste der zu empfehlenden Kinderliteratur.

Im Oktober 2003 wurde gemeldet, JK Rowling habe in den vorangegangenen 12 Monaten unter allen Frauen dieser Welt das höchste Einkommen gehabt: 20,5 Millionen Pfund, etwa 30 Millionen Euro. Mit einem Vermögen von über 400 Millionen Euro erscheint sie reicher als die Queen.

Außer der Potter-Serie brachten die vier bisher gedrehten Filme riesige Gewinne. Die elektronischen Quidditch-Spiele werden nach einer Schätzung der "Sunday Times" mindestens 10 Millionen Pfund hereinholen.

Zusätzlich erbrachten und erbringen auch die Hörbücher einen hübschen Verdienst. In Deutschland hat sich Rufus Beck, der die Romane als Partituren betrachtet und eindrucksvoll instrumentiert, als Vorleser einen Namen gemacht. Er begleitete auch die Autorin im Frühjahr 2000 auf ihrer einwöchigen Lesereise durch deutsche Städte. Sie sprach Harrys Rolle und Tante Petunia, er den ganzen Rest.

Selbst elf hiesige Obdachlosenzeitungen haben aus dem Potter-Fieber Nutzen gezogen. JK Rowling hatte ihnen den kostenlosen Vorabdruck des ersten "Phoenix"-Kapitels gestattet, woraufhin mehr als doppelt so viele Exemplare wie sonst verkauft wurden. (Ein österreichisches Blatt namens "Augustin" lehnte

*) Vom "Orden des Phoenix" hat der deutsche Sortimentsbuchhandel übrigens bis Ende 2003 300 000 Exemplare verkauft, während eine halbe Million auf dem Postweg (also mehrheitlich über die Internet-Anbieter Amazon und Weltbild) an die Kunden gelangt ist. Weitere 200 000 sind auf Nebenmärkten (Warenhäusern, Tankstellen und andere) abgesetzt worden.

das Angebot allerdings ab, mit dem Hinweis, man lasse sich nicht zur PR-Plattform machen.

JK Rowling ist vielfach geehrt worden. Regelmäßig gewann sie in England den "Children's Book Award of the Year." Die Universität von Exeter verlieh ihrer ehemaligen Studentin den Doktorhut, einen zweiten bekam sie von der Napier Universität von Edinburgh. 2000 wurde sie Mitglied des "Orders of the British Empire". Die "TIME" ernannte sie im April 2003 zum "European Hero" des Jahres. Wenig später erhielt sie, deren Bücher in 40 Sprachen übersetzt sind (von Albanisch bis Zulu), den "Prinz-von-Asturien-Preis" für ihren Beitrag zur Völkerverständigung - und so weiter, die Liste ist lang.

Nur ein Buch wird derzeit noch häufiger verkauft als Harry Potter: Die King James Bible. Aber nach Band 7, sagt die Autorin, werde sie mit der Potter-Serie aufhören. "Einen Harry Potter in der Midlife - Crisis wird es nicht geben." Das Schlusskapitel von Band 7, das endgültige Finale also, sei bereits geschrieben und liege, geschützt vor jedem Zugriff, in einem Safe.

Man darf annehmen, dass JK Rowling Mitte 40 sein wird, wenn der letzte Band erscheint. Kann sein, sie hört dann auf. Im Augenblick sieht es eher so aus, als unterliege sie selbst einem "magic spell", einem suggestiven Drang, der ihren Geist auf Trab hält und dessen Hervorbringungen aufs Papier gelangen lässt. Ihr Einfallsreichtum scheint unerschöpflich.

Das Geschehen, das sich fort und fort entwickelt, bewegt sie sichtlich selbst - sie bekennt, bei der Niederschrift bestimmter Szenen auch schon geweint zu haben. (Von dieser Art ist die Voraussetzung jedes breiten Publikumserfolgs: Wer ihn erleben will, muss an das glauben, was er erzählt, gewissermaßen persönlich dafür einstehen. Karl May, man weiß es, sah sich selbst als Shatterhand und Kara ben Nemsi.)

JK Rowling liebt, kein Zweifel, die Guten unter ihren Geschöpfen - und stellt die abgrundtiefen Schlechtigkeiten der Bösen genüsslich dar. "Es werden noch einige sterben", verheißt sie, und die überzeugte Leserschaft erschauert, denn es könnten ja auch Gute unter den Opfern sein.

Sie ist einmalig. Sie hat sich eine eigene Welt gemacht, in der sie unumschränkt herrscht, und diese Herrschaft hat ihr in der anderen, der wirklichen Welt einen Triumph beschert, der seinesgleichen in der Geschichte des Bücherschreibens nicht hat. Nach solchem Triumph kann man sich, ihn genießend, zur Ruhe setzen. Er kann aber auch Ansporn sein zum Weitermachen:

Auf anderer Ebene, mit anderen Themen, anderen Figuren. Let's wait and see.

Von einem, der auszog, das Zaubern zu lernen. Die Geschichte des Harry Potter

"Mr and Mrs. Dursley ....were proud to say that they were perfectly normal, thank you very much."

So lautet der erste Satz der Geschichte des Harry Potter, und von da an ist nichts mehr normal.

Alles beginnt an einem trüben Dienstag. Mr. Dursley verlässt wie jeden Morgen das Haus, um ins Büro zu fahren, und da erblickt er eine Katze - aber nicht irgendeine Katze, sondern eine, die eine Straßenkarte studiert. Zuerst glaubt er an eine Sinnestäuschung. Aber je weiter er sich im morgendlichen Stau zur Stadtmitte hin bewegt, desto deutlicher nimmt er Leute wahr, derengleichen er nie zuvor gesehen hat, höchst sonderbar gekleidete Gestalten, die in Gruppen beieinander stehen und aufgeregt flüstern. "Weirdos" nennt die Erzählerin sie, und das Wörterbuch übersetzt das mit "irre Typen." Das Eigenschaftswort 'tweird" heißt sowohl "unheimlich" als auch "überirdisch", "geisterhaft", "seltsam" und "verrückt."

Bei Shakespeare gibt es die "weird sisters", drei hexenhafte "Schicksalsschwestern", die den machtbesessenen Macbeth derart in die Irre führen, dass er am Ende alles verliert, selbstverständlich auch das Leben, und dabei hat er die ganze Zeit geglaubt, sie wiesen ihm den richtigen Weg!

Doch verirren wir uns nicht zu Shakespeare, sondern bleiben wir bei dem Wörtchen "weird", das der Erzählerin als Schlüssel zum Geschehen dient.

Das Geschick, mit dem sie eine un- und überwirkliche, zwielichtige und nicht geheure Stimmung geradezu herbeizaubert, sucht seinesgleichen. Erst einmal diese absonderlichen Figuren, dann große Eulenschwärme, die nach Tageseinbruch übers Land hinwegstreichen, schließlich ganze Schauer von Sternschnuppen, die allenthalben niedergehen. Himmel und Erde spielen verrückt. Wo all dies möglich ist, kann noch mehr geschehen, wovon unsere Schulweisheit sich nicht träumen lässt. Und es geschieht.

Zunächst gibt es eine Rückblende, gerichtet auf Harrys Eintritt in die enge Welt der Dursleys. Da ist er noch ein Kleinkind, gerade ein Jahr alt. Und aus nächtlichen Wolken, hoch vom dunklen Himmel, da kommt er her, und er wird gegen den schlimmen Voldemort kämpfen müssen, den dunklen Lord und Herrn der Finsternis, die Verkörperung des Bösen schlechthin. Denn Voldemort, dessen Namen kaum einer zu nennen wagt - "You-know-who" nennen ihn die Leute aus den magischen Bereichen, "Du-weißt-schon-wer" - hat bereits Harrys Eltern umgebracht, aber vor dem Kleinen versagte seine Macht, denn für den brachte seine Mutter ihr Leben zum Opfer, und solcher Liebe waren die teuflischen Kräfte Voldemorts nicht gewachsen.

Weshalb er zunächst einmal aus der Welt verschwand, ja unsichtbar wurde. Doch jetzt ist er dabei zurückzukehren, Zug um Zug, mithilfe dienstwilliger Kreaturen und fremder Körperlichkeiten, und wenn er nicht aufgehalten wird, bricht nicht der jüngste, aber der letzte Tag herein, für alle Magier und erst recht für alle Muggels (englisch Muggles) - das sind diejenigen, die keinen Zugang zu magischen Mitteln und Methoden haben. Mit anderen Worten: Harry muss die Welt retten und zu diesem Zweck von Voldemort erlösen. Was für eine Spielart des messianischen Geschehens!

An der Stirn trägt Harry das Zeichen, das den Eingeweihten zu verstehen gibt, welch schier nicht zu meisterndes Schicksal ihm auferlegt ist: Ein Mal in Form des Blitzes, den Voldemort wider ihn geschleudert hat, ohne ihm doch sein Leben nehmen zu können.

Zwei dieser Eingeweihten sind zur Stelle, als Harry auf der Erde landet: Albus Dumbledore und Minerva McGonagall. Dumbledore ist nächst Harry die wichtigste, die maßgebliche Hauptperson, der gute Großmagier und Leiter der Zaubererschule von Hogwarts, wo Harry sieben Jahre seines Lebens zubringen soll. Dumbledore ist der einzige, der dem dunklen Lord Paroli bieten kann und sich auch nicht scheut, ihn beim Namen zu nennen. Vernichten kann er ihn jedoch augenscheinlich nicht. Das kann, wie die Dinge liegen, nur Harry, in den er deshalb die größten Hoffnungen setzt.

Die Professorin McGonagall ist Dumbledores Stellvertreterin und Lehrerin für Transfiguration, Verwandlungskunde. (Sie hat sich zuvor in der Katze mit der Straßenkarte verborgen.) Außerdem steht sie dem Haus von Gryffindor vor, dem Harry später in Hogwarts zugewiesen wird. In ihrer spröden Art - streng, aber gerecht - bleibt sie ihm sehr gewogen. Diesen beiden, die Harrys Wege begleiten werden, gesellt sich ein Dritter hinzu, der von ganz anderer Art ist: Hagrid, ein ungeschlachter Kerl, mindestens fünfmal so dick wie ein normaler Mann und doppelt so groß, Sohn eines Zauberers und einer Riesin, wie wir später lesen. Hier kommt er auf einem Motorrad angedonnert, geradewegs aus den Wolken, und bringt das Baby Harry. Sein Vehikel hat er sich von einem gewissen Sirius Black ausgeliehen, der erst einmal gar keine und zwei Jahre danach eine um so größere Rolle spielt, als Harrys Pate. Ein Beispiel dafür, wie weitläufig die Autorin Handlungsstränge anzulegen und miteinander zu verknüpfen versteht.

Hagrid ist Dumbledore bedingungslos ergeben. Harry, den er einstmals aus den Ruinen des elterlichen Hauses gerettet hat, ist sein Augapfel. Später wird er dem Jungen helfen, die ersten Schritte in die magische Welt zu tun und zugleich so etwas wie sein Leibwächter sein - obwohl es nicht lange dauert, bis er selbst der Hilfe des Jungen bedarf. Dieser furchtlose, jedoch in jede sich bietende Misslichkeit stolpernde Brummbär und Tollpatsch, gutmütig und doch leicht erregbar - dieser Hagrid, den sein aus Cockney und Dialekt gemischter Zungenschlag als Angehörigen der zauberischen Unterschicht ausweist: Ihn hat die Masse der jungen Leser ins Herz geschlossen, denn in ihm vereinigen sich treuherzige Einfalt und kraftvoller, wenn auch zuweilen durchaus fehlgeleiteter Tatendrang in einer Weise, die gleichermaßen Heiterkeit, Mitleid und Zuneigung hervorruft, lauter wohlige Gefühle. Als die Autorin wissen ließ, in Band 5 werde eine der wichtigsten Figuren sterben, erhielt sie eine Fülle von Briefen, alle desselben Inhalts: Das möge doch um Himmels willen nicht Hagrid sein! (Er war es nicht.)

Dumbledore, McGonagall und Hagrid. Nimmt man Hermine (im Original Hermione) und Ron hinzu, mit denen Harry in Hogwarts Freundschaft schließt, so hat man das Ensemble jener Guten beisammen, die das künftige Leben des Jungen nachhaltig bestimmen. Böse gibt es sehr viel mehr. An der Spitze natürlich Voldemort mit seinem wirren und mörderischen Gefolge. Sodann die minder gefährlichen, aber doch schwer zu ertragenden Quälgeister in der Lehrer- und Schülerschaft, deren Drangsalierungen Harry auszuhalten hat. Und nicht zuletzt gibt es auch unter den Muggels arge Peiniger, allen voran die Familie Dursley, der Dumbledore das hilflose Baby überantwortet hat, weil er es - das er zusätzlich mit einem Zauber schützt - dort vor Voldemorts Nachstellungen gesichert glaubt. Was an sich auch richtig ist. Aber die gezielte Niedertracht der vereinigten Dursleys ist derart abscheulich, dass dagegen die alles andere als harmlosen Streiche der Geister, die Hogwarts spukenderweise heimsuchen, sich wie heitere Schelmereien ausnehmen.

Womit wir bei den Handlungselementen sind, die dem ganzen Geschehen Gehalt und Zusammenhalt geben. Es sind deren sechs.

Erstens: Die Familie Dursley. Petunia Dursley, Ehefrau und Mutter, knochig und pferdegesichtig, ist Harrys leibliche Tante. Aber sie schämt sich ihrer toten Schwester Lily und deren zwielichtiger Verwandtschaft. Außerdem ist der Waisenknabe, der ihr aufgehalst wurde, ein Störenfried, der nicht in die bis aufs I-Tüpfelchen geordneten Verhältnisse der Dursleys hineinpasst, da kann er so brav und bescheiden sein, wie er will. Ihr Mann, Direktor in einer Bohrmaschinenfirma, ist ebenso eitel wie beschränkt, ein subalterner Wichtigtuer und Pantoffelheld. Wäre er nicht dünn, sondern fett, so könnte er von George Grosz entworfen sein.

Fett hingegen ist der Sohn Dudley, und zwar in einem Ausmaß, dass sein Hintern zu beiden Seiten des Stuhls herunterhängt. Von den Eltern wird er verhätschelt und vergötzt. In Harrys Augen sieht er freilich aus wie ein "Schwein mit Perücke", und in der Tat, etwas dergleichen ist er auch. Verfressen selbstsüchtig, regelrecht sadistisch - ein Schwein eben. Ganz folgerichtig wird ihm dann auch ein Schweineschwanz angehext.

Das Leben, das Harry bei diesem Trio führt, ist weniger als armselig. Es ist fürchterlich. Er ist fortwährend den Schikanen der Alten und der Häme des Jungen ausgesetzt, er muss schuften wie ein Leibeigener und er ist immer hungrig, während Dudley sich vor seinen Augen den Wanst vollschlägt. Oft genug wird er eingesperrt. Meist haust er in einem Verschlag unter der Treppe.

Das weckt Erinnerungen. Schmählich behandelte, ja misshandelte und ausgebeutete (Waisen-)Kinder bevölkern die Literatur der Völker in nicht geringer Zahl. Die Reihe reicht von Märchenfiguren (Aschenputtel) über Hugos Cosette (Les Misérables) bis Dickens' Oliver Twist und Hodgson-Burnetts Sarah Crewe. Edith Nesbits verkrüppelter Dickie (in "Harding's Luck" - deutsch "Der Traum von Arden") wird von einer grimmigen Nenntante rücksichtslos vernachlässigt, oft geprügelt und zwischen Dreck und Müll festgehalten. Auch als er geflohen ist, geht es ihm nicht gut - bis er in eine andere Welt versetzt wird.

Daneben kommt einem auch Kiplings "House of Desolation" in den Sinn, mit besonderem Nachdruck sogar. Petunia Dursley trägt unverkennbar Züge jener Mrs. Holloway, die dem kleinen Rudyard die Tage und Jahre vergällte, die er bei ihr zubringen musste. Dudley wiederum wirkt fast wie ein Ebenbild des halbwüchsigen Holloway, der seinen Spaß daran hatte, den von Heimweh und Sehnsucht nach den Eltern geplagten Buben zu quälen und zu erniedrigen.

Natürlich sind die Dursleys Karikaturen. Aber Karikaturen können, wie man weiß, die Wirklichkeit bis zur Kenntlichkeit entstellen. Was hier kenntlich wird, ist jene schnöde und dünkelhafte Denkweise, die solche, die nicht alle werden, glauben lässt, sie hätten zu bestimmen, was alle Welt zu tun habe. Werden sie nicht ernst genommen, können sie sehr bösartig und sogar gefährlich werden, vor allem dann, wenn sie meinen, eine Mehrheit hinter sich zu haben.

JK Rowling scheint eine solche Mehrheit immerhin für denkbar zu halten. Und sie lässt durchblicken, wie das Leben sein könnte, hätte eine solche Mehrheit das Sagen. Da gäbe es kein Entrinnen vor den Schrecken der Gewöhnlichkeit. (Die sich von denen der magischen Welt hauptsächlich dadurch unterscheiden, dass ihnen mit keinem Zauber beizukommen ist - allenfalls mit jenem gesunden Verstand, für dessen Vertreter die Autorin das schöne Eigenschaftswort "unDursleyish" geprägt hat und den sie offenbar gerade ihren jungen Lesern wünscht.)

Zweitens: Die Familie Weasley, deren Mitglieder den leibhaftigen Gegenentwurf zu den Dursleys darstellen, und dies nicht nur, weil sie der magischen Welt angehören - in der sie ohnehin nicht viel zu sagen haben. Arthur Weasley bekleidet eine untergeordnete Stellung im Ministry of Magic, dem Zauberministerium, wo es übrigens recht bürokratisch zugeht. Mit irdischen

Gütern ist er nicht gesegnet. Zusammen mit seiner Frau Molly steht er einer Großfamilie vor. Ihre sieben Sprösslinge haben sämtlich eigene Profile. Die Söhne Bill und Charlie, nette Kerle, sind schon aus dem Haus. Bill, der Älteste, mit Ohrring und Pferdeschwanz und gekleidet wie ein Rocker, arbeitet in Ägypten für die Zauberbank Gringotts. Charlie, der Zweitälteste, ehedem Kapitän des Quidditch-Teams, betätigt sich als Drachenfänger in Transsylvanien. Percy, ein hochnäsiger Ehrgeizling, verlässt Hogwarts als Jahrgangsbester und will im Zauberministerium Karriere machen. Die Zwillinge Fred und George, zwei Jahre älter als Harry, sind mit allen Wassern und Abwassern gewaschene Teufelskerle, die wie Sam'n'Eric in Goldings "Lord of the Flies" stets nur im Duo auftreten. Als echte Anarcho-Typen sorgen sie mit ihren frechen Reden und aberwitzigen Erfindungen immer wieder für befreiende Komik. Hogwarts verlassen sie, bevor die zeitweilige Dumbledore-Verdrängerin und Inquisitorin Dolores Umbridge sie hinauswerfen kann. Ron, der jüngste der Söhne, wird und bleibt Harrys bester Freund. Das Nesthäkchen ist Ginny, die für den ein Jahr älteren Harry von Anfang an eine stille, doch innige Zuneigung hegt.

Nächst Ron ist das für den Ablauf der Ereignisse wichtigste Mitglied der Weasley-Familie Molly, die Urmutter schlechthin, die nicht nur ihre buntscheckige Schar bändigt und aufs Heftigste betreut, sondern auch Harry ein für allemal ins Herz geschlossen hat. Sie sucht ihm die Liebe zu bieten, deren er durch den gewaltsamen Tod der eigenen Mutter verlustig gegangen ist. Ersetzen kann sie die Tote freilich nicht, womit zugleich deutlich wird, wie sehr der dunkle Lord Harrys Leben beschädigte, als er Lily Potter mordete. Aber selbst die tote Lily ist noch fähig, ihren Sohn zu beschützen. "She gave you a lingering protection he (=Voldemort) never expected, a protection that flows in your veins to this day", sagt Dumbledore am Ende von HP 5 *) und er fügt hinzu, das Opfer der Mutter habe das Band des Blutes zum stärksten Schild gemacht, das er Harry mitgeben konnte. Sogar die unausstehliche Petunia Dursley habe Harry, trotz ihres Widerwillens, vor Voldemorts Zugriff bewahren müssen, auf grund der Verpflichtung, die die Blutsverwandtschaft mit der toten Mutter ihr auferlegt hat.

Dieses Motiv der (Mutter-)Liebe als einzig bewahrender Kraft gegenüber der verheerenden Übermacht des Bösen ist das stärkste im ganzen Potter-Zyklus. Erweitert wird es um das Motiv der unverbrüchlichen Freundschaft. Sie allein kann die Einsamkeit abwenden, die, weil bar jeden Glücks, Vorstufe zur völligen Verlorenheit und damit zur endgültigen Vernichtung sein kann. Freundschaft lässt immer hoffen. (Wer jetzt an die drei göttlichen Tugenden denkt, Glaube, Hoffnung und Liebe, dem muss unweigerlich auffallen, dass die erste, der Glaube, hier abhanden gekommen ist. Zugespitzt könnte man sagen: Er wird durch Aberglauben ersetzt. Doch davon später.)

Dem Wohlwollen, das die Autorin dem Weasley-Clan (mit Ausnahme Percys) entgegenbringt, wird manchmal ein allzu breiter Raum gegeben. Wenn die Weasleys sich zu eingehenden Gesprächen versammeln, entstehen des öfteren längere Passagen, die den Gang der Dinge eher bremsen als beschleunigen. Sie dienen in erster Linie dem Zweck, Zusammenhänge zu vermitteln, die besser kurz und bündig erzählt würden. Dialoge sind sonst durchaus JK Rowlings Stärke. Die Wortwechsel, die sie wiedergibt, sind oft hinreißend spontan und farbig. Sie lahmen jedoch, wenn die Beredtsamkeit in triviales Geschwätz entartet.

Viel schöner ist es, wenn sie das Chaos schildert, in dem die Weasleys sich eingerichtet haben und das sie dem bürgerlichen Dursley-Biotop sichtlich vorzieht.

Drittens: Ron und Hermine.

Sie bilden mit Harry das Trio, das ihm die Kraft gibt, die er braucht. Ron ist sein Freund von Anfang an, das heißt, noch bevor die beiden in Hogwarts landen. Er ist groß und schmal und schlaksig, hat Sommersprossen und rote Haare, große Hände und Füße und eine lange Nase - ein Typ, in dem sich unzählige britische Schuljungen wiedererkennen werden. Die Art, wie er sich gibt, weckt sofort Zuneigung. (JK Rowling: "Man muß

*) Der Einfachheit halber gebrauche ich die gängigen Abkürzungen. HP 1: "...und der Stein der Weisen"HP 2: "...und die Kammer des Schreckens", HP 3: "....und der Gefangene von Askaban", HP 4: "...und der Feuerkelch" HP 5: "...und der Orden des Phönix“, HP 6: ″ ...und der Halbblutprinz″

ihn einfach mögen.") Er ist geradeheraus, verbirgt nicht, was ihn bedrückt (zum Beispiel, dass er die Sachen der älteren Brüder auftragen muss) und zeigt unverhohlene Freude, wenn etwas so läuft, wie er will. Ausgestattet mit Mutterwitz, praktischem Verstand und weitreichender Unerschrockenheit, ist er der beste Gefährte, den Harry sich wünschen kann. Als er, Harry und Hermine bei der Suche nach dem Stein der Weisen auf ein riesiges Schachbrett geraten, dessen Felder von lebenden und höchst bedrohlichen Figuren besetzt sind, greift Ron als Springer an, wobei er sich opfert, um den beiden anderen den Weg freizumachen. (HP 1) Spätestens von da an weiß man: Das ist einer, auf den kann man bauen.

Für Hermine hat Ron erst einmal nicht viel übrig. ("She's a nightmare, honestly.") Hermines emsige Lernerei macht sie auch bei den anderen nicht gerade beliebt. Eine sich unentwegt wichtig machende Streberin - das scheint sie zu sein. Aber sie ist einfach nur klüger als die große Mehrheit, Ron und Harry inbegriffen. Und sie ist, was ihre Widersacher ihr höhnisch vorhalten, in ganz rassistischer Manier, ein "Mudblood, muggleborn". Ihre Eltern haben keinen Tropfen magischen Bluts in den Adern. Sie schämt sich solcher Herkunft nicht, versucht indessen doch, sie durch Leistung wettzumachen.

Zur Freundschaft mit Ron und Harry kommt es, als die zwei sie vor einem 12 Fuß hohen Bergtroll retten, der ihr ans Leben will. Als die Jungen für ihr eigenmächtiges Handeln getadelt werden sollen, hilft sie ihnen mit einer Lüge aus der Patsche. Solche alle sonstige Musterhaftigkeit preisgebende Selbstverleugnung auf der einen und derart beherzte Hilfeleistung auf der anderen Seite bringt die drei einander ganz nahe.

Hermione - so ihr Name im Original - heißt wie die Königin in Shakespeares "Wintermärchen", wo Übersinnliches eine nicht geringe Rolle spielt. Und jene Hermione ist eine geistvolle Frau von großer persönlicher Ausstrahlung, die ihr freilich fast zum Verhängnis wird. Sie scheint bösen und vernunftwidrigen Zwängen zu erliegen - einmal erstarrt sie zur Statue und findet nur durch die aufs neue erwachte Liebe ihres Gatten ins Leben zurück.

Auch JK Rowlings Hermione hat Charme - wobei man sich an die ursprüngliche Bedeutung des Wortes erinnern darf. Zuerst ist es die Unbefangenheit, die für sie einnimmt, die ernsthafte Wissbegierde, mit der sich das noch kindliche Mädchen in die Welt der Hexen und Zauberer hineinversetzen will.

Bemerkenswerterweise ist Hermine die einzige, die eine deutlich wahrnehmbare Entwicklung durchmacht. Sie denkt, anders als Harry und Ron, über die Spielregeln der magischen Welt nach und nimmt sie keineswegs in Bausch und Bogen an, sondern entwickelt ein soziales Gewissen eigener Art. Als sie (HP 4) hört, dass die schwer arbeitenden Hauselfen kein Recht auf Urlaub, Krankenversicherung und Renten haben, gründet sie einen Bund zur Beförderung der Elfenrechte - Society for the Promotion of Elfish Welfare, abgekürzt S.P.E.W. In seinem lehrreichen "ABC rund um Harry Potter" hat Friedhelm Schneidewind darauf hingewiesen, dass "dummerweise" das Verb "spew" die Bedeutung von "spucken" oder "sich erbrechen" hat. Und leider sind nicht einmal diejenigen, die Hermine befreien will, für ihre wohlmeinende Unternehmung zu begeistern. Hermine erinnert da ein wenig an jenen intellektuellen Typus, der zum Wohle der Menschheit die wunderbarsten Ideen entwickelt, die nur den einen Nachteil haben, dass sie mit der Wirklichkeit nicht übereinstimmen, was bekanntlich um so schlimmer für die Wirklichkeit ist.

Hermine ist keine Schönheit. Sie hat buschiges Haar und zu lange Vorderzähne, die sie erst vergleichsweise spät aufs Normalmaß zurückzaubert. Aber sie ist eine Persönlichkeit, und zwar eine, die schon beim ersten Auftreten erkennen lässt, dass sich in ihr Verstand und Gefühl aufs glücklichste die Waage halten. Als Fünfzehnjährige beginnt sie, ihre eigene Fraulichkeit wahrzunehmen - und auch einzusetzen, als sie zur Überraschung des noch reichlich tumben Harry mit einem anderen Jungen auf den ersten Ball geht. Auch wird ihr an sich schon wacher Geist immer beweglicher. Sie ist es, die der selbstverliebten und keineswegs ungefährlichen Dolores Umbridge mit kühler Besonnenheit Paroli bietet.

Vielleicht ist es nicht ganz abwegig zu fragen, ob Hermine sich aus der oft mehr miefigen als magischen Enge der Hogwarts-Welt emanzipieren wird - und welchen Preis sie wohl dafür zu zahlen hat. Außer Zweifel steht, dass sie dem Herzen ihrer Autorin mindestens so nahe ist wie Harry. Als der Drehbuchautor des ersten Potter-Films JK Rowling fragte, ob sie eigentlich wisse, wer seine Lieblingsfigur sei und auf ihre Rückfrage antwortete : "Hermione", war für sie "von da an alles o.k."

Viertens: Hogwarts.

Der Name des Internats, das Harry und seine Freunde seit 1991 besuchen, klingt nicht unbedingt einladend. "Wart-Hog" bedeutet "Warzenschwein", "hogwarts" sind folglich Schweinewarzen. Die Schule für Hexerei und Zauberkünste ist ein schlossartiges Gebäude, weitläufig und verwinkelt, und befindet sich auf einem Felsen im Norden der britischen Insel. Den Blicken normaler Sterblicher bleibt sie verborgen. "Wenn ein Muggel hinschaut, sieht er nur eine verrottete Ruine mit einem Schild über dem Eingang, auf dem steht: WARNUNG, NICHT BETRETEN, EINSTURZGEFAHR," (HP 4)

Dennoch bekommen die Leute, die in der Nähe wohnen, etwas von der unheimlichen Nachbarschaft zu spüren, "All die Dinge, die die Muggels als Ersatz für Zauber gebrauchen, Elektrizität und Computer und Radar und solche Sachen spielen in der Nähe von Hogwarts verrückt - es ist zu viel Magie in der Luft." (HP 4).

Hogwarts wird von sieben Jahrgängen besucht. Die Jüngsten sind elf, die Abgänger in der Regel siebzehn - diese haben dann, nach schwierigen Zwischenprüfungen, eine Art Zauberer-Abitur abgelegt.

Die Schülerschaft verteilt sich über vier Häuser: Gryffindor, Hufflepuff, Ravenclaw und Slytherin, die sämtlich von großen Magierinnen und Magiern gegründet wurden. In Slytherin hausen selbstbewusste Typen, deren Eltern meist der Oberschicht angehören. Von ihnen kommt nichts Gutes. Ihr Dünkel paart sich mit einer Heimtücke, die nicht selten in offene Gewalttätigkeit umschlägt. In Ravenclaw wohnt die geballte Intelligenz der Schule, ausgezeichnet durch "wit and learning", Klugheit und Wissen. Hufflepuff beherbergt Jungen und Mädchen, deren Vorzug es ist, gerecht zu denken und zuverlässig zu sein; außerdem scheuen sie keine Arbeit. Gryffindor jedoch ist ein Ort für die Aufrechten und Tapferen, Ihr Wagemut und ihre Ritterlichkeit zeichnen sie vor allen anderen aus.

Harry und seine Freunde gehören zu Gryffindor. Draco Malfoy, ihr ewiger Widersacher, der stets von zwei bösartigen

Kumpanen begleitet wird, Crabbe und Goyle, steigt nach kurzer Zeit zum Wortführer von Slytherin auf.

In Hogwarts werden die merkwürdigsten Fächer unterrichtet, zum Beispiel - in Klaus Fritz' treffender Übersetzung - "Arithmantik, Pflege magischer Geschöpfe, Weissagung, Alte Runen, Muggelkunde." (HP 3) Die Lehrerschaft setzt sich aus Charakteren zusammen, die auch in den meisten normalen Kollegien zu finden sind. Neben sachkundigen und geschickt vermittelnden Schulmeistern beiderlei Geschlechts gibt es den Langweiler, den Zerfahrenen, den eitlen Wichtigtuer und so fort. Der jungen Leserschaft wird es ein Vergnügen eigener Art bereiten, an dieser oder jener Figur Züge festzustellen, die ihr aus dem schulischen Alltag geläufig sind.

Jedoch ist Hogwarts nun einmal keine normale Schule. Um es nur gleich zu sagen: Kein Kind von Sinnen würde sich dort unterbringen lassen. Allein schon das Haus ist unheimlich. Es gibt schwankende Treppen, verbotene Flure, sogar Toiletten, die Orte tödlicher Gefahren sind. Manche Lehrer scheinen mit dem Bösen im Bund zu sein und sind regelrecht zum Fürchten. Der allgegenwärtige Hausmeister ist ein sadistischer Patron übelster Art, stets da zugange, wo man ihn am wenigsten erwartet.

Nicht genug damit: Es wimmelt von Geistern und Gespenstern, die - wie etwa der Poltergeist Peeves - den Schülern ganz schön zu schaffen machen. Unfern der Schule liegt der Verbotene Wald, dessen Betreten ihnen streng verboten ist, was jedoch nicht ausschließt, dass sie zur Strafe dorthin geschickt werden, wenn sie etwas ausgefressen haben. Neben ein paar freundlichen Wesen wie etwa Einhörnern und Zentauren hausen darin auch sehr scheußliche und mordlustige Kreaturen.

Die schon erwähnte Dolores Umbridge sorgt für zusätzliche Schrecken. Die Strafarbeiten, die sie Harry und andere schreiben lässt, ritzen sich schmerzhaft in deren Handrücken ein (HP 5). Da ist man dann eher an Kafkas Strafkolonie erinnert als an das buntscheckige Internatstreiben, das von zahlreichen britischen Autoren beschrieben worden ist - von Thomas Hughes ("Tom Brown's Schooldays", 1857) bis hin zu Stephen Fry ("Moab is my Washpot“ 1998 = Columus war ein Engländer-deutsch). Gleichwohl finden sich auch dazu eine Menge Parallelen. Was etwa Fry über seine Erlebnisse in einer ländlichen Prep

School schreibt, über das Verhalten von Lehrern und Mitschülern, über den Drill beim Sport, über die (verbotenen) Einkäufe von Süßigkeiten im nahen Dorfladen - das ähnelt verblüffend den Umständen, unter denen JK Rowling das sozusagen normale Treiben der Hogwarts-Zöglinge sich abspielen lässt.

Diese Alltagselemente haben, jenseits aller Phantastik, sogar ihren eigenen Stellenwert in der Potter-Saga. Der Erfolg der Bücher ist nicht zuletzt auch darin begründet, dass über all die Fortsetzungen hinweg eine handfeste Schulgeschichte leicht parodistischen Zuschnitts entwickelt wird. Briten erkennen darin eins ihrer beliebtesten Erzählmodelle und Nichtbriten sehen Spiegelungen ihrer eigenen jugendlichen Erfahrungen. Dennoch sind die besonderen Eigenheiten der Zauberschule nicht zu übersehen.Wenn die Jungen und Mädchen in Hogwarts eintreten, wird ihnen sogleich ein fremder Wille übergestülpt, nämlich der sprechende Hut, der sie den verschiedenen Häusern zuweist. Gegen seinen Entscheid gibt es keinen Einspruch.

Ein freiheitliches System ist Hogwarts nicht.

Die britische Gegenwart lassen die Jungen und Mädchen ganz hinter sich, wenn sie in die Zauberschule eintreten. Sie spielt überhaupt keine Rolle – wenn man vom Eingangskapitel von HP 6 absieht, das deutlich aus dem Rahmen fällt. Da erschienen beim (darob ziemlich aus der Fassung geratenden) britischen Premier zu mitternächtlicher Stunde Cornelius Fudge, der bereits entmachtete Zaubereiminister und sein Nachfolger Scrimgeour, um ihn vor Voldemort zu warnen, der seine Kreaturen seit kurzem auch in der Muggel-Welt herummorden lässt. Nicht ohne Erstaunen liest man ferner, dass offenbar auch schon die Vorgänger des Regierungschefs von der Gefahr in Kenntnis gesetzt wurde, die seitens der dunklen Mächte droht.

Die Autorin spinnt diesen Absatz nicht weiter aus. Er gibt ihr allerdings Gelegenheit zu ein paar hübschen politischen Spitzen. Beispielsweise nervt den entgeisterten Premier der Gedanke, dass die Dementoren sich ausgerechnet über seine Wähler hermachen könnten. Außerdem muss er erfahren, dass zumindest ein Magier in den Kreis seiner Mitarbeiter eingeschleust worden ist – und einen anderen Vertrauten hat man magisch präpariert! Und das Ganze ist wie ein durchaus auch in der Realität vorstellbarer unerwünschter Staatsbesuch mit unliebsamen Gästen – just more so.

Für Hogwarts ist das indessen ohne jede Bedeutung. Auch jugendliche Subkultur findet nicht statt. Kein Rock, kein Pop, keine knalligen Klamotten. Statt dessen müssen die Zauberlehrlinge unausgesetzt büffeln. Unter dem, was sie sich einzupauken haben, ist jede Menge zwielichtiger Firlefanz. Und im Rest findet such mancherlei, was, milde gesagt, nicht unbedenklich ist (Die menschenfeindlichen Flüche!) Im guten Sinne aufgehoben fühlen kann man sich da nicht.

Nicht nur aus diesem Grund kommen Harry und die Seinen kaum dazu, ein richtiges Wohlgefühl zu entwickeln. Ständig hängen Bedrohungen in der Luft, bauen sich neue Spannungen auf. Freudige Ereignisse sind nur die großen Feste, die mit üppigen Banketten gefeiert werden. Wobei überhaupt auffällt, dass in regelmäßigen Abständen ganz gewaltig geschlemmt wird: Massen von Köstlichkeiten kommen auf die sich schier biegenden Tische, Berge von süßem Zeug, nahrhafte Getränke. Eigentlich müssten alle Hogwartsianer Übergewicht haben. Warum tun die sich das an? Weil das ganze magische Gewese sie letztlich doch nicht ausfüllt? Oder brauchen sie das als Ausgleich für die sonstigen Strapazen. Die Frage bleibt offen.

Unbedingt erwähnt werden muss das Quidditch-Spiel, dem die Autorin in allen vorliegenden Bänden ausführliche Kapitel widmet. Quidditch ist für Hogwarts das, was Rugby für die Schule gleichen Namens war: Die Signatur ihrer Besonderheit. Mannschaften aus Bulgarien, Frankreich und Irland kommen zum großen Endspiel, in dem es um den Quidditch World Cup geht. Quidditch zu beschreiben, muss man seiner Erfinderin überlassen, die darüber ein eigenes Büchlein verfasst hat. Harry sagt, es sei eine Art Basketball auf Besen und mit sechs Körben. Man könnte es aber auch, nicht zuletzt wegen der Härte, mit der die Spieler sich einsetzen, eine Art Lufthockey nennen, die in schwindelnden Höhen stattfindet. Harry ist der beste Spieler von Hogwarts. Als ihm die böse Umbridge ein Quidditch - Verbot auferlegt, ist das die übelste Quälerei, die sie sich ausdenken kann.

Denn Quidditch ist für Harry die einzige Möglichkeit, ganz unbefangen aus sich herauszugehen und zu zeigen , was in ihm steckt. Im Übrigen ist er durchweg fremdbestimmt. Erst durch die Dursleys, dann durch die Gesetze von Hogwarts und die sich daraus ergebenden Pflichten, durch Rücksichtnahme auf die Freunde und die Hilfen, die Hagrid benötigt, ferner und ganz besonders durch die immer währende Inpflichtnahme von Seiten Dumbledores - und erst recht durch die ständige und gnadenlose Bedrohung, die von Voldemort und seinen Mordgesellen ausgeht. Harry ist tapfer, das beweist er oft genug. Doch seine Tapferkeit entspringt kaum je eigener Initiative. Sie ist fast immer das Ergebnis der wüsten Herausforderungen, denen er sich zu stellen hat, ob er will oder nicht.

Harry ist ein (nicht einmal so sehr) kleiner Held, aber in erster Linie ein passiver. Sein Agieren ist fast stets nur ein Reagieren. Für einen Jungen ist das - innerhalb der bisherigen Jugendliteratur - durchaus ungewöhnlich. Zwischen, beispielsweise, Peter Pan und Harry Potter liegen Welten. Peter liebt den Kampf. Er genießt das Gefühl der Stärke, das ihm seine Jugend verleiht, und treibt den scheinbar überlegenen Hook in die Enge und in den Tod. Er, der um keinen Preis den Spielregeln der Erwachsenenwelt folgen will, ist nachgerade ein Anarchist. Harry hingegen leidet unter der dauernden Bedrohung, die Voldemorts Existenz für ihn bedeutet. Gerade seine Jugend ist es, die ihn - mitsamt seiner Unerfahrenheit - immer wieder in ausweglose Lagen geraten lässt, aus denen nur Dumbledore ihn retten kann. Weshalb er auch den alten Magier ohne Wenn und Aber als Autorität anerkennt. Harry ist brav, im alten wie im neuen Wortsinn: teils tapfer, teils folgsam. Nur wenn er sich, darin allein Peter Pan gleichend, in die Lüfte erhebt und den Boden mit all seinen dumpfen Bedrohungen hinter sich lässt. kann er ungebundenen Wagemut entfalten. "Innerhalb der auch da vorgegebenen Spielregeln", würde ein Skeptiker hinzusetzen. Aber unter Harrys Bewunderern gibt es keine Skeptiker.

Wer gegen die Vorschriften verstößt, nach denen sich das Leben in Hogwarts ausrichtet, wird fühlbar bestraft - und die Gruppe, der er angehört, gleich mit. Es gibt Kollektivhaftung. Den gefürchteten Punktabzug müssen stets die Häuser hinnehmen, denen der Gemaßregelte angehört.

Trotz alledem fühlt Harry sich in Hogwarts aufgehoben, und zwar nicht in dem negativen Sinn, den das Wort auch hat. Zwar bestimmt sein Schicksal ihn zum Einzelkämpfer. Das ist, wie sich besonders in HP 4 zeigt, ein übermenschliches Los, dem Tragik nicht fern ist. Für tragische Erfahrungen hat der kleine und später auch der halbwüchsige Harry jedoch (noch) nicht die richtige Statur. Folglich müssen soziale Sicherungen her, die ihm den Rücken stärken, und seien sie auch noch so fragwürdig. Das hat die Autorin richtig erkannt. Und deshalb hat sie Hogwarts erfunden.

Fünftens: Nebenhandlungen.

Die eigentliche Harry-Erzählung ist, schon von ihrem Ausgangspunkt her, in der Gefahr, recht eintönig auszufallen. Spätestens von HP 2 an weiß man, was ablaufen wird. Harry muss sich zunächst der Nachstellungen des Voldemort-Gefolges erwehren und am Ende dann dem dunklen Lord persönlich gegenübertreten, in einem Showdown, der, so wild und grässlich es auch zugeht, allemal offen endet, denn Fortsetzungen müssen sein. Solches Geschehen lässt sich zwar sehr ansehnlich gestalten, mit Verzögerungen, Irreführungen und Überraschungsmomenten, aber alles in allem schafft es noch nicht die besondere Spannung, die man den Potter-Büchern nachsagt. Vielmehr droht es trotz großen erzählerischen Aufwands, bei dem alle Horror-Register gezogen werden, zum durchschaubaren Schema zu geraten. Weshalb es wohl auch in HP 5 deutlich in den Hintergrund rückt und über hunderte von Seiten hinweg der Kampf gegen die Umbridge und einige Finsterlinge aus dem Zaubereiministerium die Handlung bestimmt.

Es sind in der Tat vornehmlich die klug ausgedachten Nebenhandlungen, die Leserinnen und Leser fesseln und bei der Stange halten. Hervorragende Träger solcher Nebenhandlungen sind Hagrid und Sirius Black, sämtliche Lehrer für die Verteidigung gegen die dunklen Künste, aber auch solche glänzend gezeichneten Figuren wie Harrys linkischer Mitschüler Neville Longbottom oder der sagenhafte Hauself Dobby. Selbst Rons Ratte Scabbers (= Krätze) macht eine aufregende Entwicklung durch. Hagrid, der im ersten Buch noch Harrys wachsamer Beschützer und Geleiter ist - er holt den Jungen endgültig aus den Zwängen der Familie Dursley heraus - gerät alsbald selbst in immer verzwicktere und verzweifeltere Lagen. Hauptsächlich ist es seine Fürsorge für recht abartige Kreaturen, die ihn und seine Freunde in solche Verzweiflung versetzt. Einmal ist es seine Affenliebe zum Drachenbaby Norbert, das er trotz strengen Verbots heimlich aufzieht, bis es sich zu erdrückender Größe auswächst - übrigens eine der aberwitzigsten Episoden innerhalb des Zyklus. Ein andermal ist es der von ihm zärtlich gehegte Hippogryff Buckbeak (deutsch "Seidenschnabel"), der hingerichtet werden soll, weil er den ihn misshandelnden Draco Malfoy gebissen hat - eine dramatische Story für sich. ("Hippogryff" ist eine Zusammensetzung aus Pferd (griechisch hippos) und Vogel - so sieht dieses Wesen dann auch aus. Ein Gryphon, ein Greif mit Löwenkopf und Adlerleib, kommt auch schon bei Carroll vor.) In HP 5 wartet Hagrid sogar mit einem riesenhaften Halbbruder auf, dem er, obwohl der ihm gröblichst zuleibe rückt, herzlich zugetan ist. Da dürften noch einige wilde Begebnisse zu erwarten sein.

Sirius Black ist eine der wenigen Figuren, die ihr Wesen wandeln. Das heißt, er ist im Grund immer derselbe; was sich wandelt, ist das Bild, das wir uns von ihm machen. Erst einmal werden wir nämlich kräftig in die Irre geführt, was dem Grundprinzip des klassischen Kriminalromans entspricht – wenn man dort endlich darauf kommt, wer wirklich der Übeltäter ist, verschafft das ein Gefühl wonniger Selbstbestätigung: Hat man's denn nicht schon halb und halb gewusst? Eben dieses Gefühl versteht die Autorin virtuos zu vermitteln. Und wenn man's nun gar nicht gewusst hat, wird man durch die Kreuz - und Quersprünge, die sich aus der finalen Enthüllung ergeben, vollauf entschädigt. Mit vor Erstaunen offenem Mund dasitzen - ich denke, das ist die uniforme Haltung aller Potter-Fans.

In den ersten vier Bänden werden insbesondere die Lehrer, die Harrys Jahrgang alle möglichen Techniken der Verteidigung gegen die dunklen Künste beibringen sollen, zu Hauptpersonen in solchen Krimi - Vexierspielen: Der unscheinbare Quirrell, der eitle Lockhart (ein mit beißender Ironie entworfener Selbstdarsteller der Art, die nicht nur die Medien bevölkert), der zwielichtige Lupin, von dem wir erfahren, dass er zeitweilig ein Werwolf ist, und "Mad-Eye" Moody, von dem wir wie Harry längere Zeit nicht wissen, was eigentlich von ihm zu halten ist, nicht ohne Grund, wie sich später herausstellt. Sie alle sind für Überraschungen und damit für eine fortgesetzte Belebung der

Handlung gut. Und jeder von ihnen bleibt nur ein Schuljahr lang im Amt, was – wen wundert's – mit Voldemort zu tun hat, wie man in HP 6 erfährt.

Last not least ist da noch Professor Snape, fetthaarig und fahlgesichtig, ein Unsympath ersten Ranges und zugleich die rätselhafteste Erscheinung im Kollegium von Hogwarts. Nächst Voldemort versetzt er Harry am häufigsten in bangende Unruhe. Anders als die meisten anderen Lehrkräfte, statische Charaktere und ein für allemal nur sie selbst seiend, ist er ein höchst komplexer Typ, der mit seinem undurchschaubaren Wesen immer neue Fragen aufgibt. Obwohl er zu Voldemorts Anhängern zählte, vertraut Dumbledore, der ihn jetzt auf seiner Seite wähnt, ihm uneingeschränkt, selbst als Draco ihn eines Schlimmeren belehrt: "Er ist ein Doppelagent, Sie dummer alter Mann, er arbeitet keineswegs für Sie, das glauben nur Sie!" Woraufhin Snape vor Harrys entsetzen Augen Dumbledore tötet (HP 6). Harry, außer sich, will seinerseits Snape erledigen, der jedoch entkommt, nicht ohne ihm zuvor mitgeteilt zu haben, dass er der rätselhaften Halbblutprinz ist, dessen Zaubertrank-Lehrbuch Harry Monate zuvor gefunden hat. Der Halbblutprinz, vor Jahren Schüler in Hogwarts, hat das Buch mit vielen handschriftlichen Rezepten ergänzt, mittels deren Umsetzung Harry im Unterricht geglänzt und mehr Punkte als Hermine gesammelt hat. Was hintersinnig ironisch ist. Indem Harry den Vor-Schriften seines nach Voldemort schlimmsten Widersachers und Todfeindes gefolgt ist, hat er es ein gutes Stück weitergebracht.

Oder ist Snape doch nicht der mörderische Erzschurke, als der er am Ende der bisherigen Handlung dasteht? Die Fan-Gemeinde, die auch er hierzulande hat, bekundet im Internet, dass sie sich weigert, ihn dafür zu halten. Bemerkenswert, aber schwer zu akzeptieren nach einer solchen Schandtat! Wie auch immer. Er ist von regelrechter existentieller Gebrochenheit, dieser Snape, und würde, seines magischen Habits entkleidet, auch in Romanen ganz anderen Zuschnitts eindrucksvoll bestehen.

Unter Harrys Mitschülern fällt der ihm gleichaltrige Neville Longbottom auf. Anfangs scheint ihm eine Standardrolle zugedacht, die des ewig rat- und hilflosen, auf peinliche Weise auffallenden und in die Patsche geratenden Klassentölpels. Doch der Schein trügt. Der Junge, eine von JK Rowlings liebenswertesten Gestalten, gewinnt in HP 5 ein beachtliches Profil – das er freilich in HP 6 wieder verliert, wo man ihn nur am Rande der waltenden Turbulenzen wahrnimmt.

Denn leider geht die Autorin dort mit einer ganzen Reihe von Gestalten, die sie zuvor ebenso geschickt wie wirkungsvoll eingeführt hat, ziemlich lieblos um. Entweder gönnt sie ihnen nur ein paar Pflichtauftritte (Hagrid mit seinem Spinnengetüm, Minerva McGonagall, die keineswegs die Hauptfigur mehr ist) oder sie werden mit knapper Erwähnung abgetan.(Cho Chang, Dolores Umbridge, Rita Skeeter) oder auch überhaupt nicht mehr genannt (Victor Krum). Man merkt: Das Finale scheint auf. Handlungselemente sind abzuwickeln oder gar zu entsorgen, Bisheriges ist zu bündeln, Künftiges ins Blickfeld zu rücken.

Selbst ein Charakter ganz eigener Art wie der Hauself Dobby hat nicht mehr viel zu sagen. Dabei ist er einer von denen, die die Dinge heftig bewegt und vorangetrieben haben. Er ist ein ganz großer Wurf - eine der skurrilsten Figuren der britischen Literatur, und das will etwas heißen. Man lese seine Ein - und Ausfälle nach. Sie rühren an und machen lachen und sind überhaupt einmalig.

Schließlich Scabbers, Rons mickrige Ratte. Was es mit ihr auf sich hat, sei hier nicht preisgegeben. Immerhin ist es zu bedauern, dass sie nicht von Krummbein, Hermines einem Schmusetier in keiner Weise ähnelnden Kater, rechtzeitig aufgefressen wird. Sie löst ein Verwirrspiel von verrückter und die Dinge verrückender Komik aus.

Die Haupthandlung lebt von JK Rowlings Grundeinfall, der alles andere auslöst - Harry macht alles, und deshalb lieben wir ihn. Aber erst die Nebenhandlungen, die ihrerseits um Einfälle von originellstem Zuschnitt kreisen, geben der Potter-Saga Format, Fülle und Farbe. Und ob sich mit ihr allein sieben Bände füllen ließen, ist auch die Frage.

Sechstens: Harry contra Voldemort.

Ein kleiner Junge, bisher vom Glück mitnichten begünstigt, tritt ein in eine Welt voller Wunder und Wirrnisse, der er sich erst einmal ganz unbefangen überlässt, da sie ihm ungleich schöner dünkt als die Enge, aus der er kommt, und in der man ihm kaum die Luft zum Atmen ließ.

Das macht den Zauber des ersten Bandes aus. Es ist ein Vergnügen eigener Art, das fast spielerische Hineingleiten des Kleinen in ein neues, wahrlich phantastisches Dasein mitzuerleben, in dem er sich endlich befreit vorkommt. Was sich freilich als Irrtum erweist. Die Narbe auf seiner Stirn zeigt an, dass alles, was er tut, vorherbestimmt ist, und zwar von nun an mit besonders fatalen Folgen. Mögen ihn die Dinge des magischen Alltags noch so sehr in Anspruch nehmen - sein Los ist und bleibt es, gegen einen Dämon anzutreten, der, wie es scheint, seinesgleichen nicht hat. Eine wirkliche Ausgeburt der Hölle - könnte man sagen, wenn denn von einer Hölle die Rede wäre. Ist es aber nicht. Vielleicht will JK Rowling es sich nicht nachsagen lassen, sie habe den Teufel wieder in die Literatur eingeführt.

Wer aber ist Voldemort dann? Der Inbegriff des Bösen, gewiss. Aber das ist kaum mehr als ein Gemeinplatz, und das Wenige, was man über ihn erfährt, reicht eigentlich nicht aus, um die Dimension des Schreckens, die er verkörpern soll, zu erklären.

Am Anfang verkörpert er im strikten Wortsinn gar nichts. Zug um Zug muss er fremde Leiber besetzen, um die Gestalt wieder zu erlangen, die er verloren hat, als er Harry töten wollte und dessen Mutter durch ihr Opfer seine Macht brach.

Die Auskünfte, die Dumbledore über ihn gibt, münden ein in die Beteuerung, dass dieser Unhold nicht nur der Schlimmsten einer sei, sondern der Allerschlimmste überhaupt. Und das, obwohl er einmal ein hübscher kluger Junge und Schulsprecher von Hogwarts war: "....sank so deeply into the Dark Arts, consorted with the very worst of our kind, underwent so many dangerous magical transformations.."

"Er tat sich mit den Allerschlimmsten unserer Art zusammen." Demnach gibt es noch andere vom gleichen Kaliber, und Voldemort ist gar nicht so einzigartig ? Warum verbreitet er dann solchen Schrecken, dass fast alle nicht einmal seinen Namen auszusprechen wagen, sondern von "You-Know-Who" faseln - so, wie vor Zeiten die Menschen zitternd vom "Gott-sei-beiuns" redeten? Gott indessen kommt bei JK Rowling so wenig vor wie die Hölle. Offenbar ist er nicht existent. (Und man fragt sich, am Rande, wieso in Hogwarts eigentlich immer wieder Weihnachten gefeiert wird.)

Voldemort ist auch kein Luzifer. Ähnlich wie Harry ist er aus der Verbindung eines Muggels mit einer Hexe hervorgegangen. Sein nach Mord und Totschlag klingender Name ist, den "Lord" inbegriffen, ein Anagramm. Früher hieß er Tom Mavolo Riddle, und den Mr. Riddle, der ihn gezeugt hat, bringt er später um.

Im 4. Band, dem bisher ereignisreichsten der Serie, hat er einen großen Auftritt, bei dem er mit viel Pathos sich selbst zur Sprache bringt und das Ziel alles seines Tuns verkündet: "You know my goal - to conquer death." Und warum will er den Tod besiegen? Um seine verheerende Macht bis in alle Ewigkeit auszuüben. Was letztlich heißt, dass er jeglichen Sinn, der dem Dasein innewohnt, vernichten will. Am Ende läuft sein Ehrgeiz ins Leere, nämlich ins Nichts. Voldemort ist nicht der Leibhaftige, er ist nur der leibhaftige Widersinn. Nicht Widerspruch, denn der ist bekanntlich schöpferisch. Voldemort schafft nichts, er steht nur für sich selbst. Ein Nachtmahr, grauenhaft, aber ohne Substanz.

Das ist die einzige, nicht sehr überwältigende Erkenntnis, die Voldemorts Auftreten hergibt. Sie steht in ziemlichem Widerspruch zu dem Getöse, das er verursacht.

Das fordert zum Vergleich mit anderen Autoren heraus. Golding beispielsweise lässt in einer unvergesslichen Szene den kleinen Simon beim Anblick des so gefürchteten "Beasts" erkennen, dass das Böse nichts Übernatürliches ist, sondern im Menschen selbst steckt - was die Vorgänge im "Lord of the Flies" auch sinnfällig belegen.

Voldemort ist, was immer wieder betont wird, aber auch kein menschliches Wesen mehr. Gleichwohl verbirgt sich hinter ihm keine tiefere Bedeutung, keine Versuchung, keine Beschwörung von Mythos oder Glaubensgewissheiten. Wenn man genau hinsieht, ist es nur die Autorin, die hinter ihm steht und sich nach Kräften bemüht, ihn allen erdenklichen Schrecken verbreiten zu lassen. Was ihr in beachtlichem Maß gelingt, da sie nun einmal über erzählerische Mittel verfügt, die ihr erlauben, das, was sie selbst zu fühlen und zu sehen imstande ist, der Leserschaft in einer Weise mitzuteilen, dass auch die aufs äußerste bewegt wird, nicht intellektuell, sondern in ihren Ängsten und auch Hoffnungen - für welch letztere eben Harry zuständig ist. Es tut dem eigenen Begehren nach Zuversicht und gesicherter Verheißung ungemein wohl, wenn da einer ist, ein Junge, (bis jetzt) noch im Stand der Unschuld, geschützt durch das Charisma des mütterlichen Opfers, der sich unverzagt allen Schrecken stellt.

Im Laufe des Geschehens wächst das gute Kerlchen dann allerdings in die Pubertät hinein, eine Phase, die darzustellen der Autorin offenbar nicht ganz leicht fällt. In HP 5 wird Harry nicht nur spröder, sondern auch hölzerner. Manches an seinem veränderten Wesen ist zu begreifen. Er beginnt zu maulen und zu granteln und seine Freunde zu verärgern - Verhaltensweisen eines Halbwüchsigen halt, der nicht so recht weiß, wohin mit sich.

In HP 6 entwickelt er wieder einiges Selbstbewusstsein. Zusätzlich erfährt man, das er um einige Inches gewachsen ist. Der typische 16jährige unserer Tage ist er gleichwohl nicht, schon deshalb, weil seine Rede fern von jedem jugendlichen Jargon ist. In Hogwarts hört man kein Radio, sieht keine TV-Programme. Hogwarts ist Außerhalb. Und Harry ist etwas Besonderes.

In den Bänden 1 bis 4 leistet Harry Beträchtliches. In HP 1 verhindert er, dass Voldemort an den Stein der Weisen gelangt, der ihm zum ewigen Leben verhelfen könnte. In HP 2 rettet er Ginny Weasley aus den Klauen Voldemorts und tötet den Basilisken, den der Dunkle Lord losgelassen hat, In HP 3 kämpft er todesmutig gegen einen von Voldemorts bösen Helfern und rettet besagten Hippogryph vor dessen Handlangern. Der Herr der Dunkelheit Lord hält sich da eher bedeckt. Erst später beginnt er seine Streitmacht zu mobilisieren, Todesser und Dementoren. In HP 4 übertrifft Harry sich selbst. Nachdem da die Handlung etwas zäh angelaufen ist – in der deutschen Ausgabe fährt der Hogwarts-Express erst nach 160 Seiten endlich ab von King's Cross, Gleis 9 3/4 - überschlagen sich die Ereignisse. Am Spiel um die internationale Quidditch-Meisterschaft nimmt Harry zwar nur als Zuschauer teil. Dafür wählt ihn der im Titel genannte Feuerkelch als zusätzlichen Champion für das große Trimagische Turnier aus, was verwunderlich ist, denn der eigentliche Champion von Hogwarts ist ein gewisser Cedric Diggory. Nichtsdestoweniger wird Harry zum anderen Mal in eine Pflicht genommen, der zu stellen er sich durchaus nicht gewünscht hat. "Er hatte nie und nimmer ernsthaft vorgehabt teilzunehmen." Und er argwöhnt, dass es Voldemort ist, der ihn auf diese Weise in den Tod schicken will. Denn das Turnier ist über viele Jahre hinweg ausgesetzt worden, weil immer wieder Mitglieder der Schule dabei ums Leben kamen.

Aber Harry tut, was er immer tut. Er stellt sich und bewältigt, wie die Helden vieler Märchen, Mythen und Sagen, drei ungemein schwierige Aufgaben. Einem feuerspeienden Drachen entwendet er ein goldenes Ei. Im Clinch mit wilden Wassermännern befreit er Ron und ein kleines Mädchen aus deren Gewalt. (Hermine wird von seinem Konkurrenten gerettet, dem nicht sehr sympathischen Bulgaren Victor Krum.) Und schließlich dringt er in ein Labyrinth ein, in dessen Mitte eine Sphinx lauert, die ihm ein hintersinniges Rätsel zu lösen aufgibt.

Keine ganz neuen Motive.

Aber als Harry, zusammen mit Cedric, zum magischen Pokal, der Trophäe des Turniers, vorgestoßen ist, weitet sich das Geschehen dramatisch aus. Was folgt, ist ein einziger Alptraum. Harry findet sich auf einem spukhaften Friedhof wieder. Unfern von ihm liegt Cedrics lebloser Körper. Aus einen großen Kessel, in dem eine scheußliche Masse aus Fleisch, Knochen und Blut brodelt, steigt Voldemort zurück ins Dasein. Von allen Seiten eilen Todesser herbei, darunter Draco Malfoys Vater Lucius. Ihnen berichtet Voldemort, was ihm seit Lily Potters Tod widerfahren ist, um dann mit unheilschwangerer Stimme kund zu tun, er werde jetzt endlich ihren Sohn im Kampf töten. Harry, obwohl von irrsinnigen Schmerzen geschüttelt, nimmt Voldemorts Herausforderung an. Ins folgende magische Duell greifen auch Voldemorts frühere Opfer ein, darunter Harrys Eltern. Sie helfen dem Jungen zu entkommen, der Cedrics Leichnam mit sich nimmt.

Das ist das grausigste Szenarium, das die Verfasserin bisher entworfen hat. Am Ende beherrscht der Böse das weite Gräberfeld, ohne jedoch imstande gewesen zu sein, Harry zu töten. Beide Gegenspieler konnten - und mussten - den an barbarischen Einzelheiten kaum zu überbietenden Zweikampf überstehen, aus dem bereits angeführten Grund. Alles hat weiterzugehen, noch drei Bände lang. Der Fortbestand des Übels, das, in viele offenbar schmackhafte Einzelteilchen zerlegt, das Ganze würzt, ist gesichert.

Unter diesen Vorzeichen ist auch Cedrics eher unerwarteter Tod zu sehen. Die Tatsache, dass Harry Voldemorts Anschlägen immer wieder entrinnt, ist der Spannung insgesamt nicht eben dienlich. Außerdem könnte man auf den Gedanken kommen, der "Du-weißt-schon-wer" sei doch nicht so höllisch gefährlich, wie man glauben soll. Cedric, einem sympathischen, aufrechten und mutigen Jungen, fällt die Rolle eines Ersatz-Harry zu, eines Harrys ohne mythische Prägung. Er stirbt, und das ist der einzige Sinn seines Sterbens, stellvertretend für Harry, dergestalt beweisend, wie gnadenlos Voldemort doch ist.

Von da an hat die heitere Hexerei, die in den ersten Bänden durch gelegentliche Einbrüche dunkler Gewalten zwar bedroht, doch nie gebremst wurde, ein Ende. Zumindest will sich kein wirkliches Vergnügen mehr einstellen. HP 4 hat wohl auch deshalb, wie im Internet nachzulesen war, nicht wenige Potter-Fans in Unzufriedenheit versetzt.

Es kommt, was HP 5 betrifft, noch etwas hinzu. JK Rowling hat einmal treffend gesagt, die Wirkung eines Buches werde erheblich gesteigert, wenn der Leser den Eindruck habe, der Autor wisse eigentlich noch viel mehr als das, was er da mitteile.

Bei der Lektüre der über 1000 Seiten von HP 5 mag der Gedanke aufkommen, sie enthielten buchstäblich alles und jedes, was der Autorin bei der Niederschrift eingefallen ist. Es sind, wie könnte es anders sein, glänzende Einfälle darunter und die handfesten Internatszenen sind nach wie vor ergötzlich. Dennoch wird die Ausdauer der Leser kräftig in Anspruch genommen. Es läuft zu viel Geschehen zweiten Ranges ab, bevor Voldemort wieder in Erscheinung tritt, und als im letzten Zehntel sich dann endlich der Showdown entlädt, prasseln zwar unaufhörlich Flüche und Verwünschungen, grelle Blitze zucken und Fetzen fliegen, Sirius muss dran glauben und Voldemort erhebt sich in neuer Gestalt und Harry wird nicht mit ihm fertig. Aber irgendwie fehlt es am, sagen wir, epischen Format, bleibt alles Getöse und Gewese. Scheinbar tut sich ein Inferno auf, aber eben nur scheinbar, denn zum wiederholten Mal greift Dumbledore ein und verhindert das Schlimmste, wobei er Voldemort mit dem befremdlichen Satz bedenkt: "Merely to take your life would not satisfy me, I admit."

Und während Harry entsetzt wahrnimmt, dass sein Körper mit dem der "rotäugigen Kreatur", also Voldemorts, zu verschmelzen beginnt, lässt Dumbledore den Dunklen Lord einfach entweichen, durchaus unbegreiflicherweise. Das plötzliche und so bestürzende Ineinander von Gut und Böse wird nur flüchtig vermerkt, verschwindet aus dem Blickfeld, bevor der Leser in ein Nachdenken gerät, das ihm einen weit greifenden Hintersinn erschließen könnte. Denn als Harry zu verspüren beginnt, dass auch in ihm das Böse Platz greift, könnte Tragik ins Spiel kommen, das damit freilich keins mehr wäre. JK Rowling läßt das ohne weiteres auf sich beruhen.

Voldemort kommt davon. Alles kann weitergehen. Dabei wäre es doch wohl Dumbledores allererste Aufgabe, diesem Ausbund an Verruchtheit, der alle Welt bedroht, den Garaus zu machen, und zwar auf der Stelle. Und nicht darauf zu warten, bis Little Harry ihm diese Aufgabe abnimmt - Harry, der in all seinen Auseinandersetzungen mit dem (noch?) übermächtigen Widersacher und dessen Trabanten sich zwar aller möglichen magischen Mittel bedient, aber nie seiner Vernunft. Denn die ließe ihn gewiss nicht glauben, dass es mit alledem seine Richtigkeit habe, mit der Dämonie, die allerorts lauert, und der ausgerechnet er beikommen soll, und mit der fortwährenden Gängelung durch Dumbledore. Aber Harry ist eben beschränkt, was nicht heißen soll, dass er dumm sei. Im Gegenteil, er ist, was die Dinge außerhalb Voldemorts Machtbereich angeht, ein aufgeweckter und zielbewusst handelnder Bursche. Im übrigen jedoch wird sein ganzes Wissen und Wollen durch die phantastische Welt beengt, in die seine Autorin ihn verweist. Dieser dunkle Kosmos aber bebt von Turbulenzen, hält ihn in einer dauernden Bewegung, über deren Sinn sich im Grund nichts sagen lässt. Man kann nicht von etwas sprechen, was nicht vorhanden ist.

Oder doch ? Kämpft in und mit Harry nicht das Gute gegen das Böse, führt er nicht eine Fehde, der die Menschheit sich von alters her zu stellen hat ?

Es stimmt schon: Harry kämpft. Ohne diesen Kampf wäre er als tragender Charakter kaum denkbar und gerade wegen dieses Kampfes genießt er die Bewunderung von Jung und Alt. Aber es ist ein Ringen ohne wirklichen Hintergrund, ein Duell im simulierten Raum. Wie Batman gegen die bösen Joker und Riddler und all die anderen antritt, Luke Skywalker mit Han Solo gegen den galaktischen Erzschurken Moff Tarkin, so kämpft Harry gegen den Dunklen Lord - auf einer Ebene plastisch ausgeformter Phantastik. Insofern ist er dem Zeitgeist lieb, der sehr dazu neigt, sich in Gefilde jenseits der genormten Wirklichkeit wegzustehlen, siehe Fantasy, siehe Science Fiction. Ob er deshalb, wie oft behauptet wird, nicht allein zum Lieblingshelden junger Leser taugt, sondern auch und ganz besonders zu deren Vorbild, das ist die Frage, an der sich die Geister scheiden. Dabei ist die Nachbarschaft zur Welt der Kinoreißer und der Sprechblasen viel weniger bedenklich (weil legitim) als Harrys fatale Determiniertheit, das heißt, als all die Auflagen, die von Kindheit an sein Leben belasten. Er ist unfrei, so sieht es aus, und wer möchte das schon sein!

JK Rowling muss diesem Einwand des Öfteren begegnet sein. Auf jeden Fall nimmt sie ihn ernst. Im 23. Kapitel von HP 6 gibt es einen bemerkenswerten Dialog, in dem Dumbledore Harry erklärt, er handle in seinem Kampf gegen Voldmort ganz und gar aus freien Stücken. „Ich muss es versuchen, ihn zu töten," meint Harry und Dumbledore stimmt ihm zu, wobei er betont, Harry unterliege nicht einem äußeren Zwang, schon gar nicht dem jener Prophezeiung, die immer wieder zitiert und in der der Junge als „The Chosen One", der Auserwählte, darauf festgelegt wird, den Herrn der Dunkelheit zu überwinden. (Einer religiös empfindsamen Leserschaft mag der Beiname übrigens ziemlich blasphemisch erscheinen.) „You are free to choose your way", beteuert Dumbledore, "quite free to turn your back on the prophecy!"

Es gibt dieser Aussage eine gewisse Würze, dass sie aus dem Mund von Dumbledore kommt, des Mannes, der von Anfang an nichts anderes getan hat, als Harry die Aufgabe klarzumachen, die ihm mit der Vernichtung Voldemorts auferlegt ist. Noch bevor der alte Obermagier im Zusammenstoß mit Snape untergeht, nimmt er dem Jungen das Gelöbnis bedingungslosen Gehorsams ab.

Harry wiederum deutet Dumbledores Rede dahingehend, dass man wählen könne, ob man in die Arena, in der der alles entscheidende Endkampf stattfindet, geschleppt werden oder sie erhobenen Hauptes betreten will. Was nur heißen kann: Hinein in der Arena muss man – muss er - auf jeden Fall.

Nichts da von Willensfreiheit.

Schon möglich, dass der Tod des Übervaters in Harry Kräfte freisetzt, die ihn einem überlegten und selbstbewussten Wollen näher bringen. Am Ende von HP 6 ist davon jedoch nichts zu spüren. Harry schlägt wildwütend um sich. Womit der Argwohn bestätigt scheint, dass hier etwas anderes abläuft - so etwas wie ein Vorzugsangebot an die Filmindustrie. Handlung, Handlung, Handlung !" *) Und dieses Übermaß an Handlung enthält, wie gezeigt, Vorgänge höchst zweifelhafter Natur. "Die Frage ist, und sie geht nicht nur an Frau Rowling, gibt es eine kindgerechte Folterszene ?" **)

Die Potter-Gemeinde wird auf die Welt der Märchen verweisen, in der es von Grausamkeiten finsterster Art nur so.

Wohl wahr. Aber: Fast alle Märchen münden in Entzauberung und Erlösung. Die jeweilige übermächtige Bedrohung erweist sich am Ende geradezu als Voraussetzung des folgenden Heilsgeschehens.

Harry hingegen ist in HP 5 dermaßen heillos in Widrigkeiten und Gefahren verstrickt, dass ihn schließlich doch nur Dumbledore retten kann. Der dann über Seiten hinweg umständlich erläutern muss, wie alles zusammenhing und warum er den Jungen solchen entsetzlichen Bedrohungen ausgesetzt hat.

In HP 6 trifft an die Stelle solcher Wirrnisse ein vielfältiges, doch nicht sonderlich aufregendes Geschehen. Es reihen sich eher belanglose Episoden. Da französelt Bill Weasleys Freundin Fleur Delacour. Sirius Blacks Hauself Kreacher randaliert. Ginny hat es mit Dean, und Harry ist eifersüchtig. Ron schmachtet

*) Frauke Meyer-Gosau: "Außen Action - innen hohl", in "Literaturen" 9/2003
**) Susanne Mayer in der ZEIT 29/ 2000

Hermine an. Professor Slughorn gibt Partys. Die Weasleys feiern Weihnachten. Und so fort. Die Haupthandlung wird kaum vorangetrieben. Voldemort bleibt hinter der Szene. Auf mehreren Gedächtnisreisen erkunden Dumbledore und Harry seine Vergangenheit (die man zum Teil schon kennt). So sehr erregend ist sie gar nicht. Voldemort ist unverkennbar ein Produkt aus Milieu und Vererbung. Der Faktor X, der beide ergänzt, der teuflische Zug seines Wesens also, bleibt, was dessen Herkunft angeht, unerläutert. Wir erfahren lediglich, dass er Teile seiner Seele – wo hat er die eigentlich her? – abgesplittert hat und in magische Gegenstände (sog. Horcruxes) eingeschlossen hat, so dass ihm mit den vorhandenen Zerstörungskräften nicht beizukommen ist.

Natürlich bietet JK Rowling auch in diesem Band einiges an Grusel auf. Beispielsweise hat sie die Inferi erfunden, Leichname, die von Voldemorts Truppe wiederbelebt und als willenlose Marionetten zum Einsatz gebracht werden. Als Harry und Dumbledore auf dem Weg zu einem Horcrux einen unterirdischen See durchqueren müssen, werden sie von im Wasser treibenden Inferi umring, die ihre dürren Arme nach ihnen ausstrecken. Scheußlich. Aber doch eher geisterbahn als regelrechter Spuk. Der Stoff, aus dem Alpträume sind, wird hier und da ein wenig brüchig.

Ganz ohne Zweifel richtet sich die Erwartung der Leserschaft darauf, dass Harry zum guten Schluss den Dunklen Lord erledigen und damit die Menschheit von einem Superdämon sondergleichen erlösen wird. Ganz sicher ist das noch nicht. Und selbst wenn es geschieht: Kann es in einer Welt, in der ein Voldemort sein Unwesen trieb, je wieder mit rechten Dingen zugehen?

Eine Frage, auf die JK Rowling sich wohl nicht einlassen wird, denn sie überschreitet die Grenzen, die sie sich gesetzt hat. Vielleicht wird der zum Mann gereifte Harry ein Vorkämpfer der Auroren werden, der unentwegt Ausschau nach weiteren Ausgeburten der Finsternis hält, um sie in das Nichts zu schicken, aus dem sie gekommen sind. Oder er wird irgendwann einer wie Dumbledore: Ein Schutzherr und Unterweiser kommender Generationen von Zauberlehrlingen.

Erwähnenswert ist noch, dass die Autorin bei der Schilderung der Feier, die Hogwarts dem toten Dumbledore bereitet, zur vorigen Hochform aufläuft. Zur Teilnahme am pompösen Schlussritual wird ein „ganz außergewöhnliches Sortiment von Leuten" aufgeboten, die sämtlich am bisherigen Geschehen mitgewirkt haben – eine eindrucksvolle, wenn auch vorläufige Apotheose. Bei der sogar der fiese Hausmeister Filch in Erscheinung tritt, in einem altmodischen schwarzen Anzug, „his tie reeking of mothballs." (Nicht zuletzt wegen solcher Zusätzchen muss man die Autorin doch immer wieder lieben.)

Zurück zu Harry, von dem es nachgerade ultimativ heißt: „The last and greatest of his protectors had died and he was more alone than he had ever been before."

Man wird sehen, was er tut, um solcher Einsamkeit zu entkommen, und ob dieses Tun eine klärende Botschaft birgt: Die Antwort auf die Frage nämlich, wozu und zu welchem Ende der Junge eigentlich im lebensgefährlichen Dauereinsatz gegen den Dunklen Lord gewesen ist. Eine solche Botschaft ist nicht zu erkennen., auch keine politische, wie des öfteren behauptet worden ist. Politik sollte nie dämonisiert werden. Ihre Auswüchse, gerade auch die menschenfeindlichsten, sind im Hier und Jetzt zu bekämpfen und nicht in wilden Phantasmagorien. Das müssten auch naive Leser wissen, die in Voldemort so etwas wie ein Hitlersubstitut sehen wollen. Wäre er das, würde Hitler verharmlost, weil ins Unwirkliche entrückt.

All diese Bedenken zielen nur auf bestimmte (obschon wesentliche) Aspekte der Potter-Bücher, nicht auf die erzählerischen Fähigkeiten der Autorin, denn die sind außerordentlich, im Sprachlichen, in der Handhabung epischer Techniken und auch im Inhaltlichen, das alle Partien jenseits des zentralen Konflikts umfasst, und deren gibt es ja viele. Staunenswert ist, wie sie die Menge der entsprechenden Handlungsfäden mit geradezu lässiger Sicherheit zu ziehen und zu verknüpfen versteht. An Einfallsreichtum dürfte kaum jemand aus der schreibenden Zunft von heute sie überbieten.

Das Arsenal der Figuren, Bilder und Symbole, mit denen sie ihren magischen Kosmos ausstattet, scheint unerschöpflich. Gestalten wie die augenlosen Dementoren, die ihren Opfern die Seelen aussaugen und gegen die Michael Endes graue Zeitdiebe wie biedere Taschenspieler wirken, haben fast Shakespearesche Konturen. Askaban, Zuchthaus und Folterstätte für unbotmäßige Zauberer, ist ein Ort namenlosen Grauens, wo, wie man bangen muss, sich noch fürchterliche Dinge zutragen werden. Zwielichtige Existenzen wie Snape oder Mad-Eye Moody brechen das Schwarzweißschema - hier Gute, da Böse in staunenswerter Weise auf. Auch subtile Erfindungen hält die Autorin bereit: Die Oklumentik, in der Harry von Snape unterrichtet wird (HP 5) erinnert an grundlegende meditative Techniken: Der Geist wird gegen jede (magische) Beeinflussung versiegelt.

Aus dem riesigen Fundus der Weltliteratur hat JK Rowling sich, soweit er ihren Zwecken dienlich war, ebenso geschickt wie selbstbewusst bedient. Das Labyrinth, die Sphinx, der dreiköpfige Cerberus (hier Fluffy genannt), die Zentauren, die geflügelten Pferde, der Basilisk - sie und noch eine ganze Reihe anderer Erscheinungen entstammen der antiken Sagenwelt. Die Szene, in der Harry Cedrics Leiche birgt, enthält nach Aussage der Autorin eine bewusste Anspielung auf Patroklus und Hektor in der Ilias. Die Einhörner, Drachen, Werwölfe, der Tarnumhang und der Stein der Weisen gehören in den Umkreis mittelalterlicher Sagen und Legenden. Sprechende Spiegel, zu leben beginnende Bilder, Verwandlungen jeder Art, Trolle, Riesen, Gnome, Wassermänner, irrlichternde Geister kennt man aus den Märchen der Völker.

JK hat vermutlich nie E.Th.A. Hoffmann gelesen. Dennoch sei erwähnt, dass es in seinem "Klein Zaches" wie bei ihr Bücher gibt, deren Illustrationen Leben gewinnen, wenn man sie aufschlägt. Auch in Andersens „Wilden Schwänen" kommt ein derartiges Zauberbuch vor. Auf jeden Fall verdankt die Autorin dem britischen Schauerroman, der Gothic Novel, und der Schwarzen Romantik wichtige Anregungen, insbesondere, was das Atmosphärische ihrer Szenarien betrifft. Stellvertretend sei Edgar Allan Poe genannt - die Titel mancher seiner Geschichten tauchen hier als Passwörter auf: Amontillado, Metzengerstein. Erkennbare Impulse lieferten auch ihre - sozusagen – Vorgänger wie Carroll, Barrie, Nesbit, nicht zu reden von Autoren minderen Ranges, die ebenfalls Zaubergeschichten erfunden haben, freilich eher solche heiterer Art.

Von manchen Seiten wurden JK Rowling derartige Zugriffe auf die reichen personalen und motivischen Bestände der überkommenen Literatur angekreidet und verübelt. Das heißt jedoch, die Dinge ein wenig eng sehen. Abgesehen davon, dass sie sich auf große Vorbilder berufen könnte (Shakespeare!) - sie geht gelassen und selbstbewusst und nicht zuletzt auch sinnvoll mit diesen Fertigteilen um, formt sie gemäß ihren Zwecken und fügt sie da ein, wo es ihr zu passen scheint - und es passt meist ausgezeichnet. Was Theodor Fontane vor rund 150 Jahren über Gustav Freytag schrieb, trifft kurioserweise auch auf sie zu:

Woher ich dies und das genommen ?
Was geht's euch an, wenn es nur mein ward,
Fragt ihr - ist nur der Bau vollkommen -
Woher gebrochen jeder Stein ward ?

JK Rowlings Bau ist, um im Bild zu bleiben, von stattlicher Ansehnlichkeit. Nicht die Art, in der er angelegt ist, gibt Anlass zu kritischer Betrachtung, sondern dies und das, was er umschließt.

Wobei indessen zuletzt noch einmal jenes Talent der Autorin gepriesen werden muss, das sich jenseits der Voldemort – Geschichten auswirkt und einen nicht geringen Teil der Begeisterung erklärt, die sie immer wieder auslöst. Gemeint ist ihre fabelhafte Begabung für Scherz, Satire, Ironie und oft umwerfende Komik.

Es hat seinen guten Grund, dass die Potter-Partys, die auch bei uns in schöner Regelmäßigkeit gefeiert werden, stets unter heiteren Vorzeichen stattfinden, als Mummenschanz, der einfach Spaß macht. Blind wütende Dementoren sind dort noch nicht gesichtet worden, auch haben noch keine Pseudo-Voldemorts da ihr Unwesen getrieben. Dagegen wird viel gelacht, wie eben auch beim Lesen der Bücher. Im großen magischen Gehäuse gibt es mehr als eine Spielfläche, auf der der schönste Unernst nistet. Es ist die schätzenswerteste Eigenschaft der Autorin. dass sie die Pointen und Kapriolen, die ihr in scheint's unbegrenzter Fülle zu Gebote stehen, ganz beiläufig zur Geltung bringt. Die unerhörtesten Sächlein, oft prall vor Komik, werden vorgetragen, als gehörten sie zum alltäglichsten Bestand der Welt. Solches Understatement ist meist umwerfend.

Lederhandschuhe, die eigenständig Däumchen drehen, Socken, die laut schreien, wenn sie zu stinken beginnen, die Zuckerzange einer Hexe, die sich in der Nase eines Muggels verklemmt, Briefe, die zum Entsetzen des Empfängers aufheulen, wenn er sie öffnet, Bonbons, die nach Ohrenschmalz schmecken, Schweineschwänze, die an feisten Bubenhintern wachsen, hinterhältige Gnome, die durch heftiges Herumwirbeln erst einmal schwindlig gemacht werden müssen, bevor man sie aus dem Garten schmeißt (in den sie umgehend zurückkehren), ein solcher Giftzwerg, zum Rauschgoldengel hergerichtet und an der Spitze eines Weihnachtsbaums magisch fixiert - und so weiter und so fort. Die Reihe hinreißender Verrücktheiten nimmt einfach kein Ende. Auch der sonst dunkle Spuk ist durchsetzt von derart schrillen Momenten. Kopflose Geister, die mit ihren Häuptern Hockey spielen, Moaning Myrtle, die die Mädchentoiletten unsicher macht ("It's awful trying to go to the loo with her wailing at you"), ein Adept, der versehentlich seinen Freund in einen Dachs verwandelt, ein Kauz wie der Professor Binns, der eigentlich ein Geist ist, was er aber zu bemerken sichtlich nicht imstande ist - es ist höchst wohltuend, dass die Welt von Hogwarts auch solche Mitwirkende beherbergt, die das allfällige Grauen zeitweilig nahezu verdrängen. Der Hausgeist von Gryffindor ist der Fast Kopflose Nick - Nearly Headless Nick - und auf ein solches Adverb, das den ganzen Grusel augenzwinkernd der Lächerlichkeit überantwortet, muss man erst einmal kommen.

JK Rowling IST darauf gekommen und auf vieles andere mehr. Neben derart pechschwarzem Humor fehlen auch die gerade auf der britischen Insel hochbeliebten Wortspiele nicht. So wird etwa der Nachtbus zum Knight Bus: "Emergency transport for the stranded witch or wizard." Zudem reichern ausgesuchte satirische Elemente das Ganze an. Die Klatschtante Rita Skeeter (ihr Name hat mit Schießen zu tun, weshalb Klaus Fritz sie treffend "Kimmkorn" tauft), deren Schreiben Dumbledore "enchantingly nasty" nennt, "bezaubernd gehässig" also oder "hinreißend widerwärtig" - diese wandelnde Giftspritze ist auf paradoxe Weise authentisch: Alles, was sie tut oder sagt, wird durch eben die Ironie beglaubigt, mit der sie dargestellt wird und die sie vollauf verdient. Und die gesamte Innenwelt von Hogwarts hat JK Rowling, die ehemalige Lehrerin, mit satirischen Zügen dieser Qualität versehen.

Wenn, wie erfreulich oft in den Potter-Bänden, blühende Phantasie und glänzende Komik einander durchdringen, dann tut sich ein Spielraum auf, der frei ist von Trübnis und Schwere. Was ja nun wirklich ein Wunder ist und nicht einmal eins, das magische Kräfte erfordert.

Doch auf Magie will sie nun einmal nicht verzichten, die riesige Potter-Gemeinde. Womöglich braucht sie das dunkle Geschehen als Folie zum hellen Entzücken, das sie empfindet, wenn sie sich genussvoll der erwähnten Schwerelosigkeit hingibt.

Die Autorin macht weiter. Harry Potter auch. Wie und zu welchem Ende, das bleibt abzuwarten.

Für Überraschungen sind beide gut.

Anhang: Literatur / Anmerkungen

Umfängliche Literaturangaben dienen des öfteren nur dem Zweck, jenen schönen Eindruck zu machen, den die eigentliche Darstellung nicht vermittelt. Deshalb verzichte ich darauf. Ich nenne - neben einigen gelungenen deutschen Übersetzungen - lediglich solche Bücher, die mich in nennenswerter Weise belehrt und - bisweilen auch zum Widerspruch - angeregt haben. Sie können wissbegierigen Leserinnen und Lesern zweifellos weiterhelfen.

l. Allgemeine Darstellungen

Carpenter, Humphrey / Prichard, Mari:
The Oxford Companion to Children's Literature. Oxford/New York 1984 (Unentbehrlich!)
Wullschläger, Jackie: Inventing Wonderland
(Über Carroll, Lear, Barrie, Grahame, Milne) New York/ London 1995
Hürlimann, Bettina: Europäische Kinderbücher in drei Jahrhunderten Zürich 1959
Hunscha, Christa: Struwwelpeter und Krümelmonster. Die Darstellung der Wirklichkeit in Kinderbüchern und Kinderfernsehen. Fischer -TB 1518 Frankfurt/M 1974
Bravo-Villasante, Carmen: Weltgeschichte der Kinder- und Jugendliteratur. Versuch einer Gesamtdarstellung.
Hannover 1977
Gaschke, Susanne: Hexen, Hobbits und Piraten. Die besten Bücher für Kinder. Stuttgart /München 2002
Quayle, Eric: The Collector's Book of Children's Books. London 1971

2. Zu den Autorinnen und Autoren

LEWIS CARROLL

Ausgaben

Das Gesamtwerk von Lewis Carroll liegt, übersetzt von Dieter Stündel und versehen mit den originalen Illustrationen, in zwei Bänden vor. (Darmstadt 1988)

Eine sehr ansehnliche Ausgabe "Alles über Alice", die ebenfalls Tenniels Bilder und dazu sämtliche Erläuterungen Martin Gardners enthält, ist 2003 im Europa-Verlag (Hamburg) erschienen. Albert Schindehüttes "Album für Alice" erfreut durch eigenwillige Gestaltung.

Andere, auch für Kinder und Jugendliche zu empfehlende Ausgaben:

Die Übersetzung von Barbara Teutsch (Cecilie Dressler Hamburg 1991) - mit Tenniels Zeichnungen

Die Übersetzung von Christian Enzensberger (Lappan, Oldenburg 1989), mit sehr schönen Illustrationen von Anthony Brown

Die Übersetzung von Nanette von Cube im BoeT Verlag (ohne Ortsangabe, 1992) mit Abbildungen von David Bennett. - Roger Willemsen im Nachwort: "Die vorliegende Übersetzung richtet sich an die Kinder aller Lebensalter, sie bemüht sich um eine zugänglichere Fassung, sucht historische Wendungen zu mildern und wird folglich auch ...von neuen Illustrationen begleitet.

Andere Schriften Carrolls, die in Deutsch vorliegen:

- Briefe an kleine Mädchen,Insel-TB, Frankfurt/M 1994
- Tagebuch einer Reise nach Russland im Jahr 1867, Ostfildern 1992
- Der Pfarrhausschirm (mit Illustrationen des Autors) Siegen 1982

Ferner: Lewis Carroll - Photographien. (Hrsg. Karl Steinorth, Schaffhausen 1991)

- Verfilmt wurde "Alice" nicht weniger als 17mal... 1933 spielte der legendäre W. C. Fields den Humpty Dumpty. 1951 kam Disneys Zeichentrickfassung in die Kinos. 1999 kam der vorerst letzte Film heraus, mit Peter Ustinov (Walross), Whoopi Goldberg (Grinsekatze), Gene Wilder (Schildkröte), Christopher Lloyd (Weißer Ritter) und Tina Majorino als Alice.

Literatur

Gardner, Martin: The Annotated Alice (Harmondsworth 1961)

Green, Roger L.: The Lewis Carroll Handbook (Oxford 1962)

Reichert, Klaus: Lewis Carroll. Studien zum literarischen Unsinn (München 1974)

Hudson, Derek: Lewis Carroll, An Illustrated Biography. (New York 1977)

Stündel, Dieter: Charles Lutwidge Dodgson -alias Lewis Carroll. Poet zwischen Fotokunst und Mathematik. Siegen 1982)
Cohen, Morton N.: Lewis Carroll. A biography (London 1995)
Clark, Anne: Lewis Carroll. A Biography (London 1995)
Kleinspehn, Thomas: Lewis Carroll. (roro-Monographie, Reinbek 1997)

Außerdem

Bemerkenswert: Michael Endes "Die Jagd nach dem Schlarg. Variationen zu Lewis Carrolls gleichnamigen Nonsensgedicht (Stuttgart 1988).
Und zwei Beispiele für moderne Abwandlungen des Themas:
Noon, Jeff: Alice im Automatenland. (München 1999) sowie
Griesbeck, Robert: Alice. Anleitung zum Erwachsenwerden in 21 Szenen. (Waiblingen 1997)

Für Tüftler und Knobler:

Smullyan, Raymond: Alice im Rätselland. Phantastische Rätselgeschichten, abenteuerliche Fangfragen und logische Traumreisen. (Frankfurt/M 1984)
Und in Romanform: "Rätselhafte Alice. Die Geschichte von Lewis Carroll und der kleinen Alice" – von Katie Roiphe (Hamburg/ Wien 2002)
Nicht zu vergessen schließlich: C.C. Harcourts vortreffliche Übersetzung ins Lateinische
- "Alicia in Terra Mirabilis", London 1964

JAMES MATTHEW BARRIE

Ausgaben

Stellvertretend seien genannt:
Peter Pan, dt. von Bernd Wilms. In der Reihe Dressler Kinderklassiker, Hamburg 1988
Peter Pan, dt. von Ursula von Wiese. Mit hübschen Zeichnungen von Horst Lemke. (Dietikon, Zürich 1968) Hier ist auch "Peter Pan in Kensington Gardens" mit einbezogen.
Peter Pan und Wendy. Nacherzählt von Mary Byron. Originalfassung mit Übersetzung. Mit einigen Zeichnungen Sophie Scholls, die 1944 vom Volksgerichtshof ermordet wurde.

Literatur

Asquith, Cynthia: Portrait of Barrie. London 1954
Green, R.L.: James Matthew Barrie. New York 1961

Außerdem
Erich Kästners Übertragung der Theaterfassung erschien in Band 4 seiner Gesammelten Schriften von 1958. (Atrium, Zürich)
Aus der Disney-Produktion gibt es zwei Peter Pan-Filme. (1953/2003)
Verwiesen sei auf den Film "Als die Träume fliegen lernten" (2005) mit Johnny Depp als Barrie, dessen Handlung allerdings nicht unbedingt authentisch genannt werden kann. Und auf den schönen Roman "Kensington Gardens" des Spaniers Rodrigo Fresain (2003).

RUDYARD KIPLING

Ausgaben
Nicht genug zu rühmen: Die von Gisbert Haefs übersetzte und herausgegebene Ausgabe von Kiplings Werken im Haffmans Verlag. (Zürich, ab 1987). Leider ist sie unvollendet geblieben.
- Das neue Dschungelbuch. Übersetzt von Dagobert von Mikusch. (Bibliothek Suhrkamp, Frankfurt/; 1996)
- Mowglis Brüder-Übersetzt von Gisbert Haefs, mit prächtigen Holzschnitten von Christopher Wormell. Aarau/Frankfurt 1994

Andere Schriften Kiplings, die in deutsch vorliegen:
Erinnerungen. Etwas von mir für meine bekannten und unbekannten Freunde. Zürich 1930
Meine lieben Kinder. Briefe 1906 - 1915. Hrsg. von Elliot L. Gilbert. München 1986

Literatur
Haefs, Gisbert: Kipling Companion. - Innerhalb der Werkausgabe. 2. verbesserte Auflage. Zürich 1989
Lord Birkenhead; Rudyard Kipling. London 1989
Laski, Margharita; From Palm to Pine. Rudyard Kipling Abroad and At Home. New York 1987
Seymour-Smith, Martin; Rudyard Kipling. London 1989
Gilmour, David; The Long Recessional. The Imperial Life of Rudyard Kipling. London 2003

ROBERT LOUIS STEVENSON

Ausgaben

Es gibt viele deutsche Ausgaben der "Schatzinsel" und sie sind fast alle gleichwertig.

Eine sei ihrer ungewöhnlichen (und gewöhnungsbedürftigen) Illustrationen wegen hervorgehoben. Sie erschien 1986 im Rowohlt Verlag (Reinbek). Die Übersetzung stammt von Otto Weith, die Bilder sind von Ralph Steadman.

Literatur

Terry, R.C. (Ed.): Robert Louis Stevenson. Interviews and Recollections. London 1996

Davies, Hunter; The Teller of Tales. In Search of Robert Louis Stevenson. New York 1996

Lapierre, Alexandra; Die Vagabundin. Fanny Stevenson und die "Schatzinsel". Hamburg 1994

Callow, Philip: Louis. A Life of Robert Louis Stevenson. Chicago 2001

KENNETH GRAHAME

Ausgaben

Christoph, Großmaul und Cornelius. Die Abenteuer einer fidelen Gesellschaft am Fluß, im Wald und anderswo. - Die erste deutsche Übersetzung, vom "Wind in den Weiden", recht putzig, aber doch auch witzig. Else Steup, die den Originaltitel unterschlägt und die Akteure sehr eigenwillig tauft, hat sie gemacht. (Stuttgart 1929).

Unter den neueren Übersetzungen gefielen mir besonders die von Sybil Gräfin Schönfeldt (München 1988) mit Illustrationen von Eric Kincaid,

Harry Rowohlt (Köln/ Zürich 1973) mit Bildern von John Burningham,

Anne Löhr-Gössling (Stuttgart /Wien 1996) illustriert von Patrick Benson.

Zwei andere wichtige Bücher Grahames erschienen in einem Band der Manesse Bibliothek, nämlich "Das goldene Zeitalter" und "Traumtage", übersetzt von Meret Ehrenzeller, die auch ein einfühlsames Nachwort beigesteuert hat. (Zürich 1988)

Literatur

Green , Peter: Beyond the Wild Wood. The World of Kenneth Grahame. London 1993

Kuznets, Lois R; Kenneth Grahame. New York 1988

Außerdem

Von William Horwood stammen unterhaltsame Fortsetzungen: "Winter in den Weiden" (1995) und "Herbst in den Weiden" (1997) - deutsch von Anne Löhr-Gössling, illustriert von Patrick Benson.

Es gibt mehrere Zeichentrick- und Fernsehversionen vom "Wind in den Weiden."

Eine erwartungsgemäß bizarre ist diejenige, die Terry Jones 1996 mit der "Monty Python"-Crew produziert hat.

ALAN ALEXANDER MILNE

Ausgaben

"Pu der Bär" und "Pu baut ein Haus" - beide sehr angemessen übersetzt von Harry Rowohlt - Cecilie Dressler, Hamburg 199, mit den originalen Illustrationen von Ernest H. Shepard

Literatur

Vorab die Erinnerungsbücher von Sohn Christopher Milne, zusammengefasst in "Beyond the World of Pooh" (Ed. A. R. Melrose), London 1998

Thwaite, Ann; The Brilliant Career of Winnie-thePooh. The Story of A.A. Milne and his Writing for Children. London 1992

Sibley, Brian: The Pooh Book of Quotations. London 1996

ds.: Three Cheers for Pooh. The Best Bear in All the World. London 2001

Außerdem

Der "Bär von mäßigem Verstand" hat zahllose Freunde und Bewunderer in aller Welt. Manche hat er zu Büchern ganz eigener Art angeregt, von denen einige in Deutsch vorliegen:

Hoff, Benjamin; Pu der Bär, Ferkel und die Tugend des Nichtstuns. Der weise Bär auf den Spuren des Laotse. (1997)

Williams, John Tyerman: Die Prophezeiungen des Putradamus (1998)

ds.; Jenseits von Pu und Böse. Der Bär von enormem Verstand und die Philosophie. (1996)

- sämtlich bei Hoffmann und Campe, Hamburg.

Magna cum laude: Alexander Lenards lateinische Version "Winnie ille Pu", mit Anmerkungen und Glossarium - London 1960
Natürlich gibt es auch zu Pu eine ganze Reihe von Trickfilmen, die immer wieder in den Kinderprogrammen des Fernsehens laufen. Ich erinnere mich an " Pu feiert Weihnachten" von 1992.

EDITH NESBIT

Ausgaben in Auswahl

Die Eisenbahnkinder. Übersetzt von Irene Muehlon, illustriert von Dina Dryhurst. Hildesheim 1991
Die Kinder von Arden. Übersetzt von Sybil Gräfin Schönfeldt, Zeichnungen von Haidrun Gschwind. Hamburg 1987
Der Traum von Arden. Übersetzt von Sybil Gräfin Schönfeldt und Maria Torris. Berlin 1960
Psammy sorgt für Abenteuer. Übersetzt von Sybil Gräfin Schönfeldt, Zeichnungen von Sabine Friedrichson. Hamburg 1996
Wie die drei zuletzt genannten Titel ist auch "Der verzauberte Garten" in einer Neuauflage in der Reihe Kinderklassiker im Verlag Cecilie Dressler erschienen;
Hingewiesen sei noch auf "Das verzauberte Schloss" (ebenda) und "Die verzauberte Stadt", übersetzt von Barbara Teutsch (Oldenburg 1981).

Literatur

Die einzige zur Zeit greifbare Biographie, die als Standardwerk gelten kann, da sie von gründlicher Kenntnis der Autorin zeugt:
Langley Moore, Doris: E. Nesbit. A Biography. Revised with new material. London 1967 (!)

Außerdem

In England gibt es eine Edith Nesbit Society, die die Erinnerung an die Autorin nachhaltig pflegt. (Chairman: Margaret McCarthy, 21 Church Fields, West Malling, Kent, ME 196 RJ).

FRANCES HODGSON BURNETT

Ausgaben

Der geheime Garten

Eine sehr schöne Ausgabe erschien 1996 im Gerstenberg Verlag, Hildesheim, übersetzt von Friedel Hömke, illustriert von Graham Rust.

Der kleine Lord

kam in gleicher Übersetzung und Gestaltung im selben Verlag 2001 heraus.

Sara, die kleine Prinzessin. Übersetzt von Dagmar Weischer. dtv, München 1990.

Literatur

Zu nennen ist an erster Stelle das Erinnerungswerk der Autorin "The One I Knew the Best of All"
(New York 1893) - ein in jeder Hinsicht schönes Buch.

Ferner:

Burnett, Vivian: The Romantick Lady (New York 1927)

Laski, Margharita: Mrs Ewing, Mrs Moleworth, Mrs Hodgson Burnett. London 1950

Thwaite, Ann: Waiting for the Party. The Life of Frances Hodgson Burnett . London 1974

Pape, Walter - über FHB in "Das literarische Kinderbuch. Studien zu Entstehung und Typologie" (Berlin 1981), worin der Autorin ein eigenes Kapitel gewidmet ist.

Außerdem

Vom "Geheimen Garten" gibt es eine ganze Reihe von Verfilmungen. Die vorerst letzten dürften Alan Grints Fernsehfassung von 1987 (mit Gennie James als Mary und Jadrien Steele als Colin) und der Kinofilm von Agnieszka Holland von 1993 sein - mit Kate Maberly (Mary), Heydon Prowse (Colin) und Andrew Knott (Dickon). Mrs. Medlock wird von der ungemein populären Maggie Smith gespielt.

HUGH LOFTING

Ausgaben

Doktor Dolittle und seine Tiere - erschien auf Deutsch zum ersten Mal 1926, und zwar im Verlag Williams & Co, Berlin, wo dann auch die Folgebände herauskamen.

Die Übersetzerin war E.L. Schiffer (d.i. Edith Jacobsohn). Eine Einleitung schrieb Oskar Loerke. Die mittlerweile klassisch gewordenen Zeichnungen stammten vom Autor selbst.
Inzwischen liegen auch andere Übersetzungen vor - außer der im Text erwähnten von Gisbert Haefs auch die von Ursula Lehrburger. (Bearbeitung Maria Torris).

Literatur

Blishen, Edward; Hugh Lofting. London 1968
Schmidt, Gary D.: Hugh Lofting (New York 1992) (Ein ergiebiges Buch; es enthält die Ergebnisse einer Reihe von Interviews mit Mitgliedern der Lofting-Familie).

Außerdem

Die wichtigsten Verfilmungen sind im Text genannt.

PAMELA LYNDON TRAVERS

Ausgaben

Sämtliche Bände der Mary Poppins-Serie sind auf Deutsch im Cecilie Dressler Verlag erschienen. Übersetzt wurden sie von Elisabeth Kessel und illustriert von Horst Lemke.
Der gleiche Verlag veröffentlichte auch "Mary Poppins von A bis Z" (Berlin 1964) Übersetzt hat dieses kuriose Buch Sybil Gräfin Schönfeldt, die Zeichnungen stammen wiederum von Horst Lemke.

Literatur

Demers, Patricia,: P.L. Travers. Boston 1991
Draper, Ellen Dooling/ Koralek Jenny:
A Living Oracle. A Centennial Celebration of P.L.Travers, Original Creator of Mary Poppins. New York 1999

Außerdem

Zur Verfilmung mit Julie Andrews in der Rolle der Mary Poppins: Siehe Text!

JOANNE KATHLEEN ROWLING

Ausgaben

Alle Bände der Potter-Serie erschienen und erscheinen im Carlsen-Verlag Hamburg (Übersetzer: Klaus Fritz).

Literatur

Shapiro, Mark: J.K. Rowling. Die Zauberin hinter Harry Potter. Nürnberg 2000 (nicht autorisiert).
Smith, Sean. Die Schöpferin von Harry Potter. Das Leben der J.K. Rowling. Hamburg/ Wien 2002

Über das Leben J.K. Rowlings ist manches Unstimmige verbreitet worden. Die beiden hier genannten Bücher erscheinen mir zuverlässig. Gleichwohl habe ich mich im Wesentlichen auf Äußerungen der Autorin und Berichte in wichtigen britischen Periodika gestützt.

Schneidewind, Friedhelm: Das ABC rund um Harry Potter. Berlin 2000. - Unentbehrlich, will man den Durchblick behalten.
Colbert, David: The Magic Worlds of Harry Potter. A Treasury of Myths, Legends and Fascinating Facts. London 2001. - Erschienen in der Reihe der Puffin Books (Penguin!) und unbedingt ergiebig - aber: "Not approved by J.K. Rowling or Warner Brothers. "
Stein, Falk N.: Von Alraune bis Zentaur. Ein Harry Potter Lexikon. Düsseldorf 2000. Sehr brauchbar!
Und höchst hilfreich für alle, die zu den Originalausgaben greifen:
Zollner, Barbara Maria: Großes Zauberwörterbuch für Harry Potter-Fans. (Langenscheidt, Berlin/ München 2001).

Außerdem

Die Verfilmungen der ersten vier Bände mit Daniel Radcliffe (Harry) und Emma Watson (Hermione) in den Hauptrollen sind bereits in Deutschland gelaufen. Beim Start der letzten verfilmten Teile – drei und vier - hat es merklich weniger Wirbel gegeben als bei dem der beiden ersten.

Die vielen Aufsätze und Artikel, die ich vor und und während der Niederschrift des Buches zum Thema gelesen habe, werden hier nicht angeführt. (Allein die zu JK Rowling füllen einen dicken Ordner.) Einige wichtige werden im Text mit Quellenangabe zitiert.

PERSONENREGISTER